W0083618

Jochen Brennecke
Theodor Krancke

Schwerer Kreuzer
„Admiral Scheer"

MOEWIG
BEI Ullstein

Moewig bei Ullstein

Ungekürzte Ausgabe

Umschlagentwurf:
Hansbernd Lindemann
Umschlagfoto:
Bilderdienst
Süddeutscher Verlag
Alle Rechte vorbehalten
© 1955 by Koehlers Verlags-
gesellschaft mbH, Herford
Genehmigte Taschenbuchausgabe
Printed in Germany 1995
Druck und Verarbeitung:
Elsnerdruck, Berlin
ISBN 3 8118 2887 8

Juli 1995
Gedruckt auf alterungs-
beständigem Papier mit
chlorfrei gebleichtem
Zellstoff

Die Deutsche Bibliothek – CIP-Einheitsaufnahme

Brennecke, Jochen:
Schwerer Kreuzer „Admiral Scheer" / Jochen Brennecke ;
Theodor Krancke. – Ungekürzte Ausg. – Rastatt : Moewig bei
Ullstein, 1995
Lizenz der Koehler-Verlagsges., Herford
ISBN 3-8118-2887-8
NE: Krancke, Theodor:

Vorwort

Die Kaperfahrt des Panzerschiffs „Admiral Scheer", das, nach Erringung großer Erfolge gegen die feindliche Handelsschiffahrt im Atlantik und im Indischen Ozean, nach sechsmonatigem Einsatz unversehrt in die Heimat zurückkehrte, zu neuem Einsatz verfügbar, ist eine der hervorragendsten Taten der Seekriegsgeschichte.

Die Leistung wurde erreicht durch die überragende Führung des Kreuzers durch den Kommandanten, Kapitän zur See Krancke, durch die Tapferkeit und das unermüdliche Pflichtbewußtsein der gesamten Besatzung und nicht zuletzt durch die hervorragende Güte des deutschen Kriegsschiffbaues.

Ich freue mich, daß die Schilderung dieser Fahrt bereits eine weite Verbreitung gefunden hat. Der Geist des Kommandanten und der Besatzung mögen unserer neuen deutschen Marine leuchtendes Vorbild sein.

Dr. h. c. Erich Raeder
Großadmiral a. D.

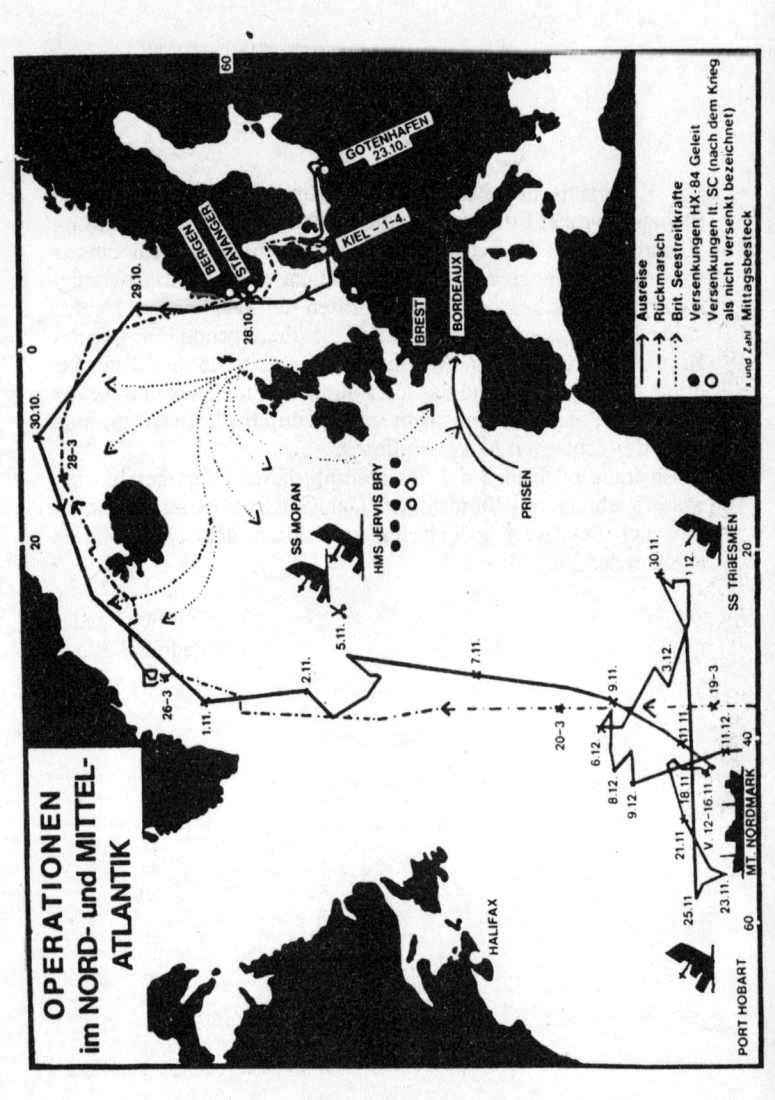

OPERATIONEN im NORD- und MITTEL-ATLANTIK

Legende:
- —→ Ausreise
- –·–→ Rückmarsch
- ·····→ Brit. Seestreitkräfte
- Versenkungen HX-84 Geleit
- Versenkungen lt. SC (nach dem Krieg als nicht versenkt bezeichnet)
- ● und Zahl Mittagsbesteck

Orte und Beschriftungen: BERGEN, STAVANGER, GOTENHAFEN 23.10., KIEL – 1-4., BREST, BORDEAUX, PRISEN, SS MOPAN, HMS JERVIS BRY, SS TRIBESMEN, MT. NORDMARK, HALIFAX, PORT HOBART

Datums- und Positionsangaben: 29.10., 30.10., 28.10., 28-3, 26-3, 1.11., 2.11., 5.11., 7.11., 20-3, 9.11., 30.11., 1.12., 3.12., 19-3, 6.12., 8.12., 9.12., 21.11., 18.11., V 12-16.11., 11./11.11., 11.12., 25.11, 23.11.

Koordinaten: 60, 0, 20, 40, 60

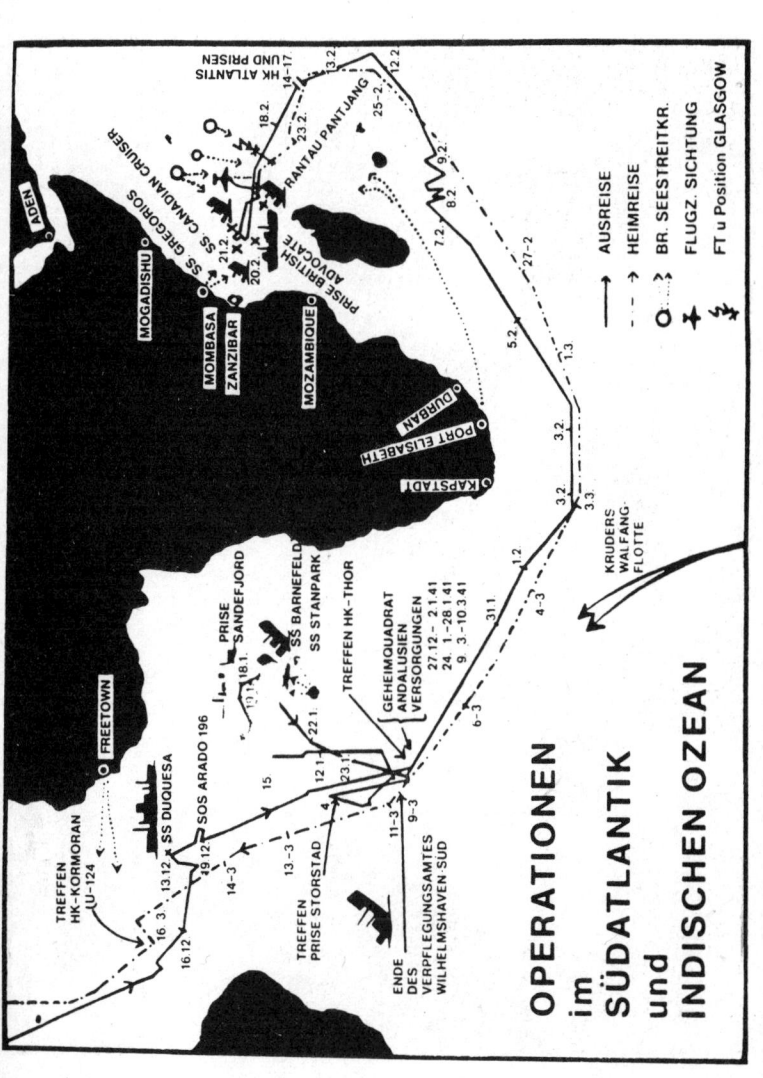

OPERATIONEN im SÜDATLANTIK und INDISCHER OZEAN

AUSREISE
HEIMREISE
BR. SEESTREITKR.
FLUGZ. SICHTUNG
FT u Position GLASGOW

ADEN
MOGADISHU
MOMBASA
ZANZIBAR
MOZAMBIQUE
DURBAN
PORT ELISABETH
KAPSTADT
FREETOWN

HK ATLANTIS UND PRISEN
SS GREGORIOS
SS CANADIAN CRUISER
PRISE BRITISH ADVOCATE
RANTAU PANTJANG

KRUDERS WALFANG-FLOTTE

TREFFEN HK-KORMORAN U-124
SS DUQUESA
SOS ARADO 196
PRISE SANDEFJORD
SS BARNEFELD
SS STANPARK
TREFFEN HK-THOR
GEHEIMQUADRAT ANDALUSIEN VERSORGUNGEN
27.12 – 2.1.41
24. 1 – 28.1.41
9. 3. –10.3.41
TREFFEN PRISE STORSTAD
ENDE DES VERPFLEGUNGSAMTES WILHELMSHAVEN-SUD

3.2
14-17
18.2
23.2
25-2
12 2
3.2
9.2
8.2
7.2
27-2
5.2
1.3
3.2
3.2
3.3
1.2
4-3
3.11
6-3
9-3
11-3
23.1
12 1
22.1
181.
13.1
15
13 -3
14 -3
19.12
13.12
16. 3
16.12
20.2
21.2

Inhaltsverzeichnis

Über den Einsatz im Kreuzerkrieg. Von Theodor Krancke .. 11

Erster Teil
ALLEIN IM NORDATLANTIK
1. Getarnte Vorbereitungen – heimliches Auslaufen 33
2. Durchbruch im Polarorkan 50
3. Einzelfahrer statt Geleit – eine Falle? 64
4. Der Angriff auf das HX-84-Geleit................... 74
5. Versorgung auf geheimem Treffpunkt 98
6. Operationen vor Westindien 110
7. Acht Tage später: Nachterfolg vor den Kap-Verden 121
8. Ergebnislose Suche im Mittelatlantik 144

Zweiter Teil
IM SÜDATLANTIK
9. RRR – am Äquator 167
10. Arado verschwunden und wiedergefunden 177
11. Verpflegungsamt Wilhelmshaven-Süd wird ausgepackt .. 184
12. Ohne Werft und ohne Hafen 189
13. Weihnachten mit HK „Thor" 195
14. Flottentreffen auf Punkt „Andalusien" 205
15. Unter Afrikas Küsten im Guinea-Golf 216
16. Doublette durch Kriegslist 223
17. Prisenkommando für Krüders Walfang-Flotte 236

Dritter Teil
IM INDISCHEN OZEAN
18. Marsch um das Kap der Guten Hoffnung 251
19. Wir lagen vor Madagaskar 256

20. Vor Ostafrika: Britentanker. Eines Griechen Ladung:
    Rote-Kreuz-Kisten mit MG-Schlagbolzen 261
21. Dritc unter Sternenbanner funkt RRR 268
22. Trotz Blindfahrt erwischt 276
23. Konzentrische Einkreisung durch britische
    Seestreitkräfte, aber 281

Vierter Teil
UNBEMERKTER HEIMMARSCH

24. Wiedersehen in Andalusien 293
25. Spannungsgeladener Durchbruch in Sichtweite britischer
    Kreuzer 300
26. Heim nach Kiel 315

ANHANG

Unternehmen „Wunderland" 321
Aufstellung der Gegnerverluste 335
Schwerer Kreuzer „Admiral Scheer" ex Panzerschiff 336
„Admiral Scheer" und ihre Gegner 337
Erklärungen einiger Abkürzungen und seemännischer
Ausdrücke 338

Register 341

Über den Einsatz im Kreuzerkrieg

von Theodor Krancke

Alle Räume des Festlandes sind Besitzteile einzelner Völker oder Staaten, um deren Erwerb und Besitzerhaltung sie seit Jahrtausenden miteinander ringen. Die riesigen Räume der Weltmeere gehören nicht zu diesen Besitztümern, sie sind zu groß, als daß Staaten sie ihr Besitztum nennen können. Die Machtmittel fehlen, um solche gewaltigen Räume zu halten und restlos zu beherrschen. Lediglich die Küstenstreifen, bisher 3 sm breit, werden als Hoheitsgebiet der Staaten beansprucht, weil sie von Land her beherrscht werden können.

Die Weltmeere sind aber die großen Verbindungswege zwischen den Völkern der Erde, auf denen die Massengüter der Welt von Kontinent zu Kontinent, von Staat zu Staat transportiert werden. In Friedenszeiten werden die Weltmeere von allen Völkern frei als Verkehrsstraßen benutzt, es herrscht „die Freiheit der Meere". Geraten aber Staaten in kriegerische Konflikte miteinander, werden auch diese Verkehrsstraßen Kriegsgebiet, sofern die Kriegführenden Teilnehmer dieser Verkehrswege sind. Der Kampf geht in solchem Fall nicht um die Verkehrswege selbst, sie sind zu mannigfaltig und zu weltweit und lassen sich nur in ganz beschränkten, küstennahen Gebieten beherrschen; der Kampf geht um das, was auf diesen Verkehrsstraßen transportiert wird. Das können Truppen und Kriegsmaterial sein, die über See zu einer beliebigen Landfront geschafft werden, um dort dem Gegner den eigenen Willen aufzuzwingen. Darüber hinaus sind es alle Waren, die der feindlichen Wehrkraft dienen. Solche Waren bezeichnet man als Bannware. Weil nun heute nicht mehr der Soldat allein einen Krieg führen kann, sondern die gesamte Lebenskraft eines Volkes für den Krieg eingesetzt wird, sind praktisch seit dem Ersten Weltkrieg alle Waren, die für das Feindesland bestimmt sind,

11

Bannware, und das heißt Kampfobjekt, geworden. Dabei spielt es keine Rolle, ob diese Ware auf feindlichem oder neutralem Schiff transportiert wird. So wird auch der Neutrale, der einem der Kriegführenden seinen Schiffsraum zur Verfügung stellt, in Mitleidenschaft gezogen. Internationale Vereinbarungen regeln die zu beachtenden Kampfformen.

Dieser Kampf um das feindliche Banngut oder um seine Zufuhr, transportiert auf Handelsschiffen, heißt Zufuhrkrieg, Handelskrieg oder bei Ausübung durch Überwasserkriegsschiffe Kreuzerkrieg.

Der umfangreiche Güteraustausch und Massentransport über die Meeresstraßen ist im Zeitalter der Industrialisierung durch den Riesenbedarf an Rohstoffen und durch das Fehlen ausreichender Ernährung für die meisten Staaten ein unabwendbarer Zwang geworden. Ihre Existenz hängt von ihm ab. Der heimatliche Boden kann allein die zahlreichen Menschen nicht mehr ernähren, und die Industrie mit allen ihren Erzeugnissen fürs tägliche Leben und auch für die Machtmittel des Staates ist auf die Zufuhr der nicht aus dem eigenen Boden zu gewinnenden Rohstoffe angewiesen. So ist auch in einem Kriege für fast alle Staaten eine ungestörte Zufuhr zur Grundlage ihres Lebens und die Vorbedingung für das Bestehen eines solchen Kampfes geworden. Daraus ergibt sich für die Länder, die vom Seehandel abhängig sind und an die See grenzen, die Notwendigkeit, sich die Machtmittel zu schaffen, die ihren Überseehandel sichern können und zugleich imstande sind, den feindlichen Seeverkehr lahmzulegen oder wenigstens empfindlich zu stören. Diese Machtmittel sind die Seestreitkräfte, zu denen heute die Luftstreitkräfte getreten sind. Je abhängiger ein Land von der Seezufuhr ist, um so stärker wird es seine Streitkräfte ausbauen müssen. Die Zusammensetzung der Streitkräfte richtet sich nach den vermutlichen Gegnern, wobei die beiden Aufgaben bestimmend sind: Schutz des eigenen Seehandels, Abwürgen des feindlichen. Von großen rein militärischen Operationen über See abgesehen, ist also das Objekt, um welches auf See gekämpft wird, der Seehandel, d. h. das Handelsschiff. Erst aus diesem Kampf ergibt sich das Ringen mit den gegnerischen Streitkräften, indem der Handelsstörer durch die dem Schutz des Seeverkehrs dienenden Feindstreitkräfte bekämpft wird, oder indem der Handelsstörer sich erst durch einen Kampf mit der feindlichen Sicherung an sein

Angriffsobjekt, nämlich das feindliche Handelsschiff, durchkämpfen muß. Es ist dabei gleichgültig ob es sich um einzelne Streitkräfte oder um ganze Flotten handelt, und ob vielleicht ein Flottenkampf erst überhaupt die Möglichkeit schaffen soll, den Weg zu den Handelsstraßen des Gegners zu öffnen.

Das britische Reich hat sich in Jahrhunderten währenden Eroberungen ein Weltreich mit zahllosen Besitzungen und Stützpunkten in aller Welt aufgebaut, wobei die Flotte Träger dieser Eroberungen und ihr Erhalter war. So entstand die seebeherrschende Stellung des Inselreiches. Andere Mächte, die ähnlich koloniale Entwicklungen betrieben, waren in langen Seekriegen niedergekämpft. England braucht die ungestörte Verbindung zu den Einzelstaaten seines Empires, sein Mutterland ist ganz von der Seezufuhr abhängig geworden. Es versuchte deshalb, diese Vormachtstellung auf See aufrechtzuerhalten, verkannte aber, daß in moderner Zeit auch andere Staaten ohne den Seeverkehr nicht mehr leben können und mit Recht gleiche Ansprüche auf freie Benutzung der Seestraßen auch im Kriegsfall beanspruchen müssen.

Richten wir unseren Blick nun auf unser deutsches Vaterland. Das deutsche Volk hat keine natürlichen Grenzen, wie sie anderen Völkern durch das Meer oder unübersteigbare Gebirge gegeben sind. Es liegt zwischen West- und Oststaaten und sah sich immer wieder gezwungen, sein Land gegen Angriffe von beiden Seiten zu verteidigen. Im Hin und Her der Jahrhunderte ging ein Stück Land nach dem anderen im Westen verloren, manches konnte dafür im Osten gewonnen werden. Aber diese dauernden Kämpfe, die sich zumeist auf deutschem Boden abspielten, verzehrten die Kräfte der Nation. So kam Deutschland nicht dazu, wie die anderen geographisch günstiger liegenden europäischen Großmächte, seine Kräfte über die Weltmeere hinaus in ferne neue Länder zu richten. Es blieb, innerlich zerfallen, eine reine Kontinentalmacht. Erst nach 1871 erstarkte das Deutsche Reich wieder, wurde Industriestaat und bedurfte damit auch der Überseezufuhr. Kolonien wurden als Rohstoffquellen erworben und eine eigene Handelsflotte für den Transport der Güter geschaffen. Es trat damit automatisch in den Kreis der Staaten, die vom Seeverkehr abhängig sind. Nun mußten folgerichtig auch die Machtmittel geschaffen werden, die den Seehandel schützen und die Verbindung zu den

Kolonien aufrecht erhalten sollten. Solange die traditionelle Freundschaft mit Großbritannien bestand, gab es keine Schwierigkeiten. Als sich jedoch in den 90er Jahren eine Entfremdung zwischen den beiden Ländern zu entwickeln begann, mußte die ungünstige geographische Lage der deutschen Seeräume beim Aufbau der deutschen Flotte Berücksichtigung finden. Die britischen Inseln liegen wie ein Sperrgürtel vor der Nordsee und riegeln die Verbindung zum Weltmeer ab. Eine deutsche Flotte mußte daher so stark sein, daß sie diese Sperrung mit Waffengewalt aufzubrechen riskieren konnte. Der Gegner England mußte dann bei einem Kampf gegen Deutschland seinerseits das Risiko eingehen, durch Verluste seine Vormachtstellung auf See auch anderen Staaten gegenüber einzubüßen. Es mußte riskieren, daß nach einem Kampf mit der Kaiserlichen Marine auch auf *See* der Grundsatz Wirklichkeit wurde, welcher seit Jahrhunderten für die britische Politik auf dem *Festland* bestimmend war, nämlich die „balance of power", was bedeutet: „Kein Staat darf so stark sein, daß er allein den anderen Großmächten seinen Willen aufzwingen kann." Bis 1914 hatte Großbritannien auf See tatsächlich solche Machtstellung innegehabt und ging nun bei Kriegsbeginn das Risiko ein, diese seine Vormachtstellung zu verlieren. Zwar gelang es der deutschen Flotte nicht, trotz des Seesieges am Skagerrak, die Absperrung von der Überseewelt zu brechen, aber mit dem neuen Kampfmittel, dem U-Boot, gelang ein würgender Griff an die Schlagadern des britischen Weltverkehrs, der den Eintritt der Vereinigten Staaten von Nordamerika in den Krieg auf britischer Seite zur Folge hatte. In Deutschland traten durch die Abschnürung von der übrigen Welt allmählich Hunger, Mangel an Rohstoffen und Zusammenbruch ein. Doch auch Großbritannien hatte seine Vormachtstellung auf See verloren und mußte sie mit den auf See gleich stark gewordenen USA teilen. Die „balance of power" auf See war Tatsache geworden.

Durch das Versailler Diktat wurde uns die Handels- und Kriegsflotte bis auf kümmerliche Reste, die gänzlich veraltet waren, genommen. Weil aber ein Industriestaat ohne den Überseehandel eben nicht leben kann, begann zunächst langsam, dann aber mit höchster Energie der Wiederaufbau der Handelsflotte. Im Kriegsschiffbau waren wir starken Beschränkungen unterworfen, nicht nur der Zahl nach. Die größten Einheiten durften nur 10 000 to groß sein, und als größtes Geschützkaliber waren 28 cm vorgesehen. Die übrigen Mächte konnten Schlachtschiffe von 35 000 to mit 40-cm-Geschützen und Kreuzer von 10 000 to mit 20,3-cm-Geschützen bauen. So entschloß sich die deutsche Reichsmarine in den 20er Jahren zum Bau von „Panzerschiffen", die durch ihr Geschützkaliber von 28 cm den Schweren Kreuzern der übrigen Mächte überlegen, jedoch geringere Geschwindigkeit besaßen, dafür aber schneller waren als die damaligen Schlachtschiffe (mit Ausnahme der Schlachtkreuzer). Erwähnenswert ist der große Aktionsradius von 19 000 sm, der durch Verwendung hochmoderner Dieselanlagen erreicht wurde. Es waren dies die Panzerschiffe „Deutschland", „Admiral Scheer" und „Admiral Graf Spee", im Ausland höhnisch „pocket-battleships" bezeichnet.

Nach Beginn der deutschen Wiederaufrüstung fielen die Marinefesseln des Versailler Diktats durch den Flottenvertrag mit England vom Juni 1935. Deutschland verzichtete auf jede Konkurrenz mit der britischen Flotte durch Begrenzung auf 35% der britischen Tonnageziffern. Hitler wollte auf keinen Fall je wieder einen Konflikt mit dem britischen Weltreich. Infolgedessen ging auch der Neuaufbau der deutschen Flotte ohne Hast planmäßig vor sich und nicht annähernd in dem Tempo, wie bei Heer und Luftwaffe. Die admiralstabsmäßigen und gedanklichen Vorbereitungen auf mögliche Kriegsfälle waren ausschließlich auf Rußland, Polen und Frankreich gerichtet. Erst nach der Sudetenkrise 1938 mußte auch ein Konflikt mit Großbritannien einbezogen werden. Bei dem gegebenen Kräfteverhältnis (von den zugestandenen 35% waren noch nicht 10% erreicht) schien eine solche Kriegslage aussichtslos. Nach den Erfahrungen mit der Auslieferung der deutschen Flotte nach dem Ersten Weltkrieg kam ein Schonen oder Zurückhalten der Schiffe nicht in Frage, rücksichtsloser Einsatz mußte versucht werden, auch wenn die Schiffe dabei verlorengingen. Vielleicht konnte man durch überraschenden und kühnen Einsatz gegen den feindlichen Seehandel noch einigermaßen befriedigende Erfolge erzielen. Der eigene Seehandel konnte nur in Nähe der eigenen Küste geschützt werden, mit dem Ausfall des Überseehandels mußte, bis auf einzelne Blockadebrecher, gerechnet werden.

Vor dem Kriege hatte Hitler dem Oberbefehlshaber der Kriegsmarine immer wieder versichert, daß er es nicht zu einem Kampf gegen die Westmächte, vor allem nicht gegen das britische Weltreich kommen lassen werde. Aber als er im September 1939 die polnische Frage mit Waffengewalt lösen wollte, erklärten England und Frankreich den Krieg an Deutschland. Nun gab es, solange der übermächtige Gegner nicht die deutschen Seestreitkräfte vernichtete, für die deutsche Seekriegsleitung nur eine strategische Aufgabe: den Angriff auf die feindlichen Seeverbindungen. Wieder wie im Ersten Weltkrieg wurde das U-Boot der Hauptträger dieses Zufuhrkrieges, aber auch alle irgend geeigneten Überwasserstreitkräfte wurden rücksichtslos in diesen Kampf geworfen. Leichte Seestreitkräfte und Luftstreitkräfte griffen den britischen Seehandel in der Nordsee und an der britischen Ostküste an. Die beiden maschinell klaren Panzerschiffe „Deutschland" und „Admiral Graf Spee" wurden sofort in Nord- und Südatlantik, „Admiral Scheer" Herbst 1940 in Atlantik und Indischen Ozean zum Kreuzerkrieg entsandt, zahlreiche Hilfskreuzer, durch Umbau von Handelsschiffen geschaffen, ausgerüstet und mit Beginn des Jahres 1940 in die Weltmeere zum Handelskrieg geschickt. Nach Besetzung der französischen Atlantikküste war der unmittelbare Zugang zum Weltmeer erreicht, und nun entschloß sich die Seekriegsleitung sogar zum Einsatz der Schlachtkreuzer „Gneisenau" und „Scharnhorst", des Schlachtschiffes „Bismarck" und der Schweren Kreuzer „Admiral Hipper" und „Prinz Eugen" zum Handelskrieg im Atlantik. Bei deren relativ geringem Aktionsradius waren die Stützpunkte an der Atlantikküste und eine umfangreiche Tankernachschuborganisation erforderlich. Ende 1941 brachte die nach anfänglicher Niederkämpfung wieder erstarkende und langsam überlegen werdende britische Luftwaffe diese Einsätze zum Erliegen und zwang zur Zurückziehung der großen Schiffe in die heimatlichen bzw. norwegischen Gewässer. Etwa 1 000 000 to für den Feind fahrender Handelsschiffstonnage war den Überwasserstreitkräften zum Opfer gefallen.

In den ersten 2½ Kriegsjahren war der Zufuhrkrieg mit allen Kampfkräften geführt und waren 2580 Schiffe mit einer Tonnage von 8 975 000 Tonnen aufgebracht oder versenkt worden. Nun waren Ende 1941 auch die USA offiziell Kriegsgegner geworden. Nur die U-Bootwaffe war jetzt noch in der Lage, den Zufuhrkrieg fortzusetzen. Nach gewaltigen Erfolgen im Jahre 1942 und Anfang 1943 sanken die Versenkungszahlen, weil die Radarausrüstung von Flug- und Seestreitkräften des Gegners allmählich die Oberhand über das U-Boot gewonnen hatte. Erst April 1945 kam das neue, wirkliche U-Boot an die Front, dem Radar nichts mehr ausmachen konnte. Aber zu spät. Der Gegner hatte den Zufuhrkrieg bereits gewonnen, der Feind stand an der Oder und am Rhein.

Obwohl die strategische Lage 1939 ganz aussichtslos schien, hatte die deutsche Seekriegsführung es fertiggebracht, die Initiative 3½ Jahre lang an sich zu reißen durch Einsatz aller Kräfte auf das eine Ziel, den feindlichen Seeverkehr. Es war ihr gelungen, England an seiner Achillesferse, seiner Zufuhr, fast tödlich zu treffen. Und das wurde erreicht mit einer noch in den Anfängen ihrer Wiederaufrüstung befindlichen Kriegsmarine, welcher von der Staatsführung nie im Frieden die Vorbereitung für den Kampf gegen die Seemacht Großbritannien aufgegeben war. Sie war infolgedessen auch in ihrer Zusammensetzung keineswegs den Erfordernissen eines so gewaltigen Zufuhrkrieges angepaßt. Noch weniger war sie in der Lage, einer feindlichen Flotte oder einer mit allen modernen Kampfmitteln gesicherten Landungsflotte entgegenzutreten. Großbritannien hat auf der anderen Seite das Überstehen dieser schwersten Krisis seiner modernen Geschichte nur der Hilfe der USA und dem vorzüglichen Radargerät zu verdanken.

Nach diesen kurzen Gedanken über den Seekrieg und den Zufuhrkrieg sowie über die Art und Form der deutschen Seekriegsführung möchte ich noch einige Ausführungen über die Kreuzerfahrt der „Admiral Scheer" machen, die allgemein interessierende Punkte berühren.

Seit 1940 war die Bezeichnung „Schwere Kreuzer" statt „Panzerschiffe" eingeführt, da ihre Verwendung der von Kreuzern entsprach. Seit den Jahren ihrer Indienststellung waren zudem an den Fundamenten der Motorenanlagen Risse und andere kleinere Schäden aufgetreten, die nur in größerer Werftliegezeit behoben werden konnten. „Deutschland" und „Admiral Graf Spee" hatten diese Reparaturen bei Kriegsbeginn bereits hinter sich, während „Admiral Scheer" planmäßig im Herbst 1939 in die Werft gehen sollte. Bei Kriegsausbruch wurde die Werftliegezeit auf Anfang Februar 1940 verschoben. Die Werftliegezeit wurde zugleich benutzt, um auch andere Umbauten, wie Veränderung der Vorschiffsform zur Erhöhung der Seefähigkeit, Umbau des Vormarses u. ä. durchzuführen. Das Schiff verließ Juli 1940, in den letzten Wochen mehrfach von feindlichen Flugzeugen erfolglos angegriffen, die Wilhelmshavener Werft, um nun in der Ostsee durch forcierte Ausbildung wieder voll gefechtsklar zu werden. Ein verhältnismäßig großer Teil der Besatzung hatte gewechselt und mußte neu einexerziert werden, war doch damit zu rechnen, daß es schon beim ersten Ausmarsch zur Feindberührung kommen werde. Gegen Ende der Ausbildung traten erneut Störungen an der Dieselanlage auf, die zu einer kurzen Werftzeit in der Danziger Werft zwangen. Diese Zeit wurde ausgenutzt, um durch Kriegsspiele das Offizierskorps auf die kommenden Aufgaben vorzubereiten. Anschließend begann in Gotenhafen die umfangreiche Ausrüstung des Kreuzers mit Brennstoff, Munition, Proviant für lange Seezeit und Ersatzteilen aller Art. Die Erfahrungen des Schwesterschiffes „Admiral Graf Spee" hatten gelehrt, daß Gefechtsschäden, wenn überhaupt, nur mit Bordmitteln beseitigt werden konnten. Der Kreuzer mußte also deshalb „bis zur Halskrause" mit Ersatzteilen jeglicher Art neben der normalen Ausrüstung vollgepackt werden. Das alles mußte geschehen, ohne nach außen Aufsehen zu erregen. Es wurden deswegen mehrfach ein- bis zweitägige Seetörns, die zu weiterer Gefechtsausbildung ausgenutzt wurden, eingelegt. Auf diese Weise wurde die laufende Ausrüstung getarnt, und beim endgültigen Auslaufen konnte das Verschwinden des Schiffes auch nicht weiter auffällig sein. In ähnlicher Form wurde mit dem zugeteilten Troßschiff, dem Marinetanker „Nordmark" verfahren, dessen Liegeplatz im Hafen ein gleich aussehendes Schwesterschiff nach seinem Auslaufen übernahm. Die „Nordmark" war ein großer, 21 sm laufender Tanker, der ca. 12 000 to Brennstoff, Munition, Proviant und sonstige Ersatzteile für „Scheer" lud. „Nordmark" war militärisch besetzt und stand unter dem Kommando von Korvettenkapitän d. R. Grau. Neben leichter Flak war der Tanker mit drei 15-cm-Geschützen ausgerüstet.

Die dem Schweren Kreuzer „Admiral Scheer" für die Kreuzerkriegsfahrt gestellte Aufgabe lautete in gekürzter Form etwa:

1. Unbemerkter Ausbruch aus den heimatlichen Gewässern in den Nordatlantik.

2. Zur Störung des gesamten feindlichen Geleitzugsystems Angriff auf einen Halifax-England-Geleitzug. Danach verschwinden für eine Weile in der Weite des Meeres.

3. Handelskrieg im Mittel- und Südatlantik, gegebenenfalls auch Indischer Ozean.

4. Kampf mit feindlichen Streitkräften ist zu vermeiden, es sei denn, er ist zur Durchführung der gestellten Aufgaben unumgänglich.

5. Der von den USA völkerrechtswidrig beanspruchte 500 sm breite Neutralitätsstreifen ist zu beachten. Darüber hinaus ist jegliches Anhalten amerikanischer Handelsschiffe zu unterlassen, damit Konflikte mit den Vereinigten Staaten ausgeschlossen bleiben.

6. Rückkehr nach Anweisung der Seekriegsleitung etwa Frühjahr 1941.

Nach eingehender Besprechung der Aufgaben in der Seekriegsleitung flog der Kommandant nach Wilhelmshaven zum Marinegruppenkommando Nord, der Befehlsstelle für den Nordseekriegsschauplatz bis zur grönländischen Küste, um die Einzelheiten (Kurse, U-Bootsicherung, Luftsicherung u. ä.) für den Ausbruch zu vereinbaren, wobei je nach Feindlage Auslaufen durch den Großen Belt-Skagerrak oder aus der Nordsee heraus vorgesehen wurde.

Nachdem einige Tage vorher die „Nordmark" Gotenhafen mit der Weisung verlassen hatte, durch die Dänemarkstraße den Atlantik zu gewinnen und ab 15. November auf einem Treffpunkt im Mittelatlantik zu stehen, lief „Admiral Scheer" am 23. Oktober 8 Uhr morgens endgültig aus Gotenhafen aus. Außer dem Kommandanten wußte kein Offizier oder Mann der Besatzung, daß nun für lange Zeit, vielleicht auch für immer, die Verbindungen mit der Heimat unterbrochen waren. Dieses In-Unkenntnis-Lassen war notwendig, damit nicht durch ein unbedachtes Wort feindlichen Agenten das Auslaufen zur Kreuzerfahrt bekannt werden konnte. Die Gefühle und Gedanken, die den Kommandanten in solchen Augenblicken bewegen, sind schwer zu beschreiben. Glücklich, die Vorbereitungszeit auf die Unternehmung endlich hinter sich zu haben, blickt er voller Stolz und Freude auf sein Schiff, welches ihm zu einer so selbständigen, aber schweren Aufgabe anvertraut ist. Er kennt Schiff, Besatzung und Kampfwert, weiß aber auch, daß jetzt, über ein Jahr nach Kriegsausbruch, die feindliche Abwehr auf

See voll eingespielt ist und seine Chancen nicht übermäßig groß sind. Ist alles für eine so weitreichende Unternehmung Nötige richtig und vollzählig bedacht? Wird und kann der unbemerkte Durchbruch, die Vorbedingung für alle weiteren Operationen, gelingen? Wie wird das erste Angriffsobjekt, der Geleitzug, zu finden, wie wird er gesichert sein, wird sich der Angriff so abspielen, wie in der Theorie am Brettspiel durchdacht, sind noch andere Überraschungen zu erwarten, wie etwa feindliche U-Boote beim Geleit? Wirst du Glück haben bei deinen Handlungen und Überlegungen, denn das gehört nun mal dazu. Wirst du stets die Gegenmaßnahmen des Feindes richtig einschätzen und nicht von ihm Erwartetes tun? Wirst du es schaffen, dein Schiff zum Erfolg zu führen und es mit seiner prächtigen Besatzung gesund wieder heimzubringen?

Aber schon nach kurzem reißen Dienst und Verantwortung aus solchen Gedanken. Sie verschwinden ganz und machen fester Ruhe und dem erforderlichen Selbstvertrauen Platz. Der Kommandant eines Schiffes im Handelskrieg ist ganz auf sich allein gestellt. Nur er hat in allen Situationen zu entscheiden, was zu geschehen hat. Er hat keine Vorgesetzten oder Gleichaltrigen, die er fragen oder mit denen er sich besprechen kann. Er muß selbst entscheiden. Er muß jede Sekunde zur Stelle sein, während die übrige Besatzung in Kriegswachen eingeteilt ist. So wird er mehr als sonst ein Offizier gleichen Ranges der einsame Führer seines Schiffes und seiner Besatzung, für deren Wohl und Wehe er allein die Verantwortung zu tragen hat. Das Schicksal des Schiffes ist mit seiner Person verknüpft. Sein schönster Lohn ist, wenn er dabei das volle Vertrauen seiner Besatzung gewinnt, und ein durch nichts zu erschütterndes kameradschaftliches Band umschließt solche Besatzung, die ganz auf sich allein gestellt gewesen war.

Bei der gesamtstrategischen Lage und der sehr geringen Zahl deutscher Überwasserstreitkräfte war den eingesetzten Kommandos grundsätzlich befohlen, einen Kampf mit feindlichen Seestreitkräften nicht zu suchen. Jeder Verlust, und damit mußte immer gerechnet werden, wirkte sich bei uns sehr viel empfindlicher aus als bei der großen Zahl der feindlichen Kriegsschiffe. Weiter war zu berücksichtigen, daß die deutschen Schiffe im Gegensatz zum Gegner keine Stützpunkte an den Küsten der Weltmeere besaßen, wo sie Gefechtsschäden hätten reparieren lassen können. Auch im neutralen Ausland erzwang der Druck der Seemacht Großbritannien, daß uns dort die an sich völkerrechtlich erlaubte Reparatur verwehrt (siehe „Graf Spee" in Montevideo), englischen Kriegsschiffen aber gestattet wurde. Die Anweisung der Seekriegsleitung, den Kampf mit feindlichen Seestreitkräften möglichst zu vermeiden, war daher wohl begründet und verständlich, zumal ja nicht das feindliche Kriegsschiff, sondern das Handelsschiff mit seiner wertvollen Ladung das Objekt war, um das gerungen werden sollte. Für die im Handelskrieg eingesetzten Schiffe entstand daher die Taktik, überraschend in einem Seegebiet aufzutauchen und nach einer Reihe von Erfolgen oder, wenn der eigene Standort dem Feind bekannt geworden war, wieder in der Weite der Weltmeere zu verschwinden, um nach einiger Zeit an anderer oder auch an derselben Stelle erneut in Tätigkeit zu treten. Diese Taktik erschwerte dem Gegner das Stellen des Handelsstörers sehr, er mußte zahlreiche Kräfte zum Suchen ansetzen, und das ging schließlich auch über die ihm zur Verfügung stehenden Seestreitkräfte zahlenmäßig hinaus.

Der wichtigste Dienst an Bord ist der Ausguckdienst bei Tag und Nacht. Von seinem Funktionieren hängen Erfolg und Sicherheit des Kreuzers ab. Auf „Admiral Scheer" waren ständig sämtliche optischen Geräte der Schiffsführung, der Artillerie und der Torpedowaffe sowie die Horchanlage für Unterwasserortung besetzt. Außerdem waren zahlreiche Ausguckposten mit besten Doppelgläsern ausgerüstet. Jedes Gerät und jeder Posten hatten einen bestimmten Sektor zu überwachen. An den scharfen optischen Geräten wurden die Posten halbstündig abgelöst, um die Augen nicht zu sehr zu ermüden. Die wichtigsten Geräte im Vormars waren tags von Offizieren besetzt. Weil nun draußen auf weiter See bei klarer Sicht kaum mit sofortigem Waffeneinsatz zu rechnen war, wurde keine volle Kriegswache gegangen, wie sonst in See üblich, d. h. die Hälfte der Besatzung auf Gefechtsstationen, sondern wir hatten eine Kriegswacheinteilung mit 4 Wachen, entsprechend der Anzahl der seemännischen Divisionen, eingeführt, bei der außer den schon erwähnten Ausguckposten nur die wichtigsten Stellen der Waffen besetzt waren, wie Telefonposten an den einzelnen Geschützen, Waffenleitzentralen, Schaltstellen und ähnliches. Jede Sichtmeldung ging sofort an die Kommandobrücke und wurde dort nachgeprüft, bei Tage meistens, indem der Kommandant schnell in den Vormars stieg, um selbst sich das Gemeldete anzusehen und seine Entschlüsse zu fassen. Bevor man klar sah, wurde stets zunächst einmal von dem Gegner abgedreht, um nicht unnötig schnell die Entfernung zu verringern. Oft gab es natürlich auch Falschmeldungen, die auf optischer Täuschung oder sonstigen Irrtümern beruhten. Grundsätzlich durfte dem meldenden Posten deswegen kein Vorwurf gemacht werden, lieber eine falsche Meldung zuviel, als die Scheu aufkommen zu lassen, bei unsicherer Beobachtung mit der Meldung zu zögern. Wer auf See zuerst sieht, hat stets den Vorteil, da sofort Maßnahmen der Schiffsführung einsetzen können, die unter Umständen für das ganze Schiff entscheidend sind. Bei unsicherer Lage oder bei Unsichtigkeit oder wenn mit Luftgefahr zu rechnen war, zog volle Kriegswache auf, manchmal auch nur für bestimmte Waffenarten, etwa die Flak. Zuweilen, wenn es zweckmäßig schien, ließ man sie auch voll besetzt für längere Zeit. Auf diese Weise konnte der Gefechtswachdienst völlig der jeweiligen Lage angepaßt werden, und es blieb für die Besatzung genug Zeit für andere Dienste und für Ruhe. Die Morgenstunden sind immer eine besonders kritische Zeit, wenn die geringe Sicht der Nacht in die weite Tagessicht übergeht. Leicht kann in der Nacht ein Ziel nicht geortet worden sein, bis es dann bei Hellwerden plötzlich auf kurze Entfernung in Sicht kommt. Der Kommandant war deshalb in dieser Zeit stets auf der Brücke, um notfalls sofort handeln zu können.

Wenn ich vorher davon sprach, daß der Kreuzerkommandant draußen ganz auf sich allein gestellt sei, so mag mancher Leser die Frage stellen, ob denn nicht durch Funkverkehr eine ständige Verbindung mit der Heimat aufrechterhalten blieb. Selbstverständlich war das der Fall, und ich möchte auch dieses Gebiet kurz streifen. Es war ja nicht nur ein Schiff draußen, sondern zahlreiche Handelsstörer (Hilfskreuzer, Troßschiffe, Flottenschiffe und U-Boote). Deren Operationen mußten von der Seekriegsleitung aufeinander abgestimmt und generell gesteuert werden. Hierzu bediente sich die Seekriegsleitung des Funkspruchverkehrs, den sie von verschiedenen Heimatfunkstellen in unbeschränktem Umfang ausstrahlen lassen konnte. Dagegen mußte die Abgabe von Funksprüchen der Schiffe aufs äußerste eingeschränkt bleiben, weil jedes längere Funken, auch auf Kurzwellen, vom Gegner einpeilbar war, also den jeweiligen Standort verriet. Den Handelsstörern war deshalb ein besonderes Codebuch mitgegeben, das der Eigenart dieser Kriegsführung angepaßt war. Die für sie in Frage kommenden Meldungen usw. waren darin in wenigen Buchstaben ausgedrückt. Zum Beispiel: TBF = ich habe bisher 50 000 to aufgebracht oder WIH = ich verlege mein Operationsgebiet in den Indischen Ozean, Großquadrat XY. Durch Verwendung dieses Codebuches wurden die Funksprüche so kurz, daß der Sender des Schiffes schon wieder schwieg, bevor der Gegner zum Einpeilen kam. Die Heimat dagegen gab laufend Funksprüche ab, die die nötigen Weisungen, Nachrichten über erkannte Feindmaßnahmen, allgemeine Unterrichtungen über die militärpolitische Lage, aber auch wichtigste Familiennachrichten für die Besatzungsangehörigen enthielten. Lagen keine Nachrichten vor, wurden Blindfunksprüche abgegeben, d. h. solche ohne Inhalt. In häufigen, den Schiffen bekannten, täglich wechselnden Pausen von ca. 10 Minuten gingen die Heimatfunkstellen auf Empfang und konnten von den Schiffen draußen abgegebene Funksprüche abnehmen. Die Seekriegsleitung bestätigte dann die erhaltenen Funksprüche und wiederholte sie in vollem Text.

Selbstverständlich waren alle Funksprüche mit der Schlüsselmaschine überschlüsselt. Auf diese Weise war die Seekriegsleitung im großen über die Tätigkeit der Handelskreuzer unterrichtet und konnte, wo es operativ zweckmäßig schien, eingreifen. Operationsgebiete abgrenzen, Schiffe zwecks Erfahrungsaustausch zusammenführen und den gesamten Überseekrieg einheitlich steuern, ohne dabei in die taktischen und strategischen Entschlüsse der Kommandanten einzugreifen, die sie ja im einzelnen nicht übersehen konnte. Der Dienst der Funkmannschaft war daher sehr verantwortlich und wurde noch durch die Beobachtung des feindlichen Funkverkehrs durch eine besondere B-Dienstgruppe erweitert, was manchen wertvollen Einblick in das Verhalten des Gegners lieferte und dadurch auch eigene Entschlüsse auslöste. Als Gegenmaßnahme gegen die Unauffindbarkeit der deutschen Schiffe hatte die britische Admiralität allen Handelsschiffen befohlen, sofort Meldung mit Standort zu funken, sobald sie in einem gesichteten Schiff einen Handelsstörer vermuteten. Das Funksignal lautete:

R R R (raider, raider, raider)
Standort
Unterschrift

Jedes dieser RRR-Signale löste sofort auf der Feindseite operative Maßnahmen aus. Es war also ein Aufklärungssignal und damit ein militärischer Akt des Handelsschiffes. Es konnte nach Seekriegsrecht bei Abgabe eines Funksignals sofort unter Feuer genommen werden, wovon die deutschen Handelsstörerkommandanten jedoch meistens Abstand nahmen. War nun durch solch eine Meldung eines Handelsschiffs der Standort dem Gegner doch bekannt geworden, konnten selbstverständlich auch längere Funksprüche abgegeben werden, die der ausführlicheren Unterrichtung der Seekriegsleitung dienen sollten. Oft lag auch die Abgabe des RRR-Signals in der operativen Absicht der deutschen Kommandanten, wenn sie gerade in diesem Gebiet gemeldet werden wollten, um den Gegner hierher zu locken, um dann an anderen Stellen ungestört arbeiten zu können.

Wenn ein feindliches Schiff aufgebracht war, das zur Heimsendung als Prise ungeeignet schien und dessen Versenkung notwendig wurde, nahm man vorher alles für den eigenen Gebrauch Geeignete, wie Frischproviant, Kartoffeln, Obst, Rauchwaren u. ä., über. Für Brennstoffübernahme kamen eigentlich nur Tanker in Frage, vorausgesetzt, daß der Brennstoff für die eigene Anlage geeignet war. „Scheer" hat nur einmal aus einer Prise des Hilfskreuzers 16 besonders gutes Dieselöl übernehmen können, da die hochgezüchteten Dieselanlagen des Kreuzers nur bestimmtes Dieselöl verwenden konnten. Hierfür war normalerweise das Troßschiff „Nordmark" da, welches ja mit allem, was „Scheer" benötigte, ausgerüstet war. Das Troßschiff wurde jeweils auf bestimmte Treffpunkte für festgelegte Tage beordert, diese Treffpunkte lagen meist in wenig befahrenen Gebieten. Der Kreuzer war immer nur wenige Tage mit ihm zur Proviantergänzung zusammen. Der Kreuzer mußte seine Vorräte immer wieder ergänzen, damit bei Verlust des Troßschiffes die Operation noch etwa drei Monate auch ohne weitere Ergänzung fortgesetzt werden konnte. Selbstverständlich konnten auch andere Schiffe ihren Bedarf aus der „Nordmark" nehmen, sie war reichlich dafür ausgerüstet. Ich möchte hier noch der Nachschubschiffe „Alsterufer" und „Alstertor" Erwähnung tun, die Anfang 1941 in erster Linie für die schon ein Jahr draußen stehenden Hilfskreuzer Nachschubgut und Personal zum Süden brachten. Auch „Scheer" bekam Anfang März neue Tragflächen für sein Bordflugzeug und die erste und einzige Post aus der Heimat.

Man sieht auch hier die enge Zusammenarbeit und Verflechtung zwischen den Schiffen und Aufgaben der Handelsmarine und denen der Kriegsmarine. Erstere müssen weiterfahren und sind dadurch zwangsläufig unmittelbar am Seekrieg beteiligt. Sie wissen um ihre Eigenschaft als Kampfobjekt und kennen die Gefahren, die ihnen drohen. Sie werden daher ihre ganze Fähigkeit und Energie einsetzen, um ihre Aufgaben zum Wohl ihres Heimatlandes durchzuführen. Man hat wieder, wie in früheren Jahrhunderten, im Kriege die Handelsschiffe bewaffnet, damit sie sich gegen schwächere Handelsstörer zur Wehr setzen können. Dies war in erster Linie gegen das Anhalten durch U-Boote nach Prisenordnung gedacht, die dazu auftauchen mußten. Es war umstritten (das Interesse der einzelnen Staaten war verschieden), ob durch diese Bewaffnung seekriegsrechtlich noch die Eigenschaft als Nichtkombattant anerkannt werden kann. Bezüglich der U-Boote hat man es verneint, auch im Nürnberger Prozeß. Hingegen galt für den Kreuzerkrieg das bewaffnete Handelsschiff als Nichtkombattant, d. h. bei der Aufbringung durfte nur bei Weigerung, den Befehlen des anhaltenden Kriegsschiffes Folge zu leisten, Waffengewalt angewendet werden, oder bei feindlichen Handlungen wie Abgabe eines Funkspruchs oder bei etwaigem Waffeneinsatz oder dem Versuch dazu. Das Leben der Besatzungen war zu sichern, und diese mußten vor der Versenkung übernommen oder sicher in einen Hafen gebracht werden.

Auf Grund der Erfahrungen des Ersten Weltkriegs bot die Zusammenfassung der Handelsschiffe zu Geleitzügen mit entsprechender Sicherung den besten Schutz, vor allem gegenüber dem U-Boot. Aber auch gegen Kriegsschiffe und Luftstreitkräfte ergaben sich Vorteile, die die Nachteile wie geringere Fahrt u. ä. aufwogen. Da ein Geleitzug aber einem Kriegsschiffverband gleich ist, kann hier jedes Schiff ohne Rücksicht auf das Leben der Besatzungen unter Feuer genommen werden, der Schutz des Nichtkombattanten fiel also weg. Im Geleitzug wurden höchste

25

Anforderungen an die Schiffsführung der Handelsschiffe gestellt, denn z. B. nachts im abgeblendeten Verband fahren, erfordert großes nautisches Können. Da auch wir wie unsere Gegner gleiche Verfahren anwendeten, gilt das oben Gesagte auch für die deutschen Handelsschiffe. Der Zähigkeit, Anpassungsfähigkeit und dem Können der Kapitäne und Besatzungen ist es zu verdanken, daß so zahlreiche Schiffe bei Kriegsbeginn und später die Heimat erreichten oder als Blockadebrecher ein- und ausliefen, oder im Geleitzugverkehr nach Norwegen, in Ost- und Nordsee und im Mittelländischen Meer ihre Pflicht taten. Viele Seeleute aller Nationen haben bei diesen Fahrten ihr Leben verloren und damit wie der Soldat ihre Treue zur Heimat mit ihrem Tode besiegelt.

Neben diesen eigenen Leistungen liefern die Handelsmarinen zahlloses Personal und Schiffsmaterial für die Kriegsmarinen. Vorposten- und Minensuchverbände, aus ehemaligen Fischdampfern gebildet, behielten den größten Teil ihrer Friedensbesatzung, auch die Hilfskreuzer, die aus Handelsschiffen umgebaut waren, hatten viel Personal aus der Handelsmarine, weil es mit diesem Schiffstyp vertraut war. Gerade im Handelskrieg sind die Erfahrungen und Kenntnisse der alten Seefahrer von der Handelsmarine besonders wertvoll, sie kennen die Eigenarten der Handelsflotten und können manchen guten Rat geben. Auch auf „Scheer" waren die vier Prisenkommandos im wesentlichen aus Fahrensleuten gebildet, geführt durch ehemalige Kapitäne oder Offiziere großer Reedereien. Soweit sie nicht Reserveoffiziere waren, kamen sie als Sonderführer an Bord, doch schon nach wenigen Monaten konnten sie dank ihrer Kenntnisse auf nautischem Gebiet und nach gewisser Schulung im Waffendienst zu Leutnanten der Reserve befördert werden. Alle Aufgaben, die ihnen gestellt wurden, wie vor allem das Heimbringen der Prisen, haben sie vorzüglich gelöst. Ich halte auf Grund meiner Erfahrungen jede andere Verwendung der wertvollen Handelsschiffsoffiziere für falsch. Menschen sind im Krieg das wertvollste, und man sollte jeden da einsetzen, wo man seine Friedenskenntnisse und Erfahrungen am besten nutzen kann, ganz unabhängig von einer militärischen Ausbildung oder einem Dienstgrad. Der Schiffsoffizier gehört, sofern er nicht bei der Handelsmarine weiterfahren kann, im Handelskrieg an Bord der Kriegsschiffe.

Einige Punkte meiner Ausführungen können vielleicht die Ansicht aufkommen lassen, der Handelskrieg sei für Kriegsschiffe eigentlich eine verhältnismäßig geruhsame und harmlose Angelegenheit. Das ist es nun doch nicht. Jedes Anhalten und Untersuchen eines fremden Schiffes auf hoher See ist voller Unsicherheiten. Genau wie wir hatte auch der Gegner zahlreiche Hilfskreuzer eingesetzt und auch getarnte Schiffe als „Fallen" mit Torpedos und Geschützen ausgerüstet, die das anhaltende Kriegsschiff überraschend angreifen sollten. Man wußte also nie, bis zur Besetzung durch das Prisenuntersuchungskommando, wen man eigentlich vor sich hatte. Jede Aufbringung und die Annäherung schon mußte daher taktisch so angelegt werden, daß man sich keiner unvorhergesehenen Überraschung in ungünstiger Stellung ausgesetzt sah. Beim Sichten der Mastspitzen wußte man noch nicht, welche Art Schiff dazu gehörte, und ging man näher heran, mußte mit dem Gesichtetwerden durch den Gegner gerechnet werden. Dann gab er sein RRR mit Standort ab und löste Feindmaßnahmen aus, deren Art und Gefährlichkeit man nicht kannte. Daher wählten die deutschen Handelsstörer gern die Nacht zum Herangehen, um beim Anhalten so dicht zu stehen, daß das Handelsschiff aus Angst vor unmittelbarer Waffenwirkung das Funken aufgab (besonders bei beladenen Tankern) oder daß man, falls er doch funkte, zur Unterbindung des Funkens sofort mit leichten Waffen auf die Funkstation schießen konnte.

Es kam auch vor, daß das Handelsschiff nachts nicht übersehen konnte, welche Art Schiff es anhielt, und sich mit seinen Waffen zur Wehr setzte. Gelegentlich nahmen schneidige feindliche Kapitäne das Risiko der eigenen Vernichtung auf sich und schossen rücksichtslos, denn wie leicht konnte ein glücklicher Treffer gegen den Handelsstörer Schäden verursachen, die mit seinen Bordmitteln nicht zu beheben waren.

Beim Angehen bei Nacht war größte Vorsicht am Platz, da man sehr spät erst erkennen konnte, ob es tatsächlich ein harmloses Handelsschiff war. Naturgemäß war der Handelsstörer beim ganzen Aufbringungsvorgang in voller Gefechtsbereitschaft mit den Waffen klar zum sofortigen Einsatz. Den Scheinwerfer gebraucht man ungern, weil er ebenso wie ein Schuß bei Nacht meilenweit zu sehen ist und weiter abstehende Feindkräfte heranlocken kann. Der Ausguckdienst muß nach allen Seiten voll aufrechterhalten bleiben.

Wie verhängnisvoll leichtfertiges taktisches Verhalten beim Anhalten werden kann, zeigt die Vernichtung des britisch-australischen Kreuzers „Sydney" durch unseren Hilfskreuzer „Kormoran" (Kapt. z. S. Detmers). „Sydney" legte sich beim Anhalten auf geringste Entfernung querab gestoppt, so daß „Kormoran" beim Enttarnen sofort mit Torpedo und Artillerie schwerste Treffer erzielte und in heftigem Nahkampf den Kreuzer schließlich zum Sinken brachte, selbst allerdings auch in Brand geriet und aufgegeben werden mußte.

Die Unternehmung des Schweren Kreuzers „Admiral Scheer" begann 14 Monate nach Kriegsbeginn, zu einer Zeit, da man bei Friedensüberlegungen nie mehr mit solchem Einsatz glaubte rechnen zu können. Aber zu diesem Zeitpunkt hatte der Gegner England wohl noch nicht die Geschehnisse in Norwegen und Frankreich verwunden und sich noch nicht von der Sorge um eine deutsche Invasion gegen die Britischen Inseln frei gemacht. Vielleicht hat dies den Beginn der Unternehmung begünstigt, ohne daß es uns damals klar geworden war. Die Wirkung, die der geglückte Angriff auf einen Geleitzug hatte, lag nicht so sehr in der versenkten Tonnage, sondern mehr in der Unterbrechung der gesamten Zufuhr für gewisse Zeit und dem Durcheinander, welches dadurch entstand. Weiter war der Gegner gezwungen, seine wichtigen Geleitzüge, solange kampfkräftige deutsche Schiffe auf dem Ozean operierten, durch entsprechend starke Flottenstreitkräfte zu sichern. Damit waren zahlreiche Kräfte an die Geleitzüge gebunden und für weitreichende Suchaktionen nach dem Kreuzer nicht verfügbar. Die Zeit der Unternehmung war zugleich die des stärksten Einsatzes unserer Überwasserschiffe. In den Wintermonaten 1940/41 operierten Schiff 10, „Thor", Kpt. Kähler, Schiff 41, „Kormoran", und zeitweilig Schiff 33, „Pinguin", Kapt. Krüger, im Südatlantik; Schiff 16, „Atlantis", Kapt. Rogge, Schiff 33 und Schiff 45, „Komet", Kapt. Eyssen, im Indischen Ozean; sowie letzteres und Schiff 36, „Orion", Kapt. Weyher, im Pazifik. Ab Januar waren außerdem der Schwere Kreuzer „Admiral Hipper" und die Schlachtkreuzer „Gneisenau" und „Scharnhorst" im Nordatlantik zum Handelskrieg eingesetzt. Diese Zeit mußte also auch die stärkste Beanspruchung der feindlichen Flotte zur Sicherung ihres Seeverkehrs sein. Eine wirksame Luftüberwachung der wichtigsten Seeräume hatte sich auch noch nicht beim Feind ermöglichen lassen.

Infolgedessen glückte vieles, was sonst große Gefährdung in sich getragen hätte. So glückte es auch, eine große Anzahl aufgebrachter Prisen heimzusenden und in die Biscayahäfen zu bringen. Auch mancher Dampfer aus Ostasien gelangte in die heimischen Gewässer. Den Heimkehrern wurden von den Handelskreuzern die gefangengenommenen Besatzungen der aufgebrachten Schiffe mitgegeben. Man mußte sie an Bord loswerden, weil die Unterbringung so zahlreicher Menschen mit räumlichen wie auch mit vielen anderen Schwierigkeiten verbunden war.

Als Prisen wurden stets Schiffe ausgesucht, die oder deren Ladung für die Heimat besonders wertvoll schienen *und* die über die für die Heimfahrt nötigen Brennstoffvorräte verfügten, was leider nur selten der Fall war. (Maßnahme der Britischen Admiralität.) Die Prisenkommandos, die die Prisen heimbrachten, waren überetatmäßig an Bord und hatten je eine Stärke von etwa 15 Mann. Traten mehr Anforderungen an Prisenkommandos auf, als an Bord kommandiert waren, mußten unter Führung jüngerer Offiziere oder Oberfähnriche Leute von der eigentlichen Kreuzerbesatzung genommen werden, die zur Not auf den Gefechtsstationen entbehrt werden konnten. Die nicht immer einfache Aufgabe nautischer Art ist stets einwandfrei gelöst worden, wobei man natürlich auch wieder Glück haben mußte, um nicht unterwegs feindlichen Streitkräften in die Arme zu laufen. Trat dies ein, waren die Prisen zu versenken.

Der Überseehandelskrieg ist im Winter 1940/41 mit großer Kühnheit, aber auch mit Glück geführt worden. Das aus allen Weltmeeren tönende RRR verzettelte die feindlichen Kräfte und ließ sie zu keinen Erfolgen im Auffinden der „Raider" kommen. Aber allen Schiffen draußen und der Seekriegsleitung war klar, daß eben nur mit frechem Einsatz Erfolg zu erzielen war, aber auch jederzeit mit schweren Rückschlägen gerechnet werden mußte. Diese traten auch bald ein, als der 1941 einsetzende Kampf gegen den Osten und im Mittelmeer das gegen England eingesetzte Kraftpotential schwächte (Luftwaffe) und vor allem Großbritannien vom Druck befreit war, allein die ganze deutsche Wehrkraft gegen sich zu haben.

Nun sollen die weiteren Seiten des Buches von den Einzelheiten der Unternehmung berichten. Naturgemäß werden die Tage und Stunden im Vordergrund stehen, an die stolze und einprägsame Erinnerungen geknüpft sind, oder an denen sich auch glückliche und frohe Dinge abspielten. Es soll gezeigt werden, wie die Besatzung solche Kreuzerfahrt miterlebte, die vielleicht die letzte ihrer Art überhaupt sein wird.

Den Abschluß dieses Kapitels mögen die letzten zusammenfassenden Worte des Kriegstagebuchs des Schweren Kreuzers „Admiral Scheer" bilden:

Mit dem Einlaufen in Kiel ist die Handelskriegsunternehmung gemäß Operationsbefehl der Seekriegsleitung beendet. Die Unternehmung dauerte vom 23. Oktober 1940 bis zum 1. April 1941 = 161 Tage. In ihr wurden zurückgelegt 46 419 Seemeilen. An feindlichem Handelsschiffsraum wurden versenkt bzw. aufgebracht: 21 Schiffe mit etwa 151 000 to. Geist, Disziplin und Gesundheitszustand waren während der ganzen Zeit vorzüglich. Schwerwiegende disziplinare Versager sind nicht vorgekommen. Das fast sechsmonatige Zusammenleben der Besatzung hat in jeder Beziehung beste Auswirkungen gehabt.

Wenn ich nun bei Abschluß des Kriegstagebuches rückblickend den Einsatz des Schiffes im Kreuzerkrieg überschaue, kann ich mit Befriedigung melden, daß die erzielten Erfolge nicht zuletzt der ausgezeichneten Haltung der Besatzung und ihrer steten Einsatzbereitschaft zu verdanken sind. Jeder Mann fühlte sich von Beginn bis zum Schluß der Unternehmung der großen Aufgabe verpflichtet. Ein prächtiges kameradschaftliches Verhältnis umschloß alle und verband Vorgesetzte und Untergebene miteinander. Sei es der vorzügliche Ausguckdienst auf den Gefechtsstationen, die hingebende Arbeit des Mechanikerpersonals an den Waffen, der Dienst der Funkmannschaft oder die treffliche Handhabung des Maschinendienstes, die selbst während der Überholungszeit der Motorenanlage die Fahrbereitschaft nie unter 21 sm sinken ließ. Alles galt dem Schiff und seiner Bereitschaft.

Dem Oberbefehlshaber der Kriegsmarine konnte ich das Schiff nach dem Einlaufen in Kiel voll gefechtsklar melden.

ERSTER TEIL

ALLEIN IM NORDATLANTIK

1. Getarnte Vorbereitungen – heimliches Auslaufen

RAF-Flieger verrät Angriffsziel – Britische Vermutungen – Täuschungsabsichten beim Umbau des Kreuzers – DT das deutsche Radar – Gerüchte um Kartoffeln und Kohl – Das ist glatter Selbstmord – Warum soll der Kommandant verrückt sein? – Abschied ohne Abschiedsgruß – Herzen auf der Waage – Eine Boje spielt Schicksal? – Versteck in Norwegen – Schlechtes Wetter ist gutes Wetter – Do 18 meldet „Scheer" als feindlichen Schlachtkreuzer

„Damned Scheer!"

Aufstöhnend preßt der Pilot eines bei Wilhelmshaven abgeschossenen britischen Bombers diesen Fluch durch die zusammengebissenen Zähne. Marineflaksoldaten zerren ihn aus den rauchenden Trümmern seines Flugzeuges heraus.

„This damned pocket-battleship!" entfährt es dem Verwundeten noch einmal böse grollend, dann wischt er sich, nun behutsam auf den sammetweichen Wattboden gebettet, mit der Hand des nicht verletzten Armes die Haare aus dem bleichen Gesicht. Ungläubiges Erstaunen über seine Rettung flammt wie fernes Wetterleuchten in seinen sich langsam öffnenden Augen. Er sieht die hilfsbereiten deutschen Soldaten, die sich plötzlich aufhorchend zu ihm hinabneigen und seine Worte fragend wiederholen: „‚Scheer'? Was ist mit ‚Scheer'?" Jähes Erschrecken löst das Erstaunen ab. Er hat zuviel gesagt. Er hat aus dem Unterbewußtsein seiner Benommenheit das Ziel verraten, dem der Angriff der Bombergruppe galt. Seine Lippen formen sich zum schmalen Strich. Er schweigt auf alle Fragen.

Das Marinegruppenkommando Nord in Wilhelmshaven weiß nun, wem die wiederholten Anstrengungen der RAF-Flieger gelten. Einzig und allein dem Schweren Kreuzer „Admiral Scheer", dem Schwesterschiff der „Graf Spee" und der „Lützow", beides Einheiten, die gleich nach Kriegsausbruch nicht nur Unruhe und Besorgnis bei der britischen Navy auslösten, die auch Unsicherheit und Verwirrung bei den Kapitänen und Besatzungen der britischen Handelsschiffe heraufbeschworen, denen die Last, die Verantwortung und die Gefahren der überseeischen Versorgung der Britischen Inseln mit kriegs- und lebenswichtigen Gütern aufgebürdet worden war. Befremden und Mißfallen wurden in England laut.

„Graf Spee" konnte schließlich nur in Verbindung mit einem für die Schiffsführung tragischen und für die Briten glücklichen Zufall im Dezember 1939 ausgeschaltet werden. Die in „Lützow" umbenannte „Deutschland" kehrte von ihren Operationen trotz aller Gegenmaßnahmen wieder heim. „Wenn die Deutschen jetzt ‚Admiral Scheer' in der Werft von Wilhelmshaven in monatelanger Arbeit überholt haben, dann doch nur, um auch dieses Schiff als Handelsstörer in überseeischen Gewässern einsatzbereit zu machen", mutmaßen die zuständigen britischen Stellen. An die Staffeln der britischen RAF-Küstenkommandos ergeht der Befehl: „Vernichtet ‚Scheer'! Bombt und zerstört das gefährliche pocketbattleship!"

Die ersten Verluste sind die besten, argumentieren die kühl und kaufmännisch rechnenden Briten, sich mit der Hoffnung tröstend, den Kreuzer doch noch bei einem der nächtlichen Raids unschädlich zu machen, als sich die Opfer bei der hartnäckigen Verfolgung dieses Zieles mehren. Vergebens. Keine Bombe trifft „Admiral Scheer", die im Februar 1940 eingedockt und bis zum Juli umgebaut wurde und nun zur Adjustierung ihrer Artillerie an der Nordmole der 3. Einfahrt liegt. Der Briten Mutmaßung ist richtig, wenn sie befürchten, „Scheer" sei mit ihrem Aktionsradius von 19 000 Seemeilen in den geheimen Operationsplänen der deutschen SKL als Handelsstörer vorgesehen; was sie aber nicht ahnen und auch nicht durch ihre Luftaufklärung erfahren, ist, daß der Kreuzer ein völlig neues Aussehen erhielt, das dem bekannten Typ der Panzerschiffe kaum mehr gleicht. Der bisher typische, nach vorne glatt abfallende Gefechtsmast ist so gründlich verändert worden, daß er jetzt denen der Schlachtkreuzer „Scharnhorst" und „Gneisenau" und denen der Schweren Kreuzer „Hipper" und „Prinz Eugen" ähnlich ist.

Der neue Kommandant, der am 1. November 1939 den Kreuzer übernahm, ist der Kapitän zur See Theodor Krancke. Die ersten Monate an Bord verliefen ohne besondere Ereignisse, ohne Einsatz. Die Besatzung vermag sich noch kein so rechtes Bild von ihrem neuen „Alten" zu machen, und die Tatsache, daß das OKM ihn zuletzt als Kommandeur der Marine-Akademie verwandte, läßt die mißtrauischen „Scheer"-Männer in ihm eher auf einen Theoretiker und Wissenschaftler, nicht aber auf einen Praktiker und Seemann schließen. Unter dem ausgestiegenen Kommandanten, Kapitän zur See Hans-Heinrich Wurmbach, schoß man auf „Scheer" das erste britische Flugzeug im Bereich der ganzen Flotte und aller Küstenbatterien ab. Mit „Admiral Scheer" hielten viele andere Einheiten ihre Fla-Waffen auf den angreifenden Gegner, aber die „Scheer"-Flak buchte den Erfolg. Unter dem alten Alten war das Glück dem Kreuzer gnädig. Nun gut, man wird sehen, ob es sich mit dem neuen verträgt und wie man mit ihm auskommt. Daß er schwarze Brasil-Zigarren raucht, erfüllt bisher nur die Psychologen unter dem Schiffsvolk mit hoffnungsvollem Vertrauen.

Bei Beginn der Werftliegezeit wird der Kommandant nach Berlin befohlen, wo ihm das Oberkommando der Wehrmacht die operative Vorbereitung des Norwegen-Unternehmens anvertraut. Die Besatzung erfährt den Grund nicht. Es geht sie auch nichts an, denn man hat mit dem Schiff, mit sich und den vielen neuen Soldaten an Bord genug zu tun, da nach und nach fast die Hälfte des alten bewährten Stammpersonals auf die Marine-Unteroffiziers-Schulen oder Feldwebellehrgänge abkommandiert wird, eine Maßnahme, die wegen des Aufbaues der Flotte, vor allem der U-Bootwaffe, erforderlich ist, den Kommandanten aber ein Wagnis erscheint und mit banger Sorge erfüllt. Nach der Norwegenbesetzung verbleibt Kapitän zur See Krancke bis zum Juni noch als Chef des Stabes bei Admiral Böhm in Norwegen, um danach wieder das Kommando des nun aus der Werft entlassenen Kreuzers zu übernehmen. In diese Zeit fallen die allnächtlichen Angriffe der britischen Bomber.

In der Ostsee erledigt „Admiral Scheer" die üblichen Probefahrten, und dann beginnt die Ausbildung und das Einspielen der neu an Bord gekommenen Männer, von denen viele zum ersten Male

Schiffsplanken betreten. Tag und Nacht wird exerziert, gilt es doch, das Schiff in möglichst kurzer Zeit wieder voll gefechtsklar zu machen. Artillorio , Flak und Torpedoschießen schließen sich an, um in immer wieder zu übenden Gefechtsbildern mit eingelegten Störungen und markierten Trefferwirkungen aller Art die höchste Bereitschaft für jede mögliche Lage zu erreichen. All dies wird in dem Raum vor Swinemünde und in der Danziger Bucht erledigt. Nebenher läuft die gründliche Erprobung der zahllosen technischen Anlagen der Maschine, der Waffen und der Funkanlagen. Eine zweite Funkstation ist in der alten Fähnrichsmesse eingebaut, die ausschließlich der Beobachtung des fremden Funkverkehrs dienen soll und die Möglichkeit bietet, eine große Zahl von Wellen laufend zu überwachen. Dazu gehört auch das Einspielen der immer noch streng geheimgehaltenen Funkmeßanlage, die nicht nur taktischen Zwecken allein dienen, sondern auch die Entfernungsmessung der optischen E-Meßgeräte ergänzen soll. Diese Funkmeßanlage, D-T-Gerät, das heißt „Deutsches Technisches Gerät", genannt, ist nichts anderes als die Vorstufe des später so gerühmten alliierten Radargerätes. Sie beruht auf dem Grundgedanken, gerichtet ausgestrahlte Funkwellen, ähnlich wie beim Echolot, wieder aufzufangen, wenn sie auf ein Ziel stoßen und von diesem zurückgeworfen werden.

Schon 1912 war diese Erfindung der Kaiserlichen Marine angeboten, aber bei dem damaligen Stand der Funktechnik nicht ernstgenommen worden. Erst in den 30er Jahren begannen in Deutschland nun Versuche, zunächst mit 50-cm-Wellen, die jedoch schlechte Ergebnisse brachten. Im Dezimeterbezirk erzielte man bald schon beachtliche Erfolge. Man arbeitete in diesem Bereich weiter. Aus ihm entwickelte sich das zwischen 80 und 150 cm arbeitende D-T-Gerät, das auch von der Luftwaffe für die Flak übernommen wurde. Die Entfernungsmessungen waren sehr gut, nur die Genauigkeit nach der Seite war noch nicht ausreichend genug, um das Gerät auch als Zielgerät für die Artillerie verwenden zu können. Die Darstellung des Echos wurde auf einem Lichtband mit einer Entfernungsskala angezeigt, wobei über die Größe des georteten Gegners die Höhe des Lichtzackens Aufschluß gab. Das Gerät galt als Geheime-Kommando-Sache. Die sehr großen Strahlungsmatratzen waren im Vormars an der E-Meßhaube angebracht und daher nach allen Seiten drehbar, so daß der ganze Horizont damit ständig nach Zielen abgesucht werden konnte. Das Betreten des Funkmeßraums wurde nur den am Gerät arbeitenden, besonders vereidigten Soldaten erlaubt.

Die parallel laufende Entwicklung beim Gegner war von den Meterwellen ausgegangen und schließlich bei ganz kurzen Wellen von 9 cm geendet. Diese sehr kurzen Wellen gestatten es, schneller und genauer zu empfangen und das Ergebnis auf Leuchtschirmen darzustellen. Da das Gerät einschließlich der Strahlungsmatratze ganz klein und leicht war, konnten auch Kleinstfahreuge und Flugzeuge damit ausgerüstet werden, während bei der deutschen Marine der Einbau nur bis zur Zerstörergröße herab möglich war. Durch die erheblich bessere und genauere Bilddarstellung mit präziser Entfernungsangabe hatte der Gegner das deutsche Gerät in der zweiten Phase des Krieges überrundet. Die ersten Funkmeßgeräte beim Gegner erschienen aber erst im Frühjahr 1941 an Bord einiger Kreuzer. In den ersten Kriegsjahren hatten die deutschen Kriegsschiffe noch den Vorsprung.

Doch zurück zur „Admiral Scheer".

Der Strom derer, die mit ihren obligatorischen Seesäcken schnaufend über das Fallreep wanken, reißt nicht ab. Immer neue Seeleute aller Laufbahnen und Dienstgrade melden sich als „kommandiert" an Bord. Es wird langsam unheimlich, wo die Schiffsführung diese vielen Männer unterbringen will, und rätselhaft, was sie eigentlich plant. Die Friedensstärke betrug 1100 Mann; jetzt sind über 1300 an Bord, darunter manche Reservisten aus den Reihen der Handelsmarine, die am meisten verwundert sind, was sie auf dem dicken Kriegsdampfer für militärische Aufgaben erfüllen sollen.

Die erste Frage der Neuen lautet: „Was ist der Alte für ein Kerl?" „In Ordnung", lautet jetzt die einmütige Antwort derer, die schon länger an Bord sind, dieweilen die vom alten Stamm hinzufügen: „Keiner unserer früheren Kommandanten ist durch die schwierige Holnis-Enge in die innere Flensburger Förde eingelaufen. Er stand in der Brückennock, rauchte mit Genuß seine schwarze Zigarre und dirigierte das Schiff so sicher wie eine Rangierlokomotive über Gleise und Weichen." Die Wände des jedem neuen Kommandanten anfänglich entgegengebrachten Mißtrauens sind eingerissen. Das Eis ist geschmolzen.

Jeder Neue, der einsteigt, bekommt eine Rollenkarte in die Hand gedrückt, die ihm einige Bewegung verschafft, denn der Mann läuft sich die Füße wund, ehe er sich bei den rund zwanzig über das Schiff auf alle Decks verteilten Dienststellen angemeldet hat, wo man ihm die Stationen beim Gefecht, im Dienst, bei Feuer im Schiff, bei Gasalarm und bei anderen Manövern, einen Divisionsraum und einen Schlafplatz anweist, eine Hängematte, eine Schwimmweste und Zusatzbekleidung aushändigt. Letztere besteht aus Tropensachen. „Frag nicht zuviel. Tropenzeug gehört neuerdings zum Ausrüstungssoll", bekommen die Neugierigen auf Fragen zur Antwort. Wer sich bei der Marine wundert, ist selbst daran schuld. Die Altbefahrenen haben es sich schon lange abgewöhnt.

Inzwischen ist es Oktober geworden.

Ein ameisenhaftes Treiben hält die Besatzung seit dem Festmachen in Gotenhafen in Atem. Munition aller Kaliber kommt an Bord. Maschinenteile, Werkzeugkisten und Rohmaterial werden in solchen Mengen geladen, als solle eine neue Werft damit ausgestattet werden. Lastwagen über Lastwagen schleppen Lebensmittel heran. In den Zwischendecks stapeln sich Kisten, Säcke versperren in den kaum mannsbreiten Gängen den Weg, und Kohlköpfe tauchen in solchen Massen auf, daß die Besatzung den leichten Verdacht äußert, der Schiffsverwaltungsoffizier habe einen pommerschen Gutsbesitzer zum Onkel. „Fünf Mann ein Kohlkopf", sinnieren die routinierten Familienväter unter der Besatzung. Beim Barte Neptuns, das kann ja heiter werden. Ist der Alte unter die Vegetarier gegangen? Auf eine Familie übertragen, würde eine hausfraulich anteilmäßig gleichermaßen betriebene „Einkellerung" glatt einen Scheidungsgrund bedeuten. Aber die Männer ahnen nicht, daß bald schon der Tag kommen wird, an dem sie ein Kohlgericht einem Rumpsteak von der bewußten Größe vorziehen und wie ein Festmahl anbeten werden.

Die Gerüchte mehren, aber bestätigen sich nicht. Nach dem dramatischen Ausgang der „Spee"-Unternehmung glaubt keiner mehr an Bord, daß „Scheer" als Handelsstörer in überseeischen

Gewässern eingesetzt würde. Wenn überhaupt, dann gibt es vielleicht einen Vorstoß in die Grönlandsee, allenfalls in den Raum des nördlichen Atlantiks.

Von dem dreiseitigen Operationsbefehl, der unter Verschluß im Panzerschrank des Kommandanten ruht, weiß nur Kapitän zur See Krancke. Nicht einmal die ihm am nächsten stehenden Stabsoffiziere sind über den Inhalt des Schreibens unterrichtet, das die Unterschrift von Großadmiral Raeder trägt. Es ist wie mit dem chinesischen Sprichwort „Die Wissenden reden nichts – die Redenden wissen nichts."

Waggons, Waggons, Waggons. Die schnaufende klapprige Hafenbahn zieht sie Tag und Nacht vor „Scheers" Liegeplatz. Das Marineverpflegungsamt schickt die bestellten Käse aller Sorten, darunter zenterschwere Wagenräder. „'ne Zumutung das, diese unhandlichen Vögel die Hühnerleiterstiegen hinab ins Schiff zu bugsieren", mosert Matrose Fietje Martins, neu an Bord wie die Kumpels seiner Arbeitsgruppe. Kein Offizier und kein Maat ist zu sehen. „Los dafür, schmiet wie den Krom durchs Luk ins Deck dal", schlägt er vor. So geschieht es. Anfänglich mit Glück, dann aber mit einem fürchterlichen blechernen Krach. Einer der Käse ist auf einen Spind im Divisionsraum geknallt, ausgerechnet auf Martins' Spind. Blechschaden. Schloß zum Teufel. „Drei Tage", grinsen zwei Matrosen der technischen Laufbahn, heben drei Finger ihrer Hand und fügen hinzu, „aber wir sind ja nicht so . . ." Sie traben davon, kehren mit Handwerkszeug zurück und beheben den Schaden. Über diese hilfreiche Tat ist Martins erst fassungslos, dann spricht er die Kameraden dankerfüllt an: „Was macht das unter Brüdern? 'ne Schachtel Güldenring?" Die Schlosser nehmen nur eine Zigarette aus der dargebotenen Schachtel und schieben den Rest zurück. „Du bist neu auf diesem Schiff, Makker. Behalte deine Zigaretten, aber in Zukunft macht ihr eure Arbeit so vernünftig, wie angewiesen, sabbi?" Martins tritt einen Schritt zurück. „He, du willst wohl auf U-Lehrgang?" „Nee, aber wieder nach Hause kommen, wenn wir mal auf Feindfahrt gehen sollten. Hier auf diesem Schiff macht nämlich jeder seinen Kram so, wie es sich gehört. Wenn die Offiziere und Unteroffiziere ihren Dienst so versehen, wie ihr da mit dem Käse umgegangen seid, dann können wir den Dampfer man gleich bei der Ausfahrt in der Hafeneinfahrt versenken. Du bist hier auf ‚Scheer', Kollege, und nicht auf einem Gammelkommando. Nichts für ungut."

So wachsen die Neuen schnell in die Kameradschaft hinein. Schon ist in den Herzen das erste stille Verständnis wie ein heimliches Gewebe aus den fast unsichtbaren dünnen Fäden da, aus dem sich der Gemeinsinn für die Bordgemeinschaft entwickelt und festigt. Wer im Dienst oder in der Freizeit an Bord aus dem Ruder läuft, braucht nicht von einem Vorgesetzten zur Ordnung gerufen zu werden. Das macht man mit sich und unter sich allein ab.

Wenn die Lords vom Landgang heimkommen, wird ihnen an manchen Abenden gleich eröffnet: „Morgen 09.00 Uhr seeklar." Und richtig, Punkt 9 Uhr läuft der Kreuzer aus. Draußen wird mit allen Schikanen exerziert; auch Zielschiffe in Gestalt anderer großer Schiffe oder von Troßschiffen stehen für E-Meßübungen bis in die späten Nachtstunden zur Verfügung. Nach drei Tagen kehrt das Schiff wieder auf seinen alten Liegeplatz zurück, und die Stauerei geht weiter.

Der 17. Oktober.

Eine Gruppe Seeleute soll auf dem in der Nähe am Pier festgemachten Versorger „Nordmark" Kartoffeln laden. Das erbost die Gemüter. „Der Erste wäre auch besser Sportlehrer geworden. An Einfällen, uns Bewegung zu verschaffen, mangelt es dem wahrhaftig nicht." Die Männer winden sich schimpfend und murrend in die Tiefe des Versorgers hinab und stauen, was bleibt ihnen schon weiter übrig, die Kartoffeln. Am Lukensüll tummeln sich „Nordmark"-Seeleute. Matrose Giersch ruft, seinen Groll über die Arbeitslosen da oben entladend, zu ihnen hinauf: „Könnt ihr denn eure schietigen Kartoffeln nicht selber verstauen, oder seid ihr getarnte Passagiere auf diesem Eimer?" „Nee, das können wir nicht", kommt es amüsiert zurück, „das sind nämlich eure und nicht unsere Potatoes. Damit ihr endlich klarseht." Plötzlich verschwinden die Köpfe, als seien sie weggepustet. Man hört jemanden fluchen und etwas von „Unsinn" und von „Maul halten" reden. Dann erscheint die breitschultrige Gestalt des Ladeoffiziers Willem Mittelsdorb am Luk. „Macht weiter, Jungs, und laßt euch kein Seemannsgarn untern Troyer jubeln."

„Immerhin", murmeln die „Scheer"-Lords, „immerhin, da muß doch was dran sein."

„Du hast 'nen Vogel", bekommt Giersch auf „Scheer" abends von einem befreundeten Unteroffizier zu hören, als er seine durch das „Nordmark"-Erlebnis ausgelösten Überlegungen äußert. „Bist noch nicht lange genug in des Doktor h. c.'s Verein. Wer bei uns keine Arbeit hat, macht sich welche. Über Verdauungssorgen wirst du dich bei der KM nicht zu beklagen brauchen."

Am nächsten Morgen ist die „Nordmark" verschwunden. An ihrem Liegeplatz ruht die „Dithmarschen", die ihr äußerlich völlig gleicht. Keinem fällt daher der Wechsel weiter auf. Die Männer der „Scheer" haben mit der Stauerei auf ihrem Schiff genug zu tun und schauen nicht näher hin.

Am Abend vorher war der Kapitän des Versorgungsschiffes „Nordmark", Korvettenkapitän der Reserve Grau, noch beim Kommandanten zu Besuch gewesen. Das ist niemandem besonders aufgestoßen, da öfter Besuch von anderen im Hafen liegenden Schiffen kam. Zum Abschied fielen die Worte des Kommandanten: „Also gute Fahrt und auf ein gesundes Wiedersehen." Doch das blieb allein unter den beiden Männern, die als einzige Offiziere auf beiden Schiffen banges Hoffen und den heißen Wunsch für ein glückliches Wiedersehen weit draußen im Mittelatlantik im Herzen trugen.

Drei Tage ist der Kommandant von Bord gewesen – wohin, wußte nur der IO, nämlich nach Berlin zur SKL und nach Wilhelmshaven zum Marinegruppenkommando Nord. Das wird von den Seeleuten benutzt, um seinen Aufklarer Niemann zu befragen. „Nein, ich weiß auch nichts. Oder doch, neulich, als Crew-Kameraden des Kommandanten an Bord waren und ich unerwartet in die Kajüte reinkam, hörte ich den einen Kapitän zu unsrem Alten sagen: ‚Du bist verrückt, das ist doch glatter Selbstmord.' Warum soll er wohl verrückt sein?" „Wer weiß, was der Besucher damit meinte", beruhigen sich die Fragesteller. „Vielleicht will der Alte dem anderen Alten auf dem Berghof einmal unverblümt seine seemännische Meinung persönlich unterbreiten. Das scheint bei der augenfälligen Bevorzugung und unzeitgemäßen Überschätzung der Luftwaffe mal notwendig zu sein", meinte Niemann, sich noch an die aufgeschnappten Gesprächsfetzen vor ein paar Tagen erinnernd. In Wirklichkeit galt diese drastische, aber kameradschaftlich gemeinte Bemerkung der bevorstehenden Unternehmung des Kreuzers, und der Besuch war ein Abschiedsbesuch der beiden befreundeten Kapitäne. „Weil wir das Gefühl haben, dich nicht oder zumindest in diesem Kriege nicht wiederzusehen. Die Sache steht nicht mehr 50 zu 50. Sie steht eins zu zehn, nachdem die Briten inzwischen ihre Abwehrmaßnahmen eingeleitet haben und durch ‚Spee' gewarnt worden sind."

Wie jeden Abend bummeln die Freiwächter auf Urlaub an Land. „Tschüs bis übermorgen, Engelsgesicht", verabschiedet sich der eine um Mitternacht von seiner langbeinigen, breithüftigen Hübschen aus Danzig, bevor er an Bord flitzt. „Ich habe Sonntagsurlaub eingereicht. Wenn es klappt, schicke ich ein Telegramm, wir treffen uns bei Frau Pladde vom Bahnhofs-Hilfsdienst", ein anderer an seine Frau. „Liebe Eltern, Ihr braucht Euch nicht zu sorgen. Es tut sich bei uns nichts . . ." Der Bayer Sepp Wittmann an seine Eltern im Allgäu.

Ahnungslose . . .

Der 23. Oktober frühmorgens: „08.30 seeklar. Ist alles an Bord?" der Kommandant an seinen IO, Korvettenkapitän Gruber. „Alle. Keine Urlauber." In den Lautsprechern tönt eine dumpf dröhnende Stimme: „Achtung! Alarmglocken werden probiert!" Schrille, nervensägende Glockensignale jagen durch das Schiff. Flaggen, leuchtend und heiter in ihren Farben, stehen, vom Morgenwind gepackt, wie Bretter am Mast und werden niedergeholt; neue klettern in Päckchen an den dünnen, fast unsichtbaren, platting-geschlagenen Leinen empor, werden ausgerissen und entfalten sich. Irgendeiner summt das altvertraute Seemannslied.

„Flattern zum Abschied die Fahnen – Weint manches Mädchen zu Haus': – Ziehst in der Welt fremde Bahnen – Nimmst mit aufs Meer mein Herz hinaus . . ."

Zwei bullige Schlepper schieben sich heran, im Vergleich zu dem tief im Wasser liegenden Kreuzerrumpf winzige Schiffchen, Schwerathleten aber, denn ohne große Anstrengungen zerren sie „Scheer" von der Kaimauer ab. „Los vorn und achtern!" Die schweren Stahltrossen, die den Leib des Kreuzers an das Land fesselten, klatschen in alltagsgraues, trübes Wasser. Im Vormars weht eine weiße Flagge mit einem roten diagonalen Kreuz, die Flagge „Anton", das Signal für das Ablegemanöver. Die Schlepper haben losgeworfen, der Kreuzer hat die Hafenmole passiert, da läßt Krancke in die letzten Manöverbefehle einfließen: „Es ist soweit, meine Herren." Er sagt es leise mit einem Lächeln.

„Es geht los", rast es durch den Kreuzer. Es trommelt an Türen und schleicht durch alle Gänge. Es klopft an allen Räumen an. Der Chefkoch legt bestürzt die Kelle hin, mit der er eben Mehl und Eier anzurühren gedachte, und trifft zum wiederholten Male die traurig stimmende Feststellung: „Ja, wenn man mehr Eier hätte . . . mal in Eiern schwimmen und aus dem vollen wirtschaften können . . ." Da springt ihn das Gerücht an, und mit einem langen Schritt ist er draußen. Die Zahlenkolonnen in den Listen der Verwaltungs-schreibstube sind den Schreibergästen plötzlich uninteressant geworden. Sie reißen die Bullaugen auf, um diesen entscheidenden Augenblick mit wachen Sinnen zu erleben. Wer abkommen kann und nicht irgendwie mit dem Ablegemanöver beschäftigt ist, hetzt an Deck.

Ein Zittern durchläuft das Schiff. Jeder verspürt es bis ans heftig klopfende Herz, das im Takt der Kolbenstöße der Diesel mitzu-schwingen scheint. Aus dem Schornstein quillt und spielt Gewölk von flirrend heißem Qualm und Motorenabgasen wie der glühende Atem gefangener Drachen. Die Motoren laufen, und die Schrau-ben beginnen ihre mahlenden Umdrehungen, die in die Millionen gehen sollen. Dieses Mal fährt „Scheer" nicht „bloß eben mal raus", um nach Tagen wieder hier oder in einem anderen deut-schen Hafen einzulaufen. Dieser Abschied ist endgültig für Wo-chen, für Monate.

Für immer?

Ab nun gelten andere, besondere Gesetze an Bord. Das Band, das die Männer mit den Eltern, der Frau und den Kindern, der Verlobten, der Freundin und den Freunden verband, ist mit der letzten ins Wasser klatschenden Trosse aufzischend zerschnitten worden. Und dieser Schnitt geht mitleidlos tiefer als bei den Kameraden vom Heer und der Luftwaffe, denen auch an der Front noch die Postverbindung mit der Heimat verbleibt. Diese einzige Brücke des Trostes, die den Soldaten in der mordenden und zermalmenden Maschinerie dieses Krieges, der die Einzelperson zur Zahl in namenloser Masse stempelt, verbleibt, die ihm noch einen kleinen, winzigen Platz als Individuum und zum Menschsein einräumte, ist abgebrochen. An der Tür des vor ihnen liegenden ungewissen pocht in dieser Stunde unbarmherzig die Forderung nach den inneren Werten. An der Schwelle tödlicher Gefahren – man kann sie ja nicht wegwischen, denn die Übermacht der britischen Flotte ist eine Realität – erlischt all das, was Mühsal, Sorgen und Kummer bedeutete, als so unwichtig und so unwesentlich. In diesem Augenblick brandet die Erregung auf, die mit einem Erdbeben zu vergleichen ist, das das Gefüge einer ganzen Stadt zu erschüttern droht. Nur was in Gedanken, Empfindungen und Gefühlen solide und wahrhaftig ist, bricht unter diesem Ansturm nicht zusammen. In dieser Stunde wird der Mensch und der Mann in jedem an Bord gewogen.

Kleiner wird die Pier und unkenntlich werden die wenigen Menschen, die dem Kreuzer nachwinken, aber auch nur, weil das so üblich ist und nicht, weil irgendeiner da drüben von dem Auftrag ahnt. Niemand ist bewußt zum Abschied gekommen, der so nichtssagend ist wie dieser regenschwere düstere Oktobertag.

„Denn wir fahren . . . denn wir fahren . . . denn wir fahren gegen Engeland", dröhnen die Maschinen. Ihr Hämmern und die mitreißende Schwungkraft dieses Liedes schweißen die Männer an Bord zu einer Gemeinschaft zusammen. Nein, sie handeln nicht mit Ruhm, Sie, von denen die meisten kaum der Schulbank entwachsen sind, wollen auch keine Helden sein. Keiner von ihnen liebt oder wünscht den Tod. Aber der Gedanke an das Größere strafft sie zur gemeinsamen schweren Aufgabe; und die Liebe zu ihrer deutschen Heimat ist der tiefste und reinste Brunnen, aus dem sie die Kraft schöpfen, jetzt dennoch heiter zu sein und das Stampfen der Maschinen wie ein Gebet zu empfinden.

Gotenhafen entschwindet. Hela wird gerundet. Wie ein Gruß aus der verklungenen guten alten Zeit – was war, war immer besser – wächst voraus ein Dom aus Leinen aus der See. Unter allen Segeln läuft einer der letzten Recken christlicher Seefahrt mit „Scheer" auf gleichem Kurs. Es ist die Viermastbark „Padua", auf der der Nachwuchs der Handelsmarine ausgebildet wird. Nur langsam holt „Scheer" den hart am Winde liegenden Old-Timer auf. Welch ein Bild. Und wie sonderbar, daß es die Männer heute viel tiefer und bewußter in sich aufnehmen. Sonderbar? Durchaus nicht, denn die Stunde hat Herzen und Sinne bereit gemacht für das letzte Schöne, das ihnen die Heimat als Bild auf den schweren Weg mitgeben möchte. Gleich einer Kathedrale ruft der Anblick dieses stolzen Windjammers, dessen Segel den Rumpf und nicht der Rumpf die Masten mit den Segeln zu tragen scheinen, Freude, Vertrauen und Zuversicht in den „Scheer"-Männern wach.

„Für die Schönheit großer Wesen und selbst für die Grazie genügt allein das vollkommene Gleichgewicht der Massen. Es gewährt ihnen nur das Wesentliche und damit alles", sagt einer auf der Brücke, über dessen Können und Tüchtigkeit man sich einig ist, der sich aber von dieser Seite noch nicht zeigte, denn tüchtige Männer scheinen nur zu oft ohne Mitempfinden, ohne ein Mitgefühl für die zarte Seite des Lebens zu sein.

13.30. Das Land ist versunken. Nur der über das Schiff hinwegstreifende, von Land kommende Wind riecht noch würzig nach herbstlich reifer Erde. Eins-Null Gruber befiehlt: „Alle Mann achteraus!" Die Besatzung tritt – bis auf einige Posten – auf der Schanze an. Der Kommandant ließ „Scheer" stoppen und in diesem freien Seegebiet, in dem gegnerische U-Boote nicht zu befürchten sind, treiben.

In knappen Worten spricht Kapitän zur See Krancke über die bevorstehenden Aufgaben und die nächsten Operationen im nördlichen und mittleren Atlantik. Er weist freimütig auf die übermächtige Stärke der britischen Flotte hin, und er läßt seine Männer durchaus nicht im unklaren darüber, daß man mit einem ebenso seeerfahrenen, tüchtigen, kompromißlosen wie auch tapferen Gegner rechnen muß.

„Wenn aber der Kampf unausbleiblich ist, dann, Kameraden, laßt uns unsere Pflicht so tun und so kämpfen, wie es das Vermächtnis jenes Mannes fordert, dessen Namen dieses Schiff trägt."

Des Kommandanten Worte klingen so gar nicht nach einem Befehl, aber sie wiegen dennoch so schwer, wenn nicht sehr viel schwerer.

In der Nacht durchfurcht der Kreuzer die Ostsee. Von den Küsten weisen keine Leuchtfeuer den Weg. Der Krieg hat diese stummen Helfer in einer einzigen schwarzen Stunde hinweggewischt. „Scheer" passiert Fehmarn und nimmt dann Kurs in den Großen Belt, um den Ausbruch in das freie Nordmeer durch das Skagerrak zu suchen. Eben im Belt, querab von Kjelsnor, müssen morgens die Maschinen gestoppt werden, da sich der Haltestander einer in den Seekarten noch nicht eingezeichneten Wrackboje zwischen Welle und Schraube vertörnt hat. Eine üble Sache, denn es erscheint anfänglich unmöglich, die Stahltrosse auf normale Weise herauszubekommen. Jeder der Seelords meint, darin ein ahnungsschweres Vorzeichen zu sehen. Will ein gütiges Schicksal den Kreuzer zurückhalten, auf diesem Kurse weiterzufahren?

Ein Taucher soll versuchen, den Schaden zu beheben. Unter dem Gewicht seiner schweren Ausrüstung schwankt der Mann schwerfällig die über das Heck gehängte Leichtmetalleiter hinab. Man schreibt Ende Oktober, und das Wasser ist kalt. Mittags endlich ist die Schraube wieder frei.

Gerade ist das Kattegat erreicht, als gegen 21.00 das Marinegruppenkommando Nord in einem Funkspruch die Sichtung mehrerer feindlicher U-Boote vor den Sperrlücken der Skagerrak-Minensperre mitteilt und, wie mit dem Kommandanten in Wilhelmshaven besprochen, den Ausbruch aus der Nordsee heraus vorschlägt. Dementsprechend geht „Scheer" zu Anker und tritt am nächsten Tag den Rückmarsch durch den Großen Belt so an, daß Kiel erst nach Einbruch der Dunkelheit passiert wird.

Kaum ist bekannt geworden, daß das Schiff durch den Kaiser-Wilhelm-Kanal geht, stürzt der Obermechaniker zum I AO. „Herr Kapitän, da haben wir doch die Möglichkeit, das, was uns bei dem überraschenden Auslaufen von der Werft noch fehlte, in Kiel zu besorgen." Ähnlich geht es bei den anderen Ressorts zu, denn jeder Ressortunteroffizier möchte noch irgendwelche Sachen mehr haben, als bereits an Bord sind, und auch der I O will noch einige ihm ungeeignet scheinende Leute, die in den letzten Tagen an Bord kommandiert waren, austauschen. Mit all diesen Wünschen kommt Korvettenkapitän Gruber zum Kommandanten. Dieser lehnt kategorisch ab.

„Jetzt kommt kein Mann mehr an Land. Die Verbindungen sind endgültig abgebrochen. Sorgen Sie auch dafür, daß keinerlei Post oder Nachrichten in der Schleuse von Bord gegeben werden kann."

Jedermann versteht diesen Befehl. Nichts und niemand kommt an Land und auch die Kanallotsen, die das Schiff durch die schwierige Fahrrinne dirigieren, erfahren nur, daß der Kreuzer mal wieder nach Wilhelmshaven müsse.

Am 26. bleibt „Admiral Scheer" in Brunsbüttel ohne Landverbindung liegen. Am 27. morgens geht es in die Schleuse, und bei Elbe I übernehmen Torpedoboote und Jagdflugzeuge die U-Boot- und Luftsicherung. Die Nordsee zeigt leider ihr bestes Gesicht. Strahlender Sonnenschein, weite, viel zu weite Sicht, wenig See. Doch kein Feind wird gesichtet. Nach Dunkelwerden schließt sich bei Norderneyfeuerschiff eine Schnellbootflottille an, und nun geht es mit hoher Fahrt Kurs Nord. Kurz vor Hellwerden verschwindet der Kreuzer für die Tagesstunden in einem einsamen Fjord bei Stavanger, wieder gesichert durch Jagdflugzeuge. Gegen Abend fliegen feindliche Flugzeuge die Küste an; als sie wieder nach Westen abdrehen, verläßt die „Scheer" ihr Versteck und entläßt kurz nach Mitternacht in Höhe Stadtlandet die Torpedoboote. Jetzt ist der Kreuzer endgültig allein auf sich gestellt. Er nimmt Kurs Nordwest. Die Durchbruchsfahrt durch die zwischen Grönland und Island hindurchführende und vom Feinde wegen ihrer Enge leicht zu kontrollierende Dänemarkstraße beginnt und damit das erste Abenteuer voller Fragezeichen. Es herrscht herrlich klares Sonnenwetter. Es mag absurd klingen, aber das gute Wetter, das sich die Schiffsführung wünscht, ist schlechtes Wetter. Nebel, Regen und, wenn es nicht anders geht, auch Sturm, stehen auf dem Wunschzettel, den auch der eingeschiffte Meteorologe Dr. Defant nicht ohne himmlische Hilfe erfüllen kann. Er gibt sich aber alle Mühe, Petrus hinter die Schliche zu kommen. Er rechnet hin und rechnet her, läßt Ballons steigen, um die Oberschichtenwinde zu erforschen, wertet die Meldungen der einsamen als Dänen, Norweger oder Holländer getarnten deutschen Wetterschiffe und der Geheimstationen auf Grönland und Spitzbergen aus. Er malt bunte, einen Laien verwirrende Kurven in seine Wetterkarten, aber der Himmel hat kein Einsehen.

Kapitänleutnant Starzinski spricht aus, was sie alle bei diesem Sonnenscheinwetter am Tage und der langsam länger werdenden sternenklaren Nacht empfinden. Seine Kriegswachstation ist der vordere Nachtleitstand, und er erzählt seinen Männern, daß er dieses sonst so ruppige Seegebiet, das er nun zum sechsten Male durchfährt, niemals so brav und friedlich gesehen habe. „Es ist zum Kotzen, bei dieser Sicht kann man Petrus direkt in den Mors hineingucken", knurrt er grimmig und beobachtet mit umwölkter

Stirn die Himmelsrunde, die keine Anzeichen für eine Wetterverschlechterung bietet. Er sagte nicht nur „Mors", er fand ein viel runderes Wort dafür, das seine Männer mit Grinsen quittieren.

Obwohl kaum ein Lüftchen weht, bewegt die Dünung das Schiff. Das sanfte Stampfen fordert die ersten Opfer unter den jungen Leuten, die erst während der Werftzeit an Bord gekommen sind. Auch bei Starzinski werden zwei Wachposten erst aschfahl, dann gallengrün im Gesicht. Hilfesuchend blicken sie sich um. Nein, die Kameraden lächeln nicht. Der eine will sich setzen, ihm ist so speiübel, daß die Knie weich werden. Da fährt ihn der Wachhabende an: „Bewegen Sie sich. Denken Sie nicht daran. Nur so wird es besser." Das mag hart klingen, aber die Beseitigung der Seekrankheit ist nicht zuletzt auch eine Frage des Willens und der Konzentration auf irgendeine Tätigkeit.

In diesen Tagen schläft der Kommandant nicht. Wer ihn sucht, wird ihn immer auf der Brücke oder im Kartenhaus treffen. Auf diesem Vormarsch in die Grönlandsee muß jede Minute mit feindlicher Luftaufklärung oder sogar mit feindlichen Streitkräften gerechnet werden. Die Schiffsführung und die wenigen anderen unterrichteten deutschen Marinestellen haben zwar alles getan, um das Auslaufen zu tarnen und geheimzuhalten. Aber in Gotenhafen leben und arbeiten Polen. Dänen können das Schiff im Belt gesehen und durch Funk das Auslaufen des Kreuzers gemeldet haben. Auch die Norweger haben an allen Plätzen Widerstandskämpfer. Der Fjord bei Stavanger war zwar einsam. Schien das nur so . . .? Das Navigationsfernrohr meldet: „Flugzeug 225 Grad an Backbord. Tieffliegend. Sehr weit."

Man soll den Teufel nicht an die Wand malen. Alles, was ein Glas zur Hand hat und nicht an feste Suchsektoren gebunden ist, richtet es auf die Peilung. Auch der Kommandant ist im Kartenhaus, wo er auf dem harten Ledersofa im Sitzen ein wenig zu schlafen versuchte, im Augenblick der Meldung hellwach aufgesprungen und hat nun seine Augen dicht an das Glas im Ruderhaus gepreßt.

Entfernungen für Artillerie kommen durch. Die Rohre der Flakgeschütze schwenken. „Ziel aufgefaßt", melden die Stellen. Der kleine Punkt wandert langsam nach achtern aus. Er ist nur noch durch die großen Gläser zu erkennen.

„Das kann doch nur einer der deutschen Aufklärer sein", meint der Kommandant. Starzinski vom vorderen Leitstand ist der gleichen Meinung, als er seine Mutmaßung über das BÜ-Telefon an die Brücke gibt. Einzelheiten sind an dem Flugzeug nicht zu erkennen, dazu steht der Vogel viel zu weit ab. Aber die Schiffsführung weiß, daß das Oberkommando der Kriegsmarine die Luftwaffe um Aufklärung dieser Seegebiete gebeten hat, um dem Kreuzer den Durchbruch zu sichern. Ob der Pilot aber die Silhouetten der deutschen Kriegsschiffe beherrscht, wagt der Kommandant anzuzweifeln. Diesem die mögliche Anwesenheit des Kreuzers „Scheer" anzuvertrauen, ihm eine Skizze des umgebauten Schiffes mitzugeben, verbot die Geheimhaltung des Unternehmens.

„Hoffentlich macht die keinen Mist, wenn es, wie wir hoffen, eine deutsche Maschine ist", sagt der Kommandant.

Ein Funkgast tritt vor den Kommandanten und reicht ihm die messingbeschlagene, schwere Funkkladde mit einem Funkspruch hin.

„Idiot, ahnte ich es doch. Dieser ganze Fliegerverein soll sich zum Teufel scheren", flucht Krancke, denn das Flugzeug hat den Kreuzer tatsächlich, wie befürchtet, als feindliches Schlachtschiff und haargenau den augenblicklich anliegenden Kurs gemeldet, nach dem sich auch Quartaner Miessnick ausrechnen könnte, welche Absichten damit verbunden sind. Da der Funkkode der Luftwaffe viel einfacher ist - die Flugzeuge können ja unmöglich die bei der Marine üblichen schweren Schlüsselmaschinen mitnehmen -, ist die Sorge berechtigt, ob nicht der Gegner diesen Funkspruch aufnahm und zu entschlüsseln versteht.

„Flugzeug kehrt zurück." - Die Maschine fliegt, Abstand von dem Kreuzer wahrend, erneut an. Sie steht diesmal etwas näher an Backbord, nunmehr deutlich als eine deutsche Do 18 auszumachen. Der Kommandant läßt ES schießen, um die Flugzeugbesatzung vor einer weiteren Dummheit zu bewahren. Von der Brücke hallt ein peitschender Knall. Über dem Schiff entfalten sich die Lichtkurven bunter Sterne, zerschneiden den blauen Himmel und sinken in sanften Bögen herab. Jetzt fällt auch da drüben ein heller Ball, zerplatzt und läßt die für diesen Tag und diese Stunde vereinbarten Farben aufleuchten. Noch zweimal schießen sie von der Do

18 ES, noch zweimal muß „Scheer" antworten, ehe es das Flugzeug wagt, sich dem schwerbestückten Stahlkoloß zu nähern. Sie fliegt im Bogen an und brummt so nahe an der Steuerbordseite vorbei, daß man auf „Scheer" fast die Gesichter der fröhlich winkenden Flieger erkennen kann.

„Schneid haben die Jungs, das muß man ihnen lassen, hier mutterseelenallein herumzubrummen. Wenn da mal der Motor aussetzt."

2. Durchbruch im Polarorkan

Meteorologische Versprechungen – Im Kampf mit eisigem Sturm und brüllender See – Wellenchaos in der Dänemarkstraße – Mann über Bord – Zwei Opfer der Sturmnacht – 37 Grad Schlagseite – Wooling und Wasser in allen Decks und Verletzte – IAO in letzter Sekunde gerettet – Eichenholzbohlen wie Streichhölzer geknickt – DT ortet Schiffziel, aber der Gegner hat noch kein Radar – Im freien Atlantik – IO: Daß mir keiner das Rasierzeug verkloppt – Der erste Alarm eine Enttäuschung – Auf der Suche nach Geleit HX 83 oder HX 84

Die Sonne sinkt. Das Meer sieht aus wie wabernder Teer. Eine schiefertafelgraue Wolkenwand verschluckt den Feuerball, bevor er auf die Kimm absinkt. Die Finsternis kommt auf unsichtbaren Wogen. Der Wetterfrosch wird recht behalten, denn schon in den Vormittagsstunden glaubte er, der Schiffsführung für den kommenden Tag den ersehnten Wetterumschlag versprechen zu können. Der Kommandant behält bis zum nächsten Mittagsbesteck nordwestlichen Kurs bei und fällt dann, auf die Voraussagen des Meteorologen vertrauend, auf genau westlichen Kurs in Richtung Grönland ab, um den Durchbruch in der Nacht zu versuchen. Pünktlich, wie versprochen, und fast auf die Stunde genau, bezieht sich der Himmel, beginnt es in den Nachmittagsstunden aus Nordwest zu wehen. Ein feiner, mit Hagel und Schnee durchsetzter Regen prasselt aus grauen, tiefhängenden Wolken herab. „Kommt erst der Regen, dann der Wind, zieh die Segel ein geschwind", besagt eine alte Seemannsregel. Und schon in den frühen Abendstunden erfüllt sie sich. Es weht aus allen Knopflöchern. „Scheer" beginnt in der unter der Sturmfaust eines über Island stehenden Tiefdruckgebietes höher und höher werdenden See wüst zu torkeln. Das Schiff rollt gewaltig von Backbord nach Steuerbord. Die Neuen an Bord glauben sich in eine kochende und brodelnde Hölle versetzt. „Das ist erst der Anfang, Kumpels. Wenn wir unserem Laubfrosch glauben dürfen, und es besteht kein Grund, es nicht zu tun, werden wir heute nacht einen Polarorkan erleben, der uns für alle Zeiten das Recht gibt, auch bei vornehmen oder vornehm sein wollenden Leuten ein Bein auf die Edelholz-Back zu legen."

„Und das zweite dürfen die Hoorn-Fahrer dazu packen oder jene, die die Brüllenden Vierzig durchsegelten. Aber die bekommt keiner von euch zu sehen. In diesem Kriege bestimmt nicht", fügt ein Seemann von der Handelsschiffahrt hinzu. Der Mann gehört zum Prisenkommando und hat früher auf Tiefwasserseglern mehrmals das berüchtigte Kap Hoorn und das Nadelkap gerundet.

„Es ist nicht aller Tage Abend, vielleicht kommen wir auch dort noch hin."

„Laßt euch doch nicht auslachen. Mit diesem Untersatz in den Indischen Ozean? In Englands eigenes Meer? Irrsinn! Glatter Irrsinn! Teufel auch . . ." Der Mann hat nicht aufgepaßt und die Balance verloren. Wie von einer unsichtbaren Riesenfaust gepackt, wird er durch den Divisionsraum geschleudert. Es sieht aus, als sei ihm der Boden unter den Füßen entzogen worden. Er fliegt durch den Raum und prallt aufstöhnend gegen das Schott, wo er in sich zusammensinkt. Sich aufrappelnd, flucht er fürchterlich. „Man lernt nie aus mit dieser verdammten See." „Gestern hast du noch von deiner großen Liebe zum großen Wasser gesprochen", spotten die Kameraden. „Um den Kern zu schmecken, muß man die Schale aufbrechen. Das schmerzt natürlich. Liebe ist manchmal Schmerz. Das ist nun mal so."

Noch läuft der Kreuzer mit 20 kn durch die brausende Quersee. Immer wieder brechen gewaltige Wasserberge über dem Schiff zusammen. Das Oberdeck ist geräumt. Nur die SA und die höher stehende Flak bleiben besetzt. Das Betreten des Oberdecks ist nur angeseilt, das heißt mit einem Paalstek um den Bauch, gestattet. Da sieht Bootsmaat Hellgert, daß an der einen Zwo-Zentimeter-Waffe, die neben der Hütte an Steuerbordseite steht, die Munition noch nicht geborgen ist. Er läßt einen Mann sich anseilen, um sie zu holen. Der Matrose kommt aber allein nicht ganz klar. Hellgert glaubt einen ruhigen Moment zu sehen und springt dem Mann zu Hilfe. In diesem Augenblick brüllt eine furchtbare See über Deck.

Die Männer der Bedienung des achteren 10,5-cm-Flakgeschützes hören kurz danach ein Stöhnen, und sie sehen am Unterbau des achteren schweren Turmes irgend etwas liegen. Sie seilen ein paar Kameraden an und bergen einen bewußtlosen Seemann, der sofort ins Lazarett geschafft wird. Dem Mann sind beide Oberschenkel gebrochen. Die Ärzte renken die zersplitterten Knochen ein und schienen die Beine. Als er, bis zur Nasenspitze zugedeckt, das Bewußtsein wiedererlangt, stöhnt er: „Wo ist Maat Hellgert?" Sofort läßt der IO, der ins Lazarett geeilt war, Hellgert auspfeifen. Von dem Verletzten erfährt er: „ . . . wir beobachteten genau die See, um in einem ruhigen Augenblick vorzuspringen. Da ich allein nicht klarkam, wollte Maat Hellgert mir helfen. Trotz der eisigen Kälte zog er sich den Überzieher aus, um beweglicher zu sein. Wir hatten gerade den Munitionskasten losbekommen, da wälzte sich eine riesige Welle über uns. Ich verspürte einen heftigen Schlag und einen fürchterlichen Schmerz in den Beinen. Von da ab weiß ich nichts mehr . . ."

Das Auspfeifen an Bord ergibt, daß außer Hellgert auch der Matrosengefreite Rimkus fehlt. Sofort ergeht Meldung an die Brücke. Trotz der fürchterlichen See läßt der Kommandant das Schiff drehen und macht kehrt, läuft zurück und sucht eine halbe Stunde nach den über Bord gerissenen mit dem Scheinwerfer. Vergeblich. Da die See eisig ist, verbleibt wenig, eigentlich überhaupt keine Hoffnung. Trotzdem wird alles versucht, um diese beiden braven Männer vielleicht doch noch zu bergen. Aber in der brausenden sturmgepeitschten See ist nichts zu entdecken. Die ersten Toten auf „Admiral Scheer". Die Schiffsführung dreht auf den alten Kurs zurück. Die Stimmung ist gedrückt. Das Brausen des Sturms klingt wie ein Choral.

Das Unwetter hat seinen Höhepunkt noch immer nicht erreicht. Die Gewalt der Elemente wird immer stärker, so daß der Kommandant seine Absicht, das Nordkap von Island bald nach Mitternacht zu runden, aufgeben muß, da er die 20-Meilenfahrt nicht mehr beibehalten kann. Aber die immer geringer werdende Sicht wird auch nach dem Hellwerden einen schützenden Schleier über das Schiff legen, ist der Schiffsführung Hoffnung.

Nach Mitternacht ist aus dem Sturm voller, wilder Orkan geworden, der jetzt über Nord auf Nordost zu drehen beginnt. Der Brücke kann das nur recht sein. Je achterlicher die Seen, um so besser. „Scheer" rollt dabei fürchterlich hin und her. Aber der Kommandant kann nicht beidrehen, kann nicht wie im Frieden das Schiff mit der Schnauze in den Wind legen, um das Wetter abzureiten. Er muß die kostbaren Stunden der Schlechtwetterfront ausnutzen, um ungesehen durch die Straße zu marschieren.

Freistehend vermag sich jetzt keiner mehr an Deck aufzuhalten. Das ganze Schiff ist mit einer glatten Eisschicht überzogen. Das Achterschiff zu betreten, ist auch angeseilt verboten. In Abständen wälzen sich schwere und gefährlich steil anlaufende Brecher heran, das ganze Heck und die Schanze unter sich begrabend.

Es geht auf den Morgen zu, als „Scheer" in die Enge einsteuert.

Die Straße ist zwar während der warmen Sommer- und Herbstmonate eisfrei und in dieser Zeit in der Mitte über 300 Kilometer breit, aber nicht breit genug, um die bei einem Nordsturm und noch mehr bei einem Nordostorkan aus den riesigen Weiten der Grönlandsee anstürmenden Wellenfronten unbehindert durchlassen zu können. Sie wirkt dann, und das ist jetzt der Fall, wie ein Schlauch, der die ungeheuerlichen Summen aufgespeicherter Kräfte der anrollenden Wassermassen aufstaut. Da diese Seen nicht nach den Seiten, also nach Grönland und Island zu, ausweichen können, steilen sie sich auf, wobei Wellenhöhen bis zu 14 und mehr Metern nicht selten sind. Hinzu kommt noch, daß der Stau in der Straße die sich auf das Land zu wälzenden Wassermassen zurückfließen läßt, wodurch, wie zur Durchbruchstunde von „Admiral Scheer", eine Kreuzsee mit einem wild durcheinander laufenden systemlosen Wellenchaos erzeugt wird, in dem der Kreuzer wie ein Spielball hin und her geworfen wird.

„Scheer" stampft, rollt und arbeitet fürchterlich. Das Schiff torkelt hin und her wie ein Fliegengewichtler unter den Hieben eines Schwergewichtschampions. Für die Besatzung bedeutet dieses Arbeiten des Schiffes ein anstrengendes Dasein. Das anhaltende Wiegen in den Knien, die starke Gewichtsverlagerung des hin und her pendelnden Körpers, der den Bewegungen des Schiffes zu folgen sucht, sind wie eine strapaziöse Bergtour, nur mit dem Unterschied, daß man hier sozusagen auf der Stelle klettert. Der Krängungsmesser zeigt manchmal Pendelausschläge bis zu 37 Grad. Selbst die alten Fahrensleute unter den eingeschifften Handelsschiffskapitänen ziehen besorgt die Stirn in Falten, denn der Kreuzer ist kein Handelsschiff. Sein Krängungskoeffizient liegt höher als der eines Frachters. Die Maschinenanlagen ruhen wohl unter der Wasserlinie, wo sich auch die vollbeladenen Lasten, Munitionskammern und so fort befinden, aber die Panzertürme der sechs 28-Zentimeter-Geschütze, die ganze andere Artillerie, die Leitstände, die beiden Masten mit den gepanzerten Drehhauben befinden sich mit ihrem Gewicht darüber. Nur gut, daß „Scheer" bis zur sprichwörtlichen Halskrause vollgepackt ist und dadurch tief im Wasser ruht.

In den Wohndecks sieht es so verheerend wie nach einer Seeschlacht aus. Wassermassen rauschen und gurgeln, den irrsinnigen Bewegungen des Schiffes folgend, von Backbord nach Steuerbord. In den Ecken hocken, auf umgestürzten Spinden festgeklemmt, einige hoffnungslose Fälle seekranker Seeleute, die vom Kriegswachdienst befreit wurden. Sie machen den Eindruck von wild entschlossenen Selbstmördern, so scheißegal ist ihnen alles, was um sie vor geht, eine typische Erscheinung bei den von dieser Krankheit Befallenen. Ernst Jünger schreibt über diesen Zustand: „Man liegt in einem farblosen Sein." Farblos sind die Gesichter, und das Sein oder Nichtsein ist jedem der Ärmsten in ihrem Weltschmerz im Augenblick gänzlich schnuppe. Das Wasser, das sie umtost, stört sie gar nicht, auch nicht die in dem Schwall herumsausenden Wandschränke, Kleidungsstücke oder die umherscheppernden Scherben des von Rasmus zertöpperten Geschirrs. In den Waschräumen sind Waschbecken aus den Angeln gehoben worden und auf den Boden geknallt, und in den Aborten haben sich Becken selbständig gemacht. Die Mehllast, wohin sich der Schiffsverwaltungsoffizier mit seinem Feldwebel Münnighoff durchgekämpft hat, gleicht einem unterirdisch brodelnden Teich. Die Säcke tummeln sich wie Bohnen im Topf einer kochenden Suppe. Auch in den Gängen schwabbelt und planscht Wasser,

Wasser, Wasser. Die darin schwimmenden Kisten bieten den Soldaten zwar einen brauchbaren Steg, der Schiffsverwaltungsoffizier aber ist verzweifelt. Immer mehr Wasser strömt durch die Lüfter an Oberdeck ein, deren Dichtungen Rasmus mit seiner Gigantenfaust kurz und klein geschlagen hat. Unmöglich, in diesem Inferno an ein Abdichten zu denken, solange die See draußen ein brodelnder Hexenkessel ist.

Nach einem abenteuerlichen, akrobatischen Abendessen in der Messe, wo man die Backen mit Schlingerleisten so überzogen hat, daß jedem Messegast ein kleines Quadrat verbleibt, in dem Teller und Bestecke Platz und festen Halt finden, versucht der Verfasser, der sich seine Seemannsbeine auf Tiefwasserseglern erwarb, seine Eindrücke über diesen Orkan aus dem unmittelbaren Erleben heraus festzuhalten. Er hat sich dazu auf die Koje gehockt und, den linken Fuß gegen den Spind gestemmt, zwischen aufgetürmten Polstern so festgeklemmt, daß er wenigstens einigermaßen Halt verspürt. Aber es ist ein Unding, mit der Schreibmaschine zu schreiben. Jedesmal, wenn das Schiff achtern in ein Wellental einsackt, lüftet der Wagen der Maschine an und läßt sich nicht weiter transportieren. Oder der Finger, der auf einen Buchstaben zielt, trifft auf der ihm plötzlich entgegenfahrenden Maschine gleich zwei Tasten, verklemmt die Anschlaghebel, daß es Mühe und Flüche kostet, sie zu entwirren. Dieses begonnene Schriftbild ist so wild wie der Orkan.

Kammergenosse Oberleutnant (V) Breithaupt hat zwar alles, wie er feierlich versicherte, absolut seemännisch seefest gezurrt und verpackt. Das Schlingern wird aber immer heftiger, und so nach und nach machen sich Wecker, Stühle, Bücher, Schubladen und deren Inhalt und manche andere Dinge doch wieder selbständig. Anfangs ist man noch bemüht, die Ausreißer einzufangen. Aber was man vorn aufhebt, scheint man mit dem Mors wieder umzustoßen. Nach einigen blauen Flecken gibt man sich entmutigt und zerschlagen geschlagen. Wenn man um Mitternacht auf Hundewache ziehen muß, wäre es nicht verkehrt, sich noch ein bißchen aufs linke Ohr zu hauen. Liegend läßt sich dieser karussellne Zirkus vielleicht noch am besten ertragen. Aber an ein Einschlafen ist, abgesehen von dem Schmiedehammerspektakel, nicht zu denken. Man kommt sich blau wie die bewußte Strandhaubitze vor. Mal saust der Kopf in die Tiefe, das Blut schießt hinterher und hämmert in den Schläfen; nach einem kurzen Verharren sind es die Beine, die nach unten gerissen werden, daß man meint, schräg in der Koje zu stehen. Zu diesen Querschiffsbewegungen gesellt sich das durch die Kreuzsee ausgelöste Stampfen des Schiffes hinzu. Eine eingesetzte Leiste verhindert wenigstens ein Herausfallen aus dieser tumulthaften Schlummerstätte. Aber diese verrückten unrhythmischen „Zusatzbewegungen" rauben einem vollends den Schlaf. Die Kammer selbst wirkt wie ein magisches Kabinett. Unheimlich bewegen sich die zum Trocknen über die Heizung an die halbrunde Gardinenstange aufgehängten Mäntel. Wenn das Schiff überlegt, stehen sie, wie von einer Geisterhand bewegt, schräg im Raum, sinken ab und bewegen sich nach der anderen Seite, wo sie sich wie Halt suchend an die Bordwand pressen. Es rumst, poltert, seufzt, schleift, jammert, stöhnt, schreit, ächzt und wimmert durch das ganze Schiff! Für eine nur ausreichend plastische Beschreibung der Skala der tausendfältigen Geräusche in, um und über dem Schiff fehlen einfach die Worte.

Kaum anzunehmen, in dieser Hölle aus Wasser und Gischt und den aus fest mit den Händen greifbaren tiefsegelnden Wolken herauspeitschenden Schnee- und Hagelböen einen auf Position liegenden Gegner zu erwarten. Wenn überhaupt britische Bewacher die Dänemarkstraße hier in diesem Gebiet kontrollieren, dann haben sie Schutz gesucht oder sich in den Wind gelegt. Und an gegnerische Luftaufklärung oder andere Flugzeuge ist nicht entfernt zu denken. Der Kommandant läßt daher die Divisions-Kriegswache aufziehen. Die anderen Männer sollen sich ausruhen. Am vierten, fünften oder sechsten November wird jede Hand gebraucht ...

Nur den Männern, denen die Schiffsführung anvertraut ist, läßt das unheildrohende Unwetter keine Minute Zeit der Entspannung. Auch dem von langer und harter Torpedobootszeit her seegewohnten Kommandanten, der auf diesen kleinen Einheiten so manches schwere Wetter erlebt und durchgestanden hat, passiert das gleiche wie dem salzwassergelaugten Kap-Hoorn-Fahrer unter dem Prisenkommando. Als ein schwerer Brecher über das Schiff hinwegfegt, verliert er seinen Halt und wird in die Brückennock geschleudert, gefolgt von dem Rudergänger, den die Wucht des Anpralles ebenfalls stürzen ließ. Der junge Obersteuermann springt geistesgegenwärtig an das Steuerpult und übernimmt die Druckknopfsteuerung, bis sich der Rudergänger wieder an den Ruderstand herangearbeitet hat.

Auch Verletzte gab es. Auf dem Vorschiff packte die See einige Seeleute, die sich gerade abmühten, eine aufgerissene Lüfterklappe zu schließen. Sie folgen dem Schwerverwundeten mit den Oberschenkelbrüchen ins Lazarett. Auch den Kommandanten hat es erwischt. Ein sich aus der Halterung lösendes, plötzlich zuschlagendes Eisenschott quetschte ihm die Hand. Bei dem I. Artillerieoffizier hielt der liebe Gott den berühmten Daumen dazwischen. Korvettenkapitän Schumann hielt sich im Quergang des mittleren Aufbaudecks auf, als urplötzlich der phosphoreszierend leuchtende, flaschengrün schimmernde Kamm einer gewaltigen durcheinanderlaufenden See aufbrandete und Tonnen von unheimlich glitzerndem Seewasser in den Quergang schleuderte, einige Männer mit sich riß und dabei auch den I AO an die Reling schwemmte. Schon im Wassergraben stehend, packten ihn geistesgegenwärtige Soldaten und rissen ihn zurück. Welch einen Verlust der Seemannstod dieses Offiziers für die eben erst begonnene Unternehmung bedeutet haben würde, bedarf keiner weiteren Erläuterungen.

Dieser Orkan ist mit all seinen Begleiterscheinungen absichtlich so ausführlich beschrieben worden, um auch dem der See fernstehenden Leser ein Bild vom Kampf mit den entfesselten Naturelementen zu zeichnen. Und wenn U-Bootskommandant Schonder einmal den Satz aussprach: „Es gibt drei Sorten von Menschen: die Lebenden, die Toten und die, die zur See fahren", dann hat er damit in seemännisch humorvoller, aber auch sarkastischer Prägnanz ausgedrückt, was den Seemann von seinen an Land lebenden Mitmenschen unterscheidet. Die Gebirgsjäger, die von der Kriegsmarine auf Zerstörern nach Narvik gefahren wurden, drückten dies auf ihre Weise aus: „Und wenn wir über Finnland durch Schnee und Eis laufen müssen, zum Hungern und Frieren verdammt sein sollten, übers Wasser bringt's uns koaner nimmer."

Da dieser Ausspruch uns an die Ostmärker erinnert, sei des Dr. Defant gedacht. Über den tragischen Verlust des Maats Hellgert noch nicht unterrichtet, taucht er nach Mitternacht fröhlich und sich die Hände reibend in seiner zivilbürgerlichen Haltung auf der Brücke auf. „Na, meine Herren, san's z'frieden mit mir?"

„Laubfrosch", sagt Navigationsoffizier Korvettenkapitän Hübner, „da haben Sie aber ein bißchen zuviel auf die Tube gedrückt."

Dr. Defant merkt auf. Er hat den veränderten Unterton trotz des Orkanlärms empfunden. „Ist etwas passiert?" „Leider, wir haben nicht nur einen prächtigen Maat verloren, auch der Gefreite Rimkus wird vermißt.

Vermutlich ist der Gefreite durch denselben ungewöhnlichen schweren Brecher das Opfer der Orkannacht geworden, der sich auch Hellgert holte."

Bis zum Hellwerden nimmt der Orkan noch zu. Der Steuermannsmaat der Wache notiert, sich vorsichtshalber bei den Brükken-WO's versichernd, Windstärken elf bis zwölf ins Tagebuch. Wie Hammerschläge fallen die Brecher auf das schwerarbeitende Schiff. Das Brausen in der Luft ist zu einem einzigen röhrenden Ton geworden.

Aber auch die längste Nacht geht zu Ende.

Der Tag will aber nur langsam werden. Fahles Grau kämpft mit der schwindenden Dunkelheit und erobert sich nur mühsam Stück für Stück aus ihr heraus.

Die Wucht des Orkans scheint gebrochen. Das Schiff liegt jetzt bei genau achterlichem Wind etwas ruhiger. Im Schiffsinnern herrscht wieder Ordnung. Noch in der Nacht haben die von der Kriegswache entlassenen Männer, obwohl hundemüde und naß und zerschlagen, ohne Befehle aufgeklart. Auch das Wasser ist aus den Räumen verschwunden.

In den ersten Vormittagsstunden, die volle Kriegswache ist wieder aufgezogen, klettert das Barometer langsam, aber stetig der Schönwetterregion entgegen. Noch immer weht Sturm, aber er erreicht nur noch in den immer seltener werdenden Böen Windstärke zehn. Die See ist jetzt unheimlich lang und gestreckt. Wellental und Wellenberg sind im Intervall mindestens 200 Meter breit. Gischt ädert sie wie Marmor mit einer filigranfeinen Maserung. Wenn auch keine schweren Brecher das Schiff mehr überfluten und die Regelmäßigkeit der heranrollenden Seen eine Vorausberechnung gestattet, besteht noch immer Lebensgefahr, die mit einer spiegelblanken Eisschicht überzogenen Decks zu betreten. Die Schiffsführung muß trotzdem wissen, welche Schäden der nächtliche Orkan angerichtet hat. So klettern einige beherzte Seeleute mit einem Tampen um den Bauch vorsichtig nach draußen, um nach dem Rechten zu sehen. Sie treffen überall auf Zerstörungen. Am schlimmsten hat es die beiden Kutter gepackt. Das an Steuerbord in den nach innen gedrehten Davits hängende Boot ist total zertrümmert. Der aus starken Holzbohlen gefügte Kutter ist glatt mitten durchgebrochen und nicht viel mehr wert als Kleinholz. Auch der Backbordkutter ist gestürzt und eingedrückt, aber wahrscheinlich mit Bordmitteln wieder zu reparieren.

Auf der Brücke herrscht wieder normaler Dienstbetrieb. Unablässig schnurrt und tackt das Echolot, um die Wassertiefen des Fahrwassers unter Grönland kontrollieren zu können. Ein roter Strich zittert über die Skala. Der Navigationsoffizier vergleicht die angezeigten Tiefen mit den in der Seekarte eingetragenen Angaben.

Da erscheint mit trübem Gesicht Korvettenkapitän (V.) Karl Schwarzlosen.

„Herr Kapitän, solange noch eine solche schwere See läuft und das Schiff noch immer derart wild arbeitet, ist es den Männern in der Kombüse unmöglich, eine warme Mahlzeit zu kochen. Ich schlage daher vor, eine doppelte Portion kalter Verpflegung als Ausgleich auszugeben", trägt der Schiffsverwaltungsoffizier dem in der Brückennock stehenden, in einen Wachmantel vermummten Kommandanten vor.

„Schwarzlosen, es muß gekocht werden. Die Jungens brauchen gerade nach dieser Nacht und bei diesem hundekalten Wetter eine warme Mahlzeit. Sprechen Sie mit der Bootsmannsgruppe. Smarting wird schon Mittel und Wege finden, die Töpfe festzulaschen, damit sie nicht über Stag gehen."

Und man fand Mittel und Wege. Mittags kann tatsächlich eine warme Mahlzeit ausgegeben werden: Linsen mit Bockwurst. Und das tut gut.

Noch immer beträgt die Sicht knappe 300 Meter. Das Auge des Kreuzers ist jetzt das DT-Gerät, das unablässig den Horizont absucht. Einige Stunden, nachdem die engste Stelle der Dänemarkstraße passiert ist, wird gegen 15.00 Backbord voraus ein Ziel auf

6000 m geortet. Durch Ausweichen nach Westen wird der Abstand vergrößert, und bald verschwindet es Backbord achteraus. Wahrscheinlich ein britischer Hilfskreuzer, der die Dänemarkstraße bewachen soll, aber durch die Unsichtigkeit und die schwere See an seiner Aufgabe behindert ist. Da bekannt ist, daß der Gegner noch über kein in der Praxis einsatzbereites Funkmeßgerät (Radar) verfügt, ist eine Alarmmeldung nicht zu befürchten.

Abends beruhigt sich das Wasser mehr und mehr. Am nächsten Tage ist es nur noch ein starker Puster, was vorher ein grimmig wilder Polarorkan war. Es weht in Windstärken zwischen sechs und sieben. Es ist auch wärmer geworden, denn der Kreuzer hat den Bereich Grönlands bereits weit hinter sich gelassen.

Der für die Unternehmung so wichtige, vom Gegner unbemerkte Durchbruch ist geglückt. Das schlechte, für „Scheer" so gute Wetter hielt fast auf die Stunde genau für die Zeit des Marsches durch die vom Gegner leicht zu kontrollierende Dänemarkstraße an. Hier in diesem neuen Gebiet braucht die Schiffsführung nicht mehr oder kaum noch mit britischen Kontrollkreuzern und mit Fliegern ganz bestimmt nicht mehr zu rechnen.

Erst später, als die Amerikaner in den Krieg eintraten, als der U-Boot-Krieg im Nordatlantik seinen Höhepunkt überschritt, haben die Gegner das „black pit", das „schwarze Loch", im Netz der Luftüberwachung auf den nördlichen atlantischen Geleitzugrouten geschlossen.

Ein neuer Tag. Man schreibt Sonntag, den 3. November. Der Sonntag ist nicht nur dem Kalender nach ein Sonntag. Er kündigte sich mit ein paar verlorenen Sonnenstrahlen an, die die Schaumkronen der atlantischen Dünung streiften und in ein transparent leuchtendes Gold eintauchen ließen. Um die Mittagsstunde – „Scheer" steht knapp über dem 50. Nordbreitengrad – legt der Kommandant den Generalkurs wieder nordwärts. Der Kreuzer kämmt in großen ausholenden Kreuzschlägen das Seegebiet so gründlich ab, als gelte es eine Stecknadel in einem Heuschober zu finden. An alle Ausguckposten ist der Befehl ergangen, sich doppelter Aufmerksamkeit zu befleißigen. Es fällt auf, daß sich der Kommandant jetzt immer häufiger mit dem Leiter des B-Dienstes, Korvettenkapitän Budde, unterhält. Auch Inspektor Pahl, ein

Experte im Entschlüsselungswesen, wird zusammen mit dem Bordnachrichtenoffizier, Kapitänleutnant Woytschekowsky-Emden, der das Zuwörtchen Emden wegen seines auf den im Ersten Weltkrieg berühmt gewordenen gleichnamigen Auslandskreuzer kommandierten Vaters führen darf, hinzugezogen.

Zwar haben die B-Dienststellen der Heimat schon lange den Turnus der Abfahrtszeiten der sogenannten HX-Geleitzüge ermittelt, jener Konvois also, die den Versorgungsverkehr zwischen Amerika, gesammelt bei Halifax, und den Britischen Inseln aufrechterhalten, doch ist es trotz sorgfältiger Kleinarbeit noch nicht gelungen, ein Schema der gefahrenen Kurse der Geleitzüge, die möglicherweise auch unregelmäßig wechselten, herauszufinden. Man weiß nur, in welchem Gebiet ungefähr auf 20 Grad West die Geleitzüge von der U-Bootssicherung aufgenommen werden. Welche Sicherung ihnen jeweils bei der Atlantiküberquerung beigegeben wird, ist ebenfalls unbekannt. Nach den vorhandenen Unterlagen und den Beobachtungen des Bord-B-Dienstes stehen die Geleite HX 83 und HX 84 in diesen Tagen in dem Gebiet, in welchem „Scheer" operieren will. Es gilt nun die Suchkurse so anzulegen, daß einer der beiden Geleitzüge gestellt werden kann, wobei mit nördlicherem wie auch mit südlicherem Kurs als auf dem Großkreis, dem kürzesten Weg, zu rechnen ist. Schon der kleinste Hinweis aus der Beobachtung des feindlichen Funkverkehrs bedeutet eine wesentliche Hilfe. Über Seestreitkräfte des Gegners ist in diesem Gebiet gar nichts festzustellen. Auch der Feind wahrt strikteste Funkstille. Das von „Scheer" abzusuchende Gebiet liegt jedenfalls zwischen 52 und 54 Grad Nord und 32 und 35 Grad West. Hier muß, davon ist der Kommandant überzeugt, eine Entscheidung fallen.

Die Betriebsamkeit der Gekados-Gruppen fällt natürlich auch der Besatzung auf, und der Befehl zu erhöhter Aufmerksamkeit an die Ausguckposten läßt die Männer bestimmte Absichten der Schiffsführung ahnen.

Das Vertrauen zwischen der Schiffsführung und der Besatzung ist nach der Orkanfahrt noch mehr gefestigt worden. „Der Alte wird es schon richtig machen", ist der Seeleute Meinung. Was sollen sie sich daher die Köpfe zerbrechen. Viel wichtiger scheint ihnen derzeit ein Palaver über die Bärte, die sich nun doch durchgesetzt haben und so munter wie Schnittlauch nach einem warmen Frühlingsregen sprießen. Anfangs, gleich nach dem Auslaufen, gab es viele Mutige, die eine solche Mannestumsergänzung beschlossen und durch Wetten besiegelten, schon um endlich einmal Rasierklingen sparen zu können, denn mit Kleinigkeiten fängt die Sparsamkeit bekanntlich an. Aber am Morgen nach diesen Beschlüssen erschienen dann doch die meisten mit kinderpopoglatten Gesichtern zum Dienst, und siehe da, auch die lautesten Schreier verschwanden und schlossen sich schnell diesem Beispiel an. Erst so nach und nach fanden sich doch einige Mutige, mit stoppligen Gesichtern vor ihren Divisionsoffizier und den Ersten hinzutreten, und in den Sturmtagen glaubten auch die Schüchternen und Ängstlichen eine Ausrede für den geheimen Wunsch gefunden zu haben, ihr Gesicht zu verändern, ohne dabei das Gesicht zu verlieren. Anfangs war der sich sogar am Tage zweimal rasierende IO mit den Krausen gar nicht einverstanden. Die stoppelbärtige Übergangszeit störte sein ästhetisches Empfinden, das er mit Beginn der Kreuzerfahrt durchaus nicht in das Spind verschlossen hatte. Aber schließlich kann auch ein allgewaltiger IO das Lächeln seines Kommandanten nicht übersehen, dem die täglichen Bartsuchergesten seiner Brückensoldaten viel Vergnügen bereiten und der seinen Männern diesen Spaß von Herzen gönnt.

So macht der Eins Null, wie Kapitän Gruber an Bord kurz geheißen wird, gute Miene zum bösen Spiel und versteckt seinen Groll als kluger Mann und befehlsgewohnter Offizier, dem auch ein Lächeln seines Kommandanten das gleiche wie eine Bitte bedeutet, hinter der soliden Mauer seines gesunden Humors: „Von mir aus laßt die Grammophonnadeln wachsen." Und grob fügt er hinzu: „Aber wehe, Leute, wenn mir einer das Rasierzeug verkloppt." Herzliche Grobheit ist auch etwas Schönes, denken die Männer. Sie spricht nicht gegen ihn, nein für ihn.

Dem guten Beispiel folgt auch der IAO, Korvettenkapitän Alfred Schumann, den die Lords, wenn sie sich unter sich glauben, „Munki" nennen. Was sie aber nicht boshaft meinen. Im Gegenteil. „Meinethalben", brummte er, „ich bitte mir nur aus, daß bei Alarm auf die Matratzen geachtet wird, wenn sie mal länger geworden sind. Ich möchte nicht gern erleben, daß im Verschluß ein Vollbart klemmt."

„Bis zum Vollbart sind wir wieder daheim, Herr Kapitän."

„Herrschaften, mit einer solchen Feststellung lockt ihr bei mir den Hund nicht hinter dem Ofen hervor. Ich weiß so wenig wie jeder andere, aber es will mir scheinen, daß es eher danach aussieht, daß ihr am Schluß dieser Reise auf die Bärte drauftreten könnt."

Die Runde macht ein Ausspruch eines dicken Feldwebels; gebürtiger Kieler und kein Kind von Traurigkeit, als er bei Tisch seinen Kameraden unmotiviert und mit tiefem Ernst zurief:

„Kinder, seht mich noch einmal janz jenau an, ehe ich dichtwachsen tue . . ."

Der Kommandant hat eine Bordzeitung angeregt. Als „Palaverkiste" soll sie für Unterhaltung sorgen. „Wäre doch schade, wenn solche Bonmots nur einem kleinen Kreis zugänglich blieben. Wenn die Männer erfahren, daß auch ihre Vorgesetzten Humor und menschliche Schwächen haben, kann das dem Betriebsklima nur nützen."

Verlagsdirektor wird der Chef der Schiffskasse, der rührige Verwaltungs-Feldwebel Münninghoff. Zum Chef vom Dienst wird der Funk-Obermaat Werner Krüger bestellt. „Wenn der so schreibt, wie es nach dem Format seiner waschechten Berliner Schnauze zu erwarten ist, ist für Stoff genug gesorgt."

Mitten in die Besprechung über die künftige Gestaltung der überseeischen Bordzeitung dröhnen die Alarmglocken. Die eben noch so wichtig genommene Zeitung ist im Augenblick vergessen. In dem schmalen Gängen drängen und schieben sich auf ihre Stationen hetzende Soldaten und Offiziere. Viele ziehen sich noch im Laufen an. „Rechts gehen! Rechts gehen . . .!" Füße trappeln, Türen schlagen zu. Befehle schwirren durch das Schiff. Es vergehen nur Minuten, bis alle Gefechtsstationen besetzt sind und klar gemeldet haben.

Zwei Mastspitzen sind gemeldet worden. Der Kommandant ist in die oberste Vormars-Beobachtungsstelle geklettert, gefolgt von dem Schiffsverwaltungsoffizier, dem die Aufgabe zufällt, alle Entschlüsse und Befehle für das Kriegstagebuch zu notieren. Eine Regenböe hat die Sichtung verschluckt. Ringsum nur Wasser und Wolken. Nach Minuten kommen die Mastspitzen wieder heraus. Sie wandern mit westlichem Kurs aus.

Der Kommandant spricht nichts. Er nickt nur zu der ihm von dem Ausguckposten durchgegebenen Meldung und blickt unverwandt in die Welte. Er ringt um einen Entschluß.

„Scheer" ist inzwischen etwas auf die Mastspitzen zugelaufen. Der Fremde ist ein Tanker, ein wertvolles, aber auf diesem Kurse bestimmt mit Ballast fahrendes Schiff.

„Auf alten Kurs gehen", weist der Kommandant seinen NO an. Dieser, die Wachoffiziere und alle anderen auf der Brücke versammelten Männer blicken ihren Kommandanten fragend an. Was ist das denn? Wir sollen doch Handelskrieg führen? Warum läßt der Alte dieses Schiff und obendrein noch einen Tanker laufen?

Krancke verspürt die Fragen in den Gesichtern seiner Offiziere und Männer. Er meint auch einen stillen Vorwurf herauszulesen.

„Das Schiff anzugreifen entspricht nicht unseren Aufgaben. Erst müssen wir den Geleitzug haben. Lassen Sie das auch durch den Bordlautsprecher der ganzen Besatzung bekanntgeben."

So wird dann der erste Alarm eine Enttäuschung, aber jeder weiß nun, der Geleitzug geht vor.

3. Einzelfahrer statt Geleit – eine Falle?

Arado meldet acht Schiffe in 80 sm Abstand – Kommandant vor schweren Entscheidungen – Alleinfahrer in Sicht – Irrte Pietsch? – Ein herausgesetzter Hilfskreuzer? – Kühlschiff „Mopans" letzte Reise – Nur einer hatte den Koffer gepackt – „Mopan"-Kapitän will britische Flagge retten

Am Montag bessert sich die Wetterlage weiter. Man kann sogar schon etwas in der Sonne sitzen, und die Seeleute, die während der Wache nicht auf ihren Stationen, wohl aber einsatzklar an Deck bleiben müssen, haben sich in windgeschützte Ecken zurückgezogen, lesen oder dösen vor sich hin. An diesem Tage wird wieder nur ein Schiff mit westlichem Kurs gesichtet, das der Kommandant ebenso wie den Tanker laufen läßt.

Die Besatzung hat das unbestimmte Gefühl, daß in den nächsten Stunden oder Tagen etwas passieren wird, und der IO nährt diese Gerüchte: „Morgen, am Dienstag, dem 5. November, kommt ein Geleitzug."

Woher er denn diese Weisheit habe?

„Als alter Kenner der deutschen Geschichte: Morgen ist der Tag der Schlacht von Roßbach."

„Hm", murmelt die Besatzung, „ein bißchen gewagt ist das vom Eins-Null, das kann ihn einiges an Ansehen kosten." Andere aber werden hellhörig, denn ohne Grund wird ein so gewissenhafter IO eine solche Behauptung nun auch nicht aufstellen. Sie ist auch nicht ohne Grund, denn nach den Berechnungen muß das Geleit HX-84 dieses Seegebiet morgen passieren.

Der Wetterfrosch wird zum Kommandanten befohlen.

„Wie sind die Ergebnisse Ihrer heutigen Telefonate mit Petrus?"

„Für morgen abnehmender Wind, ruhigere See und eine klare Kimm, die auf ein heraufziehendes Tiefdruckgebiet schließen läßt. Aber der Sturm ist nicht vor übermorgen zu erwarten."

„NO, dann wollen wir morgen die Maschine starten!"

Der Abend vor dem 5. November wird allen unvergessen bleiben. Die absteigende Sonne überwirft das Meer mit einem glitzernden Schleier, der wie blau und rot durchwirkte Seide wirkt. Gold ist dazwischen und auch etwas Violett. Nach dem Versinken der Sonne wird das Licht kalt, und dort, wo sie sank, blutet es sich aus. Nach dem Nachtwerden kehrt die Ruhe auf dem Kreuzer ein, aber alles, was die Männer jetzt geistig umgibt, ist Bewegung, Spannung, Drohung und Gefahr.

So zieht der neue Tag herauf. Was der Meteorologe versprach, ist eingetroffen. Oberleutnant Pietsch, der aus den Reihen der Kriegsmarine hervorgegangene Bordfliegeroffizier (Pietsch fiel am 24. August 1944 als Kommandant von U 344 im Eismeer) wird zum Kommandanten auf die Brücke bestellt.

„Was halten Sie von dem Wetter? Glauben Sie bei diesem Seegang eine Landung verantworten zu können?"

„Jawohl, auf einem Ententeich."

Mit dem „Ententeich" meint Pietsch eine durch ein schnelles Drehmanöver mit Hartruderlage erzeugtes, in der in Windlee liegenden Seite ruhiges Gewässer neben dem Schiff.

„Selbstverständlich, Pietsch, bekommen Sie Ihren Ententeich – was für eine überflüssige Frage. Sie aber bringen uns – hoffentlich – den Geleitzug."

„An mir soll es nicht liegen", entgegnet Pietsch fröhlich und eilt davon. Seine Maschine ist startklar. Er braucht nur noch mit seinem Piloten, Fliegerfeldwebel Gallinat, in die Arado zu klettern. Noch einmal untersuchen die Männer vom Hilfspersonal den Vogel. Sie klopfen die Maschine gründlich ab, untersuchen die Schwimmer, horchen und bremsen den Motor ab. „Schleuder-otto", der für die Katapultanlage verantwortliche Torpedo-Offizier, erprobt die Preßlufttanks. Zischend und fauchend entweicht die komprimierte Luft. Dann brüllt der Motor auf, das Brüllen wird zum hellen Singen, der Motor dröhnt, etwas langsamer laufend, einige Skalen tiefer. Pietsch hebt die Hand. Wieder ein heller Ton, dann ein kurzer Knall, von einem abgrundtiefen Fauchen gefolgt. Die Arado braust ab, auf das Deck von „Scheer" purzeln, aus der ruckartig startenden Arado herausfallend, eine kleine Puppe und ein Teddybär. Die Maskottchen von Pietsch.

„Oh", sagen die Seeleute, die die Glücksbringer aufheben, „da haben wir aber Pech gehabt. Er wird kein Glück haben."

„Er wird", beruhigen die zurückbleibenden Fliegerhilfskräfte die bestürzten Lords. „Er hat für alle Fälle mehr solcher, aus zarten Händen stammenden Talismane an Bord seiner Maschine."

„Danach sah er uns bisher aber nicht aus."

„Wonach?"

„Nach einem Pascha."

Der Papagei fliegt. Er umkreist nochmals das Schiff. Alles winkt. Pietsch wedelt zurück.

„Wenn 'r beim Zurückkommen nicht wackelt, hauen wir uns den Papagei in die Pfanne", hört man den BNO sagen, der beide Hände in die Lüfte streckt, die Daumen in den geballten Fäusten versteckt. Tiefliegend kurvt die Maschine, ritzt mit dem Backbord-flügel fast das Wasser und mit dem anderen einen prächtigen Haufenwolkensonnenhimmel an. Dann ist sie weg.

11.20 Uhr kehrt die Arado zurück. Sie hat das erste befohlene Suchdreieck abgeflogen und geht jetzt auf das zweite, südlichere, von dem sie nach 13.00 zurückerwartet wird. Es ist 12.40, als der Ausguck einen Punkt meldet, der sich als die Arado entpuppt.

Auf der Brücke ist man sich nicht ganz einig, ob Pietsch, als er jetzt das Schiff anfliegt, gewackelt hat oder nicht. Einige meinen, das habe nur so ausgesehen. Aber da blitzen Lichtsignale auf. Pietsch morst nur drei Worte. Und diese lauten: „Acht - achtzig - Seemeilen!"

Die Gesichter der „Scheer"-Männer verziehen sich und sind am Ende dieser Anstrengungen nur ein breites Schmunzeln. Wie ein Blitz saust die Nachricht durch das Schiff: „Geleitzug recht voraus."

Auf der Brücke glimmt nur einen Augenblick Freude über diese Sichtung auf, die man ja eigentlich bei etwas Glück erwartet hatte und die mehr oder weniger nur eine Bestätigung ist. Hier reifen jetzt die Entscheidungen heran, deren Schicksalsfäden in der Hand nur eines einzigen Mannes zusammenlaufen: in der des Kommandanten. Er kann mit niemanden an Bord die Verwantwortung teilen. Er darf sich nicht zu voreiligen Entschlüssen hinreißen lassen. Er ist nicht der Führer einer kleinen Schar, die stürmen soll und wird, ohne strategische Bedenken haben zu müssen. Er trägt die Verantwortung nicht nur für 1340 Mann, sondern auch für ein nicht minder unersetzliches Schiff, dessen strategische Aufgabe ja nicht der Kampf, sondern die nachhaltige Störung der gegnerischen Versorgungsschiffahrt ist.

Zunächst bewegt die Schiffsführung eine andere Frage. Wie kommt die Arado bei der inzwischen stärker gewordenen Dünung unbeschädigt auf den Teich? Sie fliegt noch eine Kurve und setzt dann an der Seite des von „Scheer" gefahrenen Ententeichs zur Landung an. Sie kommt, tief und tiefer gehend, von achtern angeflogen. Da spritzt das Wasser silbern auf. Ein heller, seidiger Wirbel steht über der See. Die Maschine springt wie ein Karnickel aus der Ackerfurche wieder aus der See heraus, hüpft ein paarmal, fällt wieder nieder und gleitet schließlich sanft in der Dünung aus. Der Motor heult wieder auf. Vom Propeller gezogen gleitet das Flugzeug über die See, wird an die Backbordseite des Kreuzers gesteuert und schwankt nun wie ein betrunkener Vogel direkt unter dem Kran des Schiffes hin und her. Pietsch steht auf der Tragfläche und versucht von seinem torkelnden Untersatz aus den ebenso hin und her und auf und ab schwankenden Kranhaken zu erwischen. An Bord kann das natürlich jeder besser machen, vor allem die Seeleute ergehen sich in Diskussionen, die hier besser unausgesprochen bleiben. Pietsch packt plötzlich zu. Ruckzuck. Der Haken sitzt. Arm hoch. Klar zum Hieven. Der Kran nimmt die Maschine mühelos vom Kamm der gerade hochschwellenden Dünung auf und setzt den Vogel wieder auf die Stange.

Pietsch klettert nicht, er springt aus der Maschine heraus. In seiner Hand hat er eine Karte, darauf neben vielen bunten Linien ein dickes rotes Kreuz, das dem Schiffsvolk im Vorbeieilen des Fliegeroffiziers nicht entgeht. Also stimmt das Gerücht. Pietsch berichtet. Der Kommandant sagt wenig, eigentlich nichts. Nur: „Danke, Pietsch, gut gemacht."

Das von Pietsch gemeldete Geleit steht also 88 Seemeilen ab. „Scheer" braucht bis zum Erreichen dieser Position unter Berücksichtigung des Ost-Marschweges des Konvois über drei Stunden. Inzwischen ist es durch das Einsetzen des Flugzeuges 13.00 geworden. Das würde also bedeuten, daß der Kreuzer das Geleit frühestens gegen 16.00 in Sicht bekommen würde. Für eine erfolgreiche Operation scheint dem Kommandanten dieser Zeitpunkt ungünstig, da die Nacht den gegnerischen Schiffen größte Chancen zur Flucht einräumt. Läßt er aber das Geleit in der Nacht weiter östlich marschieren, um die frühen Morgenstunden für einen Tagesangriff auszunutzen, nähert es sich den Western Approaches, also dem nicht genau bekannten Aufnahmegebiet durch britische Seestreitkräfte. Das Geleit wird erfahrungsgemäß eine Marschfahrt von sieben bis neun Knoten entwickeln. Es wird also bis zum nächsten Morgen (als frühester Angriffstermin wird 06.00 angenommen) rund 100 Seemeilen nach Osten versetzt haben. Die Brücke vermutet das Aufnahmegebiet der britischen Streitkräfte, von der augenblicklichen Position des Kreuzers aus gesehen, 300 Meilen östlicher. Am nächsten Morgen würde dieser Abstand nur noch 200 Meilen betragen, eine Strecke, die ein schneller Schwerer Kreuzer selbst bei starker Dünung in knapp acht Stunden durchläuft.

Bei all diesen grundsätzlichen Erwägungen muß der Kommandant aber auch die Meldungen des Meteorologen berücksichtigen, der eine Depression im fraglichen Gebiet voraussagt, die bereits in den Abendstunden des Tages durch stark auffrischende Winde und einen zunehmenden Seegang fühlbar werden würde. Für die Nacht verspricht Defant sogar einen aufkommenden Sturm, der für die nächsten Tage in diesem Bereich anhalten dürfte. Das würde schwere See und damit ein heftiges Arbeiten des Schiffes bedeuten. Trotz der ausgezeichneten Artillerie-Anlagen würden sich die Aussichten für gute und schnelle Schußergebnisse bei unhandigem Wetter erheblich reduzieren. Vor allem würde die Geschwindigkeit des Schiffes stark beeinträchtigt werden.

Der Kommandant entscheidet sich daher für sofortigen Angriff. „Scheers" Motoren laufen seit dem Einsetzen des Flugzeuges auf vollsten Touren, denn ihren endgültigen Entschluß brauchte die Schiffsführung ja nicht sofort zu fassen, andererseits wollte sie im bejahenden Falle keine Zeit und damit Seemeilen verloren haben. Mittagessen wird befohlen. Manchen schmeckt es vor Aufregung nicht. Andere hauen munter drein, als wollten sie sich für die Ungewißheit und den zu erwartenden langen Dienst noch einmal gründlich stärken.

Ohne besonderen Befehl machen die einzelnen Gruppen das Schiff gefechtsklar. Die Reling wird niedergelegt, die Bullaugen werden verschraubt und die schweren Blenden aufgesetzt. Die Bilder verschwinden von den Wänden zwischen stoßdämpfende Wäsche. Gar mancher Seemann betrachtet nachdenklich das Foto seiner Frau, seiner Braut oder seiner Eltern.

Die Stunde ist da. – Wirst du sie vor dir bestehen?

Und wirst du sie überleben?

14.27: Rauchfahne in 50 Grad Schiffsrichtung.

Alarm. Eine Woge der Erregung flutet durch das Schiff.

Eine Rauchfahne? Nur eine? Sollte sich Flying-Master geirrt haben? Wo stehen die andern acht Schiffe, die er meldete? Ein Irrtum? Ausgeschlossen, daran zu glauben. Pietsch ist ein zuverlässiger Mann von der eigenen Farbe.

Auch der Kommandant ist betroffen. „Dann kann es sich nur um einen Alleinfahrer oder um einen herausgesetzten britischen Hilfskreuzer handeln, der die Seegebiete in Abstand vom Konvoi kontrolliert", ist seine Meinung. NO, IAO, BNO und SVO nicken. Das „oder" ist damit aber nicht aus der Welt geschafft.

„Scheer" putzt die trennende Entfernung zu dem fremden Schiff schnell herunter, und gar bald schon vermag man auch ohne Glas die Umrisse eines ganz gewöhnlichen Dampfers ohne besondere Merkmale auszumachen. Wie ein schmutziger Fleck schwimmt er im stahlblauen Atlantik.

„Was, bloß so'n kleiner", brummt die Besatzung.

„Hat höchstens 5000 Tonnen."

„Na, na, tausend mehr sind es bestimmt", schaltet sich ein Prisenkommando-Seemann ein.

„Ein Hilfskreuzer der uns bekannten Typen ist es nicht, meine Herren", stellt der Kommandant auf der Brücke fest und sieht den B-Dienst-Chef an.

„Nein, nach unseren Unterlagen haben die Briten überhaupt keine kleinen Schiffe dafür ausgerüstet", gibt Budde zurück.

„Das ist es ja eben ... nach Ihren Unterlagen, Budde. Unterschätzen Sie den Engländer nicht. Er ist ein zu guter Psychologe, und er tut manchmal vierkant das Gegenteil von dem, was man von ihm mit Sicherheit erwartet."

Der fremde Dampfer, das ungewollte Kind eines launenhaften Schicksals, macht keine verdächtigen Bewegungen. Den Kommandanten stimmt das nur noch mißtrauischer, da, das ist der deutschen Schiffsführung bekannt, alle gegnerischen Schiffe von der Britischen Admiralität die Anweisung haben, bei Insichtkommen eines Kriegsschiffes, auch eines eigenen, den Kurs zu ändern und eine Funkmeldung abzugeben.

„Achtung, an alle Stellen. Es ist auf Torpedolaufbahnen zu achten", ist der aus diesen Überlegungen resultierende Befehl.

Und wieder an alle Stellen: „Ausguck darf nicht vernachlässigt werden." Bitter für die Seeleute, die auf Ausguckposten stehen und auch weiter den ihnen zugewiesenen Sektor überwachen müssen, ohne die Angriffsaktionen verfolgen zu dürfen.

Es scheint offenkundig, daß der Kapitän auf dem Frachter den Kreuzer als ein britisches oder amerikanisches Kriegsschiff anspricht und daß denen da drüben der Gedanke, es mit einem deutschen zu tun zu haben, einfach absurd scheint. Er läßt jetzt die britische Flagge setzen und ändert seinen Kurs noch immer nicht. Oder tut man bloß so harmlos? Hat man „Scheer" etwa doch erkannt? Will man ihn in die Reichweite der hinter Klappen versteckten, schon geladenen und gerichteten Torpedorohre locken?

Der „Scheer"-Kommandant gibt die Anweisung, das internationale Flaggensignal „Stoppen Sie sofort" zu zeigen. Zwei Flaggen klettern in den Vormars, wehen breit aus und müssen auf dem

Briten gut zu erkennen sein. Mit der Morselampe wird die Weisung abgesetzt, keinen Funkspruch abzugeben. „Benutzen Sie nicht Ihre FT!" Zweimal blitzt die Warnung zu dem Fremden hinüber. Statt des üblichen Verstandenzeichens besetzen sie da drüben die Kanone. Der Kommandant reißt das Glas von den Augen: „Sofort Schuß vor Bug und Heck."

Zweimal, dreimal erbeben die Planken auf „Scheer", und in bedrohlicher Nähe des Frachters brechen drei Wassersäulen aus der See, höher als das ganze feindliche Schiff.

Die auf dem Heck montierte Kanone wird von der Bedienungsmannschaft fluchtartig verlassen. Einsam und verloren steht sie jetzt auf dem Achterschiff. Ihr Rohr bleibt in Null-Lage.

„Soll das Prisenkommando sich klarmachen?" fragt der NO Hübner.

„Nein, Hübner, diesmal nicht. Wegen des Geleites ist jede Minute kostbar. Schiff ist ja klar als britischer Frachter erkannt. Der Alte macht es uns einfacher als wir dachten, als er seine Nationale zeigte." Und zum Gefechts-BÜ Giersch gewandt: „Flaggensignal: Gehen Sie sofort in die Boote."

Giersch drückt den Sprechhebel seines Telefones herunter und gibt den Befehl an den Ober-Signalmeister Otto weiter, der mit schnellen Griffen das „Stell" zusammenstellt, das heißt, die noch eingerollten Flaggen anstecken, Hand über Hand aufheißen und mit einem Ruck auseinanderzerren läßt.

Der Uhrzeiger tickt . . . 25 . . . 26 . . . 27 . . . Was wird der Gegner tun? Das Warten wird zur Qual. Alle Rohre der Steuerbord-Artillerie und der ausgeschwenkten Turmgeschütze behalten das Ziel aufgefaßt. Aber da, das erste Boot geht zu Wasser. Es wird von der Dünung in die Tiefe gezerrt und torkelt dann wieder an der Bordwand hoch. Jene winzigen Punkte, die nun an der Bordwand an den mit bloßen Augen nicht erkennbaren Manntauen hinabgleiten, sind die Besatzungsmitglieder, die in Eile ihr Schiff verlassen. Ein zweites und noch ein drittes Boot werden gefiert. Die Kutter legen ab und nähern sich langsam. Die „Scheer"-Seeleute, die ein exerziermäßiges Kutterpullen gewohnt sind, raufen sich die Haare über den 66er-Schlag der britischen Jantjes, die diese Tätigkeit mit Gemütsruhe und ohne sichtbare Hast betreiben und dadurch dem Kreuzer nur langsam näher kommen.

Der Komandant will mit der Vesenkung nicht warten, bis die britischen Seeleute aufgenommen sind. Aber augenblicklich stehen die Boote noch zwischen dem Kreuzer und dem verlassenen Dampfer. „Scheer" läuft etwas vor und bekommt dadurch freie Schußbahn, ohne die Männer in den Rettungsbooten zu gefährden. Feuererlaubnis für die 10,5 Flakgeschütze. Ein messerscharfes Klingeln, ein unsagbar harter Schlag, dem ein Aufbrüllen folgt. Salve folgt auf Salve. Fast jeder Schuß trifft den Frachter in der Wasserlinie. Aber nur langsam neigt sich der Todgeweihte der Backbordseite zu. Viel zu langsam für den Kommandanten, dem die Zeit auf den Nägeln brennt.

„Würde vorschlagen, mit der 3,7 auf die Lukendeckel zu schießen. Das durch die Einschußstellen eindringende Wasser findet wahrscheinlich in der im Schiffsbauch sich komprimierenden Luft noch zu viel Gegendruck", wendet sich IAO Schumann an den Kommandanten.

„Ausgezeichnet. Einverstanden."

Heller als die der 10,5 cm klingen die Abschüsse der 3,7 Maschinenwaffen. In schneller Folge jagen die Granaten heraus. Durch das Glas sieht man drüben von den Luken die Bezüge flattern, Holz aufstieben und Brände ausbrechen. Das Schiff legt sich nun schneller auf die Seite. Noch immer weht der Union Jack.

Auf „Scheer" kann man sich jetzt um die Besatzung kümmern. Die Insassen, sie haben alle die typischen britischen Schwimmwesten mit Halskragen umgelegt, der ein Ermüden und Absinken des Kopfes im Wasser verhindern soll, rauchen im Boot noch schnell in kurzen, tiefen Zügen eine Zigarette, als ob es die letzte für lange Zeit wäre. An der Steuerbordseie des Achterschiffes legt das erste Boot an. Die deutschen Seeleute packen hilfsbereit zu und helfen den britischen Kollegen mit aufmunternden und Trost spendenden Worten an Deck.

Der Schreck, einen deutschen Kreuzer vor sich zu haben, muß der britischen Besatzung höllisch in die Glieder gefahren sein. Keiner hat sich Zeit gelassen, die notwendigsten Sachen zusammenzuraffen. Alle stiegen so, wie sie grad standen, aus. Die Heizer tragen noch die üblichen Pantoffeln an den nackten Füßen. Schmutzig und ölverdreckt, wie sie vor den Feuerschlünden schufteten, klettern sie auf den Kreuzer. Nur ein älterer Mann, dessen Uniform eine breite, bunte Ordensschnalle schmückt, hatte wohl auf Grund unangenehmer Erfahrungen aus dem I. Weltkrieg für alle Fälle ein Alarm- und Aussteigegepäck zur Hand. Er ist der einzige, der einen kleinen Handkoffer bei sich trägt.

Da kommt auch der Kapitän. Als letzter steigt er, ein Bündel Papiere und Akten unter den Arm geklemmt, aus dem letzten Rettungsboot, und als letzter wird er getreu alter Marinetradition sein Schiff verlassen haben. Ein sympathischer Mann mit offenen Zügen. Unter dichten, buschigen, schwarzen Augenbrauen leuchten graublaue Augen aus dem von langer Tropenfahrt braungelederten Gesicht heraus, und um den Mund spielt ein verlorenes Lächeln. Lächelt er nun philosophisch erhaben über sein Mißgeschick oder amüsieren ihn die deutschen Vorsichtsmaßregeln, die dieser seebefahrene Mann auf dem Kreuzer mit einem Blick erkennt. Oder ist es das Lächeln eines Mannes, der in diesem Zwangsbesuch nur eine kurze Episode sieht und überzeugt ist, daß er nicht allzulange die deutsche Gastfreundschaft in Anspruch zu nehmen braucht, weil er weiß, daß britische Streitkräfte in unmittelbarer Nähe stehen? Der weißhaarige Mann, der wortlos neben ihn tritt, scheint nach den vier violett unterlegten goldenen Ärmelstreifen der Chefingenieur zu sein. Er stemmt selbstbewußt die Arme in die Hüften und betrachtet mit der unverhohlenen Neugierde eines Technikers seine neue Umgebung. Den Eindruck eines geschlagenen Mannes oder eines verzweifelten Gefangenen macht er nicht. Seine Haltung ist ein herausforderndes „ihr mich auch mal".

Dem Kommandanten geht das Absaufen des britischen Frachters nicht schnell genug. Er läßt noch ein paar Salven schießen. Der britische Kapitän gerät in helle Aufregung. Dem ihm zunächst stehenden Offizier ruft er zu: „Not at the hindquarters." Er wedelt mit den Armen und winkt mit den Händen ab. „There is ammunition!" Hastig erklärt er, daß sich in den Heckräumen sehr viele Munition befände, die bei dem Beschuß krepieren könnte. Dann dreht er sich mit einer schnellen Bewegung um und tritt, von niemandem behindert, an die Reling heran. Seine Schultern hängen herab. Seine Hände krallen sich um die Ketten, als die „Mopan" sinkt.

Warum sollte „Scheer" nicht auf das Achterschiff schießen? Der

Frachter steht so weit ab, daß bei einem Detonieren der Munition für den Kreuzer nicht einmal die Gefahr einer Splitterwirkung bestünde. Am Heck weht der Union Jack. Dieser ist es wohl, dem die Empfindungen des Kapitäns gelten. Wenn schon, dann soll sein Schiff mit wehender Flagge Abschied nehmen. So glaubt man auf „Scheer" den Warnruf des Briten zu verstehen.

Wie die vom britischen Kapitän mit herübergebrachten, bürokratisch geordneten Schiffspapiere ausweisen, handelt es sich bei dem Frachter um die 5389 BRT große „Mopan", ein Kühlschiff, das aus den westindischen Gewässern kam und Kurs auf England hatte. Die „Mopan" wurde 1928 erbaut, war also ein verhältnismäßig neues und wie alle Kühlschiffe schnelles Schiff. Wegen eben dieser hohen Geschwindigkeit und der an Bord befindlichen leicht verderblichen Waren lief es nicht im Geleit, sondern hoffte als Einzelfahrer die Insel schneller und sicherer zu erreichen.

Nun: „Hope is a curtail dog in some affairs", heißt es in einem britischen Sprichwort. „Hoffnung ist oft ein Jagdhund ohne Spur."

4. Der Angriff auf das HX-84-Geleit

Mastenwald in Sicht – „Scheer" täuscht britische Geleitsicherung – Hilfskreuzer „Jervis Bay" opfert sich – Schwerverwundeter „Jervis Bay" – Kommandant kämpft auf sinkendem Schiff bis zum Untergang – Der Weg zum Geleit ist frei – Truppentransporter und Tanker unter Feuer – Trotz Nacht immer neue Ziele – Frachter sinken – Ein Tanker in Flammen – Mit einer Kanone gegen „Scheer" – Grausige Funkreportage der „Beaverford" endet „Jetzt komme ich an die Reihe" – Großalarm im Nordatlantik – Schlachtkreuzer, Schlachtschiffe, Kreuzer und Zerstörer suchen und jagen „Scheer" – Alle Atlantikgeleite zurückgerufen und gestoppt – Die gesamte nordatlantische Versorgung gestört

Wie wenn eine Böe über ein Kornfeld wogt, so brandet auf einmal Unruhe durch die „Scheer"-Besatzung.

Vier Rauchfahnen seien gesichtet worden ... Nein, sechs ... sieben!

Der Geleitzug existiert also doch.

Wer aber meint, auf der Brücke Whooling anzutreffen, irrt. Kommandant und Offiziere sind so ruhig wie bei friedensmäßigen Manövern. Telefonmeldungen gehen ein. Befehle gehen aus. Läufer kommen und gehen. Der Kommandant klettert in den Vormars zum obersten Beobachtungsstand. Mit einem guten Glas sind die Rauchfahnen, hauchfeine, nach oben auseinander flatternde Wölkchen, gut auszumachen.

„Aber das sind doch viel mehr als sechs", sagt er. „Das sind mindestens zehn, wenn nicht noch mehr."

Leutnant Petersen, Hapag-Offizier im Zivilberuf, glaubt nun sogar mehr als 20 Rauchfahnen erkennen zu können.

16.30: Der Anlauf zum Angriff beginnt.

In schneller Fahrt braust der Kreuzer, in allen Verbänden schwingend, auf die Sichtung zu. Masten treten über die Kimm. Masten, Masten, ein ganzer Wald von Masten. Langsam schälen sich Schiffe heraus. Frachter aller Typen.

„Sind denn keine Bewacher, keine Kriegsschiffe auszumachen?" wundert sich der Kommandant. Er sagt dies mehr zu sich als zu den Ausguckposten.

„Keine", sagt Petersen. „Auffallend scheint mir lediglich ein Schiff mit für einen Frachter ungewöhnlichen Aufbauten."

Der Kommandant hat diesem Schiff bereits seine Aufmerksamkeit geschenkt. „Sieht mir nach einem Hilfskreuzer aus. Da, sehen Sie, er dreht ab und setzt sich seitlich heraus. Vermutlich haben sie uns da drüben erkannt."

Nicht nur vermutlich, denn in der nächsten Sekunde blitzt es auf dem mehr einem Passagierschiff als einem Frachter ähnelnden Außenseiter auf. Der Gegner morst den Buchstaben A und immer wieder Anton, Anton, Anton.

„Keine Morselampe. Signalscheinwerfer wie auf Kriegsschiffen", bemerkt der NO.

„Natürlich ist das ein Hilfskreuzer, daran ist nicht zu zweifeln", bestätigt der Kommandant des NO's Gedanken. Er läßt keinen Blick von dem Schiff, das sich immer weiter heraussetzt und sich wie sichernd vor den Geleitzug schiebt, dessen Schiffe jetzt den ganzen südlichen Horizont bedecken.

Kommandant an den Ober-Signalmeister: „Er wird gleich sein

ES geben (Erkennungssignal; Buchstaben). Sofort mit denselben Buchstaben erwidern, vielleicht denkt er, wir riefen ihn an." Es kommt darauf an, den feindlichen Hilfskreuzer möglichst lange im unklaren zu lassen, damit „Scheer" in der Zwischenzeit näher herankommt, denn noch beträgt die Entfernung etwa 25 Kilometer.

Dem „Anton, Anton" folgt nach kurzer Zeit ein „Max-Anton-Gustav", was sofort vom Signalpersonal zurückgemorst wird. Doch der Gegner läßt sich sichtlich nicht bluffen, er weiß auch, daß kein eigenes Schiff hier stehen kann, denn unmittelbar danach gehen bei ihm zahlreiche rote Sterne hoch, Signale für den Konvoi, nach einem vorher festgelegten System auseinanderzulaufen. Zugleich beginnen der Hilfskreuzer und die meisten Schiffe des Geleits zu nebeln. Die Entfernung verringert sich, und bei 175 hm dreht „Scheer", die bis dahin senkrecht auf den Feind zufuhr, um 4 Dez nach Backbord, damit bei größtmöglicher Annäherung alle Geschütze zum Tragen gebracht werden können.

Die Artilleriezielgeräte haben die Ziele erfaßt. Die schwere Artillerie hat den Hilfskreuzer, die Mittelartillerie einen dicht bei ihm stehenden Tanker als Ziel zugewiesen bekommen. Der Hilfskreuzer, der vor der zweiten Kolonne des Geleits steht, hat inzwischen des Morsen eingestellt. Der gegnerischen Schiffsführung dämmert die Erkenntnis, wen man vor sich hat. Sie sieht die Aufbauten des Kreuzers sich klar gegen den dunkler werdenden Abendhimmel abzeichnen. Sie erkennt die drohend gerichteten Rohre der Turmgeschütze. Es sind Drillingstürme! Also ein Deutscher, der da mitten im Atlantik mit seinem graublauen Stahlleib durch das Wasser pflügt.

In diesem Augenblick schiebt sich der Hilfskreuzer vor das wohl wertvollste Schiff des Geleitzuges. Er versucht, ein großes, zweischornsteiniges Passagierschiff mit hoch herausliegenden Aufbauten zu decken.

„Scheer" steht jetzt 170 Hundert, d. h. 17 Kilometer von dem nächsten Gegner, also dem als Hilfskreuzer angesprochenen Schiff, ab. Der Kommandant gibt das Feuer frei. IAO Schumann läßt zunächst mit dem Turm Anton eine Salve auf dieses Ziel schießen.

16.30 begann der Anlauf. Jetzt ist es 16.42, als die ersten Granaten die Rohre der 28er Turmgeschütze verlassen. Wie in jener Nacht, als der Riesenbrecher über dem Kreuzer zusammenschlug, erbebt der Kreuzer in allen Verbänden. Dem titanenhaften Hammerschlag folgt ein furchtbarer Krach. Wer im Freien auf Posten steht und keine Watte in den Ohren hat, glaubt, daß die Trommelfelle in Fetzen gehen, hört die Stimmen um sich nur wie aus nebelhafter Ferne. Und wer sich im Vormars bei dem Abschuß der Turmgeschütze nicht festhielt, den warf der Luftdruck wie ein orkanhafter Windstoß zur Seite. Ein satanisches Fauchen und tierhaftes Röhren erfüllt die Luft, als die 900 Kilogramm schweren Granaten ihren Weg über die berechnete Parabel der Flugbahn nehmen. Noch sind die Granaten in der Luft, noch zeigt ihr Einschlag nicht, ob die artilleristischen Werte richtig berechnet wurden, da sieht man über dem Hilfskreuzer erneut bunte Sterne den Himmel zerspalten. Wem gelten diese Signale? Nur den Schiffen des Geleits, die sich zerstreuen sollen? Oder sind sie Alarmzeichen für die Kreuzersicherung an der Steurbordseite des Konvois, die von dem Deutschen nicht übersehen werden kann?

Nach 23 Sekunden schlägt die erste Salve der „Scheer" in die graublau schimmernde See ein. Unmittelbar vor dem Hilfskreuzer stehen plötzlich in den wolkenverhangenen Himmel stürzende weiße, an den Rändern schwarz gefärbte Wassersäulen, hinter denen das große Schiff völlig verschwindet. Die erste Salve lag höchstens 50 bis 70 Meter vor dem Ziel.

Entfernung. Seitenverbesserung. Aufsatz. „Feuern!"

Fast gleichzeitig mit der zweiten, nun mit beiden Türmen geschossenen Salve blitzt es jetzt da drüben mehrfach mittschiffs und achtern auf. Die Blitze sind klein und sehen so harmlos aus wie das Leuchten kurz aufgeblendeter großer Scheinwerfer. Der Feind erwidert das Feuer, und daß er so schnell antwortet, beweist, daß die Schiffsführung des Gegners den anmarschierenden Kreuzer in gefechtsbereitem Zustand erwartete und daß man es drüben mit einexerziertem Navy-Geschützpersonal zu tun hat. Das gegnerische Feuer liegt aber viel zu kurz, und nur eine Granate krepiert in bedrohlicher Nähe, in verteufelt bedrohlicher Nähe sogar. Sie fährt in das Kielwasser der „Scheer", aus dem eine gischtigweiße Fontäne herausspringt. Entweder verfügt der Hilfskreuzer nur über ein weittragendes Geschütz, da die Granaten der anderen Kanonen mehrere Hundert Meter vor „Scheer" in der See detonieren, oder aber man hat keine zentrale Feuerlenkung und läßt jedes Geschütz selbständig schießen. Gleichzeitig gehen Funksprüche, verschlüsselte und auch offene, in den Äther. Letztere werden nur wenige Minuten später von der amerikanischen Station Mackay-Radio bestätigt und weiter verbreitet. In den FTs ist die Rede davon, daß ein deutsches Kriegsschiff 1000 Meilen von den Neufundlandbänken einen Geleitzug attackiere.

Inzwischen hat die zweite Turmsalve ihren Weg hinter sich. Sie liegt hinter dem Gegner und ebenfalls sehr nahe, aber wieder seitlich vom Ziel. Nach dem Gabelschießverfahren müßte jetzt die dritte Salve deckend liegen, wenn die neuen Verbesserungen richtig sind. Der Gegner steht 16 500 Meter ab. Für das bloße Auge ist er nur ein punktähnlicher Strich. Das Schiff wird vielleicht 20 Meter breit und 170 Meter lang sein. Das Ziel bedeckt also eine winzig kleine Fläche, in die die Granaten treffen müssen.

Aber auch die dritte und die nächste Salve bedürfen noch der Verbesserungen. Der Nichtfachmann muß sich bei all dem, was hier über das Schießen der Schiffsartillerie gesagt wird, vor Augen halten, daß es sich dabei obendrein noch um bewegliche Ziele handelt. Der Gegner fährt, das eigene Schiff ist in Fahrt. Der Gegner versucht sich dem feindlichen Feuer durch ständige Kursänderungen zu entziehen, wechselt die Fahrtstufen und erschwert dadurch die Berechnungen der Schußunterlagen. Da die Höchstgeschwindigkeit des Gegners anfangs ebenso unbekannt ist wie seine Manövrierfähigkeit bei Kurswechsel, müssen alle artilleristischen Stellen mit einer Konzentration arbeiten, die beispiellos ist.

Nicht nur der Hilfskreuzer schießt zurück, auch verschiedene im Geleit fahrende Frachter, die teilweise mit modernen 12- bis 15-Zentimeter-Schiffsgeschützen ausgerüstet sind, erwidern das Feuer. Und ihre Chancen, dem Kreuzer einen verhängnisvollen Treffer beizubringen, brauchen durchaus nicht gering zu sein. Aber ihr Feuer ist planlos, und die Reichweiten dieser Waffen scheinen nicht groß genug, um „Scheer" ernsthaft gefährlich werden zu können. Man schießt wohl auch mehr aus Nervosität als in der Hoffnung auf einen Erfolg.

„Gut, schnell!", brüllt der IAO, um den Gefechtslärm zu übertönen, denn inzwischen haben auch die MA-Geschütze an der Steuerbordseite das Feuer auf einen seitlich hinter dem Hilfskreuzer stehenden Tanker eröffnet.

„Gut, schnell", heißt, Entfernung und Seite sind richtig erfaßt. Diese Salve lag im Ziel. Sie traf den Hilfskreuzer in Höhe der mittleren Aufbauten. Wie ein die Augen blendender Kugelblitz flammt es da drüben auf. Rotglut schießt, von der Wucht der Detonationen krepierender 28er-Granaten hochgeschleudert, in den fahler werdenden Abendhimmel. Aus den Mittschiffsaufbauten brechen Flammen. Das Gegnerschiff drängt mit der Fahrt weiter nach Backbord heraus und nähert sich noch mehr dem parallel dazu laufenden Kreuzer. Die Absicht das gegnerischen Kommandanten ist klar. Er will versuchen, den deutschen Kreuzer vom Geleit abzudrängen. Doch die „Scheer" ändert ihren Kurs nicht.

Daß er nicht den Bruchteil einer Chance hat, sein Schiff vor der Vernichtung zu bewahren, ist dem Hilfskreuzerkommandanten so klar, wie zweimal zwei vier ist, daß der allein operierende Kreuzer aber so lange nicht näher an das Geleit herangehen wird, solange er sich noch im Wirkungsbereich der Waffen des Hilfskreuzers befindet, das hofft er. Der deutsche Kreuzer wird sich nicht in die Gefahr eines Risikotreffers begeben, und der Hilfskreuzer ist ein so großes Schiff, das auch mit den 28er-Granaten nicht so schnell versenkt werden kann, wenn nicht ein Zufallstreffer die Granaten in dem Munitionsraum detonieren läßt und es in Stücke reißt.

„Scheers" schwere Artillerie hat sich eingeschossen. Ein furchtbares Stahlgewitter brandet auf das Gegnerschiff nieder. Salve auf Salve bricht aus den vor und zurück zuckenden Rohren. „Scheer" ist in eine wabernde Feuerlohe gehüllt. Gelbbraune, stickige Pulverschwaden wehen unheilverkündend über das Schiff, erschweren den nicht in Deckungsräumen stehenden Soldaten das Atmen und trocknen ihnen die Kehlen aus. Manchmal steht für Sekunden eine schwarzbraune Wand neben dem Kreuzer und versperrt die Sicht auf das Ziel. In dem Turm, in den Munitionskammern im Schiff, an den Aufzügen arbeiten die Männer wie Wahnsinnige. Hydraulisch, elektrisch, magnetisch steht ihnen die Technik zur Seite. Schneller, noch schneller.

„Nicht ablenken lassen. Weiter Ausguck nach allen Seiten halten", fordert der Kommandant. So werden nur die Männer der Artillerie, der zum Gegner liegenden Ausgucksektoren und auf der Brücke Augenzeugen des dramatischen Endkampfes des britischen Sicherungsschiffes. Über das BÜ-Telefon werden aber laufend

Kurzmeldungen über den Stand des Gefechts gegeben, um auf diesem Wege alle Stellen im Schiff zu unterrichten. So kommt zum Beispiel die Nachricht durch, daß sich die ablaufenden Schiffe des sich auflösenden Geleits einzunebeln versuchen.

Auf dem mittschiffs fürchterlich brennenden Hilfskreuzer, der eine riesige, breite, schwarze Rauchfahne hinter sich herschleppt, sind es inzwischen immer weniger Blitze geworden. Jetzt schießt nur noch das Heckgeschütz.

Da drüben muß eine Hölle toben. Wie es die Männer an dem letzten Geschütz fertigbringen, in diesem Inferno von Rauch, Flammen und krepierenden Granaten noch ein einigermaßen gezieltes Feuer beizubehalten, erfüllt die „Scheer"-Männer mit Verwunderung und stiller Hochachtung vor diesem erbittert harten Gegner. Auf „Scheer" kennt niemand den Namen des Hilfskreuzerkommandanten. Eines steht aber fest, daß er ein echter Brite und ein Seeoffizier alter Schule sein muß, dessen Persönlichkeitswerte so stark sind, daß die ihm anvertrauten Männer trotz des ihnen aussichtslos scheinenden Gefechts wie besessen seine Befehle erfüllen, weil diese bei diesem Mann nicht sinnlos sind, auch nicht, wenn sie den Tod bedeuten. Auf „Scheer" weiß man auch nicht, daß der gegnerische Kommandant gleich bei den ersten Treffern durch einen Splitter schwer verwundet wurde. Er verlor ein Bein ganz, das andere wurde verletzt. Den entsetzlich blutenden Stumpf ließ er sich notdürftig abbinden, und nach dem Ausfall der Mittschiffswaffen kroch er auf den Händen zum Achterschiff, um von hier aus das Feuer mit dem letzten ihm verbleibenden Geschütz weiterzuleiten. Wir können uns das weitere dramatische Bild nur vorstellen, weil es von diesem Augenblick an über das Schicksal dieses tapferen Kommandanten keine Augenzeugenberichte mehr gibt. Wir glauben diesen Offizier vor uns zu sehen, wie er, mit vor Blutverlust blassem und vor Schmerz verzerrtem Gesicht, von einem oder zwei Männern gestützt, im Rauch und Qualm neben der Bedienungsmannschaft der letzten einsatzklaren Kanone stand, wie er seine Männer durch sein überragendes Vorbild mit sich riß und zu letzten übermenschlichen Anstrengungen anfeuerte.

Neue Treffer hämmern auf den Hilfskreuzer ein. Trümmer, Rauch, Pulverqualm. Feuergarben der Explosionen wirbeln doppelt so hoch wie die Masten über das Schiff. Noch immer wehrt es sich mit dem letzten Geschütz. Nach dem Ausfall seiner Feuerleitanlagen und der E-Meßgeräte ist ein genaues Zielen nicht mehr möglich, kann die Entfernung nicht mehr gemessen werden. Aber das ist die verzweifelte Hoffnung des britischen Kommandanten: Wenn man dem Kreuzer nur einen Treffer beibringen könnte, der seine Gefechtskraft vermindert, der Schäden zurückläßt, die die Deutschen zum Abbruch der Unternehmung und zum Einlaufen zwingen, dann hat dieses Opfer, das er bewußt, für sich, seine Männer und sein schon todgeweihtes Schiff auf sich nimmt, doch einen Sinn.

Auf dem Tanker (Ziel 2), den die Mittelartillerie des Kreuzers inzwischen beschoß, hat man einige Treffer beobachtet. Brände lodern da drüben auf. Da wird dieses Ziel plötzlich durch den zurücksackenden Hilfskreuzer verdeckt, dessen Maschinen offenbar nicht mehr volle Kraft laufen. Als der Tanker bei dem weiter abfallenden Hilfskreuzer wieder in Sicht kommt, hat er den Kurs gewechselt, zeigt das Heck und verschwindet, wie eine Fackel brennend, in der von den seitlich voraus stehenden Schiffen gezogenen Nebelwand. Die Mittelartillerie faßt ein anderes Ziel auf, einen kleineren, ungefähr 3000 BRT großen Frachter (Ziel 3), der wild und völlig sinnlos aus einer auf dem Heck montierten Kanone schießt, dafür aber um so wirkungsvoller nebelt. Er war es auch, der dem brennenden Tanker den schützenden Nebelschleier zog. Die deutsche Schiffsführung vermutet in dem kleinen Frachter ein Schiff mit Bewacherfunktionen. Einige Nahtreffer werden beobachtet. Direkttreffer nicht.

Der „Scheer"-Kommandant konzentriert nunmehr das Feuer aller Kaliber auf den noch immer schießenden Hilfskreuzer. Einige Treffer hauen in das Achterschiff des Gegners ein, das, deutlich sichtbar, tiefer und tiefer einsinkt. Aber noch immer feuert die Heckkanone, noch immer weht die britische Kriegsflagge, vom Feuersturm der Brände unversehrt, an der Gaffel des hinteren Mastes. Neue Granaten fressen sich in das ungepanzerte Heck, zersplittern die eiserne Außenhaut wie Glas und lassen das Heck noch tiefer in die See einsinken. Aus. Das letzte Geschütz schweigt. Vielleicht wurde es aus dem Sockel gehoben. Vielleicht tötete ein Direkttreffer die Bedienungsmannschaft und den schwerverwundeten Kommandanten. Das Flammenmeer wogt jetzt auch über die Heckaufbauten hin. Der Hilfskreuzer ist ein brennendes, sinkendes Wrack. Er stoppt.

„Zielwechsel links. Auf den Transporter", befiehlt der Kommandant. Und während die Rohre schwenken, folgt ein neues Kommando: „Zwo Dez Steuerbord."

„Scheer" dreht und jagt dem Geleitzug nach. Steuerbord voraus steht im Nebeldunst die Silhouette des schon erwähnten Zweischornsteiners. Querab bleibt der schwimmende Gluthaufen des sinkenden Hilfskreuzers liegen.

Wird der Kommandant unter den Überlebenden sein, durchzuckt es den „Scheer"-Kommandanten, der von der schweren Verwundung des Gegners natürlich nichts weiß. Weiß Gott, er und seine Männer haben mehr als einen Händedruck ihres Vaterlandes verdient.

Aber die Britische Admiralität kann später nur einem Toten das Viktoria-Kreuz, die höchste britische Tapferkeitsauszeichnung, symbolisch verleihen. Der 14 164 BRT große Hilfskreuzer „Gervis Bay" nahm Kapitän zur See E.S.F. Fegen und den Geleitkommodore Admiral Mantby mit in das Dämmerlicht der ewigen Tiefe. Eine tragische Fügung des gnadenlosen Schicksals wollte es, daß mit Fegen ein Mann durch deutsche Granaten ausgelöscht wurde, der vor Jahren, als er noch im aktiven Dienst der Navy stand, als Kommandant des britischen Kreuzers HMS „Suffolk" vierzehn deutsche Seeleute von dem bei schwerem Wetter zwischen China und den Philippinen auf ein Riff gelaufenen deutschen Motorschiff „Hedwig" rettete. Auch damals ist es die starke Persönlichkeit E. S. F. Fegens gewesen, die seine Männer eine Rettungstat vollbringen ließ, welche sie selbst in schwerste Lebensgefahr dabei brachte.

Zweiundzwanzig Minuten und genau zweiundzwanzig Sekunden zog Hilfskreuzer „Jervis Bay", ein nach dem gleichnamigen südaustralischen Kap genanntes ehemaliges Fahrgastschiff, fast die ganze Artillerie des weit überlegenen deutschen Kreuzers auf sich.

Nun senkt bereits die in diesen Breiten im November früh hereinbrechende Nacht ihre Schatten über den Nordatlantik. Der Kommandant hat das Feuer der Turmgeschütze auf das riesige

82

Passagierschiff (Ziel 4) verlegen lassen, über dessen Funkspruch man später erfuhr, daß es sich um die 16 698 BRT große „Rangitiki" handelte, ein Schwesterschiff des zu Beginn des Krieges durch Schlachtkreuzer „Scharnhorst" vernichteten britischen Hilfskreuzers „Rawalpindi" und der durch die deutschen Hilfskreuzer „Komet" und „Orion" in gemeinsamer Operation im Pazifischen Seeraum versenkten „Rangitane". Die Brücke spricht dieses große Ziel als einen Truppentransporter an. Durch Fahrtstufenänderungen und dauernden Kurswechsel versucht sich dieser Gegner dem Beschuß zu entziehen. Bereits die erste Salve erzielt 48 Sekunden nach dem Zielwechsel einen auf „Scheer" deutlich beobachteten Treffer im Achterschiff. Dann taucht der Koloß in seine künstliche Nebelwand. IAO Schumann läßt noch eine Salve hinterher schießen, da der letzte gefahrene Kurs gekoppelt wurde und nach dem Erreichen des schützenden Nebels mit einer weiteren Kursänderung nicht zu rechnen war. Die brodelnde grauweiße Wand flammt mehrmals tiefrot auf. Wären die Granaten in der See krepiert, hätte ein solcher Feuerschein niemals beobachtet werden können. Eine Trefferbestätigung ist diese Überlegung für die Schiffsführung des Kreuzers nicht.

In fast der gleichen Stunde fängt die „Scheer"-FT einen Notruf dieses Schiffes auf offener Welle auf. USA-Mackay-Radio bestätigt den Spruch und verkündet der aufhorchenden Welt: „Der britische Passagierdampfer ‚Rangitiki' wird beschossen durch ein Kriegsschiff der ‚Graf-Spee'-Klasse. Standort: Breite 52 Grad 46 Minuten Nord, Länge 32 Grad und 13 Minuten West."

Nach dem Außersichtkommen der „Rangitiki" nimmt die SA ein anderes, weiter vorlich stehendes, eben noch erkennbares Schiff (Ziel 5) unter Feuer, während sich die Mittelartillerie mit einem ebenfalls weit abstehenden kleineren, ungefähr 3000 BRT großen Frachter (Ziel 6) befaßt. Es beginnt jetzt rasend schnell zu dunkeln. Außerdem behindert der vom Wind verwehte künstliche Nebel zusätzlich die Sicht. Treffer werden bei dem Weitlagebeschuß auf beiden Zielen nicht erkannt.

Der Kommandant hat mit Eintritt der Dunkelheit jetzt seinen Platz im oberen Kommandostand verlassen. Die BÜ's melden: „An alle: Kommandant jetzt auf Brücke." Von hier übernimmt er die

Weiterführung des Angriffs. „Scheer" folgt durch Kursänderung den Abdrehbewegungen des Geleits.

17.11 schälen sich Steuerbord voraus ein ungefähr 10 000 BRT großes Schiff (Ziel 7) und ein auf 6000 BRT geschätzter Frachter (Ziel 8) als dunkle Schatten gegen den nachtblauen Horizont heraus.

Die Mittelartillerie befaßt sich zunächst kurz mit dem kleineren, neben dem 10 000 Tonner stehenden Schiff, dann aber läßt der Kommandant das Feuer aller Kaliber auf den großen Frachter vereinigen. Ein Feuerorkan wogt dem 10 000-Tonner entgegen. Granaten aller Kaliber prasseln wie ein Hagel auf diesen Gegner nieder. Die Bahnen der Leuchtspurgeschosse sind deutlich zu verfolgen. Im flach ansteigenden Bogen rasen sie auf das Ziel zu, erreichen es, als eben eine neue Salve die Rohre verläßt. In dem Augenblick, da die phosphoreszierenden, kleiner werdenden Bälle aus der Bahn kippen, da die Granaten sich aus der aufwärts führenden Geschoßbahn nach unten senken, verschwinden die hellen Punkte wie erlöschende Kometen. Greller Feuerschein. Treffer. Funkengarben stieben in die Nacht. Brände brechen aus. Der Frachter legt sich über. Er neigt sich schneller und schneller zur Seite. 20 Grad, 25 Grad. 30 Grad . . . Plötzlich sackt das Heck ein. Die See leckt gierig über das versinkende Achterschiff. Bei dem Flackerlicht der wild brennenden Aufbauten sind alle diese einzelnen Phasen deutlich zu erkennen. Dann erstirbt die Fackel so plötzlich, wie wenn man eine Lampe abschaltet.

Die Mittelartillerie wendet sich nun wieder dem vorher beschossenen 6000-Tonnen-Frachter zu. Mittschiffs schwelen kleinere Brände. Das Schiff ist immer noch in Fahrt, läuft aber bedeutend langsamer. Vermutlich ist es von seiner Besatzung verlassen worden, die in Feuerlee das Weite suchte. Noch einmal brüllen die Rohre der „Scheer"-Artillerie auf, noch einmal trommeln die Granaten – die SA ist eingefallen – auf den Frachter ein. Minuten später brennt er in seiner ganzen Länge, taucht immer tiefer in die See und sinkt auf ebenem Kiel, nur leicht nach „Scheer" zu übergekrängt. Als der Kreuzer in geringer Entfernung abläuft, ragen nur noch die brennenden Mittschiffsaufbauten aus der See.

Der Kreuzer geht neuen Suchkurs. Im Maschinenleitstand

springen die Zeiger auf: Äußerste Kraft voraus. Der Fahrtwind nimmt zu. Er orgelt und singt in den Aufbauten. Eine stärkere Brise ist aufgekommen. Die ersten Schaumkämme überbrechender Wellen treten auf.

„Schatten recht voraus", Meldung auf der Brücke.

„Noch ein Schatten neben dem ersten Ziel."

Das erste Ziel ist ein auf ca. 10 000 BRT geschätztes Schiff (Ziel 9), während das andere weiter voraus stehende als ein 14 000 BRT großer Tanker (Ziel 10) angesprochen wird. Die Mittelartillerie – es ist 17.59 – nimmt zunächst das kleinere Schiff, einen tief im Wasser liegenden Frachter an, da dieser etwas weit nach Backbord heraussteht und der Kommandant verhindern will, daß er beim Angriff auf das größere, der Schiffsführung wichtigere Ziel aus dem Bereich der Waffen herauslaufen kann. Nun aber versucht der mächtige Tanker mit hoher Fahrt abzudrehen. Hinter dem Heck wogt es, wie wenn sie da drüben ballenweise federleichte Watte über Bord werfen. Der Tanker nebelt.

Der Kommandant: „Zielwechsel auf den Großen."

Die Mittelartillerie eröffnet wieder das Feuer. Bei der geringen Entfernung liegen die meisten Granaten sofort deckend und im Ziel. Die Leuchtspurgranaten rasen in flacher Bahn über die nachtschwarze See. Zwei Schüsse liegen zu flach, berühren einen Wellenkamm, werden abgelenkt und geistern wie Raketen in steiler Kurve über den Tanker hinweg.

Da schaltet sich die SA ein und reißt mit brüllendem Getöse ihre Mäuler auf. Volltreffer packen das Schiff. Sekunden später schlägt springend, breit und blendend grell, unter scharzer Rauchentwicklung eine Feuerwand wie ein riesiger roter Fächer auf. Dann schießen Stichflammen aus dem Tanker heraus. Sie stieben hundert Meter hoch, wo sie von der düsteren Todeswolke der ersten Explosion aufgesogen werden. Flammen züngeln an den hellgestrichenen Masten empor, setzen die Brücke in Brand, springen explosionsartig nach vorn. Das sind keine Explosionen von Granaten. Da können nur Öl- oder Petroleum-Tanks hochgegangen sein. Treffer in die Decks. Treffer unter der Wasserlinie. Es geht alles wahnsinnig schnell. Zu dem Inferno der Brände, der pechschwarzen, von brennendem Öl herrührenden Qualmwolke, der orangefarbenen grellen Blitze und der Granatdetonationen kommen noch die bunten Signalsterne, die aus dieser Hölle in den Himmel fahren. Warnsignale für die anderen Schiffe des Geleits? Oder hat sich die auf der Brücke aufbewahrte Signalmunition selbständig entzündet?

Alle, die auf „Scheer" dem grausigen Vernichtungswerk folgen können, es wäre vermessen, hier „dürfen" zu sagen, sehen den Tanker tiefer und tiefer einsinken, beobachten, wie die See über das Vor- und das Achterschiff leckt. Dann wendet sich die Aufmerksamkeit der Schiffsführung dem etwas kleineren, 10 000 BRT großen Frachter zu, dessen Brücke nur ein paar kleine Feuerherde erkennen läßt, da die ersten Salven vornehmlich unterhalb oder etwas oberhalb der Wasserlinie gezielt worden waren. SA und MA schlagen noch einmal zu. Brennend und kenternd wird dieses dem Namen nach unbekannte Schiff zurückgelassen.

Eine Ruhepause tritt ein. „Scheer", die mit 23 Knoten Fahrt durch den Atlantik braust, sucht nach neuen Zielen. Plötzlich legt sich das Schiff unter der Hartruderlage über und dreht auf einen seitlich in Sicht gekommenen Schatten zu, auf einen schwer beladenen und daher tief im Wasser liegenden Frachter von 7000 Tonnen Größe (Ziel 11). Der Kommandant verfolgt durch sein Glas die Bewegungen des Gegners. Er wartet. Auf der Brücke ist es so still wie in einem Operationssaal.

„Scheinwerfer klar?"

„Sind klar."

„Artillerie: Feuererlaubnis, sobald Scheinwerfer Ziel gefaßt hat", der Kommandant, der durch das Schießen bei Scheinwerferbeleuchtung Munition sparen will.

Der IAO bestätigt.

„Leuchten", der Kommandant.

Ein weißer Pfeil bohrt sich in die Nacht, spaltet sie auf und trifft auf das nur drei Kilometer weit ab stehende Feindschiff. Menschen sind dort auf der Brücke. Die Gestalten bewegen sich. Einige heben die Hände vor das Gesicht, andere werfen die Arme hoch, wieder andere stürzen in das Kartenhaus oder den Niedergang hinab. Verzweiflung und Entsetzen unter den schon knirschenden Schritten des nahenden Verderbens. Da wird das grelle Scheinwerferlicht, dem sich der Gegner auch nicht durch seine sofort vorgenommenen Kursänderungen entziehen kann, von den rotgelben

Speeren der Explosionsblitze der Abschüsse aufgesogen. Sekunden später schlagen die Granaten ein. Balken wirbeln durch die Luft. Baumdicke Masten brechen, wie vom Orkan geknickt, zusammen. Teile von den Brückenaufbauten werden herausgerissen. Stahl- und Eisenwände blättern auf. Dunkle wie ausgeschaufelte Gräber gähnende Löcher dort, wo die Bordwand zerfetzt wurde.

Plötzlich ein Aufblitzen auf dem Gegner. Ein kreisrunder, giftgelbfarbener Feuerball auf dem Heck. Das ist kein Einschlag. Das ist der Abschuß eines Geschützes. Ehe der Gedanke zu Ende gedacht ist, bricht in Höhe der „Scheer"-Brücke ein Wasserpfeiler neben dem Kreuzer auf. Salzig schmeckender Sprühregen weht über das Schiff, dann fällt der glitzernde Turm rauschend in sich zusammen. Die Granate wühlte sich höchstens 20 Meter neben „Admiral Scheer" in die See. Hätten die Männer da drüben ihre Kanone nur einen Daumen breit höher gerichtet, wahrscheinlich hätte das Geschoß die Brücke des Kreuzers getroffen. Sicherlich.

Vielleicht ist es die verheerende Wirkung der schweren Granaten gewesen, vielleicht hatte der Dampfer auch Munition oder Minen geladen, jedenfalls wird er zu einem alles verschlingenden Vulkan. Vierhundert, fünfhundert Meter hoch steigt ein grelles Feuerfanal in die Nacht und taucht den Kreuzer in ein blutrotes Licht, wirft einen bronzeroten Schein über die Gesichter der „Scheer"-Soldaten, in denen sich keine Freude über diesen neuen Erfolg spiegelt. Schweigend, erschüttert, entsetzt folgen sie dem furchtbaren Schauspiel.

Nur einer sagt in das tödliche hohle Schweigen hinein:

„Verfluchter Krieg! Wozu solch ein Wahnsinn. Vielleicht ist da drüben der Kumpel dabei, mit dem ich im Rangooner Mayo-Club mal einen zur Brust genommen habe. Der hatte als Brite famose Beziehungen zu burmesischen Deerns. Zum Niederknien hübsche Weiber. Verdammt, man darf nicht daran denken."

„‚Mit Gott!' steht auf unseren Koppelschildern. Ein Hohn, nicht wahr?!!"

„Und ‚Du sollst nicht töten!' in der Bibel."

„Ja, aber nicht bloß in der deutschen Ausgabe."

„Eben. Und wenn du nach der britischen Entschuldigung für unser deutsches ‚Mit Gott für Kaiser und Reich' oder, wie es jetzt heißt, ‚für Führer und Volk' suchst, das Wort ‚Right or wrong, my country', bedeutet im Grunde genommen dasselbe, nur daß die Briten das Einverständnis *ihres* lieben Gottes als selbstverständlich voraussetzen."

„Dabei ist es gar kein britisches Wort. Ausgerechnet ein Amerikaner, der amerikanische Seeoffizier Stephan Decatur, war es, der 1816 diesen Grundsatz prägte."

„Also ist die See eben doch aller Dinge Mutter, wie ein Thales von Milet schon erkannt haben soll. Der Krieg wird erst verschwinden, wenn man ihn nicht mehr braucht und wenn die Menschheit den Frieden verdient."

„Also haben wir ihn nicht verdient?"

„Bändige den Sturm und stille das Meer, wenn es tobt . . ."

Daß das Wort Gott fällt, ist wohl der einzige tröstliche Segen in dieser grauenvollen Stunde.

Sinkend und aus tausend Wunden blutend sackt das schwer verwundete, brennende Schiff achteraus. Ein Wrack.

Die Männer bleiben an ihren Geschützen. Ihre Gesichter sind mit Pulverschleim verschmiert. Hell leuchtet das Weiß der Augen heraus. Stumm stehen sie nach diesem Schauspiel bei ihren Waffen. Unter dem achteren Turm rumpeln mit blechern scheppernden Geräuschen die halbmannshohen Kartuschhülsen der 28er Granaten mit den Schiffsbewegungen hin und her. Wer in den Turm einsteigen will, muß wie ein Akrobat durch diese Messingkolosse hindurchbalancieren. Wehe, wenn ein solches Ungeheuer über die Füße rollt. Wehe dem, der zwischen zwei aneinanderprallende Hülsen gerät. Den Turm kann man nur von unten durch ein kleines, kaum mannsgroßes Luk besteigen. In seinem Innern staut sich eine unbeschreibliche Hitze. Alles ist hier Technik. Jede noch so winzige Ecke ist mit Geräten, Schalthebeln, Skalen, Leitungen ausgenutzt. Matt blinken die gewaltigen Verschlüsse der Rohre, in denen wieder Granaten ruhen. Reserven liegen in den Schalen der vollautomatischen Munitionsaufzüge bereit, die diese Geschosse mühelos aus der Tiefe des Schiffes heraufschleppen. Qualm macht das gegenseitige Erkennen fast unmöglich. Aber diese Männer brauchen sich eigentlich gar nicht zu sehen. Sie sind so aufeinander eingespielt, daß sie ihre Arbeit mit geschlossenen Augen verrichten können. In dieser Technik sind sie selbst zu namenlosen Maschinen gestempelt worden, und in der Fachsprache heißen sie nicht Müller, Schulze oder Lehmann. Sie sind Nummer eins, zwei, oder drei und vier.

Innen im Schiff hocken die Männer vom Lecksicherungs- und Feuerlöschdienst auf ihren Positionen, haben die Ärzte im Zwischengang des Offizierswohndecks ein Behelfslazarett aufgebaut, wie es die Gefechtsrolle für den Fall vorschreibt, daß das Hauptlazarett durch Treffer ausfällt.

Toll sieht es an der Steuerbordseite des oberen Kajütganges aus. Ein wüstes Trümmerfeld, als habe dort eine Granate eingeschlagen. Die Türen sind aus den Angeln gerissen, die Decken sind zerfetzt und verbogen. Überall liegen handbreite Flächen abgebröckelter Farbe auf den Läufern. Irgendein Neuling wird das an sich nicht lebenswichtige Schott nicht geschlossen haben. Die tollen Zerstörungen besorgte nur der Luftdruck der Turm-Bruno-Salven. Er zerrupfte noch mehr, wie man erst später feststellen wird.

„Scheer" hat im Südosten ein Ziel (Nummer 12) mit dem DT geortet und nach kurzer AK-Fahrt auch in Sicht bekommen. Es ist wieder ein voll beladener Frachter, der außerdem noch eine Decksladung fährt. Kisten oder Holz sind dort gestapelt und verlascht. Das beobachteten sie auf „Scheer", als die ersten Leuchtgranaten krepieren und das Meer und Schiff in ein gespenstisch orangegelbes schimmerndes Licht eintauchen.

Die SA erzielt drei Treffer, die MA bringt 16 an. Das Schiff sackt etwas tiefer, bleibt dann aber auf der Ladung schwimmen. Es besteht kaum Hoffnung, den Frachter durch Artillerieschüsse schnell unter Wasser zu drücken. Ein Torpedoschuß soll dem Frachter den Fangschuß geben.

Auf der Schanze springt der Rohrmeister an den Torpedosatz heran. Trotz Dunkelheit hantiert er mit sicherem Griff am Schwenkwerk und bedient die Anlage mit schlafwandlerischer Sicherheit. Andere Soldaten führen die notwendigen Schaltungen durch. Im Hintergrund ist laut Gefechtsrolle ein Mechanikermaat aufgetaucht. Er soll bei eventuellen Versagern eingreifen. Der Rohrmeister meldet die Torpedowaffe an die Brücke einsatzklar.

„Rohr acht fertig!"

„Rohr acht fertig!" wiederholt der Rohrmeister das Kommando.

„Los!" befiehlt die Brücke.

Ein sanfter Ruck, als der Aal das Rohr verläßt. Ein ölig matt glänzendes Ungetüm zischt in die See.

Der gegnerische Dampfer, aus dessen Aufbauten Flammen schlagen, sackt schnell achteraus, denn „Scheer" hat ja die Fahrt um keine Meile verringert. Die Pessimisten melden sich zu Wort. „Daneben . . ." „Vorbei . . ." „Warum trifft er nicht?" – „Ruhe da! Abwarten, zum Donnerwetter."

In das Donnerwetter schießt eine Pyramide aus Wasser aus der See, die ein silbernes Mondlicht widerlich kalt und gespenstisch bescheint. Der Donner der Detonation brandet „Scheer" nun an, vom Rumoren der zusammenbrechenden Wassersäule gefolgt. Der Aal traf das Vorschiff, das durch die Wucht der Explosion aus dem Wasser gehoben wurde. So glaubten es die „Scheer"-Männer zu sehen. Rasch dringt nun Wasser in den aufgespaltenen Rumpf. Die Decksladung verrutscht, als sich der Frachter auf die Seite legt. Man hört das Holz der stürzenden Kisten splittern. Bersten und Krachen erfüllt die Nacht. Was mögen die Kisten enthalten . . .? Flugzeuge . . .? Motoren . . .? Kriegsmaterial in jedem Fall! Höher steigt das Heck aus der See. Grausig wirkt dazu die Beleuchtung durch die Feuerlohe der brennenden Oberbauten. Ihr Flackern läßt das Schiff wie in Schmerzen aufzucken. Kein Maler könnte einen Schiffsuntergang im Kriege dramatischer und realistischer darstellen, als es dieses Bild zeigt. Ein gräßlicher Ton. Wie ein Schrei von tausend gemarterten Wesen. Die Wasser des Ozeans schließen sich über dem nassen Grab. Sie glätten sich, als sei nichts geschehen.

Das also war der 10 042 BRT große Frachter „Beaverford", jenes Schiff, das mit seiner Funkanlage eine grausige Reportage über den Angriff auf den Geleitzug gegeben hatte, von der Vernichtung der „Jervis Bay" und dem brennenden Tanker berichtete und weiter meldete, daß der deutsche Kreuzer in aller Ruhe einen Frachter nach dem anderen vernichte. Als sich „Scheer" ihm nach zwei Stunden näherte, als das Schicksal die Würfel nach seinem Namen warf und die erste Granate ihm entgegenorgelte, drückte der Funker das letzte FT in die Taste: „Lebt wohl. Jetzt kommen wir an die Reihe. Kapitän und Besatzung SS ‚Beaverford'."

Es ist jetzt 19.30. Drei Stunden lang währt der Angriff auf das Geleit. Fast ein Drittel der Munition ist verschossen. Der Kommandant muß daher den Abbruch des Angriffs in Erwägung ziehen. Wer weiß, was die nächsten Tage bringen? Nach den zahllosen Funksignalen ist auf unverzügliche energische Gegenmaßnahmen der Britischen Navy zu schließen. Es ist unbekannt, ob irgendwelche Streitkräfte von ihr in greifbarer Nähe stehen. Auf keinen Fall darf der Kreuzer durch weiteren Munitionsverbrauch in seiner vollwertigen Kampfkraft geschmälert werden.

Der Hauptzweck des Angriffs auf einen Geleitzug ist erreicht, unabhängig, wieviel Tonnage dabei versenkt worden ist. Die wichtigste Versorgungsroute ist empfindlich gestört, und dies muß gewaltige Auswirkungen haben, weil dem Gegner bekannt ist, daß ein kampfkräftiges Schiff im Nordatlantik operiert. Unruhe und Unsicherheit für den Feind zu verursachen, ist nach dem Operationsbefehl eine der Hauptaufgaben des Kreuzers. Das ist erreicht. Die Nachtstunden müssen ausgenutzt werden, um sich möglichst weit von der dem Feind bekannten Position des Angriffs zu entfernen. Das vom Meteorologen angekündigte Tief macht sich immer mehr durch zunehmende Windstärken und rauher werdende See bemerkbar. Das Barometer fällt seit einigen Stunden stark. Es wird demnach nicht lange dauern, bis starker Seegang die volle Ausnutzung der Geschwindigkeit beim Ablaufen verhindern wird. Weiter zeigt einfache Überlegung, daß mit jeder Stunde die einzeln, nach allen Richtungen auseinanderlaufenden Schiffe des Geleits sich immer weiter zerstreuen, ihr Auffinden also länger dauern und immer schwieriger werden wird, zumal damit zu rechnen ist, daß sie ja nach dem Sichten des Aufleuchtens der Artillerieschüsse von dem jeweiligen Standort des „Scheer" abgedreht haben. Noch eine Stunde will der Kommandant auf dem Suchkurs, der jetzt westlich ist, bleiben, und dann nach Süden abdrehen. Der Gegner wird entweder mit einer Rückkehr nach der Heimat oder nach der Biskaya, vielleicht auch mit weiterem Operieren im Nordatlantik rechnen und seine Maßnahmen dementsprechend treffen.

In der nun entstehenden Atempause ist das Hauptthema der Unterhaltung unter den Besatzungsmitgliedern das in den letzten Stunden Erlebte. „Die armen Menschen an Bord." „Hast du nicht gesehen, wie die alle schnell in die Boote gingen?" „Das sind genug

Dampfer, die morgen die Rettungsboote aufnehmen können." „Ja, ja, wir haben dazu auch keine Zeit. Aber furchtbar muß es doch sein für diese Seeleute." „Wer im Geleit fährt, muß damit rechnen. Glaubst du etwa, daß der Brite anders handeln würde?" „Sicher nicht, aber trotzdem, es ist grausig."

„Wieviel haben wir denn nun eigentlich versenkt? Ich zählte neun mit der ‚Mopan'. Ich hörte was von 75 000 Tonnen."

Durch die BÜ-Durchsage „An alle!" werden diese Gespräche unterbrochen.

„Schokolade kann in der Kombüse abgeholt werden."

„Nur Schokolade? Oder Gott sei Dank Schokolade?" Mit einemmal knurren die Mägen. Seit zwei Uhr stehen die Männer auf Gefechtsstationen.

Um 20.17 schrillen erneut die Alarmglocken. Auf der Brücke ist noch ein Ziel gesichtet worden. Der Dampfer dürfte etwa 8000 BRT groß sein. Er liegt auf gleichem Kurs wie der Kreuzer, der ein wenig nach Backbord ausweichen muß, um nicht zu nahe zu passieren. Auf nur 2500 Meter Entfernung reißen die Rohre noch einmal ihre Feuerschlünde auf. Die SA erzielt allein vier schwere Treffer. Im Scheine der Brände erkennt man in dem Gegner ein modernes Motorschiff. Hinter dem vorderen Mast weht ein langes schlauchartiges Segeltuchgebilde, ein Windsack, mit dem die Laderäume durchlüftet werden. Flammen züngeln an dem Tuch empor, das nun wie ein glühender Faden senkrecht und freischwebend über dem Deck in den Himmel ragt. Eine der schweren Granaten traf die Bordwand, hat diese direkt über der Wasserlinie aufgebrochen und im Innern des Schiffes Brände ausgelöst, die nun, von den zerfetzten Eisenplatten des Rumpfes bizarr abgegrenzt, rotglühend herausleuchten und das nahe Wasser wie wabernde Lava aufleuchten lassen.

Die Schiffsführung ist davon überzeugt, daß dieses Schiff verloren ist. „Admiral Scheer" läßt den Frachter hinter sich. Er war ihr letztes Opfer.

An die Heimat geht ein Funkspruch, in dem „Admiral Scheer" den Angriff auf das Geleit HX 84 und die Versenkung von 86 000 BRT Schiffsraum meldet. Das Kommando das Kreuzers ist bei der Errechnung dieser Erfolgsziffer so sachlich und vorsichtig wie nur möglich vorgegangen und hat nur diejenigen Schiffe berücksichtigt, die man von den einzelnen Gefechtsstationen aus sinken sah oder mit deren Sinken mit Sicherheit gerechnet werden mußte, denn ein Frachter, dessen Vorschiff und Achterschiff bereits vom Wasser überspült wurde und dessen Mittschiffsaufbauten dabei in Flammen standen, durfte ohne Bedenken abgeschrieben werden.

Die Zusammenstellung der Ziele ergab folgendes Bild, wobei auch jene Ziele einbezogen wurden, die bei Beginn des Gefechtes nur kurz beschossen, nicht aber nachhaltig bekämpft werden konnten (siehe auch den vorausgegangenen Bericht, in dem die jeweiligen Ziele durch Nummern so gekennzeichnet sind, wie sie in der nachstehenden Aufstellung wiederkehren). Die Größen der einzelnen Ziele sind die auf „Admiral Scheer" während des Angriffs geschätzten Größen. In Klammern darunter die Ergebnisse nach den uns nach dem Kriege zur Verfügung stehenden Unterlagen mit den Namen und genauen Größen der seinerzeit versenkten bzw. beschädigten Schiffe, wobei bei den Zielen 9 und 10 die Frage offenbleibt, ob diese nicht doch Admiralitätsschiffe gewesen sind, während andere Stellen argumentieren, daß es sich bei dem Ziel 9 um das nicht gesunkene und später noch einmal angegriffene Ziel 12 und bei dem Ziel 10 um den schon als Ziel 2 beschossenen, in beiden Fällen nicht gesunkenen selben Tanker handelte.

		Größe (BRT)	
Ziel	Schiffstyp, Name	versenkt	beschädigt
1	Hilfskreuzer HMS „Jervis Bay"	14 200	–
		(14 164)	–
2	ein Tanker	–	ca. 8 000
	(TS „San Demetrio")	–	(8 073)
3	ein Frachtschiff	–	ca. 3 000
	(keine Unterlagen über Namen)	–	(–)
4	Truppentransporter „Rangitiki"	–	16 700
		–	(16 689)
5	ein Frachter, schräg von achtern	–	–
	gesehen (keine Unterlagen)	(–)	(–)
6	ein Frachter	–	ca. 3 000
	(SS „Andalusian")	–	(3 082)
7	ein Frachter	10 000	–
	(SS „Maidan")	(7 908)	–

8	ein Frachter	6 000	-
	(SS „Trewellard")	(5 201)	-
9	ein Frachter	10 000	-
	(Admiralitätsschiff?)	(-)	(-)
10	ein Tanker	14 000	-
	(Admiralitätsschiff oder wirklich		
	noch einmal das Ziel Nr. 2,		
	der Tanker „San Demetrio"?)		
11	ein Frachter	7 000	-
	(SS „Kenbane Head")	(5 225)	(-)
12	SS „Beaverford"	10 000	-
		(10 042)	(-)
13	ein Frachtschiff	10 000	-
	(MS „Fresno City")	(4 955)	(-)
dazu SS „Mopan"		5 389	-
		86 000	
		(52 884)	

Die erste Zeit des Angriffs hat also, wie die Liste zeigt, abgesehen von der Vernichtung des Hilfskreuzers „Jervis Bay", beim Geleitzug keine Erfolge gebracht, nur ein Tanker wurde in Brand geschossen und einige Nahschüsse wurden bei anderen Frachtern beobachtet. Dies ist erklärlich, weil der Geleitzug sich einnebelte und „Scheer" erst bei zunehmender Dämmerung die Entfernung von der ersten Sichtweite bis in die Nähe der auseinanderlaufenden Frachter überbrücken mußte. Erst um 17.11 war der Kreuzer bis auf wirksame Schußentfernung an die Schiffe herangekommen, fand aber auch hier nur noch einzelne Dampfer, während die meisten in der zunehmenden Dunkelheit und dem noch über der See liegenden Nebeldunst unsichtbar waren. Die Größe der einzelnen Ziele wurde getrennt von der Brücke und den als Prisenoffizieren eingeschifften ehemaligen Handelsschiffsoffizieren geschätzt. Als Ergebnis wurde stets die kleinste Schätzung gewertet. Im allgemeinen stimmten die Schätzungen überein. Das vorletzte Schiff war auf 10 000 bis 11 000 BRT geschätzt worden. Durch sein letztes Funksignal wurde diese Größe auch bestätigt („Beaverford" 10 042 BRT). Es darf demnach angenommen werden, daß auch die übrigen Schätzungen richtig waren.

Überraschung löste auf dem Kreuzer die am 13. November über den britischen Rundfunk verbreitete Meldung aus, in der die Admiralität den Verlust des Hilfskreuzers „Jervis Bay" und von neun von 38 im Geleit gefahrenen Handelsschiffen bedauert. Es schienen also noch zwei weitere Schiffe, die „Scheer" nicht mitgerechnet hatte, ihren britischen Bestimmungshafen nicht erreicht zu haben. Die „Mopan" fuhr nicht im Geleitzug und war daher in der Meldung auch nicht enthalten.

In der vom „Royal Institut of international affaires" 1947 in London verlegten „Chronology of the second world war" heißt es unter dem 5. November wörtlich: „Surface Raider attacked 38 ships in Atlantic convoy; HMS ‚Jervis Bay' sunk; Admirality communique, November 12; at least 30 ships safe, November 13; 2 more, November 14."

Demnach wären außer dem Hilfskreuzer nur 6 Schiffe des Geleits versenkt worden. In dem britischen Seekriegswerk des Captain S. W. Roskill: „The war at Sea", Band I „The defensive", wird das Ergebnis mit nur 5 Schiffen angegeben. Da uns weder das eigene KTB noch sonstiges amtliche Quellenmaterial zur Verfügung steht, können diese Angaben nicht nachgeprüft werden. Es bestünde immerhin die Möglichkeit, daß Schiffe nach Löschen der Brände zum zweiten Male gefaßt worden sind, wie es nach einer Privatveröffentlichung der Eagle-Tanker-Fleet beim Tanker „San Demetrio" der Fall gewesen sein soll. (Der lichterloh brennende Tanker war von seiner Besatzung verlassen worden und wurde einen Tag später von der Besatzung des Rettungsbootes Nummer 1 treibend wieder aufgefunden und nach schwierigen Arbeiten nach England gebracht.)

Doch es ist müßig, hierbei länger zu verweilen, denn die Hauptaufgabe, Unruhe in die Versorgungslage des Gegners zu bringen und ihn zu zwingen, seine Seestreitkräfte zur Jagd auf den Kreuzer und zur stärkeren Sicherung seiner Geleitzüge einzusetzen, war gelungen. Auch wenn schwer beschädigte Schiffe wirklich den Heimathafen erreichten, so beanspruchten sie dort erhebliche Werftkapazität, was bei der angespannten Schiffsbaulage in Großbritannien, gestört auch noch durch die damals sehr aktiven Luftangriffe, Schwierigkeiten brachte.

Bedeutsamer als die rein materiellen Verluste, die sich aus dem

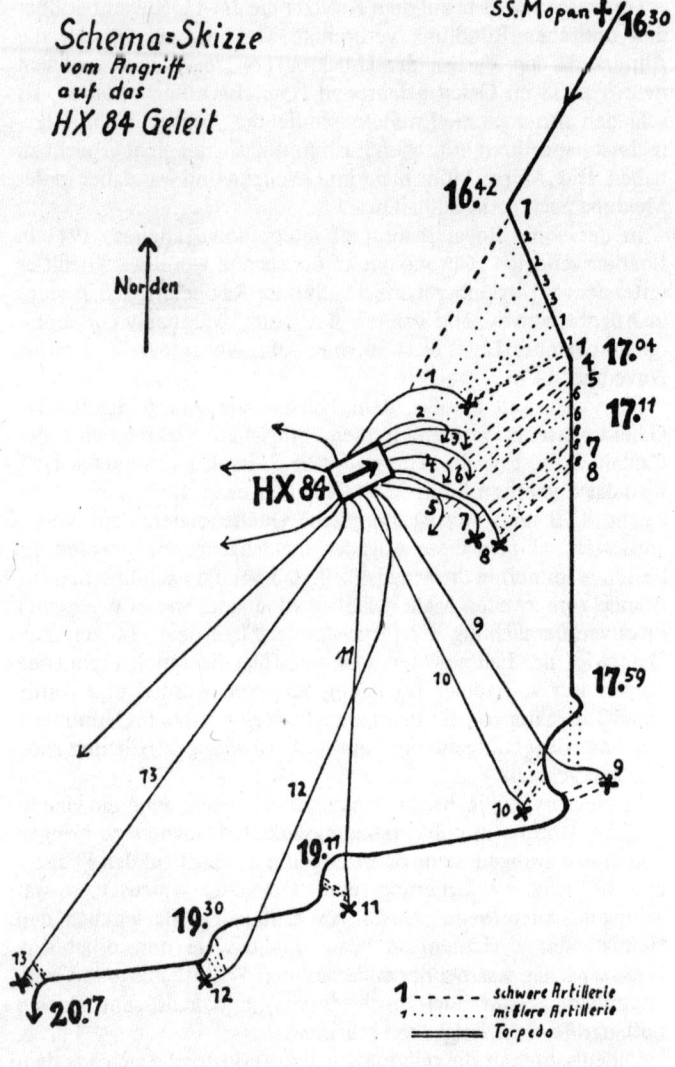

Wert der Schiffe selbst (geschätzt auf zusammen etwa 20 Millionen RM) und der mindest ebenso wertvollen, wenn nicht noch höher anzusetzenden Ladung zusammensetzten, war das Auftauchen des deutschen Kreuzers auf der HX-Geleitzugsroute deren Strom über den Atlantik unterbrochen und desorganisiert wurde.

Vorübergehend wurde das Geleitzugswesen auf diesem bedeutsamen, ja wichtigsten Versorgungsweg sogar völlig eingestellt. Ein in der fraglichen Nacht bereits 500 Meilen vor der britischen Küste stehendes, von England nach Halifax bestimmtes Geleit wurde noch während des Angriffes am 5. November zurückgerufen. Das Wiederauslaufen der Schiffe verzögerte sich um Wochen. Der normale Zyklus wurde erst wieder am 17. November aufgenommen. Auch in anderen Häfen wurden Schiffe zurückgehalten, stapelten sich in den Schuppen und auf den Kaianlagen riesige Mengen für England bestimmter Güter. Der Verlust an Importen war daher weitaus größer als die Ladungen der Schiffe, die versenkt wurden. Jeder ungenutzte und daher verlorene Tag bedeutete praktisch auch einen Tonnageverlust.

Schließlich und endlich haben viele Einheiten der britischen Flotte bei ihrer vergeblichen Jagd auf das deutsche „pocket-battle-ship" ungeheure Mengen an kostbarem Treibstoff verfahren, Öl also, dessen Ersatz nur über den so gefährdeten Seeweg möglich war. Die Anstrengungen der Britischen Admiralität, den Angreifer zu suchen, zu jagen und mit überlegenen Streitkräften zu stellen, sind nicht gering gewesen. Der Commander in Chief in Scapa Flow schickte sofort die damals noch als der größte Schlachtkreuzer der Welt bekannte „Hood", den Schlachtkreuzer „Repulse" und drei Kreuzer des 15. Kreuzergeschwaders zusammen mit sechs Zerstörern vor das Gebiet Brest und Lorient und die langsameren, aber stärker bestückten Schlachtschiffe „Nelson" und „Rodney" in das Gebiet zwischen Island und Faröer mit Sicherung der Dänemarkstraße.

Die Admiralität befahl später die „Rodney" nach Halifax zur direkten Sicherung des nächsten Geleits. Sie entsandte außerdem Kreuzer in das Geleitzugskampfgebiet.

Die Force H konnte am 5. November nicht eingesetzt werden, da diese gerade einen Vorstoß im Mittelmeer unternahm. Wären diese Einheiten frei gewesen, hätte man sie zweifelsohne auch noch auf diesen einzigen deutschen Kreuzer angesetzt. Es darf angenommen werden, daß noch weitere Einheiten alarmiert wurden.

Die Überlegungen der Britischen Admiralität gingen also dahin, dem deutschen Kreuzer den Rückmarsch abzuschneiden. Man brachte das Schiff vermutlich mit dem Verschwinden von Handelsschiffen im mittleren und südlichen Atlantik in Verbindung und glaubte folgern zu müssen, daß sich der HX-84-Angreifer nach seinen erfolgreichen Operationen in südlicheren Gebieten auf dem Rückmarsch befände. Indessen war genau das Gegenteil der Fall.

Die Erfolge im Mittel- und Südatlantik waren in erster Linie von dem Hilfskreuzer „Thor" (Schiff 10) und in einem Falle auch vom Hilfskreuzer „Pinguin" (Schiff 33) erzielt worden. Die Briten hatten also selbst ihrem gefährlichsten Gegner eine goldene Brücke zu weiteren Taten gebaut.

5. Versorgung auf geheimem Treffpunkt

„Scheer" verschwindet in der Weite des mittleren Nordatlantiks – Trauerfeier für die Orkannachtopfer – Golfkraut, Delphine und viel Sonne – „Scheer" hilft deutschem Tanker „Eurofeld" – Verwundete durch Stichflammen aus verrosteten Kesselrohren – Treffen mit bewaffnetem Versorger „Nordmark" – „NO" als USA-Tanker „Prairie" getarnt – Enthüllte Geheimnisse auf der „NO" – Wie die Ölübernahme auf hoher See vor sich ging

Südwärts! Südwärts! Südwärts! hämmern die Motoren.

An den Azoren vorbeistoßend, will der Kommandant nach einem mit der SKL vereinbarten, auf dem 45. Längengrad West und dem 25. Nord-Breitengrad liegenden Treffpunkt mit dem Versorger „Nordmark" marschieren und dort hinter den Fittichen der Meeres-Unendlichkeit verschwinden, bis sich die Wogen der feindlichen Suchaktion beruhigt haben. Gleichzeitig sollen aus der „Nordmark" Munition, Proviant und Brennstoff ergänzt werden. Auf ihrem Absetzkurs gerät „Scheer" doch noch in das Randgebiet der vom Wetterfrosch angekündigten Schlechtwetterfront, das die Schiffsführung zwingt, mit der Fahrt herunterzugehen; unerfreulich in diesen kritischen Tagen. Tröstlich bleibt, daß die Einheiten des Gegners ebenso von Rasmus gebeutelt werden. Zwei Tage später schon besänftigt sich das Wetter, reißt der wolkenverhangene Himmel auf, wird es von Stunde zu Stunde wärmer.

Auf dem Schiff gilt es, die Schießschäden zu beseitigen. Es sind nicht wenige, doch meist für den Gefechtswert ohne Bedeutung. Die Blechschäden an Kammertüren und Kammereinrichtungen sind bald schon behoben, und die Verwaltungsgäste müssen die durch ihre Unerfahrenheit verursachte Beschmutzung der Verwaltungsschreibstube selbst beseitigen. Hier waren die Tintenfässer beim Schießen herausgehüpft und hatten Akten, Decken, Wände mit blauer, grüner und roter Tinte reichlich verziert. Das DT-Gerät ist unklar. Es arbeitet nicht mehr genau. Weitere, wirklich ernste Schäden hat die zwischen dem achteren Mast und dem Schornstein auf ihrem Katapult ruhende Arado erlitten. Bei dem vorlichen Schießen des achteren Turms Bruno und dem dadurch entstandenen Luftdruck hat der Vogel Federn lassen müssen. Die Bespannung ist total zerfetzt, Spanten sind zerbrochen und die Höhen- und Seitensteuerungsanlage ist zum Teufel. An Land würde man die derartig zugerichtete Maschine für einen Haufen Schrott erklären. Die Schiffsführung glaubt dem Versprechen von Pietsch, das Flugzeug wieder flugfähig hinzutrimmen. Männer der Zimmermannsgruppe, Mechaniker und Schlosser werden dem Flugpersonal beigegeben. Selbst in der Freizeit sieht man Pietsch und seine Helfer am Flugzeug arbeiten.

Der 9. November. Blauer Himmel. Die Luft ist lau und mit köstlichem Salzgehalt erfüllt. Im nunmehr waschblauen Ozeanwasser treiben die filigranen Gebilde goldbraunen Golfkrautes. Oft schiebt sich der Kreuzer stundenlang durch riesige Felder dieser bräunlich gelben Schlingpflanzen, die sich an der Karibischen Küste losgerissen haben und ins Meer hinaustreiben.

Oberfunkmaat Schnelle steht mit Kameraden zwischen den Geschützen an der Reling. Sie bewundern diese atlantischen Wiesen. Schnelle, der eine belegte Stulle ißt, nimmt eine Scheibe Wurst von dem Brot und läßt sie mit ausgestrecktem Arm in das Wasser fallen. Verwunderung und Erstaunen bei den anderen.

„Wenn meine Frau mir in fünf oder sechs Jahren mal einen hübschen fetten Aal auf den Abendbrottisch legen sollte, wer weiß, ob es nicht der ist, der hier als lüttes Aalcken von diesem marine-eigenen Wurststückchen gefestmahlzeitet hat."

Brausendes Gelächter.

„Du hast wohl zu lange in der Sonne gestanden."

Hannes Blum, Leutnant zur See und Adjutant beim Alten, leistet dem Oberfunkmaat Hilfestellung. „Da gibt's gar nichts zu feixen, Herrschaften. Das Sargassomeer – der Name kommt von dem portugiesischen Wort ‚sargacco', was soviel wie ‚Tang' bedeutet – ist wirklich die Brutstätte der Aale. Lange wußten die Wissenschaftler nichts mit den gläsern wirkenden, würmerähnlichen Gebilden anzufangen, die in diesem Golfkraut gefunden wurden. Erst später stellte man fest, daß diese Würmer in großen Schwärmen mit dem Golfstrom nach Nordosten, also in Richtung Europa wanderten und dort, nun schon größer geworden und als richtige Aale anzusprechen, die Flüsse und Bäche aufwärts schwimmen."

„Dann wollen wir nichts gesagt haben und uns bei Schnelle mal schnell und aalglatt entschuldigen."

Der 10. November ist der erste Sonntag nach dem 5. November, der zweite nach der Durchbruchsfahrt. Ein „Alle Mann achteraus" versammelt die Besatzung auf dem Achterschiff. Offiziere und Männer tragen ihre besten Uniformen.

„Flagge auf Halbstock."

Langsam sinkt das von zwei Soldaten flankierte Tuch. Sein Trauergruß gilt den beiden im Orkan gebliebenen Kameraden Hellgert und Rimkus.

Der Kommandant würdigt noch einmal den mutigen Einsatz der beiden Soldaten, die trotz des furchtbaren Sturms an das Schiff, an ihre Waffen dachten und in Erfüllung ihrer soldatischen und seemännischen Pflicht den Tod gefunden haben. „Wir verlieren in ihnen zwei vorbildliche Kameraden, an die uns stets ein ehrendes Gedenken verpflichtet. Zwei brave Männer! Zwei tapfere Seeleute! Zwei guten Kameraden gilt unser Gebet und letzter Gruß."

Der Bordmusikzug spielt das Lied vom guten Kameraden, und

der Wind trägt die Klänge über das ewige Meer davon. Entblößten Hauptes und schweigend verharrt die Besatzung.

„Heiß Flagge."

Das Leben, der Kampf geht weiter.

Die Nadel über der Kompaßrose zeigt jetzt in die Richtung Südwest zu Süd. In der Verlängerung dieser Linie geht es nach Trinidad, Venezuela oder Guayana hin.

Nachmittags spricht der Kommandant. Er gibt der Besatzung zum zweiten Male ein Bild von der Lage, und jeder ist dankbar, aus seinem Munde einen Überblick über den bisherigen Tatverlauf des Kreuzers zu erhalten. Vor allem bekommt jeder Mann ein klares Bild von dem Geschehen am 5. November. Der Kommandant enthält der Besatzung seine Erwägungen und Entscheidungen nicht vor. Das Band zwischen dieser und der Schiffsführung wird dadurch nur noch fester. In einem Telegramm spricht der ObdM, Großadmiral Raeder, dem Kommandanten und der „Scheer"-Besatzung Dank und Glückwünsche aus.

Das Sommerwetter im Wintermonat November hält den ganzen Tag an, und einige vom Schiffsvolk sind bereits einen Schein dunkler geworden. Der Eins-Null hält, was man von ihm erwartet. Sein Ruf verpflichtet. Er kümmert sich um alles „und um jeden Dreck", wie sich die Seeleute wenig schmeichelhaft ausdrücken. Er kümmert sich also auch um die Sonne und deren Folgen. Ein sogenannter „Laufender", einer der wegen ihrer fortlaufenden Numerierung während der Feindfahrt so benannter Sonderbefehle, verbietet summarisch und endgültig freie Heldenbrüste, nachdem Belehrungen an „Einzelfahrer" nichts halfen. Wo der Eins-Null dennoch einen sonnenhungrigen Seemann erwischt, keilt er ihn an.

„Mann?! Hemd anziehen. Unmöglich. Total unmöglich. Oder wollen Sie sich im Lazarett wiederfinden? Haben Sie vielleicht 'ne Ahnung von der Tropensonne. Die brutzelt hier anders als daheim im Wald und auf der Heide."

Unrecht hat der IO nicht. Wer sich zu sehr den Pelz verbrennen läßt, kann unter Umständen tagelang nicht kriechen. „Scheer" befindet sich auf Feindmarsch. Und jede Hand an Bord ist nötig.

Mit wehem Blick verschwinden die angeschnauzten Seeleute.

Aber sie müßten keine Seeleute sein, um den IO nicht ihrerseits hinter das bewußte Licht zu führen. Sie ziehen, wie befohlen, natürlich die Hemden an (Dienstanzug ist jetzt für Mannschaften Sporthemd und Sporthose, Segeltuchschuhe; für Offiziere und Feldwebel Polohemd, weiße lange Hose und weiße Schuhe) und rollen sie hoch. Befehl ausgeführt . . . Aber . . .! Ein IO hat es nicht leicht. Diese Männer sind Seeleute und keine Quitjers.

Delphine begrüßen den Kreuzer in diesen paradiesischen Tagen. Man möchte sie zu den höflichsten Tieren dieser Erde zählen. In lustigen, anmutsvollen Überwassersprüngen nahen sie und entbieten den einsamen Seefahrern mit eleganter Verbeugung die Tagesstunde. Stets sind sie elegant angezogen. Weiße Weste zu tiefschwarzem Frack. Eine fidele Gesellschaft. Lackschillernder Übermut, überschäumende Lebensfreude, wenn sie glänzend und schillernd aus dem Wasser schießen. Sie die Oberkellner der Ozeane zu heißen, erscheint profan. Sie als humoristische, phantasiebeschwingte Gaukler zu bezeichnen, käme ihrem Wesen schon näher. Für den einsamen Seefahrer sind sie, und das ist unbestritten, gute, vertraute Freunde und Trost zugleich, wo er ihren munteren Rudeln in tropischen Gewässern auch immer begegnet. Schon bei den alten Griechen standen sie in so hohem Ansehen, daß sich um ihr Dasein ein bunter Kranz von Sagen rankt. In der griechischen Mythologie kann man es nachlesen, daß die Delphine auf ihren Rücken Götter getragen und Helden gerettet hätten.

Das Treffen mit dem Versorger „Nordmark" ist auf den 12. November vereinbart worden. Wieder ein himmlischer Sonnentag, in den „Scheer" hineinfährt. Die Besatzung hat von dem bevorstehenden Treffen natürlich keine Ahnung. Als kurz nach dem Mittagessen Mastspitzen gesichtet werden und statt des erwarteten Alarms nur die Backbord-Kriegswache auf Station befohlen wird, erschauert das Schiffsvolk.

„Fahren ja wie im tiefsten Frieden auf den Kahn drauf los. Was bekannt, was der Alte macht?"

„Sitzt auf dem kleinen Klappstuhl in der Brückennock und qualmt 'ne Brasil."

„Dann kann das nur ein deutsches Schiff sein, schätze, daß wir unseren Versorger ‚Nordmark' voraus haben."

Das Schiff wächst über die Kimm heraus. Es ist ein Tanker. Aber die „Nordmark" ist es nicht. Die wirklichen Zusammenhänge sind nur der Schiffsführung bekannt, und die weiß auch, daß es sich um den deutschen Tanker „Eurofeld" handelt, dessen Kapitän ebenso ahnungslos wie die „Scheer"-Besatzung ist, weshalb er auf diesem Punkt so lange aushalten mußte. Die „Eurofeld" hatte kurz vor Kriegsbeginn im Hafen der vor der Nordküste Südamerikas liegenden niederländischen Insel Aruba Öl geladen, wurde nach dem Auslaufen vom Kriegsausbruch und dem Kriegseintritt Englands überrascht und lief den neutralen Hafen Santa Cruz auf Spanisch-Teneriffa an, da wegen der durch Schäden in der Maschinenanlage bedingten viel zu geringen Marschfahrt wenig oder besser überhaupt keine Aussicht bestand, in die Heimat durchzubrechen.

Die Seekriegsleitung ordnete an, daß der Tanker vorläufig dort bleiben sollte, und beabsichtigte, ihn bei Bedarf zur Versorgung von Hilfskreuzern zu verwenden. Auf den Kanarischen Inseln hatten die deutschen Seeleute zwar nichts auszustehen, Spanien gewährte ihnen alle erdenklichen Freiheiten, doch alle, vom Moses bis zum Kapitän, waren nur von einem Wunsche beseelt, mitzuhelfen in Deutschlands Kampf oder nach Hause zu kommen. Auf die Beschaulichkeit und gefahrlose Ruhe hier draußen würden sie gern verzichten. Eines Tages, im Spätsommer 1940, ging dann die Weisung ein, auszulaufen und auf See einen Treffpunkt anzusteuern, der dem Kapitän durch einen ergänzenden Funkspruch auf See noch näher bezeichnet werden würde. In tiefer Nacht hatten sie sich heimlich aus dem Hafen geschlichen und hatten den befohlenen Treffpunkt erreicht. Dann war da plötzlich ein Dampfer, ein deutscher Dampfer aufgetaucht, der sich als der Hilfskreuzer „Widder" entpuppte. Ihn hatte die „Eurofeld" mit ihrem guten Heizöl versorgt, doch ihrer havarierten Maschinenanlage konnte die „Widder" auch nicht helfen, da sie selbst wegen Maschinenhavarie ihre Unternehmung abbrechen mußte und mit vier Seemeilen Fahrt schließlich Ende Oktober mühselig Brest erreichte. Nun gammelten die „Eurofeld"-Männer seit Wochen befehlsgemäß auf dem Treffpunkt umher, sehnsüchtig den Horizont nach einem deutschen Schiff absuchend. „Scheer" war von der SKL über den Zustand der „Eurofeld" unterrichtet – der Kommandant der

„Widder", Kapitän zur See von Ruckteschell, hatte nach seiner Rückkehr darüber berichtet –, und hatte Befehl bekommen, zu versuchen, die Maschinenanlage soweit wieder in Ordnung zu bringen, daß der beabsichtigte Einsatz als Versorgungsschiff für Hilfskreuzer „Thor" im Südatlantik möglich war.

Nach Austausch der Erkennungssignale unterrichtet das „Scheer"-Kommando durch Morsespruch den „Eurofeld"-Kapitän, daß man ein V-Boot mit Maschinenpersonal hinüberschicken werde. Gleichzeitig werde der Kapitän mit dem zurückkehrenden Boot auf den Kreuzer gebeten. Mit dem Kran setzt man auf „Scheer" die Motorjolle aus. Als sie in Höhe der Bordwand schwebt, springt die Bootsbesatzung hinein, ihr folgen der Leitende Ingenieur, einige Techniker und ein paar Mann aus der Signallauf-bahn, die für die Dauer des Zusammenliegens auf dem Tanker bleiben und für einen schnellen Winkspruchverkehr Sorge tragen sollen. Es ist immer eine heikle, ja aufregende Sache, bei hochgehender Dünung oder bei Seegang ein Boot auszusetzen, denn während das Wasser für Sekunden fast im Niveau des Decks steht, liegt es im nächsten Augenblick tief darunter. Die die Taljenhaken bedienenden Seeleute müssen also nicht nur flinke Kerle, sondern auch gut aufeinander eingespielt sein, um die Taljen in dem Augenblick auszuklinken, wenn das Wasser der Ozeandünung so unter das Boot faßt, daß für einen knappen Atemzug Lose in die Aufhängung kommt. Wehe, wenn das Auspicken nicht gleichzeitig geschieht, wenn nur ein Haken losgemacht werden kann. Auch das Freikommen von der Bordwand erfordert seemännisches Geschick. Aber es geht alles klar. Das kleine Boot ackert die Berge rauf und wieder runter. Zeitweilig verschwinden „Scheer" und der Tanker hinter den Dünungskämmen, so daß nur noch die Mastspitzen zu sehen sind, dann thronen sie wieder wie Eisenberge auf einem jener Roller, die schon Hunderte von Seemeilen hinter sich haben. Erregend ist so eine Bootsfahrt in atlantischer Dünung. Noch stärker als auf dem Schiff wittern die Nasen der Bootsinsassen die See, den herben, würzigen Salzgeruch, den Duft nach Tang und Meereskraut.

„Ein gehobenes Wrack kann nicht schlimmer aussehen", stöhnt der „Scheer"-LI, Korvettenkapitän (Ing.) Ewe, entsetzt auf, als man sich der mit dicker Rostschicht bedeckten und unterhalb der

Mittelwasserlinie über und über bewachsenen Bordwand der „Eurofeld" nähert. Über die Lotsentreppe klettert ihnen nach dem Festmachen ein älterer Mann mit einem Kreuz wie ein Kleiderspind leichtfüßig und gewandt wie ein Junge entgegen, zögert einen Augenblick, als die Jolle gerade in die Tiefe saust, und springt, als sie sich an der Bordwand wieder nach oben schiebt, mit einem Satz in das Boot. „Moin, miteinander, meine Herren", ruft der Mann, in dessen Gesicht die Tropen die Farbe von Mahagoniholz eingebrannt haben.

„Glückwünsche zum 5. November. Das damned pocket-battleship, das war'n Sie doch, über das der britische Rundfunk berichtete?" blinzelt er, nennt seinen Namen und streckt Ewe die Hand hin. Er hat sich zwar nicht als Kapitän dieses Tramps vorgestellt. Auch nicht nötig, denn an dieser Würde zweifelt niemand im Boot, auch wenn er nicht die goldbehängte Uniform eines Musikdampferkapitäns trägt, sondern sich schlicht und bürgerlich in einen für die tropische Hitze nicht ganz zweckmäßigen, dafür um so feierlicher wirkenden dunkelblauen Anzug geworfen hat, dessen messerscharfe Bügelfalten in einem wenig harmonischen Kontrast zu der vergammelten Bordwand stehen. Das einzige Gold, das seinen Festanzug belebt, ist eine quer über den Bauch gezurrte, schwere goldene Uhrkette. Sie wirkt wie eine Schärpe soliden Wohlstandes. Doch: „Was nützt dem Seemann sein Geld, wenn er doch ins Wasser fällt." „Tschüs, bis nachher", verabschiedet sich der Mann von Kapitän Ewe. Lachend fügt er hinzu: „Fahren Sie mit Ihrem dicken Dampfer nicht allzu nahe an uns vorbei, sonst fällt die Arche doch noch auseinander."

Was die „Eurofeld"-Ingenieure dem „Scheer"-LI und seinen Männern zu berichten haben, klingt so haarsträubend wie die Gruselgeschichten in Travens „Totenschiff". Der Tanker mußte vor seiner letzten Ausreise aus Deutschland unbedingt in die Werft, und die Maschinen hatten eine Grundüberholung bitter notwendig, als man ihn doch noch einmal nach Aruba schickte, um vor Toresschluß noch kostbares Öl zu holen. Auf der Fluchtreise nach Teneriffa begannen die Kessel zu lecken, die Ventile zu streiken, verstopfte eine Rohrleitung nach der anderen. Ein paar Männer vom Maschinenpersonal wurden von herausbrechenden Stichflammen schwer verbrannt. Während der Liegezeit in Santa

Cruz hat man die Schäden notdürftig ausgebessert und ist, auf dem letzten Loch pfeifend, mit fünf Meilen „AK" und „Alle mehr" zum Treffpunkt getrottet. LI Ewe besichtigt die Anlagen und kontrolliert jede Leitung mit seinen Männern. „Geht in Ordnung, wir haben an Material, was gebraucht wird, und Werkzeuge und Spezialisten an Bord. Was wir nicht schaffen, wird die ,Nordmark' vollenden." Tatsächlich wird die Maschinenanlage der „Eurofeld" mit den Bordmitteln von „Scheer" und später von der „Nordmark" wie bei einer Werftliegezeit so gründlich überholt, daß sie ihre volle Leistung fast wieder erreicht.

Die „Nordmark" trifft erst am 14. November auf dem Treffpunkt ein, da sie sich durch die von der SKL befohlene Weisung, vorher noch das U-Boot von Kapitänleutnant von Stockhausen (U 66) zu versorgen, verzögert hatte. Es gibt Begeisterungsstürme auf beiden Schiffen, als der riesige Tanker, der im vollbeladenen Zustand 22 850 Tonnen Wasser verdrängt, von achtern auflaufend in 300 Meter Entfernung den Kreuzer passiert, auf dem der Kommandant die Bordkapelle hat Aufstellung nehmen lassen, um den alten Bekannten aus Gotenhafen mit munteren Weisen zu empfangen.

Es gibt dumme Gesichter auf „Scheer", als man den Tanker genauer betrachtet. An seiner Bordwand hat man den Namen „Prairie" und darunter nicht minder groß die Buchstaben USA aufgemalt. Daneben leuchtet das frisch aufgepinselte Sternenbanner herüber. Zur Stunde bedeutet diese Tarnung noch keinen Rechtsbruch, denn noch sind die Amerikaner neutral, noch darf der Versorgungskommandant einen Tanker als Amerikaner tarnen.

Die Schiffe liegen kaum beieinander, da beginnt auch schon der Versorgungsbetrieb, dieweilen sich der Kapitän des Versorgers, Korvettenkapitän der Reserve Grau, auf den Kreuzer begibt, um Kapitän zur See Krancke Bericht zu erstatten.

Munitionsergänzung und Ölübernahme sind die wichtigsten Programmpunkte, um „Scheer" wieder voll gefechtsklar zu machen. Für die Übernahme auf hoher See, wo beide Schiffe ja immer in der Dünung arbeiten, nimmt die „Nordmark" den Kreuzer mit geringster Fahrt in Schlepp. Dazu wird ein dünner Verholer, an dessen Ende ein Ballon angebracht ist, von dem Versorger achteraus gelassen. „Scheer", von achtern ansteuernd, nimmt den Ballon über, holt mit dem dünnen Verholer eine stärkere Trosse, dann eine dicke Manilaleine ein, und an dieser wieder ist die schwere Stahlschlepptrosse befestigt. Der IO wühlt auf der Back umher und kommandiert einen ansehnlichen Schwung von „Scheer"-Seeleuten, die unter Stöhnen und Ächzen die schwere Stahltrosse herüberholen. Bootsmannsmaatenpfeifen schrillen dazu in taktmäßigen, abgehackten Pfiffen, die Füße scharren und krallen sich gegen die Planken, die Gesichter werden krebsrot und der Schweiß läuft in Strömen. Nach kurzer Zeit ist die 300 m lange Schlepptrosse herübergeholt und wird mit der etwas ausgefahrenen Ankerkette verbunden. Die Schleppverbindung ist hergestellt. An zwei Beiholern, die an der Schlepptrosse befestigt sind, werden nun die dicken Ölschläuche nachgezogen, an die Anschlußstutzen der Bordölleitung auf der Back angeschlossen, und nach einem Blinksignal zur „Nordmark" beginnen die starken Pumpen des Versorgungsschiffes den Lebenssaft für die „Scheer"-Motoren in die Tanks des Kreuzers zu pumpen.

Nur wenige Stunden genügen, um diese Arbeit zu vollenden. Der Gegner hat es leichter. Ihm stehen überall Stützpunkte zur Verfügung, wo er seine Bunker wieder vollfüllen kann. Für weitreichende Unternehmungen im Pazifik hat der Amerikaner allerdings ähnliche Methoden entwickeln müssen. Während das Öl durch die Schläuche läuft, werden sämtliche Verkehrsboote beider Schiffe ausgesetzt und pendeln nun laufend zwischen den Schiffen hin und her, um Munition und Proviant herüberzuschaffen. Dies dauert erheblich länger, doch läßt man die Schleppverbindung bestehen, weil so sichergestellt ist, daß der Abstand stets gleichmäßig gering bleibt. Sollte die Versorgungsarbeit durch Insichtkommen von Masten plötzlich gestört werden, braucht der Kreuzer nur die Schleppverbindung zu slippen und ist sofort voll aktionsfähig.

Was den Blicken der Männer von „Scheer" bei der damaligen Kartoffelstauerei auf der „Nordmark" tunlichst entzogen wurde, braucht jetzt nicht mehr geheimgehalten zu werden. Die „Scheer"-Leute, die auf den Versorger als Arbeitskommandos herüberfahren, staunen nicht schlecht, als sie den Tanker bewaffnet finden. In durch Klappen nach außen hin verdeckten Räumen stehen drei respektable 15-cm-Geschütze, an anderen Stellen, ebenfalls nicht nur nach außen, sondern auch für jeden unerwünschten Schiffsbesucher innen abgeschirmt, haben 2-cm-Waffen zur Flugzeug-abwehr Aufstellung gefunden. Bei einer Marschgeschwindigkeit von 21 Knoten kann dieses bei den Schichau Werken in Danzig erbaute, bis nach der „Deutschland"-Unternehmung Ende 1939 unter dem Namen „Westerwald" fahrende Schiff jedem gegneri-schen Hilfskreuzer davonlaufen und sich zur Not gleichwertig oder schwach überlegen bestückter feindlicher Einheiten erwehren. Die „Nordmark", die 12 367 Tonnen Heizöl und Treiböl, weiter Benzin und Schmieröl laden kann, verfügt über Spezialkühlräume für Frischproviant, über viele andere Laderäume für Konserven, Ersatzteile und Munition. Die letztere wurde aus verständlichen Gründen tief unten in dem Versorger verstaut. Jedes Geschoß ruht in abgegrenzten Kästen, stoßsicher und erschütterungsfrei gelagert. Über ein raffiniertes Flaschenzugsystem, dessen Schienen und Weichen so unter der Raumdecke entlanglaufen, daß man mühe-los in jede Ecke und an jede Seite eines solchen Munitionslade-raums heran kann, werden die 16 Zentner schweren Granaten für die SA an den Aufzugsschacht herangebracht und nach oben gehievt.

Die ganze Nacht über geht die Übernahme weiter. Granaten und Kartuschen werden bei Mondschein in die an der Bordwand auf und nieder torkelnden Verkehrskutter gestaut, die sie dann zum Kreuzer hinüberfahren, wo man sie an Deck nimmt, in kleinen Schalenwagen zu den Mannlöchern fährt, in die sie starke Arme hineinbefördern. Konserven, Kartoffeln, Frischfleisch, Eier und viele andere Dinge wandern auf den Kreuzer hinüber. Boot auf Boot geht ab. Auch der Torpedobestand wird wieder auf seine Sollzahl gebracht. Für die Torpedoübernahme wird ein besonders konstruiertes Floß verwendet, dessen schlauchähnlicher Boden mit schmalen, untereinander verketteten Bohlen ausgelegt ist, die sich den Wellenbewegungen anpassen können. Ein paar Seeleute paddeln das stählerne Ungetüm zum Kreuzer hinüber, ein lustiges Bild, wenn man dabei übersieht, daß die Fracht der Vernichtung und dem Verderben dienen soll. Es sind in den Tagen der Über-nahme, die bis zum 16. November dauerte, trotz vieler Schwierig-keiten keine Unfälle oder Pannen vorgekommen. Nur einmal torkelte eine 28er-Granate auf der „Nordmark" aus ihrer Halterung und stürzte in den Schacht zurück. Stockwerke tief. Kreidebleich die umstehenden Soldaten. Donnernd schlug das Geschoß unten auf. Nur die Spitze wurde verbogen. Es konnte auch nicht viel passieren, denn die Granate hatte noch keinen Zünder, da dieser ja erst in der Munitionskammer von „Scheer" eingesetzt und auch erst nach dem Abschuß scharf wird. „So sagt man", sagten nach diesem Sturz die Männer und wischten sich den Angstschweiß von der Stirn. Damit war die Sache abgetan. Daß ein Kasten Bier in den Bach fiel, schien viel schlimmer.

Noch eines fällt auf dem Tanker auf, dessen soldatische Besatzung Zivil trägt und typisch amerikanische „Bobbykäppis" auf dem Kopf hat. Man hat viel für die Bequemlichkeit der Besatzung getan, da diese Seeleute mit ihrem Schiff ja oft viele Wochen auf Wartepositionen herumliegen müssen. Die Kammern sind behaglich eingerichtet, und Kapitän Grau hat persönlich angeregt, sie mit Blattpflanzen und Blumen hübsch auszuschmücken. Einige Seeleute haben sich sogar kleine Aquarien mit Zierfischen und andere wieder Kreuzschnäbel oder Kanarienvögel mitgenommen. An Deck ließ der Kommandant aus Vierkanthölzern und Segeltuch zwischen zwei mit riesigen amerikanischen Nationalfarben bemalten Ladeluken ein Schwimmbassin bauen. Es ist erst seit einigen Tagen in Betrieb und verhilft auch den „Scheer"-Soldaten zu einem erfrischenden Bad. Groß wird der Haifischfang geschrieben. 48 Schwanzflossen hängen schon zum Austrocknen im Vortopp, und aus den messerscharf gezackten Zähnen der Gebisse dieser Bestien soll aus je vier Zähnen ein Mützenabzeichen gebastelt werden. Eine gute Idee und wohl das originellste Abzeichen der Flotte. Einen Roman könnte man dran aufhängen.

Die Versorgung klappte störungslos. Nur in einer Nacht tauchten im Süden die hellerleuchteten Lichter eines anscheinend amerikanischen Handelsschiffes auf. Diesem konnte unauffällig ausgewichen werden, ohne die Schleppverbindung zu lösen.

6. Operationen vor Westindien

28 Grad Wassertemperatur – Blumen aus dem Kabelgatt – Schiff in Sicht – Kanone auf dem Heck : ein Brite – Vergebliche Fluchtversuche – „Scheer"-Kommandant läßt Gegner mit Absicht RRR funken – Prisenkommando entert Kühlschiff „Port Hobart" – Ein Schiffsjunge weint, sieben Ladies lächeln – Kapitän Hall will britischen Whisky nicht versaufen lassen und zertrümmert Pantrytür – Die Sprengladungen brennen, und vier Deutsche sind bei der Sprengung an Bord – Gegenmaßnahmen auf das „Port-Hobart"-RRR: drei neue Jagdgruppen gegen das „pocket-battleship"

„Scheer" bleibt noch bis zum 20. November auf dem 45. Längengrad. Der „Nordmark" wird ein neuer Treffpunkt befohlen, die „Eurofeld" nach dem Südatlantik zum Hilfskreuzer „Thor" geschickt. Danach setzt das Kommando den Kurs an die Randgebiete der US-amerikanischen 500-Meilen-Grenze vor den westindischen Gewässern ab, um in diesem bislang für deutsche Kriegsschiffe und Hilfskreuzer jungfräulichen Jagdgebiet einem Dampfer aufzulauern.

Es ist noch heißer geworden. Das „kühle" Außenbordwasser hat 28 Grad Wärme. Im Stahlkörper des Schiffes brütet stickige Hitze. Die Seeleute sind nur mit dünnen Hosen bekleidet. Das Wasser läuft ihnen in Bächen von ihrem sonnenverbrannten Körper herab. Die Luft ist so dick, daß man meint, gegen eine Gummiwand zu prallen, wenn man von außen kommt. Und sie ist feucht dazu. Das ist das schlimmste.

Neben dem Turm Bruno spielt der Kommandant mit dem Schiffsverwaltungsoffizier eine Partie Schach. Während Englands Armada hinter einem einzigen deutschen Kreuzer herjagt, sitzt der Mann, von dessen Befehlen das weitere Schicksal dieses Schiffes und seiner Besatzung abhängt, vor jenem Brettspiel, das symbolisch für die Überlegungen, Kombinationen und Entschlüsse eines Kreuzerkommandanten in Übersee zu nennen ist, denn auch hier muß jeder nur mögliche Gegenzug des Feindes vorausberechnet, muß geschickt kombiniert werden, welche wahren Absichten der Gegenspieler auch bei scheinbar unwichtigen Zügen hat. Dabei spielen der Charakter, das Temperament und die Mentalität der Partner verständlicherweise eine ebenso bedeutsame Rolle wie ihre Konzentrationsfähigkeit.

Die nächsten Tage verlaufen ohne besondere Ereignisse. Wie Engel mit vollgeplusterten Backen segeln die wattigen Bäuche weißer Haufenwolken über den Himmel, kraftvoll anzusehen und doch so duftig wie das Erinnern an Schönes und Liebenswertes, das diese Männer zurückließen.

Da, Getöse im Schornstein! Schlecht verbranntes Öl wird wie grauer Nebel herausgestoßen, ein typisches Zeichen dafür, daß die Maschine auf Brückenbefehl ruckartig auf höhere Fahrt gegangen ist. Das Heckwasser quirlt stärker unter den sich schneller drehenden Schrauben auf. „Scheer" läuft auf einen Punkt zu, auf eine Rauchwolke, die gesichtet wurde. In den Messen und den Mannschaftsräumen rutschen die Männer unruhig auf ihren bewußten vier Buchstaben hin und her. Einigen purzeln vor Aufregung die Kartoffeln vom Löffel.

In der O-Messe taucht der BNO in der Tür auf. „Nichts ist! Man hat eine feine, aufwindende Wolke als Rauchfahne angesehen."

Über die Enttäuschung murrt keiner. Morgen kann jedem, der auf Ausguck steht, dasselbe passieren. Der Wachoffizier hat den Mann, der die Fehlmeldung abgegeben hat, auch nicht angefaucht. Im Gegenteil, er hat ihm ein: „Gut so - diesmal aber Pech gehabt", zugerufen. Wenn die Leute wegen einer Falschmeldung Angst bekommen, beschimpft zu werden, werden sie bei künftigen Anlässen zu vorsichtig sein, und einmal könnte es doch eine Rauchfahne sein, die wie eine dünne, harmlose Wolke aussieht.

Der 24. November, Sonntag.

Aus Segeltuch, zerfaserten Kabelgarnen und Smartings bunten Farben haben die Seeleute der IV. Division ihrem Divisionsoffizier, Kapitänleutnant d. R. Viktor Arretz, einen Geburtstagsblumenstrauß gebastelt. Er duftete zwar nicht wie eben ein im Blumenladen gekaufter Strauß, aber er ist dafür ein kleines seemännisches Meisterwerk. Zahnarzt Dr. Thünker zitiert den unvergessenen Ringelnatz: „Schenke groß oder klein - aber immer gediegen. - Wenn die Bedachten die Gaben wiegen - sei dein Gewissen rein. -

Schenke mit Geist und ohne List – sei eingedenk – daß dein Geschenk du selber bist." Hochachtung, Verehrung, ja auch jene spröde, aber saubere männliche Liebe zu einem Vorgesetzten, spricht aus diesem Geschenk aus Seemannshand.

„Essen wird vorverlegt", geht es durch das Schiff.

Wer stört denn da den Sonntagsfrieden? Auch dem Seemann ist die Ruhe heilig. Wieder eine Fehlmeldung?

Alarmglocken rasseln. Schotten werden dichtgewuchtet. Auf dem achteren Mitteldeck versammelt sich das große Untersuchungskommando. Oberbootsmann Gumm saust wie besessen durch die Landschaft und waltet seiner tausendundein Ämter. Und überall steht ihm ein Seemann im Wege.

„Scheer" läuft einem vierkant gebauten Frachter auf, dessen Schornstein nicht direkt an die Brücke anschließt, sondern frei hinter den braungelb gestrichenen Aufbauten aus dem Schiff herauswächst. Dort, wo die Ladeluken liegen müssen, hat er sonderbare Buckel. Wahrscheinlich Decksladung. Müssen große Kisten sein. Auf dem Heck steht, von Sandsäcken umgeben, eine Kanone. Ein Brite.

Nach den Unterlagen könnte es sich um ein Schiff der Port-Line handeln. Die Handelsschiffsoffiziere an Bord bestätigen die Vermutung und der Funk beseitigte die letzten Zweifel, denn der Fremde funkte nach einem RRR seinen Namen und seine Position auf offener Welle.

„Port Hobart" heißt der 7500 BRT große Frachter, der als „refrigerator-ship", also als Kühlschiff, gebaut wurde und laut Handbuch über 14 Knoten laufen soll.

Seinem Kurs nach scheint er aus Europa zu kommen.

„Gegner funkt erneut RRR und Standort."

„Das geht ein bißchen zu weit", sagt der Kommandant, dem diese Notmeldung an sich nicht ungelegen kommt, denn er hat nicht die Absicht, sich länger in diesem Gebiet aufzuhalten. Ihm schwebt vielmehr vor, nach einem überraschenden Auftauchen mit genau östlichem Kurs quer durch den Ozean auf die afrikanische Seite des mittleren Atlantiks zu brausen, um südwestlich der Kanarischen Inseln genauso unvermittelt und überraschend zuzupacken. Er läßt den Gegner daher noch unbehelligt funken und fordert ihn lediglich durch ein Flaggensignal auf, zu stoppen und beizudrehen. Die Antwort des anderen besteht darin, dem Kreuzer das Heck zuzudrehen. Soll das eine Aufforderung à la Götz von Berlichingen sein?

„Nur keinen Streit vermeiden", ulkt einer von der Brückenwache.

„Was soll dieser Unfug", hört man den Kommandanten schimpfen. Er meint aber nicht den humorbeschwingten Brückensprecher, sondern den britischen Frachter, der ihn nunmehr zu Gewaltmaßnahmen zwingt.

„Warnschuß vor den Bug." „Rabumm", brüllt das Geschütz. Rauch verweht. Schwarzer, giftig riechender Qualm. Hundert Meter vor dem Bug schlägt die Granate ein. Die „Port Hobart" dreht noch etwas mehr ab. Absicht? Will sie geringere Angriffsfläche bieten? Oder hat der Rudergänger die Buxen voll und ist abgehauen, nachdem der Kapitän den Maschinentelegrafen auf Stop gelegt hat? Der „Scheer"-Kommandant läßt die Fahrt koppeln, um festzustellen, ob das Schiff noch immer die gleiche Fahrt macht.

„Keine Hecksee mehr auszumachen", gibt der Vormarsausguck bekannt.

„Schiff scheint doch zu stoppen."

„Gegnerfahrt nach Ortung nur noch drei Meilen", die letzte Meldung.

Die „Port Hobart" läuft also aus. Ihr Kapitän ist ein vernünftiger Mann. Er hat gefunkt und damit seine Pflicht erfüllt, die man von ihm erwartete. Mit dem Funkspruch brachte er bereits seine Männer und sein Schiff in schwerste Gefahren. Das genügt. Lebensmüde ist er nicht.

Sein RRR ist aber nach den Beobachtungen des B-Dienstes bisher von keiner britischen Funkstation bestätigt worden. Doch da mischt sich plötzlich eine amerikanische Kriegsschiffbordstation ein und gibt die Meldung an die britische Station auf den Bermudas weiter. Das nennt man Neutralität, die deutscherseits besonders gegenüber den Amerikanern zu beachten ist!

Der britische Erste Ingenieur empfängt das mit dem Verkehrsboot herübergefahrene Prisenkommando. Er bittet den deutschen Untersuchungsoffizier mit einer höflichen Handbewegung auf die Brücke. „Master Hall erwartet Sie in seiner Kajüte, Sir."

„Nerven haben die – wie Drahtseile. Möchte mal wissen, ob unsereiner so dickfellig und ruhig bleiben würde, wenn es umgekehrt der Fall wäre", sagt Leutnant d. R. Blaue verwundert und gibt seinen Soldaten die Anweisung, die britische Besatzung auf dem Vorschiff antreten zu lassen, während Leutnant d. R. Engels vom Untersuchungskommando dem britischen Ingenieuroffizier folgt. Als er der schmalen Eisentreppe zu den Brückenaufbauten zustrebt, kommt ihm mit schwerfälligen breiten Schritten ein hünenhafter Mann entgegen. Er trägt eine zerschlissene Arbeitsbluse. Sein Gesicht ist zernarbt und sieht aus wie ein Kriegsschauplatz. Der Bootsmann des Schiffes ist es, wie der Ingenieuroffizier erklärend sagt. Neben diesem Mann trippelt ein kleines Kerlchen, ein Junge von höchstens 15 Jahren, der sich schutzsuchend und ängstlich an den Breitschultrigen schmiegt, dessen braungebrannte, schaufelgroße Hand auf dem blonden Schopf des Jungen ruht. Dicke Tränen kullern dem zitternden Moses über die Backen.

„Die tun dir nichts, Boy, sind bloß Deutsche. Hör auf zu flennen", brummt der Bootsmann. „Glaub den Nonsens nicht, den man an der Beach über den ‚Fritz‘ erzählt."

In seiner geschmackvoll eingerichteten Kammer empfängt Kapitän Hall den deutschen Untersuchungsoffizier. Die Unterhaltung ist sachlich. Die Engels übergebenen Papiere scheinen vollständig. Was an Geheimunterlagen an Bord ist, fehlt natürlich. Der Mann sieht nicht danach aus, daß er diese Dinge freiwillig herausgeben wird. Engels unterläßt es daher auch, danach zu fragen. Wenn sie noch an Bord sind, wird man sie schon finden. „Wieviel Mann Besatzung?"

„Achtundsechzig, Sir. Acht Passagiere. Sieben Frauen, ein Engländer. Was geschieht mit den Frauen? Bleiben sie auf dem Kreuzer, oder . . .?

„Sie werden als Damen behandelt, wenn sie sich wie Damen benehmen."

„Woran ich nicht zweifle. Aber auf einem Kriegsschiff sind sie gefährdet. Es geht für Sie nicht immer so gut aus, wie am 5. November."

„Sind die Frauen bei Ihnen nicht gleichen oder ähnlichen Gefahren ausgesetzt? Und außerdem, was meinen Sie mit dem 5. November?"

„Das deutsche pocket-battleship ... vielleicht dieses da", und er hebt den Arm und zeigt auf das mit hübschen bunten Gardinen geschmückte Kajütfenster, durch das der Stahlleib des deutschen Kreuzers zu sehen ist. Und da Engels auf die Frage nicht eingeht, sagt der Kapitän mit einem Zwinkern seiner kleinen grauen Augen: „Müßte eigentlich dankbar sein. Bekam dadurch noch ein paar Hafentage geschenkt."

„Ich verstehe", nickt Engels, in den Papieren blätternd. Aus diesen geht nämlich hervor, daß die „Port Hobart" am 3. November aus Liverpool auslief und bis 25 Grad West geleitet werden sollte. Von da ab sollte das Schiff allein weiterlaufen, in Curacao bunkern und durch den Panamakanal seinen Bestimmungshafen in Neuseeland zu erreichen versuchen. Das Geleit habe am 5. November auf 20 Grad West gestanden, wo es in schweres Wetter geriet, vorzeitig aufgelöst und dann zurückgerufen wurde. Aus einem Schreiben der Reederei ist erkenntlich, daß der erste Auslauftermin bereits auf den 25. Oktober lautete, daß der Kapitän aber „wegen der Kriegszeiten nicht mit der strikten Innehaltung dieses Termins rechnen dürfe". Ein Telegramm verschiebt das Auslaufen auf den 1. November. Erst am 3. November ging das schnelle Kühlschiff wirklich in See, lief nach dem „Scheer"-Angriff auf das HX-84-Geleit weisungsgemäß zurück und blieb wieder zehn Tage liegen, um dann endlich mit einem nunmehr stark gesicherten Geleit auszulaufen.

„Für wen hielten Sie uns zuerst?"

„Für ein deutsches Taschenpanzerschiff gewißlich nicht, als wir die Masten auftauchen sahen. Beim Näherkommen glaubten wir an ein amerikanisches Kriegsschiff. Wegen der 500-Meilen-Sicherheitszone ...! Sie stehen verteufelt nahe an der Pan-American-Neutralitäts-Zone, mein Herr. Na ja, ist ja Ihre Sache, wenn die Amis böse werden. Als wir die E-Meßhaube am vorderen Mast und die Drillingsgeschütze des einzelnen vorderen Turms erkannten, da wußten wir mehr."

„Sie haben gefunkt?"

„Selbstverständlich! Ich konnte dies sogar noch vor Ihrem Stopsignal und Stopschuß tun."

„Haben Sie nur RRR und Position gefunkt? Oder gaben Sie auch Hinweise, was für ein Schiff Sie vor sich glaubten?"

„Oh", stöhnt Kapitän Hall, „warum habe ich das nicht getan?!"

„Seien Sie froh, es wäre sonst nicht bei Warnschüssen geblieben."

„Das ist ein schlechter Trost für mich, Sir. Immerhin . . .", und er faßt sich mit dem Zeigefinger zwischen Hals und Kragen.

Nach einer Liste besteht die Bewaffnung aus einer 10,5 cm-Kanone, zwei Hotchkiss-Maschinengewehren, vier Nebelbojen, zwei Wasserbomben, acht Stahlhelmen. Der Exerziermeister der Geschützbedienung ist ein Angehöriger der neuseeländischen Marinereserve. Wer das Geschütz besichtigen will, muß eine kleine schmale Stiege auf dem Achterschiff hinaufklettern. Sandsäcke und dicke Balken sollten den Pivotsockel vor Beschußeinwirkungen schützen. Granaten stehen griffbereit in den Holzgerüsten. Die meisten sind durch die Salzwassereinwirkung verrostet.

Die Besatzung steigt in die Boote. Die Passagiere folgen. Die britischen Frauen, es sind meist ältere Engländerinnen, die nach Neuseeland zurückfahren wollten, bewahren einen bewundernswerten Gleichmut in einer Situation, die ihr Schicksal für die nächste Zeit bestimmt und Pläne, Freuden und hoffnungsfrohe Erwartungen zusammenbrechen läßt. Sie werden interniert werden und – sie geben sich keinen Illusionen hin – die Aussicht, ausgetauscht zu werden, ist bei ihrer Kenntnis um die Zusammenhänge der Aufbringung ihres Schiffes höchst zweifelhaft. Sie nicken dankbar, als die deutschen Seeleute ihnen beim Übersteigen helfen und sich um das Gepäck kümmern, und die junge Dame unter ihnen winkt sogar fröhlich zurück. Erst auf „Scheer" erfährt man, daß diese nicht nur auf der Bühne des Lebens gut zu schauspielern versteht, sondern auch eine bekannte englische Schauspielerin ist. Ganz aus den Wolken fallen die Männer vom Prisenkommando, als sich die letzte Passagierin mit einem „Danke schön" verabschiedet. Es ist dieselbe, in deren Kammer ein kleines Reclambändchen in deutscher Sprache gefunden wurde. Ausgerechnet: Faust. II. Teil. Zwischen den Seiten Notizen in Englisch und auf Seite 95, rot angestrichen: „Dein starrer Sinn will sich nicht beugen, bedarf es weiteres dich zu überzeugen." Hier endete wohl die Leserin.

Ein Rundgang durch das Schiff. Die langen, düsteren Gänge, in denen offene Türen im Takt der Dünung hin und her schlagen, sind leer und ausgestorben. Der Schritt der mit Handgranaten und

Pistolen bewaffneten deutschen Soldaten klingt auf den rostigen Flurplatten hohl und metallen hart, so hart und mitleidlos wie der Krieg es ist.

Mitleid? Angesichts der Familienfotos und privater Erinnerungsbilder, der offenen Spinde, der in Angst und Bestürzung herausgerissenen Schubladen, in denen Briefe mit königsblauen Königsmarken an das Privatleben irgendeines Menschen gemahnen, das von nun an für lange Zeit ausgelöscht wird . . . Ein zermalmendes Gefühl absoluter Hilflosigkeit durchströmt die deutschen Soldaten in diesem Widerspiel der Empfindungen, solche Art Gefühle verdrängen zu müssen.

Während die Soldaten das Schiff untersuchen und sich draußen an Deck nautische Instrumente, nautische Tabellen, nautische Bücher, Tauwerk, Maschinenwerkzeuge, Waffen und dergleichen häufen, durchschnüffelt Blaue die Proviantlast, bemühen sich andere, die Pantry zu öffnen. Aber diese Last mit den Getränken ist verschlossen. Kapitän Hall sucht eilfertig nach dem Schlüssel. Aber den hat wohl der bereits ausgestiegene Steward als gewissenhafter Mann eingesteckt.

„Schon gut, Käpten, wir verzichten", winken die Deutschen ab.

„Was, Sie wollen auf den Whisky verzichten? Black Label, . . . Red Label, . . . Black and White . . .? Das Beste vom Besten, was merry old England zu bieten hat? Kommt gar nicht in Frage. Soweit geht die Feindschaft nun nicht, solche Kostbarkeiten mit den räudigen Ratten versaufen zu lassen. Augenblick."

Damit läßt er die verdutzten Deutschen stehen, und als er wieder in Sicht kommt, naht er mit einem dicken Brecheisen. Damit ist aber die aus dicken Bohlen gefügte und mit einem Sicherheitsschloß versperrte Tür nicht zu knacken. Der sympathische Alte mit den weißgrauen Schläfen überlegt, hebt den Finger der rechten Hand, verschwindet und kehrt schnaufend mit einem Fleischerbeil aus der Kombüse zurück. „Das wäre wohl noch schöner. Die Axt im Hause erspart den Kaiserschnitt", sagt er und hat jungenhaft lustige Augen dabei. Mein Gott, denken die deutschen Männer, wo nimmt dieser Mann bloß diesen grimmigen Humor her. In Wirklichkeit wird es da drinnen bei ihm grau und traurig bei dem Gedanken aussehen, mit seinem Schiff seine Heimat verloren zu haben, in Gefangenschaft gehen zu müssen, für Monate, vielleicht

117

für Jahre auf das Rauschen der See und die Freiheit verzichten zu müssen. Mit eigenen Händen zertrümmert er die Tür, schiebt die zerbrochenen Bohlen zur Seite und empfiehlt, was gut und mitnehmenswert ist. Der Raum ist bis an die Decke mit auserlesenen Getränken, Keks, Zigaretten und Schokolade vollgestopft.

Aufrecht und mit einem nonchalanten „bye-bye" geht der Kapitän Hall. Draußen aber senkt er den Kopf und zieht wie fröstelnd die Schultern ein.

Mitten in das Ausräumen der Pantry werden Rufe und Kommandos hörbar. „Einsteigen, Ablegen. Tempo, Tempo."

Nanu, was tut sich denn dort? Raus.

„Wollen Sie noch mit?" fragt Untersuchungsoffizier Engels.

Zögern. „Wenn Sie bleiben – bleibe ich auch."

„Sie werden sich wundern . . . Gut. Ablegen letztes Boot. Auf zweihundert Meter mindestens abhauen. Dann warten."

Als das Boot davontuckert, erfährt man mehr. Der Soldat, der mit dem Anlegen der Sprengkisten beauftragt war, hat, was durchaus in Ordnung war, die Ladungen mit seinen Kameraden selbständig angebracht und einen Winkspruch vom Kreuzer, „das Schiff zur Sprengung fertig zu machen", falsch vestanden. Bei Engels Anweisung: „Machen Sie die Sprengladungen klar", hat er „Jawohl" gesagt und achtern und mittschiffs die Ladungen abgerissen. Auf das Vorschiff zurückkehrend, um auch hier die Zündschnüre abzureißen, erkennt er, Fürchterliches ahnend, daß Engels mit seinen Männern überhaupt noch keine Anstalten macht, das Schiff zu verlassen. „Herr Leutnant, wollen Sie denn nicht von Bord? Die Zündschnüre brennen . . ." „Was? Sie . . .!" Engels verschluckt Verbalinjurien und jagt von Bord, wer nicht gebraucht wird. Drei Freiwillige behält er zurück, um mit diesen die auf der Brücke befindlichen Papiere, Akten und Tagebücher noch abzubergen. Zu den dreien kam noch der vierte aus der Pantry hinzu. Wie war das bei der Hinfahrt? „Langen denn die Sprengkisten?" hatte er den Sperrwaffenunteroffizier gefragt. „Und ob die langen", war dessen Antwort. „Die reichen dreimal. Beim erstenmal haben wir absichtlich etwas mehr genommen. Sie werden sehen, der Kasten wird wie ein Luftballon zerplatzen."

„So schlimm wird es nicht werden", tröstet der Untersuchungsoffizier.

„Vielleicht noch schlimmer. Da ... hübsche Tierchen. Haie! Drei, vier, sechs. Ein ganzes Rudel."

Wie eine schattenhafte Eskorte des Todes umlauern die Haie das Schiff und die leeren, im Wasser treibenden Rettungsboote. Mit untrüglicher tierischer Witterung ahnen sie wohl das nahende Ende des verlorenen Frachters.

Noch zwei Minuten. Noch eine. Wie langsam doch der Sand im Stundenglas verrinnt. 30 Sekunden, 29 ... 27 ... 25 ...

Auseinanderfliegen ...! Zerplatzen wie ein Luftballon ... Noch 15 Sekunden! Die reichen dreimal ... Absichtlich etwas mehr genommen ... Bei Jove! Eine ungesunde Umgebung ist das hier. Noch 10 Sekunden ... „Zigarette", sagt Engels. „Eine der guten Cumberland aus PHs Beständen?" Er streckt die Hand mit der schokoladefarbenen 50-Stück-Packung aus. In diesem Augenblick kracht es ... Wumms ... Rabamm ... Wummss ... Drei, vier, fünf Detonatinen folgen. Die Zigaretten hüpfen in weitem Bogen aus der Blechschachtel heraus. „Nehmen Sie doch, eine ist noch drin", ermuntert Engels. Stichflammen brechen aus den unteren Räumen durch die Skylights. Rauch würgt sich hinterher. Unmerklich legt sich das Schiff auf die Seite. Erst langsam, dann schneller. Dann bleibt es mit knapp 10 Grad Schlagseite liegen.

„Das ist alles? Keine überzeugende Leistung, meine Herren von der Sperrwaffe", höhnt Engels, wirft seine Zigarette über Bord und die leere Schachtel hinterher, ruckt sich verdächtig in den Hüften und sagt mit lauter Stimme: „Los dafür. Boot zurückwinken. Sachen von der Brücke bergen."

Zwei Sprengladungen fehlen noch. Die hatte der Unglücksvogel ja nicht abgerissen. Das Boot wird beladen. Einsteigen. Ablegen. Es ist keine hundert Meter ab, da krepieren die letzten beiden Ladungen. Zwei grollende, aus der Unterwelt kommende Schläge. Aber der Dampfer schwimmt weiter.

„Admiral Scheer" schießt auf kurze Entfernung mit der 10,5 Flak, um das Absaufen zu beschleunigen. Das Schiff brennt mittschiffs. Der Wind verweht eine düstere blaugraue Trauerfahne über die unschuldige See. Abschüsse und das krachende Bersten der detonierenden Granaten folgen dicht aufeinander, so nahe steht „Scheer". Mit zugehaltenen Ohren verfolgt die auf der Schanze stehende ehemalige, nun gefangene Besatzung das Ende ihrer schwimmenden Heimat. Die Frauen zeigen keine Spur einer Regung und auch keine Angst, als Granatsplitter surrend und pfeifend über die Köpfe pfeifen.

Zögernd, als wolle es sich wehren, sinkt das Vorschiff ein. Der Riesenleib des Kühlschiffes hebt und senkt sich schwerfällig in der Dünung. Ächzen, Bersten, Krachen von zerbrechenden Schotten. Wenn das Vorschiff eintaucht, langt die Dünung drüber hin. Wie ein breiter Wasserfall rauschen die Wassermassen beim Wieder-auftauchen kaskadenförmig über die Bordwand zurück. Unter dem Druck des auftreibenden Wassers und den Kräften der Rollbewe-gungen bersten da drüben die Laschings der Deckslast, jener großen Kisten, die Flugzeuge für die neuseeländische Luftwaffe enthalten, um damit dort in Ruhe und Frieden schulen zu können. Die an Deck aufgehängte Wäsche spült nun Rasmus mit seiner Riesentatze. Die Back taucht ein. Das Achterschiff hebt sich höher und höher heraus. Gleich muß der Pott hinabfahren ... Aber es vergehen noch Minuten. Einströmendes Wasser löscht die Brände. Aus dem schwarzen Qualm wird weißer Wasserdampf, der einen Vorhang der Gnade vor diese Bühne des Todeskampfes zieht. Nur die Mastspitzen ragen noch heraus. Sie neigen sich. Immer mehr. Dann fahren sie in den Dampfnebel hinein. Aus. Als sich die weiße Wolke verzogen hat, treiben Balken, Bretter und Flugzeugtragflä-chen auf dem Wasser umher. Der Rest von dem 7448,3 BRT großen Kühlschiff mit seiner Ladung aus Farben, Phosphaten, Papieren, Schmieröl, Schienen, Linoleum – und Salz.

Die Raidermeldung der „Port Hobart" löste bei der Britischen Admiralität und in dem Hauptquartier des zuständigen Seebefehls-habers Alarmzustand und Bestürzung aus. Captain Roskill schreibt im Admiralstabswerk „The war at sea", Band 1, „The defensive": „Aber sie (,Port Hobart') gab nicht bekannt, ob es sich bei dem Angreifer um ein Kriegsschiff oder um einen Hilfskreuzer han-delte. Obgleich dieses Funksignal ,Scheer' zwang, ostwärts nach den Kap Verdischen Inseln auszuweichen, trug der Funkspruch nicht dazu bei, die Situation dahingehend zu klären, wo man nun versuchen sollte, den Raider zu jagen und zu stellen."

Tatsächlich hatte die R-R-R-Meldung der „Port Hobart" zur Folge, daß der „Scheer"-Kommandant schon nach dem ersten Erfolg vor den Westindischen Inseln dieses Operationsgebiet wieder verließ. Denn die Aufgabe, möglichst weitreichend Unruhe beim Gegner zu verursachen, war erreicht, und mit starken Gegenmaßnahmen mußte hier jetzt gerechnet werden. Die Admiralität auf der anderen Seite hatte durch die R-R-R-Meldung keine Anhaltspunkte, wer der Raider war, wenn sie auch vermutete, daß es ein „pocket-battleship" gewesen war. Auch wußte sie nicht, wo sie den Kreuzer suchen sollte. Aber es mußte etwas gschehen, um ihn zu stellen. Der Mittelatlantik und die wichtigen Routen von Südafrika und Südamerika mußten in erster Linie gesichert werden. Es wurde deshalb außer den an den Küsten des Nord- und Südatlantik vorhandenen Seestreitkräften die Bildung einer Force K benannten Gruppe befohlen, welche aus dem modernen Flugzeugträger „Formidable" und den Schweren Kreuzern „Berwick" und „Norfolk" bestand und die im Bereich vor Freetown an der westafrikanischen Küste operieren sollte. Wegen der sonstigen Beanspruchung durch Geleitzugsicherung konnte diese Gruppe aber nicht sofort zusammengestellt und angesetzt werden.

Der alte Flugzeugträger „Hermes" sollte mit einem alten Kreuzer der D-Klasse von St. Helena aus operieren, und die Südamerikadivision sollte durch den Schweren Kreuzer „Cumberland" und den Leichten Kreuzer „Newcastle" verstärkt werden. Außerdem erhielten alle vom Südatlantik kommenden Schiffe Anweisung, den Weg östlich der Kap Verden zu wählen, der leichter überwacht werden könnte.

Und gerade in dieses Gebiet gedachte „Scheer" vorzustoßen.

7. Acht Tage später: Nachterfolg vor den Kap-Verden

„Scheer" jagt quer durch den Atlantik – Junger Matrose sichtet hauchdünne Rauchfahne – Kommandant will nachts angreifen – Angriff über BÜ-Telefon erlebt – Auf Stopschuß bei Scheinwerferlicht erwidert Gegnerfrachter das Feuer – Handelsfunker contra Aktive – Im Wasser treiben über Bord gesprungene Inder – Kühlschiff „Tribesman" der siebente Verlust der Reederei – Schadenfroher „Hobart"-Kapitän – An

Auf neuem Kurs. Auf Ostkurs.

Leise beben die gepanzerten Flanken des einst belächelten, später bestaunten und nach der Geleitzugschlacht nun doch mehr gehaßten und noch immer von einer Meute leichter und schwerster britischer Einheiten gesuchten „damned German pocket-battleship". Sein Bug durchschneidet eine sonnenüberflutete tiefblaue See. Fast schwebend gleitet „Sophie Cäsar" über einen Spieltisch silberblauen Lichts, das die einsamen Männer nicht nur wohltuend und flirrend umflutet, das in seiner Reinheit und Klarheit und Schwerelosigkeit auch in sie dringt, sie in solchen Stunden fast vergessen lassend, daß über ihnen der Flügelschlag eines ungewissen Schicksals schwebt. Es haben sich viele Maler an dieser erhabenen Landschaft ozeanischer Weite versucht. Aber der will noch kommen, der diesen Glockenschlag lichter Meeresbläue, die Transparenz dieses atlantischen Himmels und die klingende Ferne zu malen vermag.

So fließen die Tage auf der Fahrt am Rande jenes Sargassomeeres dahin, das einstmals Columbus und seine Mannen so bitter enttäuschte, als sie Land erhofften und weiter nur Wasser, Wasser, nichts als Wasser vor sich sahen. Der Kommandant läßt noch immer den quer durch den nördlichen Mittelatlantik führenden östlichen Kurs beibehalten. Sein Ziel ist es, nunmehr die Schiff-fahrtsroute südlich der Kanarischen Inseln zu stören, also jenen Seeweg, der für die britische Versorgung aus den südostamerikanischen Häfen von Bedeutung ist und weiter von den nach Indien und Australien um das Kap der Guten Hoffnung fahrenden Frachtern gewählt wird. Von Krieg ist bis auf die tägliche Bordpresse mit ihren Frontberichten nichts zu spüren. Wären die Kriegswachen und die vielen Ausguckposten nicht, könnte man glauben, sich auf einer friedensmäßigen Auslandsreise zu befinden.

Ein Sonntag ist auch auf Kriegsmarsch ein Sonntag. Die Besatzung erscheint in blütenweißer Feiertagskluft, an der nicht einmal der kritische Eins-O etwas auszusetzen hat.

„Was bietet der Boulettenbäcker denn heute als Überraschung?" ist die Frage, die bereits am Frühstückstisch die stets hungrigen Gemüter bewegt.

„Fleisch mit Handgriff, Koteletts. Und das nicht nur, weil Sonntag ist. Der Smut will Schicksal spielen", tut sich einer wichtig.

„Verstehe ich nicht. Ist der Kombüsengäng unter die Hellseher gegangen, durchschnüffeln die etwa den Kaffeesatz?"

„Mannchen, streng mal dein Köpfchen an. Meist schien ‚Scheer' an Sonntagen der glückhafte Stern."

„Und was hat das mit Koteletts zu tun?"

„Bring mal deinen Gedächtnisgenerator auf Touren", grinst ein Maschinengast in gewohnt fachlicher Sprache. „Fleisch mit Handgriff . . . damit man die Dinger bei Alarm mit an Deck nehmen kann."

„Das haben die Kakerlaken wohl dem Koch ins Ohr geflüstert, daß es Alarm geben soll."

„Nicht bloß die Kakerlaken. Auch der Eins-O meint, wenn überhaupt, dann heute. Wir sind da, habe ich gehört."

„Das ist jut. Peile mal raus, als ob es da draußen heute anders als gestern oder vorgestern aussieht. Blaue See, blauer Himmel und nicht mal 'ne Möwe, die dich an Emma erinnert."

„Bist du es schon einmal satt geworden, diese Landschaft zu betrachten? Auch, wenn sie tagelang gleichförmig bleibt?"

„Das ist es ja, was die ‚armen Lüd' an Land nicht verstehen, wenn wir von unserer Liebe und unserer Sehnsucht zum großen Wasser sprechen. Keine Welle gleicht der anderen, und jeder Tag ist ein neues Erlebnis. Vom Schreibtisch aus kann keiner die See verstehen."

Die See will in der Tat erlebt und erkämpft sein, gleich von welcher Seite sie sich zeigt. Ob sie mit dem flimmernden Sonnenlicht spielt, das sie auf ihrem blanken Rücken zerbricht, oder ob sie sich unter schwarzgrauen Sturmwolken brausend und donnernd unter der Faust wilder Stürme aufbäumt, daß es wie ein wilder Männerchor klingt.

„Admiral Scheer" hat heute die vom Kommandanten angestrebte Ostposition erreicht. Das Schiff steht jetzt auf der äußeren Verbindungslinie zwischen den westlichen Kanaren und den westlichen Kap-Verdischen Inseln. Es bedarf keiner Kaffeesatz-

Orakel, hier auf eine Beute hoffen und dürfen – oder auch eine Enttäuschung in Sicht zu bekommen, denn diese Route wird auch stark von der neutralen Schiffahrt befahren.

Schon fast eine halbe Stunde hat der junge Seemann seinen Dienst am Navigationsfernrohr versehen, immer wieder und immer wieder den ihm zugewiesenen Sektor abgesucht. Die Augen schmerzen ihn. Lachhaft, sagt er sich, dieses Ausgucken ist doch keine Arbeit. Und doch beschleicht ihn Müdigkeit. Er rappelt sich auf. Für diesen kleinen Streifen Horizont ist er verantwortlich, seinem Kommandanten, seinem WO und seinen Kameraden gegenüber. Und wieder beginnt er von vorn. Zum wievielten Male geschieht das auf dieser Reise? Doch halt. Dort, wo der Himmel fast nahtlos mit der See zusammengeschweißt zu sein scheint, dort war eine winzige, unnatürliche Wolke. Er fühlt, wie seine Hände vor Aufregung naß werden, wie sein Puls heftig zu klopfen beginnt. So sehr er sich in den nächsten Minuten auch müht, die Wolke ist verschwunden. Sicherlich haben ihm die überreizten Nerven einen Streich gespielt, das Unterbewußtsein des ständigen Hoffens und die Angst, die Kameraden zu enttäuschen.

Doch da. Da ist sie wieder. Einem hauchdünnen Schleier gleich steht eine Rauchwolke über der Kimm, duftig und zart, wie ein Seidenschal aus Benares, den sein Bruder der Mutter von seiner letzten Friedensreise nach Indien mit heimgebracht hat. Noch einmal kontrolliert er, dann sagt er ruhig, ohne das Glas von den Augen zu nehmen: „Rauchfahne in 248 Grad."

Der WO unterbricht mit einem Ruck seinen Pendelgang, der ihm auf dem engen Raum ein wenig Bewegung verschaffen soll. Mit zwei hastigen Schritten steht er neben dem jungen Seemann, der ihm jetzt das Glas frei gibt.

„Ich sehe nichts, Mann", brummt er nach Minuten angestrengter Beobachtung. Er reibt sich die Augen und prüft das Glas, ob es nicht beschlagen ist. Dann kontrolliert er noch einmal lange und prüfend.

„Nee, Freund, bitte." Und mit einer Handbewegung schickt er den Ausguckposten an das Navigationsfernrohr zurück.

„Sie ist nicht mehr da, Herr Kaleunt." Die Hände gleiten hilflos an seinem Körper herunter. Dann aber strafft er sich und sagt mit fester Stimme: „Aber sie war da."

Er ist einer von den jungen Besatzungsmitgliedern, über die Leutnant Blaue neulich so wohlwollend sprach: „Es ist unbeschreiblich, mit welch einem Eifer meine Soldaten bei der Sache sind. Sie können die Zeit gar nicht abwarten, bis mein Ausgucktörn vorüber ist, um selbst an das Gerät zu dürfen. Sie sind sogar so ehrlich, lachend zuzugeben, daß sie es mir nicht gönnen, daß ich es bin, der etwas sieht."

„Geh zum Kommandanten und melde die Beobachtung!"

Mit einem dankbaren Blick verläßt der junge Seemann die Brücke. Dem Kommandanten eine Sichtmeldung überbringen zu dürfen, ist dem Matrosen der schönste Lohn für seine Aufmerksamkeit. Der WO hätte dies als Wachhabender selbst tun können und manche anderen Wachoffiziere hätten vielleicht auch so gehandelt, aber nicht auf „Scheer" unter dieser Schiffsführung, in deren Augen die Männer der Besatzung trotz ihrer herausgehobenen und zur Abgeschiedenheit zwingenden Stellung nicht bloß Nummern und Dienstgrade sind.

Der Kommandant, der Navigationsoffizier und der Leiter des B-Dienstes, Korvettenkaptiän Budde, beratschlagen im Kartenhaus vor der ausgebreiteten Seekarte die Meldung. Die wichtigste, alle bewegende Frage lautet: Könnte es eine feindliche Einheit sein? Da der Rauch kaum sichtbar war, liegt die Vermutung nahe, ein modernes Motorschiff vor sich zu haben. Wo stehen feindliche Seestreitkräfte?

„Nach unseren eigenen B-Dienstbeobachtungen sind keine britischen Streitkräfte in der Nähe", referiert Budde, „doch die Seekriegsleitung teilte gestern mit, daß sich ein durch Flugzeugträger stark gesicherter Truppentransportgeleitzug auf dem Marsch nach Süden befände. Der könnte jetzt etwa in Höhe der Kanarischen Inseln stehen."

„Dann müssen wir also etwas vorsichtiger sein und wollen erst mal näher herangehen, bis wir die Mastspitzen sehen können, dann wird sich auch bald herausstellen, ob der Mann richtig gesehen hat. Nach seiner Schilderung scheint es mir, daß der Gegner südlichen Kurs zu fahren scheint. Also: einen Dez nach Steuerbord und auf 24 sm gehen."

Aus dem beinahe gemütlichen Blubbern im Schornstein wird ein ansteigendes rhythmisches Getöse. Gleichzeitig beginnt das

Schiff wie ein Mensch in der Erregung höchster Anspannung zu erzittern. Die Bugwelle, bei der 17-Knoten-Marschfahrt noch sanft und weit ausschwingend, wird spitzer. Ihre überschäumenden Wellen toben hart und pfeilgleich an der Bordwand entlang. Nach 20 Minuten werden vom Vormars in zehn Grad Schiffsrichtung die erwarteten Mastspitzen gesichtet. Der Kommandant betrachtet sie lange vom Sehrohr des Vormarses aus, die Gummimuschel des Geräts gegen die Augen gepreßt, dann sagt er: „Handelsschiff, kein Kriegsschiff" und befiehlt Kursänderung auf 190 Grad, den geschätzten Kurs des Handelsschiffes. Mit Spannung wird er auf der Brücke erwartet. Bevor er im Kartenhaus verschwindet, ruft er dem jungen Seemann, der die erste Meldung machte zu: „Gut gemacht, den haben wir Ihnen zu verdanken." Der Seemann strahlt übers ganze Gesicht.

Im Kartenhaus erneute Besprechung. Inzwischen ist durch Entfernungsmesser und Peilung der Gegnerkurs festgestellt und das Schiff auf parallelen Kurs gelegt.

Ob man einen neutralen oder gegnerischen Frachter vor sich hat, einen Hilfskreuzer oder ein Passagierschiff, das sagen die nadelfeinen Mastspitzen, die man nur vom Vormars aus in den leise zitternden Gläsern der Optik sehen kann, noch nicht.

„Da ich nicht weiß, wo der Geleitzug steht, lege ich keinen Wert darauf, daß der Bursche uns mit Funk meldet und uns womöglich feindliche Flugzeuge auf den Hals schickt. Ich will ihn daher erst nach Dunkelwerden angreifen", entscheidet der Kommandant. „Und wenn es ein Musikdampfer ist, ein Passagierdampfer?" wendet der NO ein und fügt nach einer längeren Pause hinzu: „Durch die verzwickten internationalen Bestimmungen findet sich kaum ein Jurist durch. Dürfen wir einen solchen Dampfer, wenn er allein fährt, angreifen oder nicht?"

„Angreifen schon, doch was machen wir mit all den Passagieren, das ist die große Frage. Na, im übrigen werden wir ja sehen. Ich empfehle Ihnen, sich die Prisenordnung noch mal anzusehen, da finden Sie alles schön aufgezeichnet, was man darf, nur, wie man es nachher in der Praxis macht, das fehlt."

„Und wenn es ein Hilfskreuzer ist?" läßt sich Budde vernehmen.

„Vorsichtig müssen wir bei jedem Anhalten sein, das lassen Sie nur meine Sorge sein", und damit greift der Kommandant zum

Kursdreieck und rechnet auf der Karte aus, welche Fahrt gelaufen werden soll, um nach Dunkelwerden vorlich von dem Dampfer zu stehen.

„Was macht der Funkverkehr?" verlangt er noch zu wissen.

„Keine besonderen Beobachtungen. Kein Navy-Funk in diesem Bereich", erklärt BNO Woytschekowsky-Emden, der laufend mit dem FT-Raum in Verbindung steht. Budde vom B-Dienst nickt.

„Hm", läßt Krancke vernehmen und nimmt nach einem tiefen Atemzug einen Zug aus der schwarzen Brasil. „NO, koppeln Sie den Kurs. Wir laufen parallel zu dem Fremden und setzen uns nach Dunkelwerden vor ihn."

Der Unbekannte macht keine verdächtigen Bewegungen. Stur trottet er seines Wegs. Auf seiner Brücke wird der Wachhabende sich auf die Teestunde freuen, wenn es ein Brite ist. Er wird vielleicht an die Post im nächsten Hafen denken. Akute U-Bootgefahren, die einen Zickzackkurs erfordern, sind in diesem Seegebiet unbekannt, vorläufig noch. Und die gespensterhaft kreuzenden deutschen Hilfskreuzer? Die paar? Wer weiß, wo die umhergeistern oder sich versteckt halten, um hier und dort aus unbefahrenen Seeräumen wie lichtscheue Wölfe hervorzubrechen. Man spricht nicht über solche Gefahren. Dem Alten an Bord ist in diesem Punkte das Maul vernagelt, hat ja Sorgen genug, überhaupt Seeleute zu bekommen. Die sind kostbarer als Edelsteine geworden, und sie fordern die doppelte Heuer, wenn der Kurs durch vom Feind befahrene Seegebiete führt. Besser ist's schon, solche Gedanken an Überraschungen nicht laut auszusprechen. Unruhe und Unzufriedenheit kosten Geld. In diesem Punkte ist der Kapitän als echter Brite erst Kaufmann und dann Kapitän.

Inzwischen macht sich die „Scheer"-Besatzung für neue Taten klar. Die Sonntagskluft wird mit dem grauen Arbeitszeug vertauscht. Das Essen wird vorverlegt. Kapitän zur See Krancke legt größtenWert darauf, daß seine Männer nicht mit hungrigen Mägen auf Gefechtsstationen ziehen. Das entspricht alter Marinetradition.

„Scheer" setzt sich bei Beginn der Dämmerung etwas ab. Es ist die Absicht des Kommandanten, an dem Frachter vorbeizulaufen, dann auf Gegenkurs zu gehen und so zu drehen, daß der Gegner von vorn gepackt werden kann. Dann wird dieser, falls es sich um einen bewaffneten Briten handelt, sein üblicherweise auf dem Heck befindliches Geschütz nicht zum Einsatz bringen können.

Der Kreuzer muß aufdrehen, um sich bei der erkoppelten 12-Meilen-Fahrt des Gegners weit genug vorzusetzen. Inzwischen bricht die Nacht herein. Entwischen kann der andere trotz der Dunkelheit nicht, sollte er auch nach Verlöschen des Tageslichts jetzt eine Kursänderung machen. Über das behelfsmäßig wieder instandgesetzte DT-Gerät hält „Scheer" die Fühlung. Die Radarimpulse sind zwar ungenau, aber für diesen Zweck genügen die Beobachtungen auf dem Schirm.

Der Kommandant sitzt auf der kleinen Bank der Brückennock. Er raucht seine unvermeidliche Zigarre, die er in der linken hohlen Hand verborgen hält. Bei jedem Zug, der matt sein Gesicht erhellt, sehen ihn seine auf der Brücke diensttuenden Offiziere und Männer in größter Gelassenheit die Stunde des Handelns abwarten. Seine Züge wirken in diesem profilierenden Glutlicht noch straffer als sonst, aber sie sind nicht abweisend und unfreundlich, höchstens die eines mit sich und seinen letzten Entschlüssen sehr einsamen Mannes. Er hat jetzt niemanden zur Seite, den er um Rat fragen kann. Er muß mit sich allein abmachen, was jetzt richtig oder falsch sein wird. Aber wer ihn so sitzen sieht, weiß, daß er seiner Sache sicher ist. Und als ein leises Schmunzeln um seine schmalen Lippen zuckt, wagt es der PK-Kameramann Männe Stöß, alter UFA-Hase, ihn anzusprechen.

„Wann greifen wir an, Herr Kapitän?"

„Wenn die da drüben beim Whist sitzen oder ihre Heuer verpokern, daran dachte ich grade."

In diesem Augenblick verdunkelt eine Wolke die filigranene Silbersichel des Mondes. Die Nacht wird noch dunkler als sie es schon ist. Dankbar begrüßen die „Scheer"-Männer diese Wolke als die „Wolke vom Dienst" – oder will der friedlich stille Mond nicht Zeuge des beginnenden Dramas sein? Der Kameramann hat kein Verständnis für die Freude der Besatzung. „Wie will man denn in dieser Dunkelkammer-Finsternis da noch Fühlung halten? Da helfen doch die besten Nachtgläser nichts."

„Bei uns geht's auch mal so", grinst der BNO und blickt nach oben zum DT-Gerät, dessen Geheimhaltung so in Fleisch und Blut übergegangen ist, daß man nicht einmal an Bord darüber spricht.

Alles ist jetzt auf Gefechtsposten. Die BÜs haben die Kopfhörer über die Ohren gestülpt und die Hand am Mikrofonkasten.

Unaufhörlich wechseln Fragen zwischen Brücke und Ausguck, nachdem „Admiral Scheer" nach dem Vorsetzen gedreht hat und nun im spitzen Winkel auf den Gegner zumarschiert. Die Uhr zeigt 20.50.

„Frage Ausguck?" „Ausguck Achtung!" „Frage Peilung und Messung?" Nach einer kurzen Pause kommt die Antwort: „Peilung 35 Grad, Messung 110 Hundert." „Verstanden. Peilung 35 Grad, Messung 110 Hundert, Ende!" „Ende!"

„An alle Stellen: Schiff dreht vier Dez Backbord." In den Kopfhörern herrscht lautlose Stille. Nach Minuten knackt es wieder. Ein feines Summen wird hörbar. „Neuer Kurs liegt an."

„Frage: Wie ist Verständigung mit achterem Leitstand nach dem Umbau?" „Hier achterer Leitstand. Verständigung ist besser, aber noch nicht ganz klar." „Wird geändert. Meldung darüber nach dem Angriff wiederholen." „Hier DT-Haube. Frage an Brücke: Soll Gerät nach neuen Zielen suchen?" „Nein, vorläufig Ziel festhalten." „Brücke an Ausguck: Wie ist jetzt Peilung und Messung?" „Ausguck an Brücke: Peilung 356 Grad, Messung 90 Hundert."

„Scheer" nähert sich jetzt sehr schnell. Die Entfernung zu dem entgegenkommenden Schiff schrumpft von Minute zu Minute.

„Für das Funktelefon ist ein Signalgast abgeteilt worden." „Nicht mehr nötig", meldet eine knarrende Stimme. „Der dafür abgeteilte Flaksoldat ist schon aufgezogen." „Das kommt davon, weil ihr gepennt habt." „Bei uns wird nicht gepennt, höchstens gefilzt, du Halbseemann." „Schnauze halten!", donnert eine Stimme dazwischen. Knacken in der Leitung. „Ausguck an Brücke: Peilung 13 Grad, Entfernung 60 Hundert." „Hier Brücke: Verstanden." Ausguck an Brücke: „Das muß ein ziemlich großes Fahrzeug sein."

Schweigen.

„Neue Messung: 55 Hundert." „An alle Stellen: Schiff dreht drei Dez Backbord." „Neuer Kurs liegt an." „Vorderer Fla-Einsatzstand an Brücke: Schornstein macht starken Funkenflug." „Verdammte Heizerflöhe", womit die Funken gemeint sind, die auch der beste Leitende bei Fahrtstufenwechsel nicht vermeiden kann.

„Vom oberen Stand: Großer Schatten mit bloßem Auge zu sehen." Es ist soweit.

Die Sichel des Mondes ist unter die Kimm getaucht. Sie verschwand in grüngalliger Farbenpracht. Man konnte zusehen, wie sie sich verfärbte und langsam in die See einsank. Sie wirkte dabei über der saphirblauen, gläsern scheinenden Himmelskuppel wie eine Theaterkulisse aus billigem Pappmaché.

Es ist dunkel, aber nicht zu dunkel, wenn sich die Augen erst an das Nachtlicht gewöhnt haben. Deutlich ist das graublau schimmernde Vorschiff zu erkennen, zu dessen beiden Seiten die vom Bug aufgeworfene See silbergrün aufbricht. Dieses Grün ist von derselben geisterhaften Farbe, wie man sie in elektrischen Röhren findet. Wie ein riesiges Tier aus grauen Vorzeiten wühlt sich der Kreuzer in die See.

Leutnant Petersen, im oberen Vormars stehend, kann sich einige tiefschürfende Überlegungen nicht verkneifen. Wer ihn näher kennt, weiß, sie kommen aus einer humorigen Seele, die auch in der heikelsten Stunde Zuversicht ausstrahlt. „Was meinen Sie wohl, wenn da drüben nun doch kein für unsere Begriffe harmlos bewaffneter Frachter läuft oder wenn hinter diesem Frachter, von uns mit dem DT-Gerät nicht aufgefaßt, die ‚Hood' marschiert? Wenn auch da drüben geladene Geschützrohre automatisch unseren Bewegungen folgen, und wenn da plötzlich ein Morsespruch die Nacht zerhackt. Ungefährt so: ‚Lassen Sie doch den Unfug. Haben Sie erkannt und Ihr Manöver mit Bewunderung verfolgt. Bitte folgen Sie mir. Bin im Bilde.'" Leutnant von Dresky spinnt den Faden weiter: „Oder wenn auf unserem Frachter plötzlich einige Granaten krepieren würden, die von einem auf der uns abgewandten Seite operierenden Hilfskreuzer stammen, der zur gleichen Stunde einen Angriff fährt." „Ja", sagt Petersen, „und womöglich würden dessen Scheinwerferstrahlen auch uns erhaschen und die braven HK-Männer bekommen einen knieweichen Schrecken, wähnend, einen den Frachter begleitenden britischen Kreuzer vor sich zu haben. Stellen Sie sich den Hilfskreuzerkommandanten vor, der die Umrisse von ‚Admiral Scheer' zwar kennt, nun aber an sich selbt zu zweifeln beginnt."

„Die Schiffsführung wird schon wissen, wo eigene Streitkräfte stehen und wo man derzeit mit britischen Einheiten rechen darf", lenkt ein B-Fachmann ein.

„Daran zweifelt keiner an Bord. Aber es gibt Ausnahmen, Zufälle und unglückliche Konstellationen. Ein alter Seemannsspruch stellt das in Rechnung, wenn es heißt: ‚Seemann sein heißt, das Schlechteste erwarten und das Beste erhoffen.'"

„Binsenweisheiten", brummt von Dresky.

„Auch Binsenweisheiten können in die Binsen gehen."

Ein Lichtfinger spaltet mit einem Hieb die Nacht. Der auf dreitausend Meter Entfernung heranmarschierende Frachter wird in ein leichentuchfarbenes Licht getaucht. Gespenstisch, fast frei in dem tintenschwarzen Meer über sammetblauem Himmel schwebend, leuchten die heller gestrichenen Brückenaufbauten und Masten auf, als seien sie mit einer phosphoreszierenden Masse bestrichen. Wie ein moderner Fliegender Holländer bewegt sich der Fremde in der dünenden See.

„Schiff führt achtern Geschütz", meldet ein Ausguckposten. Im selben Augenblick sehen sie es auch auf der Brücke. Also ein Engländer. Kein Neutraler. Daran ist nun kein Zweifel mehr.

Dem „Scheinwerferleuchten" folgt unmittelbar der Befehl zum Stoppschuß. Eines der auf dem Mitteldeck stehenden MA-Geschütze löst ihn. Etwas seitlich vor dem Bug des Feindschiffes springt eine Fontäne aus der See.

Der Frachter fällt ab. Man erkennt es daran, daß der Abstand zwischen den Masten größer und aus dem V der anfangs schräg vorlich gesehenen Bugwelle nun ein sanft nach hinten ausschwingendes N wird. Wird der Fremde dem Stoppbefehl Folge leisten? Hat er die Aufforderung der Leuchtbuchstaben an der „Scheer"-Brücke gesehen: „Stop wireless – Funken Sie nicht!"? Bis jetzt funkt er jedenfalls nicht, sonst hätten dies die „Scheer"-Funker sofort zur Brücke gemeldet. Unten in den FT-Räumen sitzen alterprobte Marinefunker hinter ihren Geräten, und mit diesen überwachen auch die B-Dienstmänner und die Handelsfunker, alles ehemalige Funkoffiziere der Handelsmarine, alle in Frage kommenden Wellen. Die Störsender sind eingeschaltet, bereit, sofort dazwischen zu funken, wenn der andere auf die Taste drückt.

Alle, die das Glück haben, nicht in den Schaltstellen, Maschinenräumen oder anderen Stationen im gepanzerten Schiffsteil zu hocken, sondern an Deck, auf der Brücke oder im Vormars den Angriff mit eigenen Augen verfolgen zu können, sehen plötzlich auf dem Heck des Frachters bienenhaft umherschwirrende Gestalten. Sie erkennen, wie man da drüben die Kanonen richtet, die Männer Munition an das Geschütz heranschleppen. Es geht zu, wie auf einem Karussell.

„Zweiter Scheinwerfer leuchten", befiehlt Krancke. Er hat die Hände locker in die Außentaschen seiner weißen Tropenjacke gesteckt, ein alles sichtbares äußeres Zeichen seiner vollendeten Ruhe.

Das vieltausendkerzige Lichtbündel packt nun das Heck und beleuchtet das mutige, aber sinnlose Beginnen der britischen Geschützbedienung, sich zur Wehr setzen zu wollen. Vermutlich glaubt man, es mit einem der in letzter Zeit in diesen Räumen, vor allem vor den südamerikanischen Küsten umherspukenden Hilfskreuzern zu tun zu haben. Der Kommandant will trotz der akuten Gefahr, einen unglücklichen Treffer zu erhalten, diese Mutmaßung des Gegners nicht zerstreuen. Er läßt daher, nunmehr zum Angriff gegen das Schiff gezwungen, zunächst Befehl für Einzelfeuer mit nur einem MA-Geschütz geben.

Der E-Meßoffizier ruft noch einmal die von den E-Messern ermittelte Entfernung aus. Der IAO gibt mit klarer Stimme das Feuer frei.

Rumms, spuckt die Kanone.

Auf dem Heck des britischen Frachters springt fast gleichzeitig ein explosionsartiger, zitronenfarbener Feuerball auf. Ihm folgt ein dumpfes Heulen, das über die Köpfe der „Scheer"-Männer hinwegbraust.

„Mei, die schiaßens ja retour!" entfährt es bitterböse Laubfrosch Dr. Defant. Er springt ins Schott zurück und prallt dort mit einem der gerade nach oben kommenden Offiziere zusammen, der von dem Feuerschein auf dem Briten nichts sah und auch die über den Kreuzer hinwegorgelnde Granate nicht hörte.

„Glauben Sie an einen Blitz ohne Donner?" fragt der nach draußen Drängende den Wetterfrosch. Über diese den schwer erworbenen Wissenschatz des Wieners treffende Bemerkung vergißt Dr. Defant sein verständliches Bemühen, aus der Sonne zu treten. „Woas soagen's do? A Blitz ohne Donner? Schon im zweiten Semester hätten's ..."

Rums ... Rums ...

„Scheer" schüttelt sich. In schneller Folge jagen jetzt nicht nur die MA-Geschütze, sondern auch die 10,5-Flak-Kanonen ihren verderbenbringenden Segen aus den Rohren. Für Sekunden herrschen Schweigen und Stille. „Deckend! Treffer!" IAO Schumanns Stimme. Zeitzündergranaten fressen sich in das Heck des britischen Frachters, der auch im ersten Feuerorkan seine verzweifelte Gegenwehr nicht einstellte und mit seinem Heckgeschütz weiter Schuß auf Schuß löste, ohne daß eine Granate ihr Ziel erreichte. Dreizehn Fünfzehner und neun Zehnfünfer muß „Admiral Scheer" verschießen, ehe der Kapitän des Briten den Befehl zum Stoppen gibt und das Feuer einstellen läßt. Durch den rotdurchflammten Rauch der Detonationen und die grellgelben Blitze der britischen Kanone vermeinte man das Bild jenes Davids zu sehen, der den Kampf gegen einen Goliath aufnahm.

Sofort als der Kommandant erkennt, daß die britische Geschützbedienung fluchtartig ihre Kanone verläßt, stoppt er das Feuer. Vielleicht hätte ein anderer an seiner Stelle noch zwei oder drei Salven feuern lassen, um ganz sicherzugehen, oder, von der inneren Erregung des Kampfes berauscht, den Befehl verzögert. Krancke will sinnlose Opfer vermeiden.

„An FT: Frage: Funkt Gegner?"

Diese Frage ist von gravierender Bedeutung. Funkt der Fremde, wird es dem Kommandanten unumgänglich bleiben, erneut das Feuer zu eröffnen, um die gegnerische FT-Anlage zu zerstören, deren Benutzung nach der vorausgegangenen Warnung laut internationalem Seekriegsrecht als feindselige Handlung ausgelegt werden darf. Es wäre auch nicht damit gedient, die Brücke und damit die dort üblicherweise untergebrachte Funkbude mit gezieltem Feuer zu belegen. Auf „Admiral Scheer" ist bekannt, daß die gegnerischen bewaffneten Handelsschiffe ihre Funkanlagen von der Brücke verlegt haben, um sie bei gezieltem Artilleriebeschuß der Zerstörung zu entziehen.

„FT-Raum an Brücke: Gegner funkt nicht. Gegner gab auch während des Angriffes keine Notmeldung ab."

Was sich im Funkraum wirklich zutrug, erfuhr die Schiffsleitung erst später. Die Handelsfunker waren nämlich anderer Meinung. Sie behaupteten, eine S-Meldung aufgefaßt zu haben. Die alte Rivalität zwischen den Aktiven und den Reservisten bricht durch und stört die behutsam gehütete kollegiale Harmonie.

„Er hat gefunkt", versichert Handelsfunker Asmussen beharrlich.

„Unsinn, dann hätten wir das genauso mitbekommen Wir", und Marine-Funkmaat Mantey reckt sich, von Funkgast Bley, den sie nach seinem Namensvetter im Film „Meuterei auf der Bounty" auch den Käppen nennen, gestenhaft unterstützt, „wir haben die bessere Schulung als ihr."

„So", wettert Asmussen und blinzelt grimmig durch seine schäbige Gasmaskenbrille, die ihm nach dem Verlust der eigenen als Ersatz dienen muß, „reißt nur nicht den Jabbel so weit wie die Tür von einem Kleiderspind auf. Die jahrelange Praxis auf See macht's. Ohne Routine keine Erfahrung. Kurse, Kurse, Kurse habt ihr abgesessen, seid auf Tempo gedrillt. Hochachtung davor. Aber wo bei euch fünf Mann stehen, wirkt bei uns einer. Wenn wir sagen, wir haben eine Meldung gehört, dann wascht ihr das auch nicht mit jenem sagenhaften P 3 bei uns ab." Asmussen schlägt nach dieser für diesen sonst so stillen Mann ungewöhnlich langen Rede ärgerlich mit der Faust auf den Tisch. Oberfunkmaat Werner Krüger, alter Handelsschiffer und seit 1934 aktiv bei der KM, legt Asmussen die Hand auf die Schulter: „Na ja, Asmussen, det mußte mal jesagt werden. So'n Jewitter reinigt die Luft." Hinter dem B-Oberfunkmeister verläßt er den Raum.

„Wollen Sie die Meldung zur Brücke geben?" fragt Krüger diesen draußen.

„Krüger, ich glaube nicht daran. Die Handelsfunker sind keine Soldaten. Die Kerle haben bei der Schießerei einfach durchgedreht. Wenn dem nicht so wäre, müßte ich Mantey auffordern, eine Meldung wegen des ungebührlichen unsoldatischen Verhaltens des Asmussen zu schreiben. Und außerdem ist eine S-Meldung Unsinn. S heißt submarine. Die da drüben sind doch nicht blind." „Aber nervös, Herr Oberfunkmeister, und das ist manchmal dasselbe."

Inzwischen hat das fremde Schiff gestoppt, und in den Handbüchern hat man auch seinen Namen herausgefunden. Es handelt sich um den britischen Frachter „Tribesman", der, schwerfällig in der atlantischen Dünung dümpelnd, in dreitausend Meter Entfernung still und ohne Fahrt im Wasser liegt, gleichsam wie entseelt und ein schon totes Wesen. Weißer Dampf quillt über die Schornsteinkante, das untrügliche Zeichen, daß die Kessel Dampf ablassen. Die Dampfpfeife heult schaurig, wie ein von Schmerz gepeinigtes Tier. Ihr erst brüllender Ton wird mit dem nachlassenden Dampfdruck zu einem ersterbenden Seufzer. Der schwarzgepönte Leib weist am Heck vier Einschußlöcher auf. Sie sind so willkürlich ausgezackt wie riesige Tintenkleckse, die eine Faust brutal auseinanderquetschte. Auf „Scheer" verlöschen die Scheinwerfer. Der Kreuzer steht auf einem stark befahrenen Dampfertreck. Das Licht der Scheinwerfer könnte zum Verräter werden. Scharfer Ausguck in allen Sektoren wird befohlen. Langsam kreist die „Matratze" im Vormars, um aufzuspüren, was die Nachtgläser nicht mehr erreichen.

Korvettenkapitän Gruber ist mit einer Gruppe Soldaten auf die Schanze gegangen, um die Besatzung des Frachters aufzunehmen. Eine Jacobsleiter wird über die Reling gehängt. Sanitätsgäste stehen mit Bahren bereit, um sich sofort der Verwundeten anzunehmen. Langsam gewöhnen sich die Augen wieder an die Dunkelheit. Aus der stahlblau schimmernden Nacht löst sich der pechschwarze Schatten der „Tribesman" heraus. In der Richtung des aufgebrachten Frachters gibt der IO Zeichen mit einer Taschenlampe, um den Rettungsbooten den Weg zu weisen.

„Dort kommt ein Boot."

„Kein Boot", sagt Gruber. „Das ist der Widerschein einer Lampe des Dampfers, die sich im Wasser spiegelt."

„Aber das Licht bewegt sich doch. Es sind sogar zwei, sehen Sie's?" Im selben Augenblick werden Rufe laut. Angstschreie. „Ran Kerls. Da schwimmen welche im Wasser."

Die Lichter müssen von Lampen stammen, die man in England an den Schwimmwesten angebracht hat und die sich automatisch entzünden, wenn sie mit Seewasser in Berührung kommen.

„Was die im Wasser Treibenden rufen, ist kein Englisch. Das heißt auch nicht: father. Sie rufen: ‚Allah . . . Allah . . .'", und in die Notschreie und Wortfetzen mischt sich gurgelnd das durch die Schwimmbewegungen aufgepeitschte Wasser. Die beiden schreien markerschütternd, als sie nahe dem Heck sind und vorbeizutreiben drohen. Ein Seemann jumpt die Leiter herab, legt sich weit aus und packt die ausgestreckte Hand des einen, an den sich der andere Mann klammert. Oberleutnant Pietsch zieht die Überlebenden an

Deck. Hier brechen sie wie vom Blitz gefällte Bäume mit einem
Stöhnen zusammen. Man glaubte erst, Neger herausgeholt zu
haben. Im Licht der Taschenlampe sieht man es: Es sind besonders
dunkelhäutige Inder. Kleine zierliche Gestalten, aus deren Gesichtern das Entsetzen aus dem Weiß der weit aufgerissenen Augen
herausschreit Mit einem Wink hat Bootsmann Gumm Decken und
Kleidungsstücke herbeigezaubert. Verwaltungsoffizier Hein hat
Zigaretten zur Hand, die er den Verängstigten reicht, die zitternd
auf einem Skylight sitzen und wie im Sturmwind bewegte Totenge-
rippe mit den Zähnen klappern. Endlich beruhigen sie sich und
beantworten die ihnen gestellten Fragen. Mit vier Mann waren sie
in einem kleinen Boot, das aber beim Aufsetzen kenterte. Wo die
anderen zwei Kameraden blieben, wissen sie nicht, auch nicht, wo
alle jene sind, die bei dem Beschuß über Bord sprangen.

„Tribesman" hatte nach ihren Aussagen noch eine zweite
vollständige Inderbesatzung an Bord, die nach Singapur geschafft
werden sollte. Sie stammte von einem von einem U-Boot versenkten britischen Frachter.

Weitere Gefangene klettern an Bord. Einige, wohl jene über
Bord Gesprungenen, von denen die ersten aufgefischten Inder
sprachen, erreichten das Schiff schwimmend, andere kamen in
Booten. Die Engländer unter den Überlebenden werden in den
Raum gebracht, in dem sich die gefangenen „Port-Hobart"-See-
leute befinden, während die Inder in der Oberfeldwebelmesse eine
provisorische Unterkunft finden, wo man sie betreut und versorgt.

Die „Port-Hobart"-Männer grinsen nur, als sie ihre Leidensge-
nossen und Landsleute eintreten sehen. „Hallo, how do you do?
Willkommen auf Hitlers belachtem Taschenpanzerkreuzer." „Hobart"-Kapitän Hall geht sogar so weit, die britische Home-Fleet zu
beschimpfen, und zum deutschen Untersuchungsoffizier gewandt,
sagt er: „Nett von Ihrem Kommandanten, Sir, ein bißchen für
unsere Unterhaltung zu sorgen. Zu zweit trägt sich ein Unglück
leichter. Werde das anerkennend in Erinnerung bringen, wenn wir
demnächst die Rollen tauschen."

„Dazu werden Sie bis Kriegsende keine Gelegenheit haben, Herr
Kollege", lächelt Leutnant Petersen, der sich damit Hall als Kapi-
tänskollege der Handelsmarine zu erkennen gibt.

„May be, aber ich habe eine düstere Ahnung, daß diese tapfere, anständige Besatzung einmal froh sein wird, einen Zeugen für ihr faires Verhalten und ihre seemännisch kameradschaftliche Gefangenenbetreuung zu haben."

Eine Antwort gibt Persen nicht, aber er verspürt einen dumpfen Druck in der Magengegend über soviel Zuversicht.

So viel steht fest, der Kapitän der „Tribesman", sein Chefingenieur, der Funkoffizier, einige andere Offiziere und Briten sind nicht unter denen, die man an Bord nahm. Die Aussagen ergeben, daß diese Männer an der dem Kreuzer abgewandten Seite ein Motorboot zu Wasser brachten und wahrscheinlich schon einige Meilen abgelaufen sein dürften. Petersen schickt einen Läufer mit dieser Meldung zur Brücke. Aber im Hinblick auf die Gefahr, sich zu verraten, muß der Kommandant darauf verzichten, die Suche mit Scheinwerferlicht aufzunehmen. Außerdem gilt seine größere Sorge denen, die sich bei dem Feuerüberfall ins Wasser stürzten. Man kann diese Unglücklichen nicht einfach versaufen lassen. Und ob das britische Motorboot sein Ziel erreicht? Das steht in den Sternen. Unwahrscheinlich ist es indes nicht.

Mit dem Einstellen des Feuers war, wie üblich, auch das Verkehrsboot mit dem Untersuchungskommando weggefiert worden. Auf dem Wege zur „Tribesman", auf deren Heck sich jetzt Feuer ausbreitet, wird Ausschau nach noch im Wasser treibenden Überlebenden gehalten, werden die britischen Rettungsboote zum Kreuzer eingewiesen und Fragen nach Kopfzahl und Verletzten gestellt. Im dritten Boot, das irrsinnig überfüllt ist, befinden sich nur Inder, die angesichts des deutschen Verkehrsbootes schauerlich jammern und flehen, sie bei allen ihren Göttern doch nicht im Stich zu lassen. Die Ärmsten haben auch allen Grund zur Sorge, denn das Boot ist nicht dicht. Unaufhörlich schöpfen sie mit den Händen und Dosen Wasser über die Reeling. „Pull to the cruiser ... Dort nimmt man euch auf!" Diese Versicherung wirkt Wunder. Aus dem Jammern wird ein Freudengeschrei, und mit vereinten Kräften rucksen die Inder ihren morschen Untersatz in Richtung zur „Scheer" hin, glaubten sie doch, man würde sie mit dieser durchlöcherten Pütz sich selbst überlassen, wie damals, als sie von einem U-Boot torpediert wurden. Aber „Scheer" ist kein U-Boot, das keinen Platz für Gefangene an Bord hat.

Vorsichtig manövriert Prisenoffizier Engels das Boot an die auf und nieder wogende Bordwand des Frachters heran. Manntaue und gefierte Kuttertaljen schwoijen hin und her und donnern im Rhythmus der See mit dumpfem Knall gegen die Bordwand. Unheimlich murmelt das Wasser, das sich glucksend unter dem Heck festsaugt, wenn „Tribesman" von einer Dünungssee herausgehoben wird.

Es scheint niemand mehr auf dem Schiff zu sein. Auf die Rufe von Engels bleibt es totenstill. Ist wirklich keiner mehr an Bord? Brennen nicht unter Umständen die Zündschnüre von Sprengladungen? Man lebt nicht im Frieden, und auch dem Gegner ist jedes Mittel recht, einem Feind zu schaden und Verluste beizubringen. „Dieser Krieg wird und muß ohne Gnade geführt werden", rief Churchill seinem Volke in schwerster Stunde zu.

Engels entert als erster die herunterhängende, wackelige Lotsentreppe. Ihm folgt mit einem Sprung vom in diesem Augenblick abscherenden Boot der Oberfunkmaat Krüger. Turbulente Gedanken jagen ihm durch den Kopf, als er sich Hand über Hand hinaufhangelt und dabei das kalte Eisen der Bordwand spürt, daß es ihn wie ein Schauer durchläuft. Da ist ein verlassenes Schiff, waidwund und schon dem Tode geweiht ... Da drüben liegt „Scheer", nur 3000 Meter entfernt, aber doch weit, sehr weit, wenn schnelle Hilfe benötigt wird ... Ja, davon hast du als Junge geträumt, wenn du Bücher über den Seekrieg von damals und über erregende tollkühne Piratenstückchen eines Hornblower oder eines Marryat lasest ... ein Schiff zu entern ... Und so paßt denn auch der peitschende Knall eines Schusses in dieses Stimmungsmilieu. Er fiel aus der Pistole von Engels, als Krüger auf dem Eisendeck des Frachters landete. Engels glaubte, einen Schatten gesehen zu haben. Aber es war nur der Schlagschatten einer sich hin und her bewegenden Tür.

Anweisungsgemäß verteilt sich das Prisenkommando. Krügers Aufgabe ist es, die Funkbude zu finden, und seine stille Hoffnung ist, dem guten Asmussen den Beweis dafür zu bringen, sich nicht verhört zu haben.

Der Weg zur Brücke endet mit einer Enttäuschung. Die von außen in die Brückenräume führenden Drähte dienen nur dem Rundfunkempfang. Kartenhaus und Brücke gleichen einer provisorischen Festung. Dicke Holzgerüste, die man mit nassen Sandsäcken aufgefüllt hat, sollen Schutz gegen Splittereinwirkungen bieten. Neben der Kanone ist das Schiff noch mit einem auf dem Peildeck postierten Fla-MG bewaffnet. Munitionsgurte liegen zsammen mit einem Karabiner im Kartenhaus herum.

Das Licht flammt auf. Aha, Leutnant (Ing.) Classen hat sich in dem fremden Maschinenraum mit seinen Leuten zurechtgefunden und die tranfunzelige Notbeleuchtung durch normalen Beleuchtungsbetrieb abgelöst. Aber auch im Scheine der hellen Lampen ist nichts zu entdecken, das auf die Anwesenheit der Funkbude schließen läßt. Im Mitteldeck versperren Sand- und Steinschutzwände einen Gang. Sollte etwa hier der FT-Raum zu suchen sein? Die Kombüse oder eine Offizierskammer dürfte doch nicht so lebenswichtig sein, daß man sie dergestalt schützen muß. Ein hänflingschmaler Durchgang mit Eckenschleusen und dahiner eine Tür. Die FT-Bude. Sender und Empfänger laufen. Das erkennt Krüger mit einem Blick. Auf dem Boden eine Kiste. Gelbrote Streifen sind auf das Holz gemalt. Die Geheimkiste. Sie ist umgestülpt – und leer. Wenn der Angriff auch überraschend kam, zur Vernichtung der G-Sachen blieb dem Funker immer noch Zeit. In den Fächern Formulare – uninteressant. Ein paar Vorschriften mit Navy-Stempeln könnten etwas aussagen. Über einem Schemel liegt, wie auf der Flucht hingeworfen, eine weiße Tropenjacke. Krüger tastet die Taschen ab. In einer knistert ein Stück Papier. Krügers Herz macht einen Sprung. „S – S – S – We are gunned by German . . .“ „Dat jenügt, sagt der Staatsanwalt“, murmelt Krüger. „Dat jibt Frieden in der Funkenburg. Endlich.“ Befriedigt läßt er es in der Tasche verschwinden.

Ein Friedhof spendet mehr Trost als diese in Eile und bebender Furcht verlassenen Räume, die in wenigen Minuten schon in das Dämmerlicht der Ewigkeit hinabfahren werden, wenn die Sprengladungen die „Tribesman“ aufreißen und sinken lassen. Dann wird das Salzwasser auch jene Locke umspülen, die der zweite Maschinist zwischen Rahmen und Glas vor das Bild seines Buben steckte. Krüger nimmt aus der Kammer eines anderen Besatzungsmitgliedes ein Gebiß mit. Das hat der gute Mann in seiner Aufregung sicherlich bloß vergessen. Das Essen wird ihm sowieso schon schlecht genug schmecken.

In der nächsten Kammer entdeckt er ein ganzes Arsenal von

Musikinstrumenten. Geigen, Gitarren und balalaikaähnliche Instrumente. Wer wohnt denn hier? Ein Offiziersanwärter, sagt das Kammerschild aus. Wenn der Junge den Angriff überlebte, soll er wenigstens eines seiner Instrumente wieder haben, die anderen wird man auf „Scheer" gebrauchen können. Seeleute singen gern, und auf „Scheer" wird Gesang mit Inbrunst gepflegt, denn böse Menschen haben Grammophon.

„Tribesman" ist ein neues Schiff. Baujahr 1938. Vor zwei Jahren trat der Frachter seine erste Reise an. Er ist nach modernen Gesichtspunkten eingerichtet. Verschwunden sind die Tropfsteinhöhlen der düsteren Massenlogis, an deren Stelle wohnliche Zweimann- und Viermannkammern für die Besatzung getreten sind. Das Schiff hat zwei Aufbaudecks. Vorn wohnt das nautische Personal, einschließlich der Offiziersanwärter, achtern das Maschinenpersonal, das von hier aus leicht und schnell in die direkt darunterliegenden Maschinenräume gelangen kann. „Tribesman" verfügt sogar über ein geräumiges und freundlich eingerichtetes Schiffslazarett mit einem riesigen Medizinschrank, der natürlich restlos ausgeräumt wird, sehr zum Leidwesen des „Scheer"-Schiffsarztes, der sich nun wohl oder übel mit den meist englischen oder amerikanischen Medikamenten beschäftigen muß, wenn sie nun schon einmal da sind. Das Schiff ist für einen Frachter pedantisch sauber und in bester Farbe. Schade, daß der Kapitän entkam. Ein Schiffsführer, der sein Schiff so pflegen läßt und eine solche mustergültige Ordnung fordert, ist eine Begegnung wert.

„Sprengladungen angeschlagen und klar?" fragt Engels den Sperrwaffenunteroffizier, als die Durchsuchung beendet ist. „Sind klar!" „Dann los dafür." Sieben Minuten bleiben Zeit, um das Schiff zu verlassen und sich in Sicherheit zu bringen.

Im Boot wird mindestens zehnmal abgezählt. Die „Port-Hobart"-Panne liegt Engels doch auf dem Magen. Aber es sind alle Mann im Boot, und nun ist der Sperrwaffen-UO dran, sich zu sorgen. Gehen die Ladungen hoch? Reichen sie aus, das Schiff zu versenken ...?

Da, ein dumpfes Dröhnen. Die Ladungen an den Seeventilen und in der Maschine sind krepiert. Ihnen folgen die anderen, die außenbords aufgehängt sind. Feuerschein, Wasserfontänen ... Ein riesiges Loch in der Bordwand. Nur die letzte Ladung läßt auf sich warten. Der Matrose, der sie ansteckte, bekommt schon Herzklopfen. „Ich habe ...“ Weiter kommt er nicht, da wummert ein heller Schlag durch die Stille der Nacht.

27 Minuten später schließt sich die atlantische See über dem Kühlschiff „Tribesman“. Es ist das siebente Schiff, das die britische Reederei verlor. Zwei sanken in Narvik, ein drittes brachte „Graf Spee“ auf, die anderen rissen deutsche U-Boote.

Krüger in sein Tagebuch:

„Das wird einem kleinen Leutnant und seinen Mannen nicht jeden Tag geboten, von ärmelstreifentragenden Fallreepsgästen wie ein hoher Würdenträger empfangen zu werden.“

Als das Verkehrsboot anlegte, begrüßen der IO, der BNO, der B-Dienstoffizier, der LI und der IAO die „Heimkehrer“ mit Erwartung und Neugierde.

Budde will von seinem mit auf die „Tribesman“ gefahrenen B-Dienst-Oberfunkmeister wissen, kaum daß er das Deck betreten hat: „Haben Sie die FT-Station gefunden?“ „Es war keine Funkstation an Bord“, die Antwort. „Hatten wahrscheinlich tragbare Sender, die der Funker über Bord warf.“ „Na, Krüger?“ muntert der massive BNO seinen Oberfunkmaat Krüger auf. „Und was sagen Sie dazu?“ „Die Funkbude fand ich versteckt im unteren mittleren Aufbaudeck. Alle wichtigen Papiere sind im Boot, und dieses hier“, Krüger hält die Notmeldung hin, „dürfte besonders interessieren. Deckt sich mit der Meldung von Asmussen.“ Krüger sieht, wie der B-Oberfunkmeister erschreckend in seine Tasche greift, wo er Asmussens Meldung vergraben hat, an die er nicht glaubte. „Krüger, bringen Sie mir den Zettel nachher in meine Kammer.“

Die Handelsfunker sind rehabilitiert.

Auf „Admiral Scheer“ springen die Motoren an. Kurs Westsüdwest. Wo „Tribesman“ versank, tummelt sich ein Lichterreigen wie die Lampen einer fernen Stadt. Es sind die kleinen Lampen jener Schwimmwesten, die nach dem Absaufen auftrieben und für jene Männer bestimmt waren, die über Bord sprangen.

Der Prisenbericht ergab: Der Dampfer wurde festgestellt als das 6242 BRT große britische Kühlschiff „Tribesman“ der Harrison-Line, Liverpool. Höchstgeschwindigkeit 13 Seemeilen in der Stunde. Das Schiff befand sich mit Stückgutladung auf der Reise von England nach Kalkutta. Die Ladung bestand in: Elektromaterial, Fahrradartikeln, Leitungsdrähten, Tuchen, Fotomaterialien, Glaswaren, Drogen und 2000 Säcken Post, die zu bergen in der kurzen Zeit aber nicht möglich war. Hauptempfänger sollte das Allah-Habath-Arsenal in Kalkutta sein, also eine militärische Dienststelle. Von der Besatzung wurden 78 Mann von „Admiral Scheer" übernommen. Ob alle der Vermißten in dem Eisen-Motorboot unterkamen, kann nicht nachgeprüft werden.

Aus dem Vernehmungsbericht: „Tribesman" verließ Liverpool am 20. November. Er fuhr im Geleit von 21 anderen Frachtern und wurde mit anderen Schiffen am 24. November aus dem sich auflösenden Geleit entlassen. Der Reiseweg sollte um das Kap der Guten Hoffnung gehen. Die Bewaffnung bestand aus einem 10,2-cm-Geschütz und einem Fla-MG. Die Versenkung der „Port Hobart" war der „Tribesman"-Schiffsführung bekannt, doch vermutete man den deutschen Raider bereits auf dem Rückmarsch oder schon wieder in heimatlichen Gewässern. In Privatbriefen wird über die Situation in England von Wochen ohne Schlaf gesprochen. Aus einem anderen Brief geht hervor, daß man in der Nähe von Liverpool Polen untergebracht hätte, über welche man aber nicht sehr erbaut wäre. Die betroffenen Hausfrauen hätten es den Polen verboten, die Vorderzimmer zu betreten.

„Was hatten Sie sich denn dabei gedacht, mit Ihrer einzigen Kanone einen Kreuzer angreifen zu wollen?" möchte Petersen von dem auf „Admiral Scheer" befindlichen Zweiten Schiffsoffizier wissen.

„Der Kapitän glaubte anfangs, es mit einem deutschen U-Boot zu tun zu haben. Wir erkannten durch das Licht des Scheinwerfers nur das Aufblitzen von einem Geschütz, das den Warnschuß abgab."

„Aber ein U-Boot hat doch keinen so starken Scheinwerfer an Bord, und außerdem hätte doch seine Standhöhe zu der Überlegung zwingen müssen, es mit einem Überwasserschiff zu tun zu haben."

„Die ständige Angst vor der U-Bootgefahr hat den Kapitän im ersten Augenblick irritiert. Nachher erkannten wir unseren Irrtum, meinten dann aber, daß der Angreifer ein Hilfskreuzer sei. Zu spät sahen wir die Kreuzeraufbauten im Scheine der Abschüsse."

„Und dann?"

„Der Kapitän befahl sofort: Feuer einstellen und Schiff verlassen."

„Hat Ihr Funker eine Warnmeldung abgesetzt?"

„Er hatte grundsätzlichen Befehl dazu, und soviel ich weiß, unternahm er den Versuch."

Die spindeldürren Vertreter aus dem Wunderland Indien bilden neben der Versenkung das Nachtgespräch und sind am nächsten Morgen das Ausflugsziel der Soldaten aller Stationen. Der Schiffsarzt will sie an Deck untersuchen. Vorläufig tummeln sie sich auf dem Vorschiff. Einige schaffen sich durch eifriges Hin- und Herlaufen Bewegung, vielleicht frieren sie auch, andere hocken unbeweglich wie steingewordene Buddhas im Schneidersitz an Deck und schweigen. Wieder andere palavern unentwegt, und die Blicke, die sie den deutschen Soldaten zuwerfen, sind gar nicht mehr ängstlich. Als aber der für indische Begriffe riesengroße Doktor mit seinen Sanitätssoldaten auftaucht, rücken sie wie Hühner vor einem kreisenden Habicht mißtrauisch zusammen – werden aber zutraulicher, als sie sehen, daß ihnen – wie in der deutschfeindlichen Presse behauptet wird – weder Haare noch sonst etwas abgeschnitten oder gekrümmt werden, daß der Mann mit dem breiten, goldenen Eichenlaubbesatz an dem Mützenschirm jedem von ihnen nur in den Hals schaut, die Brust abhorcht und sich nach suspekten Krankheiten erkundigt, weil nicht alles Gold ist, was mit GO anfängt. Jeder der Söhne dieses Sonnenlandes macht vor der Untersuchung ein besorgtes Gesicht, das sich triumphierend aufhellt, wenn der Arzt die Hand hebt und „Okay, the next one" sagt. Der Gesundheitszustand der Inder ist überraschend gut, was an sich nicht verwundert, wenn man die auf strengste Hygiene bedachten Briten näher kennt. Schmerzlich berührt lediglich die Unterwürfigkeit in der Haltung dieser Vertreter eines Volkes, das bereits über eine hohe Kulturstufe verfügte, als wir Europäer noch unter Bäumen der Urwälder lebten. Ihre durch den Kolonialismus bedingte Unfreiheit spricht aus jeder ihrer Bewegungen. Nur der weißbärtige Alte unter ihnen trägt ein stolzes Selbstbewußtsein zur Schau. Wie er da unter den Rohren der 28er-Geschütze hockt, gemahnt er an einen jener lebensweisen indischen Patriarchen, die über alle menschlichen Leiden und Sorgen erhaben sind, denen das Karma ihres Glaubens der einzige Lebensinhalt geworden ist.

Nicht glücklich und nicht reich, sondern wunschlos werden, um nach der Wiedergeburt in ein besseres Leben, in eine höhere Kaste eintreten zu dürfen, der Grundsatz ist ja einer der wichtigsten Säulen des Hinduismus.

8. Ergebnislose Suche im Mittelatlantik

Vorstoß zum Nordwesten – Leergefegter Atlantik, Folge der „Port-Hobart"-RRR – Über die OFs – Eines Bottlers Dienst und Sorgen – Indische Mahlzeit: Reis mit Heringen und Marmelade – Keine Selbstmörder, sondern Mekka-Sucher – Die blaue Stunde an Bord – IO sieht, hört, weiß alles – Der Flieger lebensgefährlicher Flug mit geflickter Arado – Einzige Sichtung: wahrscheinlich Neutraler – Modenschau in der O-Messe – Erst das Wohl der Besatzung, dann Paragraphen – Liniertaufe trotz Kriegsmarsch: Hart, aber ungerecht ist Neptuns Parole – 75 Millionen Umdrehungen

„Admiral Scheer" marschiert nach der „Tribesman"-Versenkung nur einen Tag westsüdwestlichen Kurs, dann dreht der Bug auf Westnordwest. Für zwölf Stunden wandert die Kompaßnadel auf NOzO, um dann wieder auf WNW zurückzufallen.

Der Kommandant stand vor der schwerwiegenden Entscheidung, in diesem Schachspiel, in dem er mit seinem Schiff die einzige Figur gegen die massierten Kräfte des Gegners darstellt, den richtigen Zug zu tun, wobei noch erschwerend hinzutrat, daß er über den wirklichen Standort der ihn und seine Operationen bedrohenden Streitkräfte gar nicht oder zumindest nur wenig unterrichtet war. „Port Hobart" hatte gefunkt, und die „Tribesman" sandte eine kurze, wenn auch unvollständige Notmeldung in den Äther. Ob dieser mit so schwacher Energie abgegebene Funkspruch von den gegnerischen Überwachungsstellen aufgenommen wurde, bleibt zu bezweifeln. Wohl aber muß in Rechnung gestellt werden, daß das Boot mit dem britischen Kapitän inzwischen von einem anderen Schiff gesichtet und aufgenommen wurde. Auf jeden Fall wird die Bootsbesatzung versuchen, die verhältnismäßig nahen Kanarischen Inseln anzusteuern, und diese könnten sie trotz der entgegenlaufenden Passatwinde in einigen Tagen in Sicht bekommen. Weiß die Britische Admiralität, wer der Kommandant dieses ihre Versorgungswege bedrohenden deutschen Kreuzers ist? Und wie sieht im zutreffenden Falle das Signalement aus, das den Briten auch psychologische Anhaltspunkte vermittelt, aus denen sie Rückschlüsse auf die mutmaßlichen Reaktionen des deutschen Kommandanten zu ziehen vermögen? Wird es nicht richtig sein, genau das Gegenteil von dem zu tun, was man seinem Wesen, seinen Erfahrungen und seinen Intuitionen nach von ihm erwartet? Krancke kommt zu der Überzeugung, daß ihn der Gegner jetzt mehr östlich der Inselgruppen in südlicheren Breiten suchen wird, um wie „Spee" unter Afrikas Küsten oder vor der La-Plata-Mündung unvermittelt aufzutauchen, nachdem das Schiff die auf der nördlichen Hemisphäre liegenden Schiffahrtswege beunruhigt hat. Er vermutet, daß der Gegner seine Schiffahrtswege westlicher verlegen wird und hofft, hier weitere Schiffe zu finden.

Er will zunächst noch weiter nach Norden vorstoßen, um dann mit erst südwestlichem und später stark südlichem Kurs abzuharken. Sollte er Erfolg haben, könnte durch Funken der Gegner zu dem Schluß verleitet werden, „Scheer" befinde sich endgültig auf dem Rückmarsch, um vor dem Durchbruch noch einmal einen Erfolg an der HX-Route zu suchen.

Die nun folgenden Tage erfreuen die Besatzung mit geregeltem Dienst und daher mit Ruhe und Ausspannung. Auch dem Verfasser bleibt Muße genug, sich mit den verschiedenen Arbeitsgebieten und Laufbahnen auf der schwimmenden Insel „Admiral Scheer" vertraut zu machen. Man nimmt ja das reibungslose Funktionieren aller Stellen auf dem Schiff zu leicht als Selbstverständlichkeit hin. Wer nicht selbst in der Funkbude sitzt, ahnt nicht die Last mühseliger Kleinarbeit und nervenzehrender Wachen, angespanntester Konzentration in den mit Geräten aller Art und Größen buchstäblich vollgestopften Räumen, in denen mit mathematischer Raffinesse auch die kleinste Ecke ausgenutzt wurde. Und was weiß man von den Sorgen der Ressort-Oberfeldwebel, die wie eine tragende Säule zwischen den zuständigen Offizieren und den Männern stehen. Der OF bleibt immer der letztverantwortliche Mann. Was sich auch immer ereignet, wo auch immer etwas unklar geht, bei ihm landen die Zigarren. Es darf keine Panne passieren, kein Bolzen vorkommen – aber die Offiziere sind auch nur Menschen, wie es ihre Soldaten sind.

Auf den kleinen Schiffen, auf Vorpostenbooten, auf U-Jägern oder U-Booten ist vieles anders. Da kennt jeder jeden. Ein altgedienter OF hat einen untrüglichen Instinkt für die Vorzüge und Schwächen seiner Offiziere und Soldaten, sonst wäre er niemals Oberfeldwebel geworden. Zumindest nicht bei der Marine. Aber viele der Männer sind neu an Bord. Vielleicht hat einer seiner Soldaten seelischen Kummer, vielleicht ist einem davon seine Frau kurz vor der Ausreise durchgebrannt. Und das quält ihn, das nagt in ihm wie ein Wurm, der die Festigkeit eines Balkengefüges unterhöhlt, das dann urplötzlich gerade dann zusammenbricht, wenn es belastet wird.

Greifen wir aus den Arbeitsbereichen dieser für den Dienstbetrieb so wichtigen Oberfeldwebel beispielhaft nur einen heraus, jenen, der an Bord sozusagen am stärksten in die „Öffentlichkeit" tritt, der nicht nur der Kritik der fachlichen Vorgesetzten und Männer ausgesetzt ist, an dem alle herumnörgeln, wenn es Hein Daddel nicht in den Kram paßt: den Oberproviantmeister an Bord.

Das Essen ist neben dem Schlafen, das der Seemann rucksen, torfen, filzen oder mulschen nennt, seit ehedem eine der Lieblingsbeschäftigungen an Bord gewesen. Dafür sprechen auch die vielen phantasiebeschwingten Namen, mit denen er die verschiedenen halben und ganzen Schläge belegt hat.

Brodeln einmal, wie es nach dem Auslaufen von „Scheer" sich ereignete, drei Tage lang hintereinander in den Kesseln der Kombüsen Hülsenfrüchte, so gerät das immer hungrige und bei der Marine in diesem Punkte nicht an spartanisches Dasein gewöhnte Schiffsvolk aus dem Häuschen. „Natürlich der Bottler, der hat gut reden, der sitzt auf seinen Vorräten und kann futtern, so oft er will und was er will. Für wen spart er denn? Um dem VO zu imponieren?"

Werden zweimal in der Woche Dosenfische ausgegeben – murrt die fahrende Besatzung: „Denen könnte bei Gelegenheit auch mal was anderes einfallen . . . Schon wieder diese vergammelten Außenbordskameraden."

Gibt es ein paarmal hintereinander Äpfel: „Wo die Marine bloß die kleinen Äppel her hat. Um solche lütten Vögel zu beschaffen, ist so ein Verwaltungsfritze sicherlich tage- und wochenlang auf der Achse gewesen."

Und überschreitet der Bottler in großmütiger Geste einmal den Verpflegungssatz, dann ist das auch nicht in Ordnung. Hunderte Seelen sind an Bord, aber nur einem wird die Zigarre vom VO als Letztverantwortlichem angeboten. „Was, den Satz überschritten? Und das bei der Marine? Sie haben wohl nicht alle Tassen im Schrank? Wozu haben wir denn überhaupt einen Proviantmeister? Dann kann ich ja einen Hauptgefreiten oder einen Matrosen da hinstellen."

Alles möchte man gern sein auf diesem Schiff, aber Proviantmeister zu spielen, erfordert eine solide Bärenhaut. Und wenn man als Bottler dabei noch dicker ist, als es normale Menschen zu sein pflegen, dann steht die Sache erst recht schlimm für den geplagten Mann. Blitzableiter nach oben – und nach unten.

Wie aber war das denn mit den Hülsenfrüchten? Keiner hat nach der Ursache gefragt. In Wirklichkeit lagen die Dinge doch so, daß in der Sturmnacht in der Dänemarkstraße ein großer Teil der in den Gängen lagernden Säcke mit Erbsen, Bohnen und Linsen durchnäßt wurde. Also mußten sie schnell verbraucht werden, denn auf einem Kreuzer, der für viele Monate vom heimatlichen Nachschubpier fern bleiben muß, darf keine Erbse verkommen. Dann schon lieber mit einer von Fall zu Fall murrenden, als später mit einer hungernden Besatzung zur See fahren.

Der „Scheer"-Bottler hat jedenfalls die Ruhe mit Schöpflöffeln genossen. Er ist ein stiller, freundlicher Mann, Schlesier von Geburt. Und wenn er spricht, dann fallen seine Worte langsam wie ausgewogene Tropfen, die erst ein bestimmtes Gewicht haben müssen, ehe sie sich lösen. Wenn es in der Beschreibung über diese Laufbahn innerhalb der Marine heißt: „Soldaten, die hier verwendet werden wollen, müssen zuverlässig sein und peinlichste Sauberkeit halten", dann kann man diesen Oberfeldwebel ein Vorbild nennen. Zu seinen Dienstobliegenheiten und seinem Verantwortungsbereich zählen der Einkauf, das Lagern und das Verausgaben des Proviants an die Besatzung. Er überwacht die Speisezettelaufstellung und kümmert sich um die Rechnungslegung, ein

Aufgabenkreis, der einen ausgewachsenen Mann auf einem Kreuzer mit 1340 Seelen an Bord schon voll beschäftigen kann. Jetzt auf Kriegsmarsch ist der Bottler außerdem noch zum Wachdienst eingeteilt und als Leutnant der Wache eine respektable Figur. „Die nicht zu übersehen ist", flachsen die Soldaten.

Diese Tätigkeit mag nicht ohne Absicht so ausführlich behandelt werden – ähnliches ließe sich, wenn man wollte, über jede andere Laufbahn schreiben –, meinte man doch nach dem Kriege: „Wer nichts wird, wird Wirt – oder wurde Soldat."

Von Beruf Schlachter, hat der „Scheer"-Bottler während seiner Ausbildungszeit Gelegenheit gehabt, sich auch als Bäcker und Koch zu betätigen. Als Smut lernte er Speisen zubereiten, als Bäcker stand er hinter glutheißem Ofen und erfuhr, wie Mehl zu Brot verbacken wird und was man an Zutaten für einen Kuchen braucht. Im Verpflegungsamt lernte er die Lagerung der Lebensmittel, ihren Nährwert, ihre Wartung und Überprüfung. Und sollte einmal ein Faß zu Bruch gehen – ein Bottler versteht auch damit fertig zu werden, um es wieder hinzutrimmen. Wozu hat er denn längere Zeit bei einem Böttcher Dienst getan und gesehen, wie man einen Spund einsetzt und wie man Holz verarbeitet.

Dem „Scheer"-Bottler macht keiner ein X für ein U oder einen Hahn für eine Henne vor. Und wenn die Köche den Brei verderben oder dem Bäcker der Kuchen zusammenfällt, dann haben die Leutchen eine liebenswürdige, aber dafür um so nachhaltigere Standpauke mit fachmännischen Redewendungen zu erwarten, daß es ihnen die Sprache verschlägt.

„Ist alles halb so schlimm", wehrt der Bottler ab, „wenn man das so viele Jahre macht wie ich, hat man Übung darin." Auch der Speisezettel ist mehr oder weniger Routine geworden, und viele Gerichte sind an bestimmten Tagen in der Marine Tradition. Natürlich ist man bemüht, Abwechslung in die Speisenfolge zu bringen, um die Seeleute aufzuheitern. Auch auf einem Kriegsschiff geht die Liebe durch den Magen. Aber dagegen steht der peinlich genau begrenzte Verpflegungssatz. Bei Fahrten wie dieser kann der Kommandant unter gegebenen Umständen auch den Satz überschreiten. Er befahl ja auch vor einiger Zeit einen reichhaltigeren Speisezettel. Wer tat das nicht lieber als ich. Aber bei uns gilt so oder so der Spruch: „Tu wat du willst, de Lüd snakt doch: 'ne Zigarre gefällig?" Mit zweideutigem Blinzeln schiebt der Mann mit dem Gesicht eines an Kummer und Leid gewohnten Vereinswirts eine Kiste hin. Der Kommandant raucht die gleichen. „Gute Vorbilder verderben schlechte Sitten", lächelt der Bottler und entfernt behutsam die rote Bauchbinde seiner schwarzen Brasil.

Wenn der Bottler von Erfahrungen sprach, auf „Scheer" erwarb er – wie auch seine Kollegen von den anderen Laufbahnen – solche bei den Spanienfahrten zur Genüge. Neunmal war er während des Spanienkrieges mit dem Kreuzer im Mittelmeer, neunmal hatte er dieses Schiff für viele Wochen und Monate auszurüsten. Das Tollste passierte bei der ersten Ausfahrt. „Wir schwabbelten vor Helgoland herum. Da traf nachmittags, es war genau sieben Glasen, der Befehl ein, sofort nach Spanien zu marschieren. Um 19.00 waren wir in Schlicktown und am anderen Morgen um 08.00 hieß es ‚Leinen los', ausgerüstet mit Proviant für drei Monate. Beim Himmel, wenn ich an diese Nacht denke. Das Verpflegungs-amt in Wilhelmshaven stand kopf. Auf ‚Scheer' herrschte eine unbeschreibliche Whooling. Überall Proviant . . . an Deck, unter Deck, in den Gängen, in den Divisionsräumen. Platz zum Schlafen gab es nicht. Wer vom Dienst kam, ließ sich auf die Mehlsäcke fallen, ruckste seine paar Stunden auf irgendwelchen Kartons ab oder kringelte sich auf Marmeladen- und Gurkeneimern zusam-men. So kann nur ein Seemann schlafen."

Aber solange es eine Marine geben wird, schimpfen die See-leute:

„Was hat der Bottler da bloß wieder zusammengehauen. Ist wohl wieder einmal quer durch die Last gefahren." Und ein Schlag „Querdurchdielast" deutet man am sinnvollsten mit „Leipziger Einerlei", das Hein Seemann aber gar nicht so einerlei ist.

In diesen Tagen, da der Kreuzer nach Erreichen des vom Kom-mandanten vorgesehenen nördlichsten Punktes mit hoher Fahrt gen Süden braust, bilden die indischen Mahlzeiten das tägliche, viel diskutierte Schauspiel für die Besatzung des einsamen Schiffes. Die knabenhaften, gertenschlanken Inder nehmen es mit den uns selbstverständlich scheinenden Tischgepflogenheiten nicht so genau. Wahrscheinlich wollen sie auch gar nicht. Jedenfalls weisen die „Hetmänner" die angebotenen Löffel mit stummer Gebärde der Entrüstung über eine solche Zumutung zurück. Man ißt nach altem Brauch mit den Fingern, wie weiland die Vorfahren es vor einigen tausend Jahren schon taten, als Bestecke unbekannt waren. Sie scheren sich bei solchem Tun einen feuchten Schmutz um die neugierigen Zuschauer und auch nicht um das Surren der Filmkamera. In fünf riesigen Schüsseln wird der vom Koch unter der fachmännischen Beratung des weißbärtigen Alten liebevoll zubereitete, mit allen Raffinessen weich, aber doch trocken und körnig gekochte Reis auf das mittlere Aufbaudeck geschleppt. Die fünf „Hetmänner" verteilen auf je fünf ihrer Landsleute eine Dose Heringe in Tomaten, was von den „Scheer"-Männern mit erlösendem Aufatmen quittiert wird, denn diese „Außenbordkameraden" erfreuen sich keiner allzugroßen Beliebtheit. Die sich gemessen und mit Würde bewegenden Sarangs mischen die Tomatenheringe höchstpersönlich unter den Reis und auf „Los!" soll's losgehen, aber die Deckstischgäste bewegen den Kopf nach rechts, und das heißt nein. Dem Oberinder wird etwas zugeflüstert. Der bewegt den Kopf nach links, also ja. Die Kombüse muß noch Marmelade liefern, eine Handvoll für jede Schüssel. Erst jetzt wird der Startschuß gebilligt. An jeder Schüssel grapschen fünf Hände mit zusammen fünfundzwanzig Fingern in den Reis, und damit kein Körnchen der in Indien so lebenswichtigen Gottesfrucht verloren geht, neigen sich die Köpfe tief über die Schüssel, daß sich die ölig glänzenden schwarzen Haare in der Mitte berühren. Mit einem Ruck tauchen fünf selbstzufriedene Gesichter wieder auf. In diesem beinahe einexerzierten Rhythmus geht das Backen und Banken der Inder über die Freiluftbühne. Die „Hetmänner" essen nach der Atzung ihrer Landsleute gesondert, wie sich das für gute Vorgesetzte gehört, die sich zuerst um ihre Männer kümmern und an sich selbst zuletzt denken. Auf die „Scheer"-Soldaten verfehlt das nicht seinen Eindruck. Beim Essen der Sarangs treten die anderen Inder ohne Aufforderung aus der Sonne. Die „Hetmänner" speisen allein, wie es sich für ihre Würde und ihre bevorzugte Stellung geziemt. Gesprochen wird kein Wort. Und wie bei einer Filmvorführung schweigen auch die „Scheer"-Männer in der Runde. Um so größer ist indes in den Divisionsräumen das Palaver über die fremdartigen Sitten, die so offenkundigen Klassen- und

Kastenunterschiede und auch über den indischen Schneidersitz, jene Hockstellung, in der diese Leutchen stundenlang, ohne zu ermüden, ausharren können. Die Bemühungen, es ihnen gleichzutun, enden allerorts mit einem Fluch und bei einigen mit einem Wadenkrampf.

Eines Morgens passierte es. Schon frühzeitig waren die Inder aus den Federn gekrochen, um sich in der frischen Morgenbrise zähneklappernd die Beine zu vertreten. Einige lösten sich plötzlich aus der Gruppe heraus und trabten schnurstracks und in unbekümmerter Selbstverständlichkeit, ohne sich um den sie betreuenden und beaufsichtigenden Matrosen zu kümmern, auf die Back zu. „He ... Hallo, Boys! Stop at once! What's the matter with you?" schnauft der deutsche Seemann hinter ihnen her. Statt einer Antwort wenden sie nur kurz den Kopf, und der Posten meint, ein wildes, entschlossenes Funkeln in ihren Augen zu sehen, das in ihm bestürzende Gedanken aufkommen läßt. Die wollen doch nicht etwa über Bord springen? durchfährt es ihn. Er springt vor, um die Inder zurückzuhalten. „Lassen Sie die Leute gewähren", ruft der Wachhabende von der Brücke herunter. Er hat als Kenner Südost-Asiens mit einem Blick die teppichähnlichen Gebilde unter den Armen dieser moslemischen Inder gesehen. Die wollen ihr Gebet verrichten, was schon weiter. In der Tat suchen die Männer, nun auf der vorderen Back angekommen, die östliche Richtung, um, wie es der Koran diesen Moslems unter den gefangenen Indern vorschreibt, gen Osten gewandt Allahs Segen zu erbitten. Sie scheinen sich über die Himmelsrichtung nicht einig zu werden. Sie fuchteln erregt wie Taubstumme mit ihren dünnen Armen in der Luft herum, sehen nach Osten und dann kopfschüttelnd nach Westen. Zufällig erscheint an diesem Morgen der westliche wolkenlose Horizont heller als der durch eine Regenwolke verdüsterte Osthimmel. Gerade als die ersten ihre Gebetsteppiche gen Westen ausbreiten wollen, taucht ein Läufer von der Brücke auf und spricht die Inder an. Die sind erst ungehalten über die Störung des Zeremoniells, dann aber, als sie mit einem schönen Gruß vom Wachoffizier von dem Matrosen die wahre Richtung gen Mekka erfahren, grüßen sie dankbar zur Brücke hinauf. Kapitänleutnant Plautz winkt zurück und wünscht „gute Verrichtung".

Und ein Wort über Abende an Bord.

Die blaue Stunde ist auch bei „Scheers" die schönste des Tages. Wer Freiwache hat, läßt sich das immer wieder erhebende Schauspiel eines tropischen Sonnenuntergangs nicht entgehen. Millionäre zahlen vielstellige Beträge, einmal auf einem Schiff in der Weltverlorenheit der Weite atlantischer Räume das Verbluten eines tropischen Sonnentages zu genießen. Die „Scheer"-Besatzung bekommt für dieses Erleben obendrein noch bezahlt. „Make the best of it", sagen die in ihrer Prägnanz an Lebensregeln bekannten Briten, wenn sie Umstände in eine mißliche Lage bringen. Mißlich ist die Lage der „Scheer"-Männer zwar nicht, aber auch nicht himmelhochjauchzend. Auf dem Kreuzer wird man diejenigen Männer an fünf Fingern abzählen können, die dieses kriegerische Dasein erstrebenswert finden. Ein Soldat, der die vernichtende Wirkung moderner Waffen kennt, fürchtet ihn eindringlicher als ahnungslose zivile Bürger, in deren Reihen mehr vom Heldentum gesprochen wird als bei denen, von denen man es erwartet. So erlebt denn die „Scheer"-Besatzung solche Stunden der Besinnung eindringlicher und tiefer in der stillen Sehnsucht nach Frieden und nach glücklicher Heimkehr. Welche Stunden, wenn am Himmel die Millionen Lichter der Sterne aufgehen und einen diamantenen leuchtenden Teppich über die Einsamen auf dem Kreuzer wölben, wenn weicher Wind, zärtlich wie die Hände einer geliebten Frau, durch die Haare zaust und die Herzen derer schwer macht, deren Lebenskreis der Horizontkreis mit seinen permanenten Gefahren geworden ist. Irgendwo klingt ein Lied auf, eines von den alten Seemannsliedern, die nicht immer melodisch, dafür aber von einem bezwingenden Rhythmus sind, den die See in ihrem urewigen Auf und Ab und die Arbeiten an Bord bestimmen. Irgendwo spielt einer Ziehharmonika. Im Mondschatten der wuchtigen Rohre der 28er Turmgeschütze versuchen sich drei Musensöhne als Orchester. Mag sein, daß das Philharmonische in Berlin besser ist. Aber diese Männer spielen mit Seele. Und wer kein Herz für Musik in sich empfindet – der Kommandant hat es, er spielt selbst Geige, ein Talent, von dem nur der verschwiegene Kommandantensteward etwas weiß, der beim Aufklaren das Instrument in der seit dem Auslaufen vereinsamten Kajüte des Kommandanten fand –, der braucht sich nur den Ziehharmonikaspieler dieses kleinen Bordorchesters anzuschauen, um dessen stille Sehnsucht nach Schönheit und Frieden mitzufühlen. Mit Inbrunst spielt der Junge und aus der Tiefe seines Herzens heraus.

Die Bootsmannsmaatenpfeife beendet allabendlich das Idyll. „Pfeifen und Lunten aus", fordern ihr Pfiff und eine Stimme, die nur ein Seemann zu deuten weiß, denn sie ist so unverständlich, wie die eines Auktionators in der Fischhalle 10 von Bremerhaven. Divisionsweise rüstet der Kreuzer zum Appell vor der befohlenen, auf Kriegsmarsch notwendigen Ruhe an Bord. Im Raum der an den Offiziersgang grenzenden 3. Division treten die Abschnittsfeldwebel beziehungsweise deren Vertreter an. Rollenoffizier, Kapitänleutnant Kraft, aus dem großen Seefahrerland Sachsen, meldet dem Ersten Offizier das Schiff zur Ronde klar. Korvettenkapitän Gruber gibt seine Anweisungen, erkundigt sich nach diesen und jenen Vorkommnissen und vergißt auch das gewisse gekreppte Papier nicht, denn auch damit muß auf Kriegsmarsch sparsam umgegangen werden.

Der Marsch der Ronde beginnt. Eins-O Gruber eilt mit für seine Mentalität beinahe typischen kurzen, festen Schritten voran. In den Divisionsräumen sind die Mannschaften angetreten. Meldungen über Wachgänger und Kranke. Weiter. Zwischendurch greift der Kapitän auf einen Spind, streift einen Eisenträger ab oder wischt mit dem Finger über den Boden des Backgeschirrs. Mit untrüglicher Sicherheit entdeckt er auch die kleinsten Mängel. Ist dieses übertriebener preußischer Kommiß, die Soldaten, meist alles noch junge Menschen, an Ordnung und Sauberkeit zu gewöhnen? Kein vernünftiger Zeitgenosse wird sich dagegen auflehnen und dieses Bemühen verurteilen. Der Erste kriecht in die Kombüse, er besichtigt die Kantine, und dabei bewegt ihn die Frage: „Haben wir eigentlich Bier genug an Bord?" „Es reicht für die nächsten Monate, und wenn die ‚Nordmark' Nachschub bringt, haben wir überhaupt keine Sorgen mehr." „Gut so, sehr gut – die Männer sollen ihr Bier nicht vermissen." Eine Feststellung, die von den Seeleuten betuschelt und mit Dankbarkeit quittiert wird.

Des Ersten Ronde-Gang gilt auch den schwarzen Schafen an Bord, die eine Pechsträhne verfolgt. Hein Seemann hat immer nur Pech, wenn er ein paar Tage im „Bau" meditieren darf.

„Haben Sie nun begriffen?" fragt der IO.

„Jawohl, es wird nicht wieder vorkommen."

„Na also, klarer Fall. Gute Nacht."

Treppen rauf, Treppen runter, Stiegen rauf und Stiegen runter. Alles in einem atemberaubenden Tempo. Die Feldwebel schnaufen. Plötzlich im Lazarett. Magenschmerzen haben die einen, rheumatische Erscheinungen andere. „Das kommt davon, weil ihr euch mit dem Mors nachts auf Deck gesetzt habt. Gute Besserung und in Zukunft . . . Sonst brummt's im Karton." Da liegen auch die Verunglückten der Orkannacht, denen sich der IO mit warmherziger Anteilnahme widmet.

Den Abschluß der Ronde bilden die Ladies und die anderen Gefangenen. Die Damen sitzen beim Rommé. Sie sind vergnügt und guter Dinge und begrüßen den IO mit einem freundlichen: „Hallo, how are you, Mister Gruber?" Erst hat der Erste bei dem Wort Mister wie auf einem zähen Stück Beaf herumgekaut, weniger der Anrede wegen, aber das Grinsen seiner OFs ließ diesen Bissen nur schwer verdauen. Ein Blick genügte. Es erstarb, wie eine Kreideschrift von einem nassen Schwamm von der Tafel weggewischt wird.

Gruber findet ein paar liebenswürdige Worte über das Spiel, gibt einer der Damen einen Tip und wünscht gute Unterhaltung. Natürlich vergißt er nicht, sich nach dem Befinden und Wünschen zu erkundigen, ehe er mit chevaleresker Verbeugung die Kammer verläßt, um den gefangenen Briten einen Besuch abzustatten. Der weißhaarige „Hobart"-Kapitän Hall geht Gruber auf halbem Wege entgegen. „Alles okay, Kapitän. Wenn Sie noch ein Schachspiel hätten?" – „Das haben wir in der Kantine nicht mehr vorrätig, aber vielleicht tritt einer von der Besatzung sein Spiel ab. Könnten Sie nicht eines selbst schnitzen? Holz und geeignete Messer will ich gern beschaffen lassen." – „Well. Guter Gedanke. Dank." – „Sind Sie mit dem Essen zufrieden?" – „Der deutschen Küche wegen fuhren ja auch Engländer gern auf der ‚Bremen' und ‚Europa'!"

In den ganzen letzten Tagen hat die Bordfliegergruppe fieberhaft an der gerupften Arado gearbeitet, um den an Deck gestellten Vogel wieder flugfähig zu machen. Pietsch packte selbst kräftig mit zu und wirkte unter den Männern wie ein Handwerker mit. Die gebrochenen Spanten wurden durch an Bord gefertigte Aluminium-Rohre ersetzt. Das Meisterpersonal hat für andere Verstrebungen Sperrholz hergestellt. Der Rumpf wurde mit Bettlaken bekleidet und mit Flugzeugspeziallack bestrichen. Der Herausgeflogene Kompaß wird wieder eingebaut.

Pietsch meldet sich beim Kommandanten auf der Brücke und bittet um Starterlaubnis.

„Wie sehr wir die Arado brauchen, wissen Sie. Befehlen kann ich Ihnen nicht, mit dieser Maschine einen Flug zu versuchen", antwortet der Kommandant.

„Ich übernehme allein die Verantwortung, Herr Kapitän."

„Ihre Verantwortungsfreudigkeit erfreut. Aber ein unterlassener tollkühner Versuch ist mir immer noch lieber als ein versoffener Fliegeroffizier. Was Sie vorhaben, ist mit Ihrer Leukoplast-Arado ein Wagnis."

„Es muß aber Klarheit geschaffen werden, Herr Kapitän. Wenn sie abschmiert, weiß die Schiffsführung, woran sie ist und kann mit einem Versorger ein neues Flugzeug nachkommen lassen. Ich werde nicht hoch fliegen. So an die fünfzig Meter zuerst. Mit etwas Glück braucht man dabei nicht zu versaufen, wenn ... Wer Pech haben soll, bricht sich den Finger in der Nase."

„Also gut, aber nicht ohne Sicherheitsmaßnahmen."

Das Wetter ist wie geschaffen. Bei Windstärke 1 bis 2 steht keine grobe See. Der Kommandant läßt den Kreuzer quer zum Wind legen, dann alle Boote zu Wasser bringen, die nun in der Startrichtung in je hundert Meter Abstand postiert werden. Aufregung und angespannte Teilnahme bewegen die ganze Besatzung, deren wachfreie Männer sich an der Reling eingefunden haben. Jeder ist sich darüber klar, welches Risiko Pietsch übernommen hat. Auf das Startzeichen vom Fliegeroberleutnant bedient Schleuder-Otto diesmal mit einem unguten Gefühl die Katapult-Anlage. Die Arado kommt wider Erwarten gut ab. Dann aber torkelt sie. Sie schwankt wie ein betrunkener Vogel hin und her, droht abzustürzen, wird absackend eine Handbreit über der See aufgefangen und poltert dann wie ein an Deck geworfener Kohlenkasten auf das Wasser. Aber sie schwimmt und ist heil geblieben. Die mit Bordmitteln reparierten Höhen- und Seitensteuerverstrebungen aber sind erneut gebrochen. Ein anderer Weg wird gesucht und auch gefunden, die die Steuerseile verbindenden Verbindungsstücke aus leichtem, aber allen Beanspruchungen gewachsenem Material zu fertigen. Zwei Tage später ein neuer Start unter gleichen Vorsichtsmaßregeln. Unter den Angstschweißausbrüchen der Besatzung hüpft der Vogel wieder von der Stange – und fliegt. Geglaubt hat keiner daran. Die Maschine ist zwar wegen der zu großen Reibung um 30 Kilometer langsamer geworden. Aber das tut nichts, Hauptsache, sie fliegt. Nur der Kompaß ist noch verdreht, wie ein Kranker, der sich nach einem Schock erst wieder erholen muß. Kein Problem. Pietsch fliegt für seine Wiederverwendung den Kreuzer so oft in Kiellinie an, bis dieser die ganze Kompaßrose von zehn zu zehn Grad abgedreht hat. Dabei werden die Werte des Flugzeugkompasses mit denen der „Scheer"-Kompasse verglichen und in eine sogenannte Deviationstabelle übertragen, über die der Flieger die örtlich bedingte Mißweisung bei seinen Einsätzen korrigieren kann.

„Scheers" einziger Bundesgenosse ist wieder einsatzklar. Für den Rest des Abends bleiben es Pietsch und seine Helfershelfer nicht. Der Alte drückt über diese feuchtfröhliche Kammersitzung beide Augen zu, denn bis auf erfrischende Getränke und die tägliche Flasche Bier sind sonst alkoholische Getränke unter Kontrolle.

Trotz wechselnder Kurse bleibt der Atlantik leergefegt, vermutlich eine Folge der letzten Alarmmeldungen und der Verlegung der bisherigen Wege durch die Britische Admiralität. Da die Arado wieder einsatzklar ist, soll Pietsch die Seegebiete abkämmen. Nach einem ausgedehnten Aufklärungsflug kehrt er zurück und meldet dem Kommandanten ein Frachtschiff vom Typ „Tribesman" mit Ostsüdost-Kurs in 70 bis 80 sm Abstand. Lange Minuten steht der Kommandant über die große Übersichtskarte gebeugt, in die er Position und Kurs des Fremden eintrug, dann schiebt er das Kursdreieck zurück, legt den Zirkel behutsam hin und richtet sich langsam und mit einem nachdenklichen Gesicht auf. „Sie sind überzeugt, Pietsch, daß der gemeldete Kurs stimmt?" – „Ich bin zur Kontrolle des Arado-Kompasses und der Deviationstabelle bei der Rückkehr genau auf ‚Scheer'-Kurs gegangen. Danach lagen 249 Grad an." Krancke vergleicht die letzten Eintragungen, blickt auf den Kompaß und sagt dann: „Hm, wir steuerten im Augenblick Ihres Anfluges zwar genau 250,3 Grad, also Westsüdwest ein

Viertel West. Aber in diesem Fall macht der eine Grad nicht viel aus. Das fremde Schiff kommt aus einem USA-Hafen, egal, ob es nun einen Grad südlicher oder nördlicher fährt." Zum NO gewandt bestimmt er: „NO, koppeln Sie den Kurs. Pietsch wird nachmittags noch einmal starten und sich den Burschen etwas näher ansehen, wahrscheinlich ist es leider seinem Kurs nach ein Amerikaner."

Die zweite Flugzeugaufklärung hat den Fremden auf demselben Kurs getroffen und festgestellt, daß es offensichtlich ein Neutraler ist, denn seine Aufbauten sind hellweiß bemalt (die im britischen Dienst fahrenden Schiffe haben alle braune Aufbauten). Beides, der Kurs und das Aussehen, spricht für ein neutrales Schiff, es hat daher keinen Sinn, heranzugehen. Auch ein Neutraler würde nach kurzer Zeit Meldung machen.

Die hochgespannte Stimmung der Besatzung fällt wie ein Kartenhaus zusammen. Aber keiner murrt, jeder respektiert die Gründe des Kommandanten.

Abends erlebt die „Scheer"-Besatzung ein seltenes Naturschauspiel. Es gewittert im Osten. Mächtige Wolkengebirge stehen, grell aufzuckend beleuchtet, über dem Horizont. Es sind zwei Gewitter, die sich mit tropischer Wucht entladen, und mit etwas Phantasie kann man sich ausmalen, es sei dort ein Gefecht zwischen einem Schlachtschiff und einem kleinen Kreuzer entbrannt.

Noch zu später Stunde tritt der Kommandant in die O-Messe. Er trägt eine weiße Bordmütze nach dem Schnitt der blauen Dienst-Bordmützen auf dem Kopf. „Was halten Sie davon, meine Herren? Habe sie vom Schneider anfertigen lassen. Dachte daran, daß die Männer, insbesondere unsere Ausguckposten, eine leichte Kopfbedeckung in dieser Backofenhitze brauchen." – „Großartige Idee", aller Meinung. Nur der SVO hat Einwendungen. Diese weiße Mütze sei gehorsamst sehr schön, sehe ja auch ganz apart und modisch aus, vom Praktischen abgesehen, aber weiße Mützen seien laut Intendanturbefehl 364, Ziffer 24 a, Absatz 2, nicht vorgesehen . . .

„Sie wollen also damit sagen, lieber Schwarzlosen, daß wir diese Vögel erst genehmigen lassen müssen." – Der SVO druckst.

„Steward, ein Telefonbuch von Kiel für den SVO", unterbricht Leutnant Zaubitzer die Denkpause des SVO.

„Zaubitzer, ich darf doch bitten", schmunzelt der Kommandant, winkt sich den Leutnant heran und paßt ihm die Bordmütze auf. „Paßt, sitzt wie angegossen." Krancke rückt sie noch ein wenig zurecht, ein ganz klein bißchen schief nach dem linken Ohr zu.

„Jawohl, Herr Kapitän", hört man den SVO sagen. Es ist ihm sichtlich schwergefallen. Aber der Stab über den x-stelligen Paragraphen ist gebrochen. Die weißen Mützen marschieren, aus Bettlaken. Das Wohl der Besatzung steht über Verwaltungsparagraphen. Zu sagen bliebe noch, daß diese weißen Mützen nach der Heimkehr für alle Kommandos in tropischen oder südlich warmen Gebieten angefertigt und ausgegeben wurden. Geboren wurde dieses Modell bei der tropischen Modenschau auf „Sophie Cäsar".

An einem der nächsten Tage wird ein Treffpunkt mit der „Nordmark" erreicht und Brennstoff und Proviant ergänzt. Die Nordmark" erhält Befehl für einen neuen Treffpunkt im Südatlantik für den 27. Dezember.

In einigen Tagen wird der Kreuzer die vielbesungene „Linie", den Äquator, kreuzen. BNO Woytschekowsky betreibt mit Elan die Vorbereitungen für dieses Ereignis. Der Kommandant zögerte keine Sekunde, seine Erlaubnis für dieses Fest zu geben, das seinen tieferen, althergebrachten Sinn in einer allerdings seemännisch rauhen Mannestumsprobe hat. Wenn auch bei „Scheers" eine solche Prüfung nicht mehr notwendig scheint, möchte der Kommandant kein Spielverderber sein, obschon schwere Bedenken und berechtigte Sorgen seine Zusage überschatten. Der Kreuzer ist kein Musikdampfer mit unbeschwerten, fröhlichen Passagieren an Bord. Er ist auch kein Segelschiff, dessen Jungmannen ihre erste Reise ums gefürchtete Hoorn antreten und denen für die bevorstehenden Strapazen und Gefahren eine handfeste Taufe nur nutzen kann. Der Kreuzer befindet sich auf Feindmarsch. Der ganze riesige Atlantik ist vom Norden bis zum Süden Front geworden. Die Linie des Äquators ist gleichbedeutend mit der kürzesten Verbindung zwischen dem Ostkap Südamerikas und dem westlichen Afrika. Außerdem drängen sich hier verschiedene für die Briten bedeutsame Schiffahrtswege zusammen, deren Überwachung dem Gegner ein lebenswichtiges wie auch strategisches Anliegen ist.

„Das Schiff muß gefechtsklar bleiben. Alle mit der Taufe verbundenen Bauten und Anlagen sind so einzurichten, daß sie in wenigen Minuten weggeräumt werden können. Die Taufe wird in zwei Törns durchgeführt, damit die üblichen Kriegswachen dadurch nicht behindert werden", lautet der Befehl. Die Altgetauften strahlen. Sie wollen es den über 1000 Ungetauften schon zeigen, was eine neptunsche Harke ist. Und die Ungetauften beten zum Himmel, daß der Tag vorübergehe. Sie wünschen sich lieber ein Kreuzergefecht als all die Torturen, die ihnen nach den schaurigen Erzählungen und Andeutungen bevorzustehen scheinen, über sich ergehen lassen zu müssen. Über Linientaufen ist in vielen Büchern schon oft und ausführlich geschrieben worden. Beschränken wir uns daher hier auf die Besonderheiten dieses Festes im Kriege.

Am 10. Dezember überschreitet der Kreuzer den Wendekreis des Krebses. Nach altem Brauch fährt das Schiff damit in den Herrschaftsbereich Seiner Majestät Neptun ein.

Punkt 17.00 knackt es im Lautsprecher der Bordrundfunkanlage.

„Hallo! Hallo! Freunde vom Kreuzer ‚Admiral Scheer‘, hier ist der ultrablaue Riechstrahlensender aus dem Kristallpalast. Es spricht der Chef des Stabes Seiner Majestät." Und nun folgen Hinweise für die bevorstehende notwendige Taufe aller Schmutzfinken der nördlichen Halbkugel. Mit gruslig drohenden Worten verspricht man allen jenen eine Sonderstrafe, die es wagen sollten, SM Neptun und seine gottbegnadete pfirsichrote Thetis etwa zu beschimpfen oder zu verunglimpfen.

Der in Deutschland höfischen Zeremoniellen entwöhnten „Scheer"-Besatzung werden daher einige Regieanweisungen gegeben, wie man sich Majestäten gegenüber zu benehmen hat. Ferner wird ein „Laufender" des Ersten Offiziers für den militärischen Sektor durchgesprochen: „Die Anrede des Admirals Triton lautet: ‚Herr Admiral!‘ Ich bitte mir aus, daß es dabei zu keinen Insubordinationen kommt."

Fünf Tage später ist es soweit. Der geheiligten Tradition entsprechend klettert am Vortage der Linienüberquerung Neptuns Admiral Triton mit seinem kannibalischen Gefolge an Bord. Die Besatzung tritt an. Kapitän zur See Krancke hat seine beste Uniform angezogen und wie bei einem Staatsempfang Orden und Ehrenzeichen angelegt.

Bootsmannsmaat Schweinsfisch, ein Riese von Gestalt, mit

ausgepolstertem Achtersteven, überdimensionalen Seestiefeln und einer baßgeigengroßen Bootsmannspfeife an einer Festmachertrosse, verkündet das Anbordkommen des Admirals Ihrer Majestäten. Wegen des Kriegsmarsches wird darauf verzichtet, ihn – wie üblich – mit einem Kutter längsseit kommen zu lassen. Er steigt laut Reportagebericht des neptunschen Rundfunksprechers durch das Steuerbord achtere Bodenventil in den Kreuzer ein.

Da ist er. Ein Admiral! Weiß Gott. Gold am Ärmel, Gold auf den Schultern. Gold am Hut und mehr Orden an der breiten Heldenbrust, als „Hermann der Maier" zusammen hat. Weiße buschige Brauen stehen über stechenden blauen Augen. Ein würdevoller Tirpitzbart hängt wie ein Tropfenfänger unter seinem Kinn. In der Hand hält er einen Großadmiralsstab, ein beachtenswertes Kunstwerk der Männer aus der Maschine, die ihn fertigten.

Kapitän zur See Krancke legt die Hand an die blütenweiße Mütze, als der Bootsmannsmaat Seite pfeift. Sein Gesicht strahlt Ernst und Ergebenheit aus, als Triton auf ihn zuschreitet und die Meldung entgegennimmt: „Schwerer Kreuzer ‚Admiral Scheer' mit 1340 Mann Besatzung, darunter 1040 Ungetauften, meldet sich auf Feindmarsch zur Stelle und erbittet Huld und Gunst Ihrer Majestäten." – „Gewährt, gewährt, mein lieber Krancke. Habe in meinem Reich viel Gutes über Sie und Ihre Männer gehört."

Die Anrede „mein lieber Krancke" löst Raketen des Jubels bei der Besatzung aus, weiß doch jeder an Bord, wer dieser Admiral in Wirklichkeit ist, nämlich der behäbige Oberstückmeister Diehm aus Schlicktaus Mauern.

Triton hält noch eine Rede an das Schiffsvolk, beaugenscheint stirnrunzelnd einige Sonderfälle, die ihm sein Admiralsschreiber mit Namen benennt, und dann hat er es plötzlich eilig, in die Offiziersmesse zu steigen, wo er sehr viel Wert auf militärische Formen und noch mehr auf auserlesene Getränke legt. Ausgerechnet naht jetzt der IO. Mit einer leichten Verbeugung zu Triton hin will er Platz nehmen.

„Aber Kapitän, ich darf doch wohl sehr bitten, die militärischen Formen nicht zu vernachlässigen. Ich erwarte Meldung, Kapitän."

Der Eins-O schluckt. Sein letzter Schimmer mühsamer zur Schau getragener Heiterkeit siecht dahin, als sich der Admiral nun auch seiner stereotypen Redewendungen bedient. „Das ist ein klarer Fall, Kapitän, ein ganz klarer Fall ..." Kapitän Gruber faßt sich und meldet vorschriftsmäßig. „So gefallen Sie mir schon besser. Übrigens, ist die backbordsche Welle klar?" „Ist immer klar, Herr Admiral." „Ich meine, mein lieber Gruber, ob sie klar zum Dippen ist?" „Zum was ...? Aber selbstverständlich, ganz klarer Fall." „Na, dann feste, feste, meine Herren. Bis morgen!", ruft Triton aus, erhebt sich und verläßt unter brausendem Unheil- und Triton-Rufen die Messe nicht mehr ganz gemessenen Schritts, gefolgt von seinen forschen Astos und leiser auftretenden Adjutanten. Aber auch Triton ist Seemann innen und außen. Auch sein Durst ist schlimmer als Heimweh. Er „verläuft" sich in die Oberfeldwebelmesse, wo ihn neben niederträchtig grinsenden OFs auch vorsorglich bereitgestellte kühle Blonde erwarten. Was dem hohen Gast gar nicht unsympathisch scheint. „Als ich vor tausend Jahren die Macht übernahm ...", begann er mit heiserer Stimme seine Rede – und Schnaps, das war sein letztes Wort, dann trugen ihn die Englein fort ...

Glasen-Glockenschlag neun Uhr am 16. 12. 1940 tritt die Besatzung zur Taufe an. Ungetaufte ohne Hemd. Getaufte mit. Die am Tage zuvor notgetaufte Bordkapelle intoniert den neptunschen tiefgekühlten Flossen-Anlege-Präsentiermarsch 08/15/4711. Die Majestäten treten an Deck. Hinter ihnen Triton mit seinem Stab, dem Schwall der Trabanten und Polizisten. Vielen Polizisten. Leutnant d. R. Rudolf Petersen spielt den Meeresgott. Fürwahr ein König! Fürwahr eine Majestät! Eine Krone aus gleißendem Metall schmückt sein von einem dreiviertel Meter langen Kabelgarnsbart umwogtes Haupt. An seiner Seite schreitet Thetis, die herbsüße Gattin. Ein blutjunger Oberfähnrich mit zartem, milchigem Gesicht spielt diese Dame mit charmanter Vollendung. Sie hat sogar „rot" aufgelegt und außerdem „Kurven". Im Gefolge traben der Astronom, der Herr Pastor, der Kellermeister, der Hofbarbier, der Arzt mit seinem Sanitätsgefreiten Neumann. Der Verein wallfahrt über alle Decks, und schließlich nehmen die beiden Majestäten ihre Plätze ein. Die Taufe kann beginnen.

Der Astronom tritt vor den Thron. Er richtet das Glas. Mit seinem gewaltigen Sextanten nimmt er die Sonnenhöhe. „Achtung, Nuuuullll!" Die Linie ist passiert. „Scheer" heult auf. Die Nebelhörner dröhnen. Die Sirenen lärmen.

Der Kreuzer ist am Ziel.

„Ans Werk! Ans Werk! Hart, aber ungerecht ist die Parole!"
„Haarig, haarig ist die Katz'..." Der Chor der Getauften grölt mehr
als er singt. Der Aktuar putzt noch einmal umständlich seine
Wagenradbrille, sucht in seiner Liste und verkündet: „Herr Korvet-
tenkaptiän Gruber, Erster Offizier auf Kreuzer ‚Admiral Scheer'.
Ich darf bitten ... Für die Dauer der Taufe sind Sie der Täufling
Ernst Gruber aus Kiel. Verstanden?"

„Jawoll, Herr Papierminister."

Neptuns schwarzölige, stiefelwichsebeschmierte Trabanten hatten ihn schon vorher liebevoll begrüßt und der Taufe würdig
gemacht. Gruber sieht aus, als hätte er ein Fußballspiel auf einem
morastigen Platz hinter sich. An dem Doktor vermag er sich nicht
vorbeizudrücken. Die Pillen muß er schlucken, und der Sanitäts-
gefreite Neumann, vom Fliegeroffizier gespielt, versorgt ihn mit
einem Lebenselixier, das aus der teuflischen Mischung von Essig,
Petroleum, indischem Pfeffer und Maschinenöl besteht. Bootsmannsmaat Schweinsfisch packt ihn am Schopfe und massiert
seinen Hals, damit auch nicht ein Tröpfchen der edlen Mixtur
verloren geht. Wums ... ein Schlag Seifenschaum patscht ins
Gesicht, und der neptunische Hofbarbier waltet mit einem sensen-
großen Messer seines Amtes, ausgerechnet beim IO. Während der
Rasur hat man ihn unauffällig rückwärts an das Taufbecken ge-
lockt, und in dem Augenblick, als er Luft unter dem Seifenschaum-
berg im Gesicht bekam, tippt ihn Schweinsfisch mit seinem einem
Koffeenagel gleichenden Zeigefinger auf die für neptunische
Begriffe ungewaschene Heldenbrust. Rücklings stürzt der hohe
Täufling in das salzige Wasser. Zähnefletschende Polizeibüttel
tauchen ihn unter. „Noch einmal. Er ist mir noch zu dreckig",
befiehlt Seine Majestät. „Und noch einmal!" schreit der Admiral
mit seiner verdächtigen Feldwebelstimme. Raus aus dem Taufbek-
ken. Aber nicht so langsam. Rein in den Windsack, den Neptuns
Trabanten mal hier und mal dort durch Draufsetzen versperren.
Endlich taucht der Erste, auf allen vieren kriechend, am Windsack-
ausgang auf. Doch noch ist die martervolle Reise nicht zu Ende.
Aus dem vollaufgedrehten Feuerlöschschlauch knallt ihm mit
soliden drei Atmosphären ein Strahl ins Gesicht, der auch den
stärksten Eskimo vom Schlitten geworfen haben würde.

„Ha, wundervolle Massage, Kerls. Daß ich das noch nicht früher wußte", ächzt Gruber mit letzter Kraft und in vollendeter Haltung. Geschafft!

Denkste. Da vertritt ihm einer mit einer Riesenbuddel den Weg.

„Einen Moment noch, Herr Gruber", und er schenkt in ein Weinglas eine bräunlich aussehende Flüssigkeit ein. „Sie sind getauft. Willkommen auf der südlichen Hemisphäre, Herr Kapitän." „Prost", stöhnt der IO, hebt das Glas bis zum nicht vorhandenen zweiten Knopf an der nackten Brust. Mit einem letzte Entschlossenheit verratenden Ruck schüttet er den Inhalt hinter die Binde.

„Herrschaften, das ist ja echter französischer Cognac. Passen Sie auf, daß da keiner von den Seeleuten ein paarmal durch den Windsack rutscht. Für so einen Tropfen ist denen nichts zuviel."

Der IO ist wieder IO an Bord. Sein Wunch, mit ihm keine Ausnahme bei der Taufe zu machen, wurde ihm gründlich erfüllt.

Aber schlimmer ergeht es keinem von der Besatzung, die Sonderfälle ausgenommen. Divisionsweise rollt die Taufe ab. Abends ist es geschafft.

Der Rest ist Arbeit. Großreinschiff für alle Mann.

Noch ein Festtag blüht dem Schiff am nächsten Tage. Seit der Indienststellung erreichen nachmittags die Schrauben eine Umdrehungszahl von 75 Millionen. Das entspricht einer Strecke von rund viermal um den Äquator. Der Leitende, einige Offiziere, Feldwebel und Soldaten erwarten in der Maschine den Kommandanten.

Bei 74 Millionen 999 999 Umdrehungen hat LI Ewe die Motoren abstellen lassen. Der Kommandant klettert in diesem Augenblick den steilen Niedergang herunter. Nicht der LI, sondern der Feldwebel der Wache meldet ihm als der für die Stunde verantwortliche Maschinist. Er erklärt dem Kommandanten die Handgriffe, wie die Kupplung eingefahren werden muß. Viel versteht Krancke bei dem irrsinnigen Lärm nicht, und mit gemischten Gefühlen folgt er den vorbereitenden Handgriffen des Wachhabenden. Mit einem Ruck rastet er die Kupplung ein. Die letzte Zahl springt auf dem Umdrehungsmesser herum: 75 000 000 Umdrehungen. Uhrzeit: Punkt 16.00. Geschehen am 17. Dezember 1940.

Aller Augen heften sich auf den Umdrehungszeiger … 1 … 2 … 3 … 4. Wie viele Meilen werden es noch werden auf dieser Reise?

ZWEITER TEIL

IM SÜDATLANTIK

9. RRR – am Äquator

Zurück über die Linie – Fliehender Frachter funkt RRR – Freetown bestätigt – Ein „herzogliches" Schiff: „Duquesa", einst der Welt schnellstes und größtes Kühlschiff – Der „Nazis" Kriegsziele – In der Hölle des „Duquesa"-Maschinenraums – Deutschsprechender Neger fragt nach Kapitän Goetsch – Goetsch übernimmt „Duquesa" zur Fahrt auf neuen Treffpunkt – Neger Louis glaubt ein Gespenst zu sehen – „Schiff wird fahren schnell wie nie" – RRR-Ruf alarmiert überlegene britische Einheiten – Des „Scheer"-Kommandanten Absichten voll erreicht.

„Scheer" operiert auf den Schiffahrtsrouten zwischen Brasilien–Europa und Brasilien–Afrika. Die Schiffsführung interessieren besonders solche Schiffe, die der Versorgung der Flottenstützpunkte Freetown und Gibraltar dienen. Vormittags und nachmittags sucht das Flugzeug die Seegebiete um den Standort des Kreuzers ab, dessen Kurs der Kommandant am 17. Dezember auf 33,8 Grad, also Nordost zu Nord legen ließ, dabei erneut die Linie schneidend.

Kein Ergebnis, trotz Flugzeugaufklärung.

Auch am nächsten Tag klettert Pietsch wieder in den frühen Morgenstunden in seine Maschine, diesmal nur mit einem kurzen Händewinken für guten Erfolg bedacht, denn auf dem Schiff herrscht noch immer „Zustand", um die letzten Erinnerungen an die Linientaufe mit Piassavabesen, Feudel und P 3 zu beseitigen. Oberbootsmann Gumm müßte ein Motorrad haben, um überall zu sein.

Pietsch ist knapp zwei Stunden in der Luft, als er zurückkehrt. Der Vogel wackelt mit den Tragflächen und landet glatt.

„Besondere Merkmale, Pietsch?" forscht der Kommandant.

„Geschütz auf dem Aufbaudeck des Hecks. Darunter Sandsackbarrikaden. Größe ca. 7000 bis 8000 Tonnen. Kurs Nordnordost, also fast parallel zur ‚Scheer' stehend."

11.36 schieben sich die Mastspitzen des fremden Schiffes über den Abgrund des Horizontes. Kurze Zeit später werden erst der Schornstein, dann ein gelbgestrichenes Brückendeck und schließlich ein tief im Wasser liegender Rumpf sichtbar. Aus der Perspektive des schräg von achtern auflaufenden Kreuzers wirkt das andere Schiff wuchtiger und größer als es in Wirklichkeit ist. Auf der Brücke des Frachters scheint man den heranschnaufenden Kreuzer jetzt bemerkt zu haben. Die gegnerische FT meldet ein verdächtiges Kriegsschiff.

RRR-Rufe alarmieren den Äther. Der B-Dienst versucht zu stören – aber nicht wirkungsvoll genug, denn eine britische Station gibt Verstandenzeichen.

„Schuß vor den Bug." Das letzte Wort des Befehls verschluckt der berstende Knall des Abschusses, so schnell reagiert die Geschützbedienung.

Die Granate rauscht ab. Man meint auf „Scheer" ihr sausendes Heulen zu hören. Vorlich querab vor dem Frachter bricht die See auf. Sekundenlang steht ein silbern schimmerndes Ausrufungszeichen auf dem blauen Meeresteppich. Statt zu stoppen, dreht der Dampfer weiter ab. Welch törichtes, zweckloses Beginnen.

„Gegner funkt erneut!" meldet der FT-Raum. „Freetown will wissen, ob Angreifer einen oder zwei Schornsteine habe."

„Zweiter Warnschuß", klingt des Kommandanten Stimme auf.

Blitzschnelle Handgriffe am Geschütz der mittleren Artillerie. Ein harter schütternder Schlag, ein greller Blitz, eine Rauchfahne verweht. Kaum eine Handbreit neben dem Bug des Fremden wiederholt sich das Schauspiel der in der See mit Verzögerungszünder krepierenden Granate.

„Gegner verliert an Fahrt", melden die E-Messer. Tatsächlich, der Frachter stoppt, bläst weiße Rauchschwaden in den Himmel. Vorsichtig, mit allen gerichteten und geladenen Rohren der SA und der Steuerbord-Mittelartillerie, pirscht sich „Scheer" an den Fremden heran. Verwunderung erregen die hohen kantigen Decksaufbauten des gegnerischen Frachters. Noch immer befürchtet der Kommandant eine Falle, einen vielleicht ausnahmsweise schwerer als gewöhnlich bestückten britischen Hilfskreuzer, der sich als bewaffnetes Handelsschiff getarnt hat.

Engels übernimmt wieder den Befehl über das klar zum Jumpen

an Deck stehende Prisenkommando. Sein Kollege von der Handelsmarine, Leutnant Blaue, fährt zu seiner Unterstützung mit rüber. „Scheer" läuft bei der Überfahrt des Verkehrsbootes so ab, daß die Schußbahn für alle das Ziel aufgefaßten Geschütze bis zum Längsseitgehen des Prisenbootes frei bleibt.

„Die werfen was über Bord", ruft Blaue Engels zu, der gerade eine schwarze Gestalt an der Reling beobachtet, über die er sich nicht im klaren ist, ob die Figur aus dem Feuerraum des Kessels stammt oder womöglich ein wirklicher Neger ist. „Winkspruch an ‚Scheer': ‚Gegner warf wahrscheinlich Geheimsachen über Bord. Erbitte Anweisung, ob erst diese Sachen bergen oder erst Schiff entern.'" Einer der mitfahrenden Signalgäste wedelt den Spruch zum Kreuzer hinüber, einige seiner Kameraden halten den Signäler auf der Achterducht des in der See schwer arbeitenden Bootes an den Beinen fest. „Schiff entern. Schicken zum Suchen zweites Boot", ist „Scheers" Antwort. In der Tat können von dem zweiten Boot wertvolle Geheimsachen aufgefischt werden, die insofern besonders interessant sind, als diese Unterlagen Aufschlüsse über die die britische Versorgung noch immer schwer treffenden indirekten Folgen der Geleitzugschlacht geben.

Die Briten haben eine Lotsentreppe über Bord geworfen. Oben an der Reling ist niemand zu sehen. Mögen die Deutschen zusehen, wie sie an Bord kommen. Die Lotsentreppe ist außerdem viel zu kurz, um das Verkehrsboot heranzuholen. Entweder sind hier Seeleute an Bord, oder die Herrschaften wollen nicht. Das letztere liegt näher. „Hallo", schreit Engels. Er muß mehrmals rufen, bis endlich ein Matrose erscheint. „Ihr habt doch keine Beachcomber an Bord, Sailors. Man sollte meinen, wir haben es mit Seeleuten zu tun, he?" – „Well, Sir, entschuldigt." Der Mann fiert nun willig eine Leine herab, mit der man das Boot an die Bordwand heranholen kann. Mit einem gewagten Sprung löst sich Engels in dem Augenblick vom Boot, als dieses, mit der Dünung aufschwimmend, die Bordwand heraufschrabt. Ihm folgt im letzten Augenblick des schon wieder wie ein Fahrstuhl abwärts sausenden und abdrehenden Verkehrsbootes Blaue. Mit dem Wiederaufbäumen der See entern die anderen Soldaten. Laut Plan verteilen sie sich flink wie Eichkatzen über das Schiff.

Mit Schwimmwesten um Hals und Leib treten Weiße und

Farbige getrennt auf dem Deck vor der Brücke an. Deutsche Seeleute untersuchen die Männer auf Waffen und prüfen die Papiere. Die Besatzungsmitglieder machen nicht den Eindruck, als fürchteten sie, es könnte ihnen Böses geschehen. Take it easy, drücken ihre Gesichter höchstens aus. Etwas abseits fällt eine gemischte Gruppe auf. Diese Leute sind auffallend gut gekleidet. Sie scheinen auch nicht zur Besatzung zu zählen. Einige dieser Männer sind Indonesen, andere könnten Spanier oder Südfranzosen sein. Im Gegensatz zur gleichmütigen Besatzung tragen sie verschlossene, grimmige Mienen zur Schau. Ihre ganze Haltung ist Feindseligkeit. Seeleute benehmen sich anders. Vermutlich Passagiere. Nur durch einen dummen Zufall wurde – aber erst viel später – an Hand einer von Engels schon wieder als überflüssig beiseitegelegten zweiten, nur dem Kapitän zugänglichen Passagierliste offenbar, daß diese Herren auf dem Wege nach London waren, um sich dem Hauptquartier des dort residierenden französischen Widerstands-Generals de Gaulle anzuschließen.

Der Frachter führt einen hochtrabenden Namen. Er lautet „Duquesa", was übersetzt soviel wie Herzogin heißt. Ein standesgemäßes Fressen für „Admiral Scheer". Das läßt sich nicht bestreiten.

Irgendeiner brabbelt etwas von 9000 Tonnen Gefrierfleisch, Konserven, Früchten und von einer Ladung von 900 Tonnen Eiern an Bord. Eier, na ja, ganz schön, fährt es den Prisenmännern durch den Kopf. 900 Tonnen? Wie viele sind das eigentlich? Einer der Seeleute bleibt stehen und kratzt sich hinter den Ohren.

„Mann, stehen Sie nicht da herum, kümmern Sie sich um die Kanone dieses Dampfers."

„Jawohl, Herr Leutnant", fährt der Seemann zusammen und wetzt los. 900 Tonnen . . .? Das muß ja ein ganzes Gebirge von Eiern sein . . . Zu dumm, gerade jetzt so weit vom Land . . .

In der Kombüse, sie ist groß und geräumig, wartet das halbfertige Mittagessen dampfend und angebrannt riechend auf seine weitere Zubereitung.

Die Speisekarte könnte einem First-Class-Hotel alle Ehre machen. In „à la" und „from" stehen da lukullische Gerichte verzeichnet. Man lebt gar nicht so schlecht auf britischen Frachtern – trotz Krieg und Versorgungsschwierigkeiten. Oder eben darum, um Seeleute und Passagiere bei guter Laune zu halten.

In den Kammern des Kapitäns hängt an der Querwand über einem sauber aufgeräumten Schreibtisch, den das in Teakholz gerahmte Bild seiner Frau mit einem Mädchen schmückt, eine interessante Europakarte. In fingerlangen Lettern ist sie mit den Worten überschrieben: „Nazi war aims!" – Der Nazis Kriegsziele. Kleiner darunter lesen die erstaunten deutschen Seeleute den Hinweis: „Entdeckt in einer geheimen Nazi-Mappe, die 1937 in den Führungsstäben der Wehrmacht zirkulierte." Unten trommeln drei immer größer werdende Worte dem Betrachter entgegen: Grab! grab!! grab!!! Thats the Nazi policy!" „Plötzlich zupacken! Zupacken!! Zupacken!!! Das ist der Nazis Politik." Zwischen diesen beiden Überschriften leuchtet eine buntfarbige Europakarte aus dem Propagandaplakat heraus. Deutschland ist tiefrot, wie mit Blut überdruckt. In heller werdenden Nuancierungen sind alle jene Länder gehalten, die zur Stunde schon besetzt sind oder über die das damoklische Schwert des kriegerischen Überfalls schweben soll. Die Reihenfolge der Aktionen dieser vermutlich Ende 1939 oder Anfang 1940 gedruckten Karte deckt sich, soweit es Österreich, die Tschechoslowakei und Polen betrifft, mit den tatsächlichen Geschehnissen. 1940 sollen also nach dem geheimen Kriegsplan der Nazis erst die Balkanstaaten und 1941 Belgien, Holland, Frankreich, England und Portugal angegriffen werden – und dann Rußland, mit dem Deutschland durch einen Freundschafts- und Nichtangriffspakt verbunden ist!

Während einige Prisensoldaten die Karte studieren, betritt der britische Kapitän, ein Mann mit scharfgeschnittenem, blassem, schmallippigem Gesicht, seine ehemaligen Räume. Er kommt in Begleitung eines Steuermannsmaats, um seine privaten Sachen zu ordnen und zu holen. „Welch ein Unsinn, von einem Krieg zwischen Deutschland und Rußland zu faseln. Hitler wird nicht in den gleichen Fehler verfallen wie der Kaiser und einen Zweifrontenkrieg heraufbeschwören. Propaganda, nichts als Propaganda!" Zum britischen Kapitän gewandt, übersetzt Blaue seine Gedanken. Der aber schweigt. In seinen Augen ist keine Verbitterung, und als er die Stirn kraus zieht, scheinen sie Erstaunen und einen leisen Anflug von kameradschaftlichem Mitgefühl auszudrücken. Um die Lippen des Briten spielt für Sekunden ein dünnes Lächeln. „Believe it or not. Glaub's – oder nicht. Wir werden sehen."

Zwischen dem Kreuzer und der „Duquesa" wedeln Winksprüche hin und her. „Feststellen, ob Schiff als Prise entlassen werden kann." Diese Frage geht in erster Linie den in Friedenszeiten als Chief auf Handelsschiffen tätig gewesenen technischen Prisenoffizier, Leutnant (Ing.) d. R. Classen an, in dessen Hände das Schicksal das Wohl oder Wehe über dieses Schiff spielt. Classen ist gleich nach dem Anbordkommen in die Maschinenräume des Kühlschiffes geklettert. Engels gibt die Anfrage von „Scheer" an den Verfasser weiter, der ohnehin diesen Räumen einen Besuch abstatten wollte.

Es ist heiß an Deck und drückend schwül in den schattigen Gängen, aber beim Öffnen des Maschinenschotts glaubt man sich von einem Gluthauch der Hölle angesprungen. Schwindelgefühle erregt der Blick in die wegen der Verdunkelung vom Tageslicht abgeriegelten, von elektrischen Lampen erhellten hallenähnlichen Räume. Die eisernen Treppen der Niedergänge stürzen in eine gähnende Tiefe, an deren Grund einige Menschlein ameisenhaft herumkriechen. Unten hat Classen die Ingenieuroffiziere des britischen Schiffes zusammengerufen. Sie antworten sachlich und korrekt auf jede seiner Fragen, wenn auch knapp und – verständlich – ohne kollegiale Verbindlichkeit. Der rotbackige Chiefingenieur ist nicht unter ihnen. „No, ohne mich", brummte er die Deutschen an. „Ab jetzt ist's nicht mehr unser Schiff." Damit ging er.

Die „Duquesa" hat noch Kohlenfeuerung. Ihre gewaltigen Maschinen und ihre an vorsintflutliche Ungetüme erinnernden, schon lange unmodern gewordenen Kesselanlagen sollen dem Schiff auf dem Papier Geschwindigkeiten bis zu 14 Seemeilen in der Stunde gestatten, für einen 1918 erbauten Frachter eine beachtliche Höchstfahrt, zweifelsohne aus der Anstrengung der U-Bootabwehr der letzten Kriegsphase 1914–1918 entstanden. Gelaufen ist die „Duquesa" diese Geschwindigkeit schon seit vielen Jahren nicht mehr. Von den Hauptmaschinenräumen hat man einen Blick in die höhlenähnlichen beiden Wellentunnel dieses Doppelschraubenschiffes. Zu deren beiden Seiten erkennt man die mächtigen Kühlmaschinen, die für den Kühlbetrieb der Fracht räume gebraucht werden. Nicht auszuhalten ist es vor den jetzt offenen Feuerstellen, in denen die letzten auf die Roste geworfenen

Kohlen in kraftlos rotmattem Feuer herunterbrennen. Der Schein der versiegenden Brände flackert bronzerot auf den Gesichtern der Männer, deren Gedanken alle das gleiche auszudrücken scheinen: Warum muß dieses brave Schiff sterben? Nur weil ihr Engländer seid und wir Deutsche sind? Männer, die sich im Frieden in den Häfen der Welt bei einem Brandy oder kühlen Bier ohne Umschweife und ohne viele Worte wie Freunde verstanden. Weil sie die See verband, gleich, wo sie sich trafen ...

„Nein, als Prise können wir dieses Schiff nicht entlassen", erklärt Classen nach gründlicher Überprüfung der Maschinenräume, der britischen Tagebücher und der Kohlenbestände trübsinnig, als er den Winkspruch vom „Scheer"-Kommando gelesen hat. „Haben die etwas demoliert?" – „Ne, wozu denn, warum sollten die so unvernünftig sein, wenn sich dem Schiff als deutsche Prise noch eine Chance bietet, von einem britischen Kriegsschiff erwischt zu werden?! Die Kohlenbestände reichen nicht. Das ist es. Die Feuer fressen täglich 85 Tonnen. Die Vorräte sind gerade noch ausreichend genug, um nach Freetown oder Gibraltar zu fahren. Und Kohlen hat unser Versorger ‚Nordmark' nicht an Bord."

85 Tonnen sind 1700 Zentner oder 6800 Eimer, wenn man den Eimer mit einem Viertelzentner Inhalt rechnet. Wie oft mußten die schwarzen Heizerleins in die Hände spucken und ihre Schaufeln schwingen, um diese Menge täglich von den Bunkern bis in die gierigen Münder der Feuerschlünde unter den Kesseln zu werfen. Eine solche Arbeit hält in den Tropen kein Weißer aus, das ist schon für die an Hitze gewöhnten Farbigen eine Viecherei.

Classen wirft ein paar Zahlen auf einen Zettel, schreibt „nein" darauf und reicht den Antwortspruch einem seiner Soldaten: „An Kommandant." Er selbst bleibt mit einigen seiner Männer noch in der Maschine. Ein unbestimmtes Gefühl hält ihn fest, ihn ahnen lassend, daß er hier noch gebraucht werden wird. Die anderen klettern die steilen Stiegen nach oben. Unter der Decke wird die Hitze wieder zur Glut. Man spürt Benommenheit und Atemnot und sieht wie durch einen rotierenden Nebel plötzlich eilfertige Neger in den Raum hereinstürzen. Sie drücken sich an die Wand, um die Deutschen vorzulassen, und sie meinen wohl, vorsichtshalber eine Erklärung schuldig zu sein: „Fire make up ...!" Aha, sie wollen die Feuer wieder in Betrieb nehmen. Die Würfel sind also gefallen. Das Schiff wird nicht, oder wenigestens noch nicht versenkt. Und auch nicht die 900 Tonnen Eier! 900 Tonnen . . . Um auszurechnen, wieviel das sind, müßte man wissen, wie schwer eine solche Kiste mit 360 Stück eigentlich ist. Eine Tonne hat zwanzig Zentner . . . Ein „Hallo, hallo, guten Tag, Sir, guten Tag!" unterbricht diese Überlegungen. Eine abgrundtiefe Baßstimme aus einem breit grinsenden Negergesicht dröhnt den Deutschen entgegen. Narren einen die Sinne? Der Blackboy spricht doch Deutsch! Unwillkürlich klammern die deutschen Seeleute ihre schweißnassen Hände fester um die glutheißen Eisenstangen der Treppengeländer. „Ich Freund of Daitsches. Kapitän Goetsch, gutt, very gutt Mann", radebrecht der eine der Schwarzen, ein riesengroßer Kerl, weiter.

Goetsch, zum Teufel, das ist doch einer der „Scheer"-Prisenoffiziere? Aber der verblieb doch auf dem Kreuzer? Was weiß diese erdalschwarze Seele denn von Goetsch? Der eine der deutschen Soldaten muß ein schrecklich wilderstauntes Gesicht gemacht haben. Er trat auch noch einen Schritt vor, um sich den deutsch sprechenden Neger genauer anzusehen. Der Schwarze witterte Unrat. Hat er etwas Dummes gesagt? Er hebt angstvoll die Hand und wedelt sie mit beschwörender Geste durch die Luft. „Sir, ich Hamburg! Hamburg seien gutte Stadt. Goetsch mein Kapitän von Flugzeug-Katapultschiff ‚Schwabenland'. Ich Heizer dort an Bord, Sir. Gutt Mann, Kapitän Goetsch." „Gott sei Dank", stöhnt der Seemann eine Antwort, mit der der Schwarze nicht viel anfangen kann, bezieht sie sich doch auf die beginnende Erkenntnis, noch bei klarem Verstand zu sein. „Ich werde deinem Kapitän schöne Grüße ausrichten." „Fein, very fein", prustet der Schwarze. „Du kennen den Kapitän? Schreiben ihm, daß Louis lebt, erfrait wieder bei gutt Daitsches sein." Schreiben ist gut, lächelt der deutsche Seemann. Nur 3000 Meter Luftlinie trennen den Neger von Goetsch auf „Scheer". Aber das geht den schwarzen Heizer nichts an.

Das Prisenkommando bleibt an Bord. Der Kommandant ruft Engels zurück und überträgt das Kommando – ausgerechnet – Leutnant Goetsch, dem er noch einige Männer beifügt. Von der „Duquesa" werden nur der Kapitän, der Erste Offizier, der Funker und zwei Mann der Geschützbedienung ausgeschifft und auf den

Kreuzer gebracht. An die feindselig gesinnten Passagiere denkt noch keiner, denn deren Bestimmungsziel klärte sich ja erst später. Die Besatzung des Kühlschiffes wird zu Gefangenen erklärt. Man bringt sie bis auf die Neger in schnell hergerichteten Räumen des Vorschiffes unter, um sie von der Brücke aus unter Kontrolle zu halten. Es bleibt nicht aus, daß Goetsch, der nun die Kammer des britischen Kapitäns bezogen hat, einige Männer der alten Besatzung in den Schiffsbetrieb mit einspannt, vor allem die Neger, das frühere Bedienungspersonal, Maschinisten und die Köche. Er verbürgt sich dem „Scheer"-Kommandanten gegenüber für vier Seeleute, die nicht nur äußerlich als Iren zu erkennen sind, die sich als solche auch benehmen und den Bildberichter des Kreuzers sogar um ein Foto an dieses für sie „erfreuliche Ereignis" bitten. Irland ist ja nicht mit Deutschland im Kriege, und die alten Gegensätze zwischen London und Dublin im Schutze des deutschen Kommandos auszutragen, ist diesen Männern ein Feiertag. Auf einen wird sich Goetsch ganz bestimmt verlassen können, auf den Neger Louis, der beinahe die Sprache vor Freude verlor, als er seinen alten Kapitän wiedersah und einen Tanz aufführte, als seien ihm die Götter seiner afrikanischen Urgroßväter erschienen. „Alle schwarzen Männer auf Seite von Sie, Sir", versprach Louis mit vor Rührung gefalteten Händen. „Alle helfen Kapitän Goetsch. Schiff wird fahren schnell wie nie."

„Trotz allem äußerste Vorsicht, Goetsch. Sie haben Engländer an Bord", warnt Krancke den neuen „Duquesa"-Kapitän, als er in den Abendstunden die jetzt unter der über der britischen Heckkanone auswehenden deutschen Kriegsflagge fahrende Prise mit südlichem Kurs entläßt, selbst in Nachtsichtweite folgend. Es ist verabredet worden, am nächsten Tage schon einiges aus den Kühlschiffbeständen zu entnehmen und die Prise dann zum Treffpunkt Andalusien zu entlassen. Trotz der von Freetown aufgefaßten und bestätigten R-R-R-Meldungen will der Kommandant seine Männer nicht bis zum Erreichen des Treffpunktes auf den Eiersegen warten lassen. Und ob die Prise diesen fernen Punkt wirklich erreicht, ist ungewiß. Was man hat, hat man. Der Kommandant ist allerdings fest davon überzeugt, daß der Gegner ihn nicht in südlichen, sondern in nördlichen Gebieten von der gemeldeten Position suchen wird. Daß die Briten aktiv geworden sind, davon künden die sich einander jagenden Operationsfunksprüche der Navy, deren Inhalt auch Inspektor Pahl nicht entschlüsseln kann.

Erst nach dem Kriege wurden die Gegenmaßnahmen der Britischen Admiralität bekannt und damit auch, daß der „Scheer"-Kommandant richtig folgerte. Der in Freetown stationierte CiC für den südatlantischen Raum entsandte sofort den modernen Schweren Kreuzer „Dorsetshire" (siehe Anhang) und den Leichten Kreuzer „Neptune" bis 500 Meilen westlich von Freetown auf Jagd. Flugzeugträger „Hermes" erhielt zusammen mit dem älteren Leichten Kreuzer „Dragon" und dem Hilfskreuzer „Pretoria Castle" den Befehl, von St. Helena aus nach Nordost vorzustoßen, während die neugebildete Force K, bestehend aus den Schweren Kreuzern „Norfolk" und „Berwick" und dem modernsten Flugzeugträger „Formidable", auf ihrem jetzt angetretenen Marsch nach Süden das Gebiet westlich der Azoren nach Süden hin abkämmen sollten. Doch südlich der Linie, wohin „Scheer" in Wirklichkeit marschierte, wurde keine gegnerische Einheit entsandt.

Die vom „Scheer"-Kommando beabsichtigte Wirkung des Aufbringens auf der Hauptroute von Südamerika nach Norden war also voll erreicht.

Der Vollständigkeit halber sei noch folgendes erwähnt. Die im Süden stehenden und in erster Linie nach dem Gefecht mit dem britischen Hilfskreuzer „Alcantara" am 9. Dezember auf HK „Thor" angesetzten britischen Streitkräfte, nämlich der Schwere Kreuzer „Cumberland" und die schnellen Leichten Kreuzer „Enterprise" und „Newcastle", verblieben im Raum zwischen Rio und Montevideo. Auch hier irrte die Britische Admiralität, wenn sie, nachdem man „Scheer" noch draußen vermutete, glaubte, sie werde den Kursen von „Spee" folgen, sollte sie wirklich nach Süden durchbrechen. Auch „Thor" blieb bis zum Ende ihrer Unternehmungen von diesem Seegebiet fern.

176

10. Arado verschwunden und wiedergefunden

Flugzeug startet und kehrt nicht zurück – FT von Pietsch: Habe 30 feindliche Einheiten gesichtet – Alarm auf „Scheer" und „Duquesa" – SOS von Pietsch – „Scheer" geht auf Suchkurs – Geheimfach von Fliegeroffizier aufgebrochen, keine Klärung – SC-Funker hören Peilzeichen – Kommandant: „Nur da kann er schwimmen" – In der Nacht wiedergefunden – Ursache: Heimatstelle der Luftwaffe gab falsches Codebuch aus – 900 Tonnen Eier sind 14 Millionen eggs – Nun ist die „Duquesa" verschwunden – Weit vorlicher stehend wiedergefunden. Sie lief viel schneller als in den letzten Jahren. Warum?

Die Sonne ist kaum ihrem wogenden atlantischen Bett entstiegen, als bereits Pietsch um 07.30 zu einem Erkundungsflug startet, um das Seegebiet abzukämmen. Der Eierdampfer – man hat in der Nacht ausgeknobelt, daß die bescheidene Zahl von 900 Tonnen ungefähr 15 Millionen Eier darstellt – schippert eben über der Kimm den gleichen Kurs mit dem Kreuzer.

Goetsch hat Anweisung, inzwischen die Ladeluken klarzumachen, damit die für elf Uhr vorgesehene Übernahme möglichst schnell über die Bühne gehen kann. Um die vorgesehene Stunde nähern sich beide Schiffe und gehen langsam mit der Fahrt herunter. Die Bootsbesatzungen der Verkehrsboote stehen klar an der Reling. Gleich kann das Fest beginnen. Warum wartet denn das Kommando mit dem Aussetzen . . .?

Da steigen plötzlich bunte Flaggensignale in den Mast des Kreuzers. Morselampen klappern Sprüche und Befehle vom „Scheer"-Kommando an die Prise. „Verstanden, Ende", bestätigt Goetsch. Mit einem fühlbaren Ruck nimmt der Kreuzer Fahrt auf und läuft mit östlichem Kurs ab. Die „Duquesa" bekommt Befehl, sich mit Südkurs abzusetzen.

Ein bereits 10.00 eingegangener Funkspruch vom Flugzeug hat wie eine Bombe eingeschlagen, denn Pietsch hat grundsätzlichen

Befehl, nur in äußersten Notfällen von der Funkanlage Gebrauch zu machen, um dem Gegner keine Möglichkeiten zum Einpeilen zu geben. Wenn er dennoch funkte, dann doch nur aus einer ungewöhnlichen, ernsthaft bedrohlichen Situation heraus. Nach dem Tagesschlüssel entziffert, lautet der Spruch: „Habe dreißig japanische Einheiten gesichtet. Halte Fühlung." Krancke schüttelt den Kopf. Das kann nur ein Schlüsselfehler sein. Man wartet bis kurz vor 11.00. So lange reicht der Sprit in der Arado. Sie kommt nicht. Stimmt die Meldung etwa doch?

Erregung vibriert durch das ganze Schiff, als es mit Höchstfahrt von dem Treffpunkt abläuft. Der IO läßt die Bullaugen schließen. Er trägt sich bereits mit dem Gedanken, die Reling niederlegen zu lassen, als ihn ein Befehl zum Kommandanten ruft. Krancke sitzt im Kartenhaus in einer Sofaecke, von einer Gruppe Offizieren umstanden.

„IO", wendet er sich an Gruber, „lassen Sie das Geheimfach in der Kammer von Pietsch aufbrechen. Wir müssen wissen, ob er den richtigen Tagesschlüssel mitgenommen hat. Die Funksprüche von ihm scheinen mir nicht zu stimmen. Wo sollen hier dreißig japanische Einheiten herkommen? Unsinn! Auch sonst funkt er nicht wie bei Feindmeldungen vorgeschrieben."

„Könnte doch ein von Kriegsschiffen gesicherter Geleitzug sein, den er gesichtet hat", der NO.

„Glaube ich nicht, hier in dieser Gegend? Und wo sollen im anderen Fall so viele Japaner herkommen? Haben die nie hier im Südatlantik."

Die Untersuchung des Geheimfaches ergibt, daß Pietsch tatsächlich den richtigen Tagesschlüssel mit hat, denn der fehlt. Ein neuer Funkspruch des Flugzeuges geht ein. „Werde gejagt." Neue, schwerste Zweifel. Sollten doch Feindkräfte mit Trägerflugzeugen in der Nähe stehen? Warum hat er das nicht ausführlich gemeldet. Da stimmt was nicht.

Auf der Brücke glaubt man die Armbanduhren wie Glockenschläge in den Ohren dröhnen zu hören. Der Kommandant hat seine Hand so gelegt, daß die Uhr sichtbar bleibt. Der WO in der Brücke hat den linken Arm auf die Reling gestützt, auch die Uhr vor den Augen. Das einzige, was Krancke erfreut, ist die zuversichtliche Stimmung der Besatzung. Alle Männer haben die Meldung, die sich natürlich in Windeseile herumgesprochen hat, ruhig aufgenommen. Einige Unentwegte brennen darauf, in ein Gefecht mit den Briten zu kommen.

„Achtung Brücke: Neue Meldung. Pietsch gibt QUG, QDM. Bin gezwungen, auf See niederzugehen. Erbitte Peilung."

Ein Stein plumpst in den Ozean der Sorgen aller Männer.

Fieberhaft wird die Peilwelle beobachtet. Aber sie bleibt stumm. Es ist nichts mehr zu hören.

BNO und B-Dienstchef werden auf die Brücke befohlen. Eine genaue Überprüfung der eingegangenen Funksprüche wird angeordnet, ob Schlüsselfehler gemacht wurden oder sonstige Fehler, die vielleicht Aufklärung geben könnten. Der B-Dienst hat nichts Außergewöhnliches festzustellen. Es liegen keinerlei Anzeichen vor, daß Feindkräfte in der Nähe stehen oder das Flugzeug gejagt hätten. In den Funkräumen sitzen alle Schlüsselsachverständigen zusammen und beknobeln die Funksprüche.

„Maschinenschaden", findet einer heraus.

„Standort erbeten", ein anderer.

„Alles Scheiße", flucht der BNO in seiner gutmütig lästerhaften Art. „Die Sprüche können wir drehen und wenden, wie wir wollen. Eher läuft ein Kakerlak im Laufschritt über eine frischgeteerte Persenning, als daß wir rausbekommen, was unser Flying Master meint."

„Wenn er noch lebt", wirft einer ein.

Das negative Ergebnis wird dem Kommandanten gemeldet. Alles deutet darauf hin, daß irgendwelche Fehler in den Funksprüchen sind. Deshalb beschließt der Kommandant, wieder kehrt zu machen, um bei Dunkelwerden bei dem vermuteten Landungsort des Flugzeuges zu stehen. Sollten doch Feindkräfte da sein, kann ihnen bei Nacht ausgewichen werden. Die Flieger müssen, falls sie noch leben, wiedergefunden werden. Das Schiff nimmt Kurs auf den vermuteten Landungsort.

Eine fremde Stimme auf der Brücke? Da steht der Fliegerunteroffizier von Pietsch. Er hat hier nichts zu suchen. Aber man versteht seine Sorgen. Der IAO spricht ihn, ihm eine seiner englischen Zigaretten anbietend, an: „Da ist nichts zu machen. Abwarten und Tee trinken. Gehen Sie bitte wieder runter." Der Mann schüttelt den Kopf. „Dann klettern Sie meinethalben in den

Vormars und halten Sie mit Ausguck, wenn Sie helfen wollen."

„Danke, Herr Kapitän", sagt der Mann und entschwindet.

In der Z Stelle ist die Flugzeugwelle doppelt mit den besten Funkern besetzt. Da, endlich, 16.00, ganz schwach ein Laut. Die Funker bekommen glänzende Augen, ihre Bleistifte fliegen über das Papier: „S-O-SQTH (Quadratangabe) RU-KK."

Das kann nur Pietsch sein. Die Meldung jagt durch die Rohrpost zur Brücke.

Schnell wird der angebliche Standort in die Karte eingetragen. „Nanu, wie ist er denn dahin gekommen? Das kann doch auch nicht stimmen. Ist der Geber eingepeilt?" „Nein, war nicht möglich. Zeichen waren zu schwach."

„Hilft nichts, Kursänderung auf diesen Standort. Funkraum größte Aufmerksamkeit auf weitere Signale. Sofort einpeilen. Vermute den Standort nördlicher."

Eine weitere Stunde verfließt in höchster Spannung auf der Brücke und bei der Besatzung. Da, genau eine Stunde später, erneut das SOS. Diesmal etwas lauter. Eine Peilung gelingt. Sie zeigt wieder auf den zuerst vermuteten Standort. Schnell wird der Kurs geändert. Die Spannung siedet. Auf der Back haben sich alle wachfreien Soldaten versammelt und starren nach vorn, wo das Flugzeug auftauchen müßte. 18.00 erneutes SOS. Genau recht voraus gepeilt. Die Dämmerung geht mit einem Sprung in Dunkelheit über. In diesem Augenblick klettert weit, weit weg recht voraus ein gelblicher Stern in die Höhe. Das E-Meßgerät im Vormars hat den Stern erfaßt und mißt die Entfernung mit: 350 hm = 35 Kilometer. Nun rast der Kreuzer die Strecke ab. Ein Aufatmen geht durch das ganze Schiff, und im Vormars macht der Flugmechaniker einen Luftsprung. „Sie haben ihn, sie haben ihn."

Nach Ablaufen der Strecke gibt „Scheer" mit dem kleinen Signalscheinwerfer ihren Morsenamen. Sofort setzt das Flugzeug, 2000 m voraus, seine Positionslaternen. Es schwimmt also und scheint noch klar zu sein. Die Lichter tanzen auf der See, so wie die Herzen aller Männer hüpfen vor Freude, „ihren" Flieger wieder zu haben.

Der TO hat inzwischen eine Leuchtmasse an den Haken des Krans gemacht, um das Aufpicken in der Dunkelheit zu erleichtern, denn noch weiß keiner, ob nicht Feindkräfte in der Nähe sind und Scheinwerfer daher nicht benutzt werden sollen. Das Einsetzen geht schnell. Nach wenigen Minuten steht der Fliegeroffizier vor dem Kommandanten.

„Gott sei Dank, herzlich willkommen, Pietsch", lacht der Kommandant und streckt ihm die Hand hin, „wo ist denn Ihre Armada von 30 japanischen Schiffen?"

Verständnislos sieht Pietsch den Kommandanten an. „Habe ich nie gemeldet, konnte das Schiff nicht wiederfinden und mußte wegen Brennstoffmangels notlanden." „Na, dachte mir doch so etwas, nun erst mal schnell in die Messe, Sie haben doch sicher mächtigen Kohldampf, das andere klären wir nachher." „Jawohl, der Magen knurrt. Wir haben unseren Notproviant nicht angebrochen, wußten ja nicht, wo ‚Scheer' geblieben war und wie lange wir schwabbern müßten."

In der Messe fallen die Funkoffiziere über den Flieger her, während dieser in das Extraessen reinhaut, das ihm serviert wurde. Nach kurzer Zeit kommt der BNO auf die Brücke zum Kommandanten und bringt die Klärung. Die Faut (Flugzeugaufklärungstafel), die der Flieger mit hatte, war veraltet. Sie war mit Wirkung vom 25. November durch eine neue ersetzt und die Heimatseeflugstation hatte versäumt, das Flugzeug mit der neuen Tafel auszurüsten. Da die Flugzeug-FT bisher nie benutzt worden war, blieb dieser Fehler bislang unbemerkt. Das Donnerwetter, das beim Kommandanten für das fehlerhafte Funken für Pietsch auf Lager lag, trifft nun die Verantwortlichen der Heimat-Seeflugstation, gegen welche nach der Heimkehr ein Kriegsgerichtsverfahren eingeleitet wurde. Die Buchstabengruppen, die in der alten Faut Seenotmeldungen und ähnliches bedeuteten, bedeuten in der neuen Faut genau das Gegenteil, nämlich Feindmeldungen und so weiter. So war der Wirrwarr zustande gekommen.

Es hätte ja auch genau umgekehrt sein und dahin kommen können, daß der Oberleutnant einen Funkspruch über das Sichten von feindlichen Einheiten abgab und das Kommando auf dem Kreuzer diesen Spruch als Notmeldung des Fliegers entzifferte und ahnungslos und unvorbereitet Einheiten der britischen Flotte in die Arme gelaufen wäre. Wie in diesem Fall hing nicht nur das Schicksal der Flieger, sondern unter Umständen das der gesamten „Scheer"-Besatzung von 1340 Mann von solch einem lächerlichen und doch so wichtigen Stück Papier ab. Dies beweist auch, wie unsinnig die doppelte Befehlsunterstellung der Bordflieger war. Göring beanspruchte den Befehl über alle fliegenden Verbände, also auch über die Seeflieger, selbst wenn sie zur Luftwaffe abgestellte Seeoffiziere waren. Die ganze Ausrüstung unterstand der Luftwaffe, während das Schiff naturgemäß von der Marine versorgt wurde. Hätte das Bordflugzeug seine Funkausrüstung vom Schiff erhalten, wie es eigentlich natürlich gewesen wäre, konnten solche Pannen nicht eintreten. Wenn man für die Küstenfliegerverbände notfalls der Luftwaffe die Führung lassen konnte, wenigstens bezüglich ihrer Ausrüstung, so war es bei den an Bord eingeschifften Flugzeugen eine eindeutig falsche Organisation.

Pietsch meldet sich nach dem Essen erneut beim Kommandanten, und er berichtet, trotz wolkenlosen Himmels bereits in 30 bis 40 Meter Höhe eine derart diesige Luft angetroffen zu haben, daß die Sichtweite auf einen kleinen Umkreis beschränkt war. Er führt dies auf die hier starke tropische Erwärmung und den damit verbundenen Feuchtigkeitsgehalt der Luft zurück. Schon am Tage vorher habe er Mühe gehabt, den Kreuzer wiederzufinden.

„Wir hatten die Hoffnung bereits aufgegeben. Als die See höher und kabbeliger wurde, wollten wir die Tragflächen abhacken, zögerten aber immer mit dem Entschluß, dieweilen auf der anderen Seite die Haie um unser Flugzeug kreisten und schon auf uns warteten. Na ja, und als die Nacht kam, schossen wir den roten Stern. Ist mir hart angekommen, wenn ich an die R-R-R-Funksprüche bei der Aufbringung der ‚Duquesa‘ und an womöglich den Kreuzer suchende Briten dachte. Ist eben ein glückhafter Dampfer, unsere alte brave ‚Scheer‘.“

Während der Alarmaktion hatte man die „Duquesa"-Ladung und vor allem die Eier völlig vergessen. In allen Decks, in allen Räumen, tief unten bei den Heizerleins, ja selbst oben im DT-Beobachtungsstand raunt man jetzt nur über Eier und versucht die Zahl von 14,4 Millionen gegenständlich zu machen.

„Betrachten wir erst die etwas kleinere Zahl von 7 Millionen Pfund Fleisch", sinniert Otto Grünewald, seit Jahren verheiratet und daher kompetent. „Wenn man das Pfund zu dem Preis von 1,40 Reichsmark ansetzt, kostet die Fleischladung also im Laden 9 Millionen 800 000 Mark. Ganz schöne Summe, nöch?"

Ähnlich liegen die tiefsinnigen Betrachtungen über die Eier, die bei einem Einheitspreis von 13 Pfennig bei der errechneten Stückzahl von 14,4 Millionen zwar nur die bescheidene Summe von 1 846 000 RM ergeben.

„Wofür sich jeder Seemann ein Wochenendhaus bauen kann", bemerkt einer in der Runde, einer, der keine Ausnahme ist, denn der Seemannstraum ist ein Häuschen an der Küste mit einer Kuh auf der Weide, einem Radieschengarten und Seewind um die Nase. Natürlich an der Seite einer eigenen Frau.

Hätte nur einer diese Menge Eier zu verzehren, müßte er jeden Tag 39 444 Stück vernaschen, was bedeutet, daß er alle zwei Sekunden ein Ei essen müßte. Schaurig, schaurig. Die angenommene „Scheer"-Besatzung von tausend Mann müßte sich ein Jahr lang pro Tag mit 369 Eiern herumplagen.

Aber vorerst sind Träume Schäume, denn am nächsten Morgen ist der Dampfer, dessen Geschwindigkeit nach den erbeuteten Unterlagen mit 11,4 Knoten gekoppelt wurde, nicht da, wo er nach „Scheers" Rechnung stehen soll. Wasser, Wasser, Wasser, seidig blau und von der urewigen Dünung unschuldsvoll sanft bewegt. Strahlende Sonne. Ein Wetter, wie geschaffen, um einen germanischen Helden zu zeugen. Aber heute ist die Sonne lästig, wird die Wärme unangenehm empfunden, verblaßt die Pracht ozeanischer Erhabenheit. Neue Sorgen! Neue Rätsel! Der Eier wegen. Wieder der Eier wegen.

Krancke läßt den Kreuzer erst konvergierende Kurse laufen, nachmittags sucht er in Zickzackkursen das in der Fahrtrichtung liegende Seegebiet systematisch ab.

„Wer nicht arbeitet, soll auch nicht beten. Uns wird auch nichts geschenkt, meine Herren, um an den Eiersegen heranzukommen", scherzt der Kommandant, nur scheinbar gelassen, aber ohne ein äußeres Zeichen der Unruhe. Ohne einen warnenden Funkspruch wird Goetsch das Schiff bei Annäherung feindlicher Streitkräfte gewißlich nicht versenkt haben. Und ein FT ging nicht ein. Also schwimmen die Eier noch in der Hülle der zerbrechlichen Sicherheit der eisernen „Herzogin". Nicht nur die befohlenen Ausguckposten sehen sich die Augen wund. Auch alle, die Freiwache haben, hängen an der Reling oder haben sich einen erhöhten Standpunkt ausgesucht. Nichts. Nichts. Nichts. Mit einem kurzen grünschillernden Aufleuchten sinkt der Sonnenfeuerball in die sich nachtschwarz färbende See. Man meint, es zischen zu hören. Wenige Minuten später zucken noch ein paar Lichtkeile über den westlichen Horizont. In 345 Grad sichtet einer zwischen dem verdämmernden Himmel und der See einen stecknadelähnlichen Strich. „Scheer" streckt sich, jagt darauf zu. Der Fremde läuft den Kurs, den der Kommandant vorschrieb. Aber Vorsicht ist geboten. Warum sollte es nicht ein anderer Frachter sein? Warum nicht ein britisches Kriegsschiff? Der Kreuzer läuft gegen den dunklen Westhimmel von der Seite auf. Es ist die „Duquesa", unzweifelhaft. Sie trottet abgeblendet, als massiver Schatten gegen die Kimm stehend, mit erstaunlich hoher Fahrt ihres Weges.

„Nanu, die laufen ja über 14 Knoten", wundert sich der „Scheer"-Kommandant. „Komisch, höchstens elf Knoten sollte sie noch schaffen!" Der Kreuzer trabt in großem Abstand neben der Prise her. In der Nacht will sich Krancke nicht bemerkbar machen, fürchtend, daß Goetsch nach der diesem bekannten und noch nicht korrigierten Gefahrenmeldung über die 30 feindlichen Einheiten das Schiff bei einer etwa unklaren Silhouettenansprache versenken könnte.

11. Verpflegungsamt Wilhelmshaven-Süd wird ausgepackt

Eierübernahme aus „Duquesa"-Beständen – Britische Stewards bedienen deutsche Matrosen wie schwer zahlende Passagiere – „Jedem Seemann eine Kiste" – Eines Heizers Tagesrekord: 46 Stück . . . und Puten, Gänse, Hasen . . . – „Duquesa" erreichte Höchstgeschwindigkeit der Probefahrt: Neger Louis und seine schwarzen Freunde wollten „gutt daitsches Kapitän Goetsch" ihre Sympathien beweisen. – Sie heizten wie noch nie.

Als der Morgen das Licht aus der Nacht herausbricht, bietet sich der Begleitschiffbesatzung das beruhigende Bild des deutschen Kreuzers. Der Ausguckmann hat einen schönen Schrecken bekommen, als er mit den ersten Lichtstrahlen das Kriegsschiff in solcher Selbstverständlichkeit parallel zur „Duquesa" schwimmen sah.

Gegen neun Uhr nähern sich beide Schiffe auf knappe tausend Meter und stoppen die Fahrt. Die Arbeitskommandos stehen schon lange bereit. Ein Befehl nur, die Bootstaljen knarren, die Kutter gehen zu Wasser, und vergnügte bärtige Männer hüpfen in sie hinein. Funker und Maschinenspezialisten rutschen mit rüber. Sie sollen nach Brauchbarem Umschau halten. Welch ein dehnbarer Begriff. „Sie hätten besser genaue Anweisungen gegeben, Oberbootsmann", brummelt der IO.

Auf der „Duquesa" sind lange vor dem Anbordkommen der „Stauervizes" und ihrer Handlanger die Luken zu den Kühlräumen geöffnet worden. Kaum hat das erste Boot festgemacht und die Männer sind noch mit dem Übersteigen beschäftigt, schwebt die erste mit dem Ladegeschirr des Kühlschiffes gefierte Fracht auf das Boot herunter. Es sind Kisten mit auf Abstand genagelten Brettern. Eier. Eier. Eier.

Kühlschiff versenkt . . . Das ist hin und wieder der lapidare Satz in den Wehrmachtsberichten gewesen. Nur wenige vermögen sich einen Begriff von dem Wert eines solchen Spezialfrachters zu machen. Auch die aktiven „Scheer"-Seeleute erschauern, als sie einen Blick in die Kühlraumluken werfen. Über fünf Etagen ziehen sich die Lagerräume hin. Die Wände sind mit fast viertelmeterstarken Bohlen verschalt, die zur besseren Konservierung mit Blech beschlagen worden sind. An den Wänden und auf den Etagenböden winden sich riesige Rohrschlangen, dick wie Anakondas. Durch sie wird die Kälte gedrückt, die in der Maschine in Spezialanlagen erzeugt wird. Ein solches Schiff kostet eine Kleinigkeit mehr als ein normaler Frachter. Das sieht auch der Laie auf den ersten Blick.

Heiter wie die Tropensonne sind die bei der Aufbringung doch so ängstlich gewesenen Neger. Mit vergnügtem Grinsen stapeln sie die Kisten in den Räumen zum Hieven, und mit wilden Gesten geben sie dem alten britischen Bootsmann den Wink: „Go on . . .! Hiev up!" Briten bedienen die Winschen. Weder sie noch der Bootsmann geben ihre wahren Gefühle zu erkennen. Sie arbeiten gelassen, schweigend und der Eier wegen behutsam, als seien auch sie wehrbesoldete Mitglieder der „Grauen Dampferkompanie".

Das Mittagessen wird in der Messe der „Duquesa" eingenommen. Seeleute, Matrosen, Gefreite finden sich neben Feldwebeln und Offizieren an einer gemeinsamen Back zusammen. Blütenweiß sauber gekleidete britische Stewards bedienen sie. Und da diese wildbärtigen Gestalten, die vorgestern mit Pistolen und Handgranaten ihr Schiff enterten, in den Augen der Stewards ganz umgängliche Fellows zu sein scheinen, machen auch sie gute Mienen zum bösen, aber nicht zu ändernden Spiel und servieren mit silbernen Schweißperlen auf der Stirn mit Eile und Vollendung. Hein Seemann fühlt sich wie ein mit Pfunden oder Dollars zahlender geachteter und umhegter Passagier, dem es auf einen Hunderter mehr oder weniger gar nicht ankommt.

Die deutschen Seeleute werden höflich mit „Sir" und nicht einfach mit Mister X oder gar mit Dienstgrad angeredet. Das geht den Kumpels natürlich wie Olivenöl herunter.

„Please Sir, what do you like, please . . ." – „Five eggs!" – „Please Sir, only eggs?" – „Wot ju miens?" – „Do you like fried eggs, scrambled or buttered eggs?" – „I, I . . . na, bester Herr Servierchef, Eier, Rühreier will ik hebben, schön angerichtet mit Schinken . . . Turned eggs with ham, you understand? Schinken, well! Won, tu, tsrie, for, pfeiff, sabbi?" – „Oh, yes, Sir, with pleasure."

Unser Seemann bekommt Setzei mit Schinken – von unten und von oben in bester australischer Butter gebraten. Er verzichtet ein für allemal auf seine „turned eggs" à la Rührei!

Leutnant von Dresky, schon auf „Sophie Cäsar" wegen seines gesunden Appetits berühmt, läßt sich zum zweiten Male fünf Eier reichen – zusammen mit der Portion Braten mit Chips ist das die dritte Mahlzeit.

„Wenn ich will, dann könnte ich . . ."

„Leutnant von Dresky wird im Boot verlangt", ruft eine Stimme in die Messe und entbindet ihn von der Demonstration seiner schrecklichen Drohung. „Der Mensch ist, was er ißt", spottet Engels hinter ihm her.

Schiffsverwaltungsoffizier Schwarzlosen gleicht einem, der, mit einer dicken Brieftasche ausgestattet, für seine eigene Hochzeit einzukaufen im Begriff ist. Zu dem breitschultrigen, großen ernsten Korvettenkapitän paßten sonst sparsame Gesten und kühle Korrektheit wie das Salz zum Ei. Aber die Berge von Eierkisten lassen diese sorgsam gehüteten Schranken der Reserviertheit herunterfallen. Er zeigt sich von einer anderen, an ihm nie erlebten Seite, als er seinen Rundgang durch die „Duquesa" macht, gefolgt vom Messevorstand Dr. Conrad und einem Schwung Soldaten mit gespitzten Bleistiften und offenen Kladden in den Händen. Mit der Nase eines Scotland-Yarders hat er Bestände aufgespürt, die weder Engels noch Goetsch im Bericht vermerkt haben. Der Clou ist die Proviantlast der „Duquesa". In ihr lagern die Nahrungsmittel für Besatzung und Passagiere und anscheinend auch einige Weihnachtsgeschenke an honorige Persönlichkeiten im Bestimmungshafen . . . an Admirale, Gouverneure und Kommandanten der dort liegenden britischen Einheiten. Neben wundervoll frischen südamerikanischen Gemüsesorten und Früchten entdeckt das entzückte Auge des SVO unter der Raumdecke an Haken hängende Hasen, Gänse, Enten, Hühner und – jene zur Weihnachtszeit in merry old England so geschätzten und vielbesungenen Puten für den Festtagsbraten, der wie das i auf den Punkt der britischen Christmas gehört. Auch die Getränkelast bietet feiertägliche Überraschungen an edelsten Stoffen und auserlesenen Weinen, unter denen sogar einige deutsche Spitzenmarken zu finden sind, alte Flaschen, verstaubt wie die gute alte Zeit.

„Sie auszuräumen ist des Schweißes der Edlen wert." Getränkechef Conrad schäumt wie ein übervoll getankter bayrischer Maßkrug.

Ein Winkspruch vom „Scheer"-Kommandanten fragt wegen der 14 Knoten an, die die „Duquesa" entgegen den Versicherungen der britischen Schiffsingenieure lief, und die die Ursache waren, daß man die Prise nicht auf der errechneten Position vorfand. Goetsch gibt zurück: „Schwarzer Freund, Neger Louis, hielt, was er versprach!" Jener Neger, der seinerzeit auf dem westlich der Kap Verden stationierten deutschen Flugzeugsicherungsschiff unter Kapitän Goetsch als Heizer fuhr, hatte seinen schwarzen Kollegen ein loderndes Feuer der Begeisterung unterm Hintern entfacht, um sich und seine Kollegen nicht vor dem „very gutt Mann" Goetsch zu blamieren. Die schwarze Gäng arbeitete wie besessen und machte ein Feuerchen unter die Kessel, daß die „Herzogliche" vor der Wahl stand, entweder zu platzen oder den Überschuß sozusagen abzuarbeiten. Das letztere zog sie vor. Die Umdrehungszeiger kletterten, vom Schwung der Black-Boys mitgerissen, auf den in der Praxis seit Jahren nie wieder erreichten roten Eichstrich der Probefahrt.

Drei Uhr nachmittags ist für beide Schiffe seeklar befohlen. In fieberhafter Eile schleppen die Verkehrsboote die herzoglichen Schätze auf den Kreuzer. Eier, Eier, Eier, 43 000 Stück fürs erste, einige Tonnen Fleisch – und auch Puten, Hühner, Gänse und Buddeln mit wohlklingenden Namen auf den Etiketten. Auch einige hundert Säcke aus den südamerikanischen Staaten kommende für England bestimmte Post sind dabei.

Maschinenspezialisten und Bootsmannsgruppen sind inzwischen auch nicht müßig gewesen. Sie haben einen Möbelwagen voll ihnen wichtig scheinender Dinge zusammengetragen, angefangen vom Schraubenschlüssel bis zum Werkzeugblech und Messingrohr. Die deutschen Seeleute mußten den rührigen britischen Bootsmann der „Duquesa" nachgerade bremsen. Er hätte sonst einen Wolkenkratzerberg an Werg, Farben, Pinsel, Pützen, Segeltuch zusammengeschleppt. Der Gute ist bestimmt ein guter Engländer, wahrscheinlich aber ein noch besserer Seemann und Bootsmann, der mit den Wünschen und Sorgen der Deutschen fühlt. „Hier", schnaufte er, „solche echten Schweinsborstenpinsel habt ihr bestimmt nicht an Bord. Die hat unser Käppen noch in Südamerika gekauft. Wir Engländer brauchen uns nicht den Kopf zu zerbrechen, wie man künstliche Pinselborsten herstellt." „Das hat Vorteile – und auch Nachteile." „Das ist es ja", gibt der Bootsmann zu. „Not macht erfinderisch, und manchmal ist das gefährlich." Sein Arm streckt sich aus und seine Finger zeigen auf das „pocket-battleship". Das ist ja auch eine Notlösung der damaligen Reichsmarine gewesen, eine ausgezeichnete aber.

Auf „Admiral Scheer" läßt der Kommandant der Besatzung ein Abendessen „à la Duquesa" servieren. Rührei in Schüsseln. So viel wie jeder mag. Wurst wie gewünscht und die Butter nicht mehr zugeteilt.

Das Frühstück und die Mahlzeiten der nächsten Tage werden von dem Eiersegen beherrscht. Eier in der Suppe . . . Eier auf dem Fleisch und zu dem Fleisch, Eier in der Nachspeise, Eier als Nachspeise . . . Eier roh . . . Eier mit Zucker . . .

„Jedem Seemann eine Kiste!" Der Kommandant an den SVO.

Überall tauchen elektrische Bratpfannen auf. Wo kommen die nur alle her? In allen Decks und Räumen brutzeln und schmirgeln die Männer der Besatzung.

Der Oberstabsarzt, der sich neben dem IO und dem Smarting über diesen Eiersegen sorgt, wird sozusagen offiziell. „Habe da gelesen, daß deutsche Soldaten in Dänemark vom Genuß zu vieler Eier erkrankten", hebt er warnend die Finger. Und plötzlich schleicht das Gerücht durch das Schiff, ein Seemann habe als Tagesrekord 46 Stück Eier verdrückt. Nun läge er im Lazarett.

Dieses Gerücht ruft die Wissenschaftler auf den Plan. In der Bordzeitung schreibt Dr. Conrad unter anderem:

„... Im Schiff kursiert das Gerücht, daß im Lazarett ein Mann mit verdorbenem Magen liege, weil er 46 Eier verdrückt habe. Das ist nicht wahr. Es mag dahingestellt sein, ob einer so unvernünftig und so verfressen war – im Lazarett ließ er sich zu seinem Glück nicht sehen. Er hätte so viel Rizinus bekommen, daß er zeitlebens beim bloßen Anblick von Eiern diesbezügliche menschliche Bedürfnisse verspüren würde."

12. Ohne Werft und ohne Hafen

Maschinenüberholung bei 40 Grad Raumhitze – Größte Beanspruchung des Personals – Der LI und seine Aufgaben – Haie lösen U-Boot-Alarm aus – Feindpost wird kontrolliert – Kochschinken mit Totenkopfaufkleber

„Scheers" Dieselmotoren, sie sind nun fast zwei Monate ununterbrochen in Betrieb, sind überholungsreif. Zwar haben sie bislang allen Belastungen standgehalten, aber dem Leitenden Ingenieur scheint es im Hinblick auf die geplanten kommenden Operationen und des Kommandanten Absicht, zusammen mit dem Hilfskreuzer „Pinguin" den norwegischen Walfangflotten in der Antarktis nachzuspüren, zweckmäßig, ihren Höchstleistungsstand wiederherzustellen.

Die Diesel überholen, heißt, auf einem schlingernden und

stampfenden Schiff bei 40 Grad Hitze in den Räumen die Deckel von den Zylindern abheben und die zentnerschweren Kolben für eine Reinigung ziehen, in Räumen, die so eng sind, daß schon der normale Betrieb Akrobaten erfordert, um sich darin zu bewegen.

In der Zentrale der Maschine, im Maschinenleitstand, bespricht sich Korvettenkapitän Ewe mit seinen Ingenieuroffizieren und verantwortlichen Maschinisten. Skalen in allen Farben beleben dieses Herz der Maschine, zitternde Zeiger tanzen vor Zahlen, Leitungsskizzen hängen an der Wand, Schalttafeln, Kontrollbilder. Telefone rasseln. Die einzelnen Räume melden sich und berichten.

„Mein Gott, wie geht der denn da mit dem Hilfsmotor um", fährt der LI, der gerade seinen Gedanken über die Arbeitseinteilung für die Motorenüberholung entwickelt, unwirsch auf, als er auf einer der Skalen eine ungewohnte Veränderung mit traumwandlerischer Routine erkennt. Ein Unteroffizier fragt auf seinen Befehl nach, ob die Umdrehungen am Fahrstand dieselben wie am Motorenstand sind. Sekunden später ist die Antwort da. „Der Motor zeigt 325, der Fahrstand 360." „Was stimmt denn nun? Das kann nur an der E-Anlage liegen. Lassen Sie dort den Fehler suchen . . ." Und zu den anderen gewandt fährt er fort: „Meine Herren, um die Überholung aller Räume kommen wir nicht herum. Die Arbeit muß gemacht werden, auch wenn sie sich über die bevorstehenden Weihnachtsfeiertage erstreckt. Es ist besser, wir gehen sofort und mit vereinten Kräften ran, dann haben wir den Kram hinter uns. Fritz, geh mal ruff, hole mir 'ne Zigarre mit Bauchbinde." Fritz ist der Läufer des LI. Zum Zeichen seiner Würde trägt er einen kunstvoll geflochtenen Tampen mit Rosenknoten in der Hand.

Bei dem Duft einer guten Zigarre wird beschlossen, die Überholung in zwei Abschnitten durchzuführen, zwischen denen unbedingt eine Woche liegen muß. „Wenn die Männer schon freiwillig bereit sind, jeden Tag 12 Stunden zu schuften, dann müssen wir im Hinblick auf den rascheren Kräfteverschleiß in den Tropen auch eine Ruhepause einlegen, damit sie sich erholen können."

So geschieht es auch. Bei aller Nüchternheit, die Technik und Dienststellung von ihm fordern, bleibt der LI in erster Linie Mensch und Kamerad, der nichts fordert, was er selbst nicht zu leisten imstande ist. Er ist der Letztverantwortliche nicht nur für die Fahrbereitschaft des Schiffes, auf seinen und seiner Männer

Schultern ruhen auch das Funktionieren der gesamten Lichtanlage und die Stromversorgung für die zahllosen elektrischen Geräte der Schiffsführung und der Waffen.

Der Maschinengefechtsstand auf einem modernen Kriegsschiff gilt nicht allein der Antriebs- und E-Anlage, er ist auch aufs engste verknüpft mit den Belangen der Schiffssicherung, der Leckwehr, der Feuerbekämpfung, des Gasschutzes und der Beseitigung von schweren Gefechtsschäden. Die Maßnahmen des LI müssen mit denen des IO, der von der Schiffszentrale aus den gesamten Sicherheitsdienst leitet, abgestimmt und eingespielt werden. In vielen Fällen muß selbständig und schnell gehandelt werden. Das Ziel muß sein, das Schiff schwimmend und fahrbereit zu erhalten, denn nur dann ist es möglich, daß die Schiffsführung die eigenen Waffen an den Gegner herantragen und sich der Waffenwirkung des Gegners erwehren kann.

Auch ein Laie wird begreifen, daß für die Durchführung des Schiffssicherheitsdienstes der jeweilige Bereitschaftszustand der Maschinen und der E-Anlagen maßgeblich ist. Im Ernstfall könnte eine hohe, möglicherweise unvorhergesehene Stromentnahme für Lenz-, Flut-, Feuerlösch- und Lüftungszwecke bei bereits eingeschränkter Bereitschaft die E-Anlage ganz oder teilweise durch Überlastung zum Ausfall bringen und damit andere gefechtswichtige Stromverbraucher, wie vor allem die Artillerie, lahmlegen. So wurden also seit dem 1. Weltkrieg im Zuge der weiteren Technisierung immer weitere Verantwortungsbereiche in die Hand eines Leitenden gelegt, die seine Vielseitigkeit unterstreichen und die ein kluger Kopf unter diesen Männern durch eine weitgehende Dezentralisation zu lösen versuchte.

Auf „Scheer" hat Korvettenkapitän Ewe seinen Abteilungsingenieuren jedenfalls größte Selbständigkeit eingeräumt. Diese sind ermächtigt, mit eigenen Mitteln für die Erhaltung der Gefechtsbereitschaft ihres Abschnittes zu sorgen. Erst wenn Maßnahmen ergriffen werden müssen, die den Einsatz fremder Hilfe erfordern, bedarf es der Entscheidung der übergeordneten Stelle. So hat der LI den Kopf frei für das Gesamtgeschehen. Er braucht sich nicht um Nebensächlichkeiten zu kümmern, und ein Verstopfen der Befehls- und der Meldewege wird verhindert.

In seiner Hand sind jetzt die Sorgen vereint, das Schiff trotz der

Motorenüberholung für den Fall einer Überraschung gefechtsbereit zu halten, ein Maß an Verantwortung, das sehr wohl neben das des Kommandanten zu stellen ist.

„Was wollen Sie denn tun, wenn Sie auf See das Mittelstück eines Zylinders ausbauen und wieder einsetzen müssen", hatte die Werft gewarnt.

„Was? Selbst machen, was sonst", war die Antwort.

Nun ist es soweit.

An diesen Tagen baut die Maschinenbesatzung ein Zylinderstück mit Bordmitteln ein, eine Arbeit, die eine Präzision auf den Hundertstel-Millimeter erfordert. Mit Spionen, Schublehren und mit viel technischem Wissen und noch mehr Mut wird diese Arbeit erledigt. Es hat noch keine Reparatur in der Maschine gegeben, die man mit Bordmitteln nicht selbst behob.

„Es wird auch keine geben", versichert Ewe dem Kommandanten. Der Mann mit dem störrischen Feindfahrtbart übertreibt nicht. Dazu ist er zu sachlich in diesen Dingen, obschon ein Mann, der den Musen nicht abhold ist, denn seit Wochen übt er mit sangesfrohen Vertretern seiner Männer in seiner Kammer Weihnachtslieder ein. Was für seine Vielseitigkeit und sein Menschtum in dem technischen Panzer seiner Umgebung spricht.

Jeden Abend sieht man ihn in seinem Leitstand sitzen, um das Maschinentagebuch abzuschließen. In diesem werden die Eintragungen über den Stand der Treibölmenge, über verbrauchtes Waschwasser, Trinkwasser und so fort vorgenommen. An Hand feststehender Tabellen wird bei den verschiedenen Fahrtstufen der Brennstoffverbrauch kontrolliert. Wie viele Maschinen und Motoren sind in Betrieb? Welche Hilfskessel sind im Gang, welche Verdampfer arbeiten? „Admiral Scheer" erzeugt ja ihren Wasserbedarf selbst. Ungefähr 50 Tonnen Wasser werden täglich verbraucht, davon sind 40 Tonnen allein Waschwasser, 10 Tonnen Trinkwasser und ein Bruchteil entfällt auf Speisewasser. Die Art der Verwendung des Maschinenpersonals wird genau so peinlichst eingetragen wie alle Störungen, ihre Auswirkungen und ihre Behebung. Dies schon deswegen, um den Stellen, die später die Abschriften der Maschinen-Tagebücher erhalten, Fehlerquellen aufzuzeigen und darzustellen, wie man sie mit Bordmitteln beseitigte.

Nach Süden vorstoßend ist „Scheer" – die „Duquesa" ist mit

ihrer lukullischen Fracht als „Verpflegungsamt Wilhelmshaven-Süd" schon vor Tagen auf den Treffpunkt Andalusien entlassen – in den Bereich des Südostpassates eingetreten. Der Wind ist frisch und stetig, und am Himmel wandern, scharf gegen das Blau des Alls abgegrenzt, weiße Wolkentürme dahin, aus dem Nichts hinter dem Horizont geboren, in das Nichts des Abgrundes wieder versinkend. Hoch oben ziehen in schleierzarten Formgebilden die leuchtenden Eisnadeln des Antipassats dahin.

Schiffe kommen in diesen Tagen nicht in Sicht. Dafür schafft aber etwas anderes Beunruhigung auf der Brücke. Über die Unterwasserortungsanlage werden in 245 Grad in 300 bis 400 Meter Entfernung mehrere Echos gemeldet. Ein Echo im S-Gerät kann nur von einem die elektrischen Schallwellen reflektierenden Gegenstand im Wasser herrühren. Das kann alles mögliche sein. Ein treibendes Wrack, ein Wal oder auch ein U-Boot.

WO und Brückensoldaten suchen mit den Ferngläsern das Wasser an der Backbordseite ab.

„Horchraum an Brücke: Neue Meldung. An Steuerbordseite querab mehrere Echos."

Der WO springt auf die Steuerbordseite.

„An Brücke: An Backbord jetzt auch in 340 Grad Echos. Die in 245 Grad sind auf 235 Grad ausgewandert."

Hin und her. Herüber und hinüber.

„Brücke an Horchraum: Was soll denn diese Herumexerziererei? Was sind das für Echos?"

„Ganz kleine, aber viele."

Fische, was sonst, beruhigt sich der WO, und im selben Augenblick bestätigen ihm dies auch seine Soldaten, die jetzt ein Rudel junger Haifische neben der Bordwand sehen, das aus der gewiesenen Richtung auf das Schiff zugeschwommen kommt. Eines beruhigte bei der zuvor ausgelösten Unruhe: Die Männer im Horchraum schlafen nicht.

Auf Anordnung des Kommandanten versammeln sich alle der englischen, französischen, spanischen und holländischen Sprache mächtigen Offiziere, um die von der „Duquesa" übernommene Feindpost durchzusehen. Die Hoffnung des Kommandanten, vielleicht in einigen der Privatbriefe Hinweise über den Schiffsverkehr oder die britische Flotte zu finden, erfüllt sich nicht. Auch bei der Behandlung über die Situation in England sind alle Verfasser vorsichtig und zurückhaltend. Es sind viele Schreiben von Bank-instituten, Notaren und Handelsgesellschaften unter den Briefen. Wertpapiere, Schecks und Wechsel im Werte von über 5 000 000 Reichsmark werden sichergestellt.

Wenn auch die vielen Weihnachts-Glückwünsche eher Bedau-ern für die Betroffenen als Freude über die Beute aus der „Du-quesa" empfinden lassen, lösen einige doch ein breites Schmun-zeln bei den „Scheer"-Männern aus. Da ist eine jener hübschen, für die britischen Weihnachtsgrüße typischen Karten. Auf der einen Seite wird sie von einem handgemalten Segelschiffsbild geschmückt, das mit herzlichen handgeschriebenen Wünschen verbunden ist, die andere Seite füllt die britische Flagge aus, unter der ein britisches Schlachtschiff zu sehen ist. Mit der Hand hat der Absender darauf vermerkt: „Vergiß nicht, daß die starke britische Flotte die Meere der Welt beherrscht und auch dieser Post, diesem Brief ein sicheres Geleit gegeben hat."

In den Paketen befinden sich zum Teil getragene und zum Teil neue Anzüge, Mäntel, Kleider und Unterzeug, die für Ausge-bombte auf der Insel bestimmt sind. Dem „Scheer"-Kommando sind diese Gaben nicht minder willkommen. Sie bleiben aber in der Familie, denn der Kommandant entscheidet, mit diesen Sachen die größtenteils nur behelfsmäßig ausgerüsteten Gefangenen zu ver-sorgen.

Dankbar werden die sogenannten Mustersendungen begrüßt. Sie enthalten meist Kaffee, Schinken, Wurst und andere Lebens-mittel.

Interessant sind die Zeitungen.

Endlich wieder Zeitungen!

13. Weihnachten mit HK „Thor"

Tropischer Heiligabend auf „Scheer" – Erschwerte Auszeichnungen –
„Jedes-Los-gewinnt-Tombola" ersetzt Weihnachtspakete – SVO fragt:
„Was wollen die Seelords essen: halbe Gans, oder ...?" – Schiff 10,
HK "Thor", trifft ein – Wie Kapitän zur See Otto Kähler den britischen
HK „Alcantara" schwer beschädigte – HK „Thors" Gefecht mit dem
fünfmal größeren HK „Carnarvon Castle"

„Übrigens ist heute Heilig-Abend", so steht es in einem Tagebuch. Übrigens ... Ja, in der tropischen Hitze, im Wirbel der letzten Ereignisse war dieses Fest verblassend in den Hintergrund getreten.

Auf dem Achterschiff wächst ein an Bord gefertigter Tannenbaum aus dem Teakholzboden. Seeleute haben ihn für die große Feier vor die Rohre der 28er Turmgeschütze gestellt, die vor Tagen noch alles andere verkündeten, als „liebet eure Nächsten". Sie bleiben auch heute klar für alle Fälle, so wie der Kommandant auch alle anderen gefechtswichtigen Stellen kriegsmarschmäßig besetzt halten läßt. Der Krieg ist gnadenloser als je ein Orlog zuvor geworden. Sein oder Nichtsein steht stündlich über dem Dasein dieser einsamen Männer, darüber täuschen auch die über die Reling des Achterschiffes gehängten bunten Signalflaggen nicht hinweg oder die festlich geschmückten Räume der einzelnen Divisionen, deren Männer in der Freizeit und in aller Stille aus Besenstielen, Draht und Segeltuch Tannenbäume bastelten, die im Schmuck von selbstgefertigtem Engelshaar, Lametta und bunten Sternen so echt aussehen, als seien sie im Harz geschlagen worden. Nur eben der typische Duft nach Harz, Harzwald und Heimat geht ihnen ab.

Es ist ein wundervoller, wie aus fließender weicher Seide gemachter Sonnentag. „Sophie Cäsar" steht nur wenige Meilen vom Wendekreis des Steinbocks ab, über dem auch an diesem bemerkenswerten Tag wie seit Jahrtausenden die Sonne kulminiert.

Die Mittagszeit beschert den „Scheer"-Männern ein gespenstisch schattenloses Dasein. Die Sonne steht mathematisch genau senkrecht. Die Gesichter der an Deck stehenden Seeleute sind ohne Licht und wirken noch dunkler als es die tiefbraungebrannte Haut ohnehin schon ist. Zur gleichen Stunde erlebt die Heimat den tiefsten Mittagsstand des Tagesgestirns, den Tag der längsten Schatten und der jubelnden Hoffnung auf die Wiedergeburt des Lichts. Es ist für die „Scheer"-Soldaten dieselbe Sonne, die ihren Müttern, ihren Eltern, ihren Brüdern, Schwestern und Frauen an diesem glasblauen Himmel scheint und über deren Lichtbogen die heute vor nachdenklicher Sehnsucht schweren Gedanken wie über goldene Brücken heimwärts wandern.

Ohne Meldung, ohne militärische Kommandos erscheint der Kommandant. Wie einer der ihren tritt er unter seine Männer hin, und als ob sich mit ihm die Kette der sie alle verbindenden Bande geschlossen hat, hebt der Musikmeister den Taktstock. Weicher, warmer Fahrtwind bewegt die Bärte, Perlen tropfen in viele, als das Lied der Stillen und Heiligen Nacht ertönt. Niemand schämt sich der Tränen.

Der Kommandant spricht über das Thema Glaube, Liebe, Hoffnung und sagt dann:

„Kameraden, auch heute dürfen wir nicht rührselig werden. Wir müssen, mag das hart und unerbittlich klingen, Soldaten bleiben, die in dieser feierlichen Stunde ein Bekenntnis ihrer Liebe zur Heimat ablegen. Die Heimat hat uns nicht vergessen und uns über die FT herzlichste Weihnachtswünsche übermittelt. Wir wollen zu Gott beten, daß wir gesund bleiben und wieder nach Haus kommen."

Kapitän zur See Krancke verteilt durch Funkspruch ausgesprochene Auszeichnungen. Er führt aus, daß ein Umstand die Verleihung erschwere. Unter der gesamten Besatzung, von der jeder einzelne seine Pflicht tue, wisse er keinen, der durch irgendeine besondere Leistung den Rahmen der durchschnittlich hohen Einsatzbereitschaft gesprengt habe. Dies sei eine typische und auch natürliche Erscheinung auf allen Einheiten der Kriegsmarine. Denn nur die Gesamtleistung verbürge den Erfolg. Keiner könne außerbords springen und das Schiff etwa schieben. Wenn schon, dann würden Einzelleistungen mehr oder weniger auf glücklichen Umständen und weniger auf persönlichem Mut beruhen, an dem es bei keinem an Bord mangele, denn jeder Soldat erfülle seine Pflicht bis zur letzten Konsequenz und ungeachtet seiner persönlichen Sicherheit.

So kann der Kommandant nur einen Ausweg beschreiten. Unter den Feldwebeln, als Beispiel, zeichnet er den Pumpenmeister aus, weil dieser der Dienstälteste ist, nicht weil er sich unter seinen Dienstgradkameraden besonders hervorgetan hat. Nur bei einem braucht die Schiffsführung nicht nach solchen Wegen zu suchen, bei dem Fliegerfeldwebel, der durch seinen rücksichtslosen Einsatz mit einer von einer Abnahmekommission bestimmt nicht mehr für flugtauglich erklärten Maschine als „Außerplanmäßiger" auch eine außerplanmäßige Ausnahme ist. Es gibt keinen an Bord, der sich nicht mit dem und für den Fliegerfeldwebel freut, der neben seinen soldatischen Qualitäten auch so viele menschliche Vorzüge hat und als waschechter Ostpreuße dazu noch eine Betriebsnudel ist.

Die Überraschung des Nachmittags ist die „Jedes-Los-gewinnt"-Tombola. So kommen die Männer über diese Verlosung doch noch zu einem kleinen Geschenk, das sie für das Ausbleiben der Liebesgaben ihrer Angehörigen entschädigt.

Argentinische Dosenmilch, südamerikanische Zigarren und Zigaretten, Kekse, Schokolade und viele andere Dinge aus den Beutebeständen sind im Verlosungskutter gestapelt. Anziehungspunkt und Hoffnung auf Fortunas Lächeln bilden die vom „Scheer"-Kommando nicht gebrauchten und für diesen Zweck abgetretenen Beuteferngläser.

Die Verlosung lenkt ab. Die Wehmut und die Heimatsehnsucht weicht. Hein Seemann ist wieder der alte. Die gefährliche Klippe ist umschifft.

Der Schiffsverwaltungsoffizier verschönt diesen montäglichen Heilig-Abend mit feiertäglichem Speisezettel. Mittags präsentiert er Eiersuppe, Büchsenfleisch mit Pellkartoffeln (ganz groß geschrieben und Pellkartoffeln deswegen, damit auch kein Krümelchen der hier an Bord kostbar und selten gewordenen Erdfrucht verloren geht) und Erdbeeren als Nachtisch.

Für das abendliche Festessen läßt das Kommando in gastgeberischer Großmut eine Rundfrage an alle ergehen: Was wünschen die Herren? Wild oder Geflügel? Pro Kopf eine halbe Gans? Reicht das?

„Vielleicht", murmeln die Seeleute vorsichtig.

SVO Schwarzlosen ordnet an, zur „Sicherheit" noch ein paar saftige Kalbsbraten in Reserve zu halten. Butter soll jeder so viel essen, wie er mag – und Eier gekocht, gebraten oder roh, wie die Herren Seelords es wünschen. Als Abschluß zwei Buddeln Bier zu „Scheers" Lasten.

Nach Sonnenuntergang besuchen der Kommandant und der IO die Divisionen in ihren individuell geschmückten Räumen. Krancke läßt sich an den Backen nieder und kommt mit den Männern hier in angeregte, dort in nachdenkliche oder besinnliche Gespräche. Die Männer sprechen sich manchen Kummer und manche private Sorgen von der Seele, die sie an diesem Abend wohl besonders drücken. Wenn man den Kapitän so unter den Seeleuten sitzen sieht, möchte man meinen, daß ein Vater sich in der Runde seiner Söhne niedergelassen hat. Jeder spricht frei von der Leber weg. Keiner hat Angst. Keiner stottert vor unangebrachter Ehrfurcht und Verlegenheit.

Es gibt manchen Seemann, der der fröhlichen und in fortgeschrittener Stunde auch sangesfrohen Unbeschwertheit für eine Viertelstunde entflieht und an Deck stille Zwiesprache hält. Über sich das strahlende Wahrzeichen der südlichen Hemisphäre, das diamanten schillernde Kreuz des Südens auf dem Samttuch des tropisch nächtlichen Himmels. Mancher Seemann, der schlafen wollte, aber nicht kann, wandelt an Deck umher. Seine Gedanken gehen wie seine Schritte hin und her und klopfen an eine unsichtbare Pforte. Aber die Zukunft dahinter schweigt.

Erster Feiertag. Der Kreuzer macht nur so viel Fahrt, um eben steuerfähig zu bleiben. Die gemächliche Fahrt erinnert an den sonntäglichen Vormittagsbummel eines würdigen Herrn, der, im Schatz seiner Erlebnisse und Erfahrungen kramend, im Frieden der Landschaft Entspannung sucht und neue Kräfte sammelt. Es weht kaum ein Wind.

Für den zweiten Festtag wird für die erste Morgenstunde schärfster Ausguck befohlen.

Diese Aufforderung ist eigentlich unnötig, denn die Posten lassen sich auch nicht durch die weihnachtlichen Stimmungen bewegen, ihren Dienst zu vernachlässigen. Wenn aber der Kommandant diese Selbstverständlichkeit erneut ins Gewissen ruft, muß etwas im Busch sein. „Scheers" Schiffsvolk spitzt die Ohren. Die Männer brauchen ihre verstärkte Horchpeilung nicht allzu lange zu beziehen. Man hat eben und wieder einmal gut gefrühstückt und die Eierschalen in die für Abfälle vorgesehenen Behälter getan – verständlicherweise dürfen solche verdächtigen Rückstände von der Besatzung nicht nach Lust und Laune über Bord geworfen werden –, da geht die Nachricht von zwei Mastspitzen ein. Aus den mysteriösen Mastspitzen wird schnell ein Schiff. Es morst den Kreuzer an. Der Fremde ist ein ganz gewöhnlicher Frachter, auf dessen Decks sich auffallend viele weißgekleidete Gestalten bewegen.

„Schiff ist der deutsche Hilfskreuzer ‚Thor'", gibt der Kommandant über den Bordlautsprecher bekannt. Kurz darauf folgt der Befehl. „Alle Mann Front nach Steuerbord."

Näher und näher braust „Thor" heran. Dann stehen beide Schiffe, kaum 1000 Meter voneinander getrennt, parallel zueinander. Drüben wie auf dem Kreuzer ist die Besatzung an der Reling angetreten. Drei Hurras auf „Scheer" ... „Willkommen Hilfskreuzer ‚Thor' ...!" „Wir danken und grüßen ‚Admiral Scheer' ... Hurraahhh ...!" antworten die Hilfskreuzermänner. Mützen schwenken durch die Luft, Hände winken mit Taschentüchern.

Militärisch ist das Bild nicht – aber herzlich.

„Das ist unser schönstes Weihnachtsgeschenk", ist aller Meinung.

Erst nach diesen Begrüßungsfeierlichkeiten fällt den „Scheer"-Männern die jugoslawische Flagge an der Bordwand auf. Darüber steht in großen weithin leuchtenden weißen Buchstaben das Wort „Vir", der jugoslawische Tarnname des Schiffes, unter dem der Hilfskreuzer seit dem letzten Gefecht mit dem britischen Hilfskreuzer „Carnarvon Castle" operiert.

Von „Thor" kommt ein Winkspruch: „K an K, herzlich willkommen in ‚Andalusien'."

Krancke macht zurück: „K an K. Herzlichen Dank und ebenso herzliche Willkommensgrüße. Vorschlage: wollen wir bei mir gemeinsam frühstücken? Frage, wieviel Eier und in welcher Form?"

Kähler zurück: „Mit Frühstück auf ‚Scheer' gern einverstanden.

Die Eierpflaumereien finde ich weniger freundlich, eher anzüglich."

Krancke an Kähler. „Eierangebot ist bitterster Ernst. Ich habe genug."

Kähler zurück: „Na, wenn schon, dann mindestens drei Spiegeleier."

Krancke: „Von mir aus auch dreißig und für Ihre Männer dasselbe – und eine Million für die nächste Zeit."

Kähler: „Oh –". Pause. „Ich komme sofort."

Kameramänner, Bildberichter und Amateurfotografen kommen in den unerwarteten Genuß eines Zeitdokumentes, einer Aufnahme großartiger Kameradschaft. Kein Filmregisseur hätte diese so herzliche und menschliche Begegnung der beiden Kommandanten arrangieren können, wie sie unabgesprochen in aller Ungezwungenheit und vor aller Augen auf der Schanze des Schiffes sich zutrug. Vom Seitepfiff der Bootsmannsmaatenpfeife empfangen, kletterte Kapitän zur See Kähler aus seinem Boot auf die Schanze, meldete sich nach altem Brauch an Bord, ergriff die dargebotene Hand seines Kommandantenkameraden, und dann lagen sich beide Männer wie Brüder in den Armen, Männer, die allen Grund zur Freude haben, sich gesund und – überhaupt wiederzusehen.

In der mit einem kleinen, aber ausnehmend liebevoll geschmückten Tannenbaum weihnachtlich belebten Kajüte des „Scheer"-Kommandanten verrinnt die Zeit wie im Fluge. Die beiden Kommandanten tauschen ihre Erlebnisse und ihre Erfahrungen aus, und diese sind pures Gold. „Ich halte es für richtig, wenn sich auch die Abschnittsoffiziere untereinander unterhalten", schlägt Krancke vor. Kähler, erfolggewohnter U-Bootfahrer aus dem 1. Weltkrieg, ist sofort einverstanden.

Das also ist der Kommandant, dessen Schiff am 30. Juli des Jahres auf der Höhe von Brasilien in ein schweres Gefecht mit dem 22 209 BRT großen und viel schnelleren britischen Hilfskreuzer „Alcantara" kam. „Thors" Artillerie lag von Anbeginn gut und deckend im Ziel, indessen der Gegner lange brauchte, um sich einzugabeln, dabei auch nur einen Treffer in einem nebensächlichen Raum auf dem deutschen Hilfskreuzer erzielte, abgesehen von einem Blindgänger, der wütend einige Wände durchschlug, aber keinen weiteren Schaden anrichtete. Die „Alcantara" wurde mehrfach und vor allem schwer durch einen Volltreffer im Maschinenraum getroffen. Sie verminderte die Fahrt und blieb dann mit Schlagseite liegen. Es wäre Kähler in die Hand gegeben gewesen, diesen britischen Hilfskreuzer vollends zu vernichten. Das hätte aber bei der Größe des Schiffes viel Munition und noch mehr Zeit gefordert. Der Gegner wird ohnehin bestimmt für einige Monate, wenn nicht länger ausfallen, kalkulierte Kähler, als er sich im Hinblick auf den wilden Funkverkehr der „Alcantara"-Funker und die wahrscheinlich sogar in ziemlicher Nähe von britischen Überwasserstreitkräften abgegebenen Bestätigungsmeldungen zum sofortigen Ablaufen entschloß.

„Und wie verlief das Treffen mit der ‚Carnarvon Castle'?" möchte man auf „Scheer" gern wissen.

Wieder auf der Höhe Brasiliens war es. Wir standen erst südlicher und gingen dann auf Suchkurs in nördlichere Gebiete. Dicke Nebelsuppe erschwerte die Suchoperation und die Aussicht, einen Frachter in dieser Ecke rechtzeitig und überhaupt auszumachen. Während dieser Operationen ging eine Meldung von einem brasilianischen Dampfer ein, der in fast unmittelbarer Nähe von einem britischen Hilfskreuzer angehalten und mit dem bitteren Erfolg durchsucht worden war, daß zweiundzwanzig Deutsche, wahrscheinlich „Graf-Spee"-Seeleute, heruntergeholt wurden. „Thor", dessen Aufgabe es ja nicht war, sich mit gegnerischen Hilfskreuzern herumzubalgen, und dessen Kommandant es auch als sinnlos betrachtete, die 22 Deutschen von dem Hilfskreuzer im Verlaufe eines vielleicht erfolgreichen Gefechtes lebend herunterzuholen, verholte sich schnell in ein anderes Seegebiet. Auch in der Nacht von 4. zum 5. Dezember besserte sich die Wetterlage nicht. „Thor" fuhr wie durch brodelnde Watte, tastend, suchend, lauschend . . .

Mit der Morgendämmerung zerreißt hier und dort die graue Decke. Der Kommandant hat auch diese Nacht voll angezogen auf dem harten Polster des Ledersofas im Kartenhaus zugebracht. Als Seemann spürte er seit Tagen mit untrüglichem Instinkt eine in der Luft hängende Gefahr . . .

„Na, wenn das kein Hilfskreuzer ist", hört Kähler seinen korpulenten, von der Ostafrika-Linie kommenden Ersten Offizier sagen.

Der sprach leise, aber nicht leise genug, um den Kommandanten nicht zu wecken, der im Unterbewußtsein die Worte aufgenommen hat und die drohende Gefahr durch das Trappeln der Füße auf der Brücke bestätigt findet. Schnell steht er draußen, erkennt das fremde Schiff und ruft aus: „Feindlicher Hilfskreuzer. Alarm!"

Zweimal, dreimal schrillen die Alarmglocken. Halb angezogen, einige nur mit Turnhosen bekleidet, andere nackend, die Hose in der Hand, dieser im Schlafanzug, andere im Bademantel, so hetzen die Männer der Freiwache auf Gefechtsstationen.

Der Fremde stand bei der Sichtung knappe 5000 Meter ab. Wie ein Gespenst tauchte er aus dem sich lichtenden Brodem des Nebels auf. Auf die kurze Entfernung sind alle Einzelheiten deutlich zu erkennen. Das Schiff ist mindestens 20 000 BRT groß, also fast fünfmal größer und wahrscheinlich auch entsprechend schneller als der nur 3 900 BRT große HK „Thor".

Kähler läßt eine Kursänderung vornehmen. Der andere folgt nicht. Immer weiter dreht „Thor" nach Backbord ab, ohne daß sich der große, unheimliche Unbekannte rührt und eine Bewegung macht, die darauf schließen läßt, daß man den kleinen Frachter gesehen hat.

Ein neuer Nebelschleier wischt den Riesen hinweg.

Mit Beginn der Morgendämmerung klart es auf. Der gegnerische Hilfskreuzer schwimmt wie im tiefsten Frieden im Kielwasser von „Thor" hinterher. Aber nicht mehr ahnungslos, denn er läßt plötzlich seinen Scheinwerfer sprechen, über den er das übliche Erkennungssignal des ihm an sich wohl harmlos scheinenden Frachters fordert. Die Schwäche des deutschen Hilfskreuzers, seine geringe Größe mit allen damit verbundenen Nachteilen an Bewaffnung und Geschwindigkeit, wird „Thor" zum Vorteil. Der schwer bestückte Riese läßt sich vertrösten. Er morst, morst, morst unentwegt mit demokratischer Verbindlichkeit. Nach einer guten halben Stunde scheint es damit aus und der Kragenknopf des britischen Kommandanten geplatzt zu sein. „Stoppen Sie sofort", befiehlt dieser durch Morsespruch und setzt als Ausrufungszeichen prompt einen Schuß hinterher, der sich 400 Meter hinter dem Heck wie ein Blumentopf auf dem nebelgrauen Meere entfaltet.

Darauf hat der „Thor"-Kommandant gewartet. „Hart Steuerbord!" Bei hoher Fahrt krängt „Thor" hart über. Die sechs Schläge des Sieben-Uhr-Glasens hören sich so hart an wie zerspringendes Glas. Das Aufbrüllen der Breitseitgeschütze frißt die Stundenmahnung. Der Brite – es handelt sich um die 20 122 große „Carnarvon Castle" – war auf der Hut. Er antwortet, noch bevor ihn der Donner der deutschen Geschütze erreicht. Seine erste Salve liegt der Seite nach unangenehm genau am Ziel. Doch dabei bleibt es.

„Thor" entzieht sich dem gegnerischen Feuer durch geschickte Manöver, während einige ihrer eigenen Granaten das riesige Schiff nicht verfehlen. Die „Thor"-Besatzung geht mit unerschütterlicher Ruhe ans Werk. Sie zucken nicht einmal zusammen, als die ersten gegnerischen Granaten mit hohlem Orgeln über sie hinwegbrausen, als dicht bei „Thor" sich das Wasser aufspaltet, Fontänen den Himmel verdüstern und Sprengstücke umherpfeifen. Sie werden, je wilder sich das Gefecht entwickelt, nur noch ruhiger und besonnener. Ihre Sicherheit wächst und damit die Feuergeschwindigkeit der wahrlich nicht mehr neuen Geschütze.

Auf dem Achterschiff des britischen Hilfskreuzers landen schwere Treffer. Hohe Feuergarben verhüllen für Sekunden das Heck. Dann schweigt das dort aufgestellte britische Geschütz. Stark zunehmende Rauchentwicklung läßt ausgebrochene Brände vermuten.

Nun aber versucht er zu nebeln. Wer nebelt, will verschwinden. Aber „Thor" drängt die „Carnarvon Castle" durch ein paar Manöver in eine derart unglückliche Lage, daß die Nebelschwaden unwirksam achteraus segeln und dem Feinde nutzlos sind.

Rein die Granaten ... Rummsss ... Raus damit. Dröhnen. Klingeln. Rumoren. Klirren von Metall an Metall. Ein woolinghaftes, aber dennoch auf jede Bewegung eingeübtes Durcheinanderlaufen auf „Thor". Triefendnaß vor Schweiß, fast nackend wuchten die „Thor"-Soldaten. Mit bloßem Auge werden acht Treffer erkannt. Die Artillerie-Beobachtung mit ihren guten Gläsern hat zwanzig Einschläge notiert.

Der Brite schießt noch immer. Aber keines seiner Geschosse erreicht das Ziel. Manchmal krepieren seine Granaten so dicht neben der Bordwand, daß die Sprengstücke hell aufsingend und klirrend über das Deck des deutschen Hilfskreuzers schurren. Diese geben dem Kommando später die Möglichkeit, sich über die Bewaffnung des britischen HK informieren zu können. Sie wird an

Hand der Sprengstücke auf ein Kaliber von 15,2 oder 15,3 cm geschätzt.

Das Gefecht zieht sich nun schon über eine halbe Stunde hin. Der Gegner brennt an mehreren Stellen. Seine Gefechtsbereitschaft ist vermindert. Womöglich sind auch seine E-Meßanlagen ausgefallen oder beschädigt, denn so schlecht schießt die britische Artillerie nun nicht.

Eine über die See heranfliegende Dunstwolke nimmt die „Carnarvon Castle" gnädig auf.

„Thor" bleibt gefechtsklar, bereit, den Kampf fortzuführen. Aber der Gegner bleibt unsichtbar. Auf „Thor" hören sie, wie er unaufhörlich seine Position funkt und dabei das Aussehen des deutschen Hilfskreuzers beschreibt. Der schwer angeschlagene britische Riese läuft Montevideo als Nothafen an. Die deutschen Soldaten, die der Hilfskreuzer von dem Brasilianer an Bord nahm, sind wieder dort, wo ihr hoffnungsfroher Fluchtweg begann.

Angst hatten während des Gefechtes nur die britischen Kapitäne der vorher von „Thor" versenkten Schiffe. Als sie hörten, daß „Thor" sich mit der „Carnarvon Castle" im Gefecht befände, bangten sie ehrlich um ihr Leben. „Nie wird dieses kleine Schiff mit dem großen, schwerbewaffneten britischen Hilfskreuzer fertig werden."

Nach dem Gefecht wird Kuddel Kück, waschechter Hamburger Junge, zu den britischen Kapitänen und Schiffsoffizieren geschickt: „Gentlemen, I am sorry, mitteilen zu müssen: Das Gefecht ist aus. Die schwerbeschädigte ‚Canarvon Castle' suchte ihre letzte Rettung in der Flucht in eine Nebelwand."

„Dann war es nicht die ‚Carnarvon Castle'", schlagen einige Kapitäne zurück. „Niemals!"

Erst die viel später gefundenen südamerikanischen Zeitungen, in denen der Verlauf des Gefechts geschildert wurde, überzeugten die ungläubigen Thomasse unter den britischen Kapitänen: „„Carnarvon Castle' erhielt zweiundzwanzig Treffer. Einige zertrümmerten das Achterschiff. Andere rissen Rumpfplatten in Höhe der Wasserlinie auf. Andere trafen die Brücke und die Achterkante des großen Schornsteins. Die ‚Carnarvon Castle' ist derart schwer beschädigt worden, daß mit ihrem Einsatz in diesem Krieg nicht mehr zu rechnen sein wird."

14. Flottentreffen auf Punkt „Andalusien"

Vergebliche Suche nach einem Kohlenschiff für die „Duquesa" – Ausrüstung als Prise – Großer Zapfenstreich unter purpurrotem Tropenhimmel – Hilfskreuzer „Pinguin" – Prise „Storstad" trifft ein – Alarm ... der Eier wegen – „Storstad" gibt Öl an „Nordmark" ab – Chinesisches Rührei mit Haaröl – Gefangenenunterbringung auf „Storstad" – Farbige auf Seite der Deutschen

Beide Schiffe, Schwerer Kreuzer „Admiral Scheer" und Hilfskreuzer „Thor", nehmen nach dieser Begegnung Fahrt zu dem etwas nordwestlicher liegenden Versorgungs-Treffpunkt auf.

Auf dem Geheimquadrat „Andalusien":

Neben dem Hilfskreuzer „Thor" und der inzwischen halboffiziell in „Verpflegungsamt Wilhelmshaven Süd" umbenannten „Duquesa" haben sich für „Admiral Scheer" altvertraute Bekannte eingefunden. Der Versorger „Nordmark" ist pünktlich zur Stelle, und auch der kleinere Versorgungstanker „Eurofeld" schlug sich unangefochten zum Treffpunkt durch. Die gute alte, brave „Eurofeld" steht nun seit über 20 Monaten ununterbrochen im Einsatz. Fast zwei Jahre haben die Männer dieses Schiffes ihre deutsche Heimat nicht mehr gesehen. Ihre Zukunft ist so verschleiert und undurchsichtig wie Londoner Nebel.

Der Anblick dieser kleinen deutschen Flotte im mittleren Südatlantik ist allen Besatzungen tröstliche Gewißheit dafür, daß die gegnerischen Maßnahmen offenbar – Gott sei Dank – unzulänglich sind, daß die Operationen deutscher Flotteneinheiten – sechs Hilfskreuzer auf allen Weltmeeren, Schwerer Kreuzer „Admiral Scheer", vom Gegner im Mittelatlantik vermutet, U-Boote im Nordatlantik, vor Westindien und jetzt auch im Mittelmeer – das Gros der feindlichen Streitkräfte binden, beziehungsweise zersplittern und daß die deutsche Seekriegsleitung in der Wahl der geheimen Treffpunkte eine glückliche Hand gehabt hat.

Den deutschen Besatzungen stärkt der Anblick dieses kleinen Südatlantikgeschwaders das Selbstbewußtsein und das Vertrauen in ihre Führungsstellen.

Tagsüber liegen die Schiffe beieinander, durch laufende Flugzeugaufklärung vor plötzlichen, unliebsamen Überraschungen bewahrt, nachts aber setzen sie sich mit verschiedenen Kursen ab, um erst nach dem Hellwerden wieder zusammenzuschließen. Der „Scheer"-Kommandant hat weitere Zusammenkünfte mit dem HK-„Thor"-Kommandanten, in denen diese ihre zukünftigen Operationsgebiete besprechen und abstimmen. Zunächst soll von beiden Schiffen versucht werden, auf der Route zwischen Kapstadt und Buenos Aires einen Kohlendampfer zu fassen, um aus dessen Beständen die „Duquesa" zu versorgen, da beiden Kommandanten sehr daran gelegen ist, das wertvolle Schiff mit seiner nahrhaften Ladung als Prise in die Heimat zu entsenden. Aber diese Versuche schlagen fehl. Weder ein Kohlenschiff noch ein anderer Frachter kommen in Sicht.

Der letzte Tag im Jahr bietet sich in bezaubernder Schönheit dar. Selbst die alten Handelsschiffskapitäne, die wahrlich auf allen Meeren der Welt zu Hause sind, halten den Schritt an und schauen gebannt auf das Meer, das heute einer kobaltblauen Seidendecke gleicht, die eine kaum merkliche Dünung spielerisch leicht bewegt. Der weltweite Ozean hat einen Grad der Ruhe erreicht, daß er an einen Binnensee erinnert. Kein Windhauch ist in der Luft, die heute von einer transparenten Weitsichtigkeit ohnegleichen ist. Sehr hoch am Himmel segeln engleingleich die glitzernden eiskristallenen Cirruswolken dahin, und als die Sonne mit pomphaftem Strahlengefolge ihrem Bett entsteigt, eilen sie wie erschreckte und verängstigte kleine Kinder zum Schoße ihrer großen Mutter, einer großen, rosafarbenen Kumuluswolke hin, die sich wie ein mächtiges Gebirge über den westlichen Horizont hinaufschiebt. Der um die Mittagsstunde senkrecht stehende Glutstern verleiht der Umgebung, der „Duquesa", dem Hilfskreuzer, der „Eurofeld" und der „Nordmark" ein modellhaftes, plastisches Aussehen. Die dunklen, von der Sonne nicht berührten Schiffsrümpfe ruhen scharf abgegrenzt auf dem leuchtend blauen Meeresteppich. Das Deck von „Scheer" glüht. Mit bloßen Füßen wagt keiner das Teakholz zu betreten. Und wenn der IO nicht wäre, würde dieser oder jener Seemann gern den Versuch unternehmen, auf dem Stahlpanzer der schweren Turmgeschütze ein paar Spiegeleier zu braten. A propos Eier. Man bekommt sie langsam über. Hieß es bei Mißverständnissen oder Meinungsverschiedenheiten früher: „Du hast wohl 'n Vogel", heißt es jetzt: „Du hast wohl'n Ei." Die Wirkung ist die gleiche.

Gegen Abend tritt die Besatzung zu einer Feierstunde an. Neben „Scheer" marschiert in 300 Meter Entfernung Hilfskreuzer „Thor" auf, auf dem sich die Besatzungsmitglieder wie eine Perlenschnur an der Reling aufgereiht haben.

Kapitän zur See Krancke spricht zu seiner Besatzung. Er streift die Ereignisse des ausklingenden Jahres, und er fordert von seinen Männern für das kommende Jahr die gleiche Haltung als Seeleute, Soldaten und Kameraden. Er verliest die Botschaft der Heimat und die Grüße des Oberbefehlshabers, die sich direkt an die „Scheer"-Männer und all die anderen Kameraden auf dem Treffpunkt wenden. Krancke tritt zurück und gibt der Kapelle mit der linken Hand einen Wink. In verschwenderischer Farbenpracht taucht in diesem Augenblick der rubinrot glühende Sonnenball in die See. Der Musikmeister hebt den Taktstock. Der Große Zapfenstreich klingt auf und rüttelt an den Herzen der Männer. Flammenbogengleich erstirbt das Licht. Flüssiges Gold ist das Meer für kurze Minuten. Und dann färben sich die den westlichen Abendhimmel bedeckenden Cirruswölckchen purpurrot und bilden einen unwahrscheinlich schönen, himmlischen Ersatz für die sonst beim Großen Zapfenstreich gewohnten Fackeln.

„Besatzung stillgestanden. Mützen ab zum Gebet."

Die Männer nehmen die Mütze ab. Sie neigen ihre Köpfe zum Gebet, das der Heimat gilt, der glücklichen Heimkehr, den Lieben daheim und ... dem Sieg, den sie als Soldaten erhoffen.

Kein Dom der Welt vermag die purpurfarbene Himmelsglocke zu ersetzen, unter der die Seeleute von „Scheer", vom Hilfskreuzer und den anderen deutschen Schiffen den Choral „Wir treten zum Beten vor Gott den Gerechten" mit einem „Herr mach uns frei!" ausklingen lassen. Die Herzen aller sind von einer Regung ergriffen, für die die wenigsten Worte oder auch nur klare Gedanken haben.

Kapitän zur See Kähler übermittelt in einer kurzen Ansprache seinen und seiner Männer Dank für die erhebende Feierstunde in der Weite des nächtlichen Südatlantiks. Seine Worte sind bei der Windstille und der kurzen Entfernung ausgezeichnet zu verstehen. Krancke antwortet ihm: „Die Besatzung von ‚Admiral Scheer‘ wünscht den Kameraden auf dem kleinen Hilfskreuzer weiterhin Erfolge und der tapferen kleinen Schar die verdiente glückhafte Heimkehr."

Drei Hurras verhallen in der Nacht. Sie ist mondlos und wie ein dunkler, weicher Mantel. Die Männer treten ab. An Deck gehen die Posten ihre einsame Wache.

Punkt 24.00 Uhr schlägt ein Soldat einen riesigen Gong. Acht Glasen für das alte Jahr. Acht Glasen für das neue. Der Kommandant besucht die Messen und die Divisionen. Gegen einen seemännischen Umtrunk hat er heute nichts einzuwenden.

Am nächsten Morgen gibt es für die Hilfskreuzermänner eine Überraschung. Von „Scheer" nähert sich ein vollbesetztes Boot. Der „Scheer"-Musikzug hat darin Platz genommen und bringt den „Thor"-Seeleuten vom Wasser aus ein Neujahrsständchen.

Von der SKL ist ein Funkspruch eingegangen, der sich auf die seit dem 5. Dezember vom Hilfskreuzer „Pinguin" im mittleren südlichen Indischen Ozean in Marsch gesetzte „Storstad" bezieht.

„Erwartet Prisentanker ‚Storstad‘ in den ersten Januartagen auf Punkt Andalusien. Vermutliches Eintreffen zwischen dem 2. bis 3. Januar. ‚Storstad‘ soll KTB-Kopien mitnehmen und Ölladung an ‚Nordmark‘ abgeben. Gelegenheit für Besatzung geboten, Post mit in die Heimat zu geben. Hilfskreuzer ‚Pinguin‘ steht nach letztem Kurzsignal in den Gewässern der Antarktis. ‚Sophie Cäsar‘ bleibt weiter auf Abruf zur Verfügung, um gegebenenfalls mit ‚Pinguin‘ zusammen gegen die norwegische Walfangflotte zu operieren."

Kapitän zur See Krancke wie auch die Seekriegsleitung in Berlin können nicht ahnen, daß sich der eigensinnige, listenreiche Kapitän zur See Ernst-Felix Krüder schon lange vorgenommen hat, die norwegische Walflotte ohne Hilfe des großen Bruders aufzubringen, daß er sich mit seinem NO Michaelsen und den anderen Offizieren einen famosen Plan zurecht legte, die ahnungslosen Norweger sogar ohne einen einzigen Schuß Pulver zu überrumpeln.

Die Prise „Storstad" scheint sich zu verspäten. Sie kommt weder am 3. noch am 4. Januar in Sicht. Ist das Schiff von britischen Seestreitkräften gestellt? Hat der Kommandant einen falschen Punkt angesteuert? „Scheer" stößt auf dem 15. Längengrad West etwas nach Norden vor.

In der Morgendämmerung des folgenden Tages meldet der Ausguck einen Schatten. Ein Schiff. Ein Tanker. Die „Storstad". Gott sei Dank.

Ein schlanker Offizier klettert auf „Scheer" und meldet dem Kommandanten mit seemännischer Schlichtheit: „Prise ‚Storstad' zur Stelle." „Herzlich willkommen, lieber Hanefeld. Hatten Sie eine gute Reise?" „Danke, sie war normal. Die Roaring Forties machten dem alten, lange nicht geklaßten Schiff etwas zu schaffen, daher die Verspätung. Sonst keine besonderen Vorkommnisse. Die Gefangenen sind gesund und wohlauf." „Besondere Wünsche, Hanefeld?" „Einen – für meine Männer und für mich: eine Mahlzeit mit richtigen Kartoffeln. Lebten seit Wochen nur von Dörrkartoffeln und Dörrgemüse. Man sagte uns, die ‚Nordmark' würde uns gut versorgen." „Sie bekommen Ihre Kartoffeln und einiges mehr dazu. Genügen 50 000 Eier und 1000 Kilo Fleisch? Oder dürfen es einige Tausend Eier mehr sein?" Hanefeld bekommt große, erstaunte Kulleraugen. Er tritt einen halben Schritt zurück und fährt sich mit den Fingerspitzen über seine Schläfen. Seine Augen drücken mehr Angst als Ungläubigkeit und Zweifel aus. Stand er zu lange in der Tropensonne? Macht dieser Kapitän einen Scherz mit ihm?

Krancke scheint seine besorgten Gedanken zu erraten. Milde und leise sagt er zu dem Prisenoffizier: „Nein, nein, lieber Hanefeld, Sie haben keinen Tropenkoller und ich keinen Sonnenstich. Da drüben, dieses Schiff mit den gelben Aufbauten, ist das Verpflegungsamt ‚Wilhelmshaven Süd'. Bedienen Sie sich auf Winston Churchills Kosten. Eier ... Fleisch ... Soviel Sie mögen." Hanefeld atmet erleichtert auf. „Sind das alle Wünsche?" forscht Krancke mit einem nachdenklichen Blick auf den Prisenoffizier. „Jawohl, alle." „Ich habe aber den Eindruck, daß Sie elend müde sind." Hanefeld, lang und dünn wie eine Hopfenstange, hat schwarze Schatten unter seinen tiefliegenden Augen. Sein sorgfältig glatt rasiertes Gesicht ist nicht bloß von der Tropensonne ausgelaugt. Die Wangen sind eingefallen, und die Backenknochen stehen wie bei einem Asiaten aus dem Gesicht hervor. „Wenn Sie mich so direkt fragen, Herr Kapitän, will ich eingestehen, seit Wochen keinen richtigen Schlaf mehr gehabt und auch keine Koje mehr gesehen zu haben. Aber es geht schon. Es muß." „Ich möchte Ihnen gern Leutnant Engels und ein paar Männer für die Tage der Ölübergabe als Ablösung an Bord geben. Schlafen Sie sich erst mal richtig aus. Sie und Ihre Handvoll Soldaten brauchen Ruhe für die Anstrengungen der ungewissen Heimreise. Einverstanden?" Hanefeld nickt betroffen statt einer Antwort. Diese Frage zerstört in ihm eine Vorstellung, die er sich von einem befehlsgewohnten „schneidigen" Kreuzerkommandanten gemacht hatte. Die kameradschaftliche Form der menschlichen Fürsorge irritiert ihn auf diesem Kriegsschiff.

„So, heute mittag sind Sie mein Gast, und alles andere besprechen wir morgen, wenn Sie ausgeschlafen haben." Krancke reicht Hanefeld die Hand, grüßt, geht und überläßt den Prisenkommandanten seinen Offizieren, die ihn in die Messe schleppen.

Für die ersten Nachmittagsstunden ist die Proviantergänzung vereinbart worden. „Scheer" stellt dazu die motorisierten Verkehrsboote als Transportmittel. Die ersten Boote sind zu Wasser gelassen und tuckern gerade auf die „Dequesa" zu, als die friedliche Ruhe durch das schrille Gellen der Alarmglocken zerfetzt wird. Die Besatzung rast, springt, rennt auf ihre Gefechtsstationen. Was ist los? Was liegt an?

Mastspitzen sind gesichtet.

Die kleine deutsche Flotte, die jetzt ohne den inzwischen abgelaufenen Hilfskreuzer „Thor" auf dem Treffpunkt liegt, spritzt auseinander, als „Scheer" mit hoher Fahrt in Richtung der gesichteten Mastspitzen davonstürmt. Die „Storstad" setzt sich müde und langsam in Bewegung, und die „Nordmark" nimmt die „Duquesa" in Schlepp, mit ihr auf Gegenkurs ablaufend. Ein Verkehrsboot von „Scheer", das nicht mehr rechtzeitig aufgenommen werden konnte, wird von dem Eierdampfer wie ein kleiner armer Dackel an die Leine genommen.

„Scheer" befindet sich in wenigen Sekunden in vollster Gefechtsbereitschaft. Die Rohre schwenken und fassen das Ziel auf, die E-Messer arbeiten, in den Rechenstellen formt höchste Konzentration die Gesichter. Inzwischen sind die oberen Brückenaufbauten des fremden Schiffes über die Kimm herausgekommen. In der windstillen, flirrenden Luft des tropisch heißen Tages wirken sie wie das hoch herausragende Deck eines Flugzeugträgers. Der Fremde hält direkt auf den Kreuzer zu.

„Malt keinen Kinderschrecken an die Wand", grollt IAO Schumann, als er von dem vermeintlichen Träger hört. „Der klärt doch erst durch Flugzeuge die Gebiete vor sich auf."

„Sollte man annehmen, wenn er auf Feindmarsch steht."

„Aber könnte es sich nicht um einen Träger handeln, der überführt wird und der den Weg durch die wenig befahrenen Gebiete gewählt hat? ... Und wozu sollen die Briten aufklären, wenn sie überzeugt sind, hier doch nichts zu sichten ...?" Während sich noch die Gemüter an der Frage, ob Flugzeugträger oder nicht, erhitzen, kommt vom Vormars die Meldung: „Vermeintlicher Flugzeugträger nimmt das Aussehen des Hilfskreuzers ‚Thor' an."

„Es ist ‚Thor'", hört man des Kommandanten Stimme sagen, der den Fremden noch einmal eingehend durch das Glas betrachtet hatte. „Vermutlich sind Luftspiegelungen an der Verzerrung der Aufbauten des Hilfskreuzers schuld gewesen. Alarm beendet." Flaggensignale klettern in den Mast, um die ausgerissene Armada auf den Treffpunkt zurückzurufen. Auf „Scheer" senken sich die Rohre.

Auf tausend Meter herangekommen, morst Hilfskreuzer „Thor" zu „Scheer" hinüber. „K an K: Mir ist eingefallen, daß wir noch einige Tausend Eier brauchen können."

Um Haaresbreite hätten die Eier anders ausgesehen.

Auf der „Storstad". Leutnant Engels ist mit einem anderen Offizier und einigen Soldaten übergestiegen, um Hanefeld und seine Männer zu entlasten. Einige Zehntausend Eier sind an Bord, ebenso Frischgemüse und vor allem Kartoffeln. Was sonst noch fehlt, verabreicht die „Nordmark" aus ihrem unerschöpflichen Bauch. Die aus Miri, Borneo, stammende Ölladung der „Storstad" ist noch einmal von den „Scheer"-Ingenieuren und „Nordmark"-Spezialisten auf Viskosität, Sauberkeit und Flammpunkt untersucht worden. Die seinerzeit schon vom Hilfskreuzer „Pinguin" angestellten Untersuchungen decken sich mit dem Befund. Das Öl ist ausgezeichnet. Es kann unbedenklich für hochwertige Motoren Vorwendung finden. Die „Nordmark" übernimmt das kostbare flüssige Gold aus dem Fernen Osten bis auf tausend Tonnen, die auf der „Storstad" als eiserne Reserve verbleiben.

Während Hanefeld noch schlief, hat Engels sich um ein zünftiges Eierfrühstück gekümmert und dem Koch entsprechende Anweisungen gegeben. Später in der Messe. Das Rührei wird serviert. Hanefeld hebt schnuppernd die Nase und spricht den neben ihm sitzenden Kameraden an, dessen Haare er auffallend neugierig und mißtrauisch begutachtet. „Sagen Sie mal, waren Sie in einem Damensalon?"

„Wie bitte? Damensalon? Wie kommen Sie denn darauf?"

„Kann mir nicht helfen, es duftet hier aber danach. In Kiel ‚Hinter der Mauer' kann es nicht aufdringlicher stinken."

Der Angesprochene will über eine solche, wenig schmeichelhafte Zumutung erst ärgerlich werden, sagt dann aber, in die Luft schnüffelnd: „Ja, Sie haben recht, irgend etwas riecht hier nicht nur, es stinkt. Wie 'n Laternenpfahl von unten. Aber meine Haare sind's nicht."

„Never mind, laßt uns frühstücken ...", lenkt Engels ein.

„Zum Deibel, auch das Ei schmeckt so parfümiert", flucht nun auch Engels, zieht die Nase kraus und legt die Gabel hin. In der Tat, das so sonderbar brockig aussehende Rührei ist es, das den Parfümduft ausstrahlt.

Steward Kötter, Obergefreiter der Reserve und im Zivilberuf Textil-Großkaufmann, saust los und erscheint mit dem kanadischen Koch.

Es stellt sich heraus, daß der Kanadier seinem chinesischen Hilfskoch die Zubereitung des Rühreis anvertraut hatte, wohl meinend, daß sich Chinesen auf Eierspeisen besonders gut verstünden. Der Scheini wird also hinzugebeten.

„Womit haben Sie das Rührei gebraten?"

„Hiermit", sagt der Scheini-Koch mit lammfrommen Unschuldsaugen und reicht eine Flasche herüber, in der sich noch ein kleiner Rest befindet.

Engels riecht. Hanefeld schnuppert.

„Kerl, das ist Haaröl. Wohl wahnsinnig geworden?"

212

„Nix wahnsinnig, Commander. Haaröl sein very gut für Rührei. Bei Chinaman das sein Delikatesse."

„Ja, man lernt nie aus. Die Chinesen sind fürwahr ein rätselhaftes Volk. Kötter, Sie sind mir verantwortlich dafür, daß sämtliche Haarölbuddeln auf diesem Dampfer eingesammelt werden."

„Jawohl, Herr Leutnant, Haarölbuddeln einsammeln, Liste anlegen, Bericht erstatten. Eine Frage: Dürfen die Gefangenen auch von den Eiern zum Frühstück bekommen?"

„Selbstverständlich. Denken Sie außerdem an *Seine* Rede an Sein Volk: Keiner soll hungern und frieren."

Der Tag vergeht in harter Arbeit. Die Prise bekommt noch einige Gefangene zugewiesen. Hanefelds Bitte um Verstärkung seines Prisenkommandos wird vom „Scheer"-Kommandanten erfüllt. Immerhin hat Hanefeld neben seinen üblichen, ihn normalerweise schon stark in Anspruch nehmenden Aufgaben als Schiffsführer mit seiner Handvoll Soldaten nun über 600 Gefangene zu betreuen und zu bewachen. Unter diesen sind 300 Briten, alte mit allen Wassern der sieben Weltmeere gewaschene Fahrensleute, die Hanefeld in den Räumen des von der Brücke aus leicht und ständig zu kontrollierenden Vorschiffes unterbringen ließ, die Offiziere in dem ehemaligen Mannschaftslogis, einem engen Kabuff, dessen Bullaugen wegen der Verdunklung und zur Verhinderung von Lichtsignalen dichtgeschweißt und verrammelt sind, die Seeleute im vorderen Ladeluk, auf dem tagsüber die tropische Hitze brütet und die Luft im Innenraum zur Backofenhitze steigert.

„Betrachten Sie diese primitive Unterbringung nicht als Schikane", hatte Hanefeld den britischen Schiffsoffizieren und Seeleuten dargelegt, „sondern werten Sie diese Maßnahme aus der für mich berechtigten Sorge vor Ihrem seemännischen Können und Schneid heraus. Ich möchte nicht gern als Ihr Gefangener in einem britischen Hafen landen oder unter Ihrer Flagge von einem deutschen U-Boot in den Keller geschickt werden. Was ich für Ihre Annehmlichkeiten tun und verantworten kann, soll geschehen. Tragen Sie Ihre Wünsche vor, wenn Sie solche haben." Von sich aus ordnet Hanefeld gleich nach Antritt der Prisenfahrt an, daß Verwaltungsfeldwebel Müller in den heißen Mittagsstunden das Ladeluk und das vordere Deck mit Seewasser abspülen läßt, um den Lukeninsassen wenigstens etwas lindernde Kühlung zu verschaffen. In ruhigen Seegebieten dürfen die Gefangenen während der Tagesstunden selbstverständlich an Deck.

Angenehmer haben es die britischen Kapitäne der vom „Pinguin" im zweiten Drittel der Reise im östlichen Indischen Ozean versenkten Schiffe wie auch der Heilsarmee-General aus England. Für sie wurden Kammern im Backbordgang des unteren Brückendecks eingerichtet. Nachts wird der Gang abgeschottet und von einem deutschen Posten bewacht. „Prachtkerle sind es", erklärt Hanefeld seinen Gästen von „Scheer". „Alles Männer, die wohl schon in der Wiege Flaschenbier und Gin getrunken und Woodbine-Zigaretten geraucht haben. Zum Kotzen, solchen Burschen im Kriege begegnen zu müssen. Die sind alle, einer wie der andere, eine Freundschaft unter Männern wert." Viel Fürsorge genießen die von den versenkten Schiffen übernommenen sieben Frauen, unter diesen die Tochter eines britischen Generals. Die 27 Jahre alte Dame ist fatalerweise auch noch atemberaubend hübsch. Was nicht eben beruhigend für den Blutdruck des Prisenkommandos ist.

Achtern wohnen die Norweger von der alten Stammbesatzung. Sie haben sich durch Handschlag verpflichtet, nichts gegen Schiff und Besatzung zu unternehmen. Hanefelds Vertrauen gegenüber diesen kantigen, wasserblauäugigen Wikingergestalten ging sogar so weit, daß er einige von ihnen in den Schiffsbetrieb mit einspannte, um seine Soldaten ausschließlich für den Wachdienst verwenden zu können. Der I. Offizier des Tankers versieht seinen Dienst wie sonst, norwegische Matrosen bedienen das Ruder, und das norwegische Maschinenpersonal geht, von zwei deutschen Obermaaten beaufsichtigt, seine Wachen weiter. Die Zusammenarbeit ist fast kollegial zu nennen. Von dieser Seite braucht Hanefeld jedenfalls nichts zu befürchten, seitdem er den Norwegern das Versprechen gab, sich in Deutschland für ihre sofortige Freilassung und Heimreise nach Norwegen zu verwenden. Es wurde ihm später, das sei bemerkt, nicht leicht gemacht, dieses Versprechen einzulösen. Er mußte zäh darum kämpfen.

In der ehemaligen Minenhalle, die Hilfskreuzer „Pinguin" für die Verwendung als Minenleger eingebaut hatte, haben die farbigen Völkervertreter Quartiere bezogen. Ganz Asien gibt sich ein Stelldichein. Chinesen, Burmesen, Malayen, Indonesier und viele

214

Inder, die alle für ihre mißliche Lage nicht die Deutschen, sondern die Franzosen, die Engländer und Holländer verantwortlich machen und von einer endlichen Befreiung von der Kolonialherrschaft träumen. Wer der Kolonialmächte Feind ist, ist ihr Freund. Die Neger Jim und Louis repräsentieren das Schwarze Afrika, und da diese beiden mit ihren französischen Kolonialherren irgendwann einmal schlechte Erfahrungen gemacht haben, schlagen auch sie sich innerlich und äußerlich auf die Seite der Deutschen und machen sich zum Sprecher aller an Bord befindlichen Farbigen in dem Rufe „Asien den Asiaten! Afrika den Afrikanern, und den Deutschen unsere Hilfe auf diesem Schiff."

Dakarneger Louis war es, der auf dem Heimmarsch Hanefeld warnte, daß er es sozusagen im Gefühl habe, daß die britischen Kapitäne einen Überfall planten, um den Deutschen das Schiff wegzunehmen. Louis' Nase hatte tatsächlich die richtige Witterung. Die Schiffsführung war also gewarnt – und daher schneller.

Hanefeld betrachtet sich für politische Probleme zwar nicht für kompetent, macht aber aus der Not eine Tugend und findet es angenehm, wenigstens von der „farbigen" Seite nichts befürchten zu müssen. Er befördert den ebenholzschwarzen Urwaldsohn Louis zum Oberhäuptling aller Farbigen an Bord, schenkt ihm eine weiße Messejacke als Zeichen seiner Würde und eine Kiste Extra-Eier zur Stärkung seines körperlichen Wohlbefindens.

Am 7. Januar, 77 Tage nach dem Auslaufen des Schweren Kreuzers „Admiral Scheer", ist es soweit. Die Prise macht seeklar. Die Bordastrologen und Kaffeesatzspezialisten prophezeien an diesem denkwürdigen Siebenertag ein Ereignis. Aber das bleibt aus. Und da solcherart Leute um Ausreden nicht verlegen sind, finden sie heraus: „Heute wird die ‚Storstad' Kurs Heimat gehen und damit unsere Post. Ein guter Tag. Ein glückhafter Tag. Sie wird durchkommen. In vier Wochen haben unsere Muttis unseren verspäteten Weihnachtsgruß."

In diesem Punkte irrten die Spökenkieker nicht ... Die „Storstad" kam trotz der angedeuteten, gar nicht mal harmlosen Zwischenfälle im Girondehafen Pauillac an und blieb, wieder in „Passat" umgetauft, der deutschen Marine noch lange nützlich.

„Admiral Scheer" begleitet den Tanker noch ein Stück des Weges, und Hanefeld sorgt dafür, daß die britischen Gefangenen an Deck sind und den deutschen Kreuzer auch zu sehen bekommen, dann dreht „Scheer" ab und marschiert mit nordöstlichem Kurs seinen eigenen Weg, bereit zu neuen Taten.

Wieder frisch in Farbe, macht der Kreuzer ganz und gar nicht den Eindruck, schon über zweieinhalb Monate ununterbrochen in See zu stehen. Er ist so gut ausgerüstet, als käme er eben erst aus einem Kriegs- und Ausrüstungshafen in der Heimat. Die Tanks sind bis zur Halskrause voll, alle Lasten wurden aus den Beständen der „Nordmark" nachgefüllt. Zusätzlich wurden noch 6700 Kilo Fleisch aus der „Duquesa" übernommen. Und wie viele Eier es genau sind, weiß selbst der sonst so zahlenfromme Schiffsverwaltungsoffizier nicht. Es mögen an die 5000 Kisten sein, vielleicht auch 6000 oder 6500. Die Munitionsbestände sind wieder aufgefrischt. Die Motoren sind zum größten Teil überholt und wieder so leistungsfähig wie bei Antritt der Reise. Eine bewunderungswürdige Leistung, das Schiff auf hoher See ohne Werft und ohne Hafen wieder in vollgefechtsfähigen Zustand gebracht zu haben.

15. Unter Afrikas Küsten im Guinea-Golf

Die Tugend eines Kreuzerkrieg-Kommandanten: viel Geduld – „Scheer" erhält neue Tarnung – Rauchwolken in 350 Grad: ein Tanker – Nachtangriff – Gegner stoppt ohne RRR – Widerspenstiger Norwegerkapitän überführt – 13 000 Tonnen Rohöl: nicht für den britischen Flottenstützpunkt Freetown – Tanker „Sandefjord" wird „Admiral Scheers" erste Prise für die Heimat.

Am nächsten Tage läßt der Kommandant den Kreuzer genau nördlichen Kurs legen, um mit Abstand den britischen Flottenstützpunkt auf St. Helena zu passieren. Am 13. Januar stoppen die Maschinen. „Scheer" tritt auf der Stelle. Die Besatzung ergeht sich wieder einmal in den tollsten Gerüchten, eines davon ist, daß heute Bergfest sei. Offiziell weiß keiner der Männer über die Dauer des Unternehmens. Aber das Gerücht behauptet hartnäckig, daß

„Scheer" – wenn alles gut geht, und warum sollte es das nicht – Ende März wieder in der Heimat sein müsse. An einem ist nicht zu rütteln: Der Kreuzer ist heute 83 Tage in See. 83 Tage dauerte die „Spee"-Unternehmung. Man hat das vom tragischen Schicksal verfolgt gewesene Schwesterschiff also zeitlich eingeholt. Ist „Scheer" ein glückhafteres Schiff? Fast will es so scheinen, daß ihm die Götter wohlgesonnener sind.

Aber warum läßt der Alte stoppen? Die letzten ereignislosen Wochen beginnen langsam an den Nervensträngen zu sägen. Manche der Besatzungsmitglieder sind Ehekrieger. Man ertappt sie jetzt öfter, wie sie in Briefen und Fotoalben blättern und die Bilder ihrer Frauen und Kinder an den Spindwänden länger als sonst betrachten. Manche werden verschlossen, andere gereizt, andere streitlustig. Aber auch die Junggesellen wischen verdächtig oft Staub auf den Fotos ihrer Hübschen. Dem Bordleben bekommt so was nicht.

Das Erstaunen und Mißvergnügen über das erneute „Herumgammeln" auf der Stelle bleibt dem Kommandanten nicht verborgen. Ein Beitrag in der Bordzeitung hilft die Unmutsfalten glätten: „,Scheer' steht auf dem Marsch in ein neues Operationsgebiet, braucht aber auch in der Nacht gute Lichtverhältnisse, und solange Freundin Luna noch in voller Größe erstrahlt, daß man bequem nachts eine Zeitung lesen kann, wie jeder schon versuchte, sind diese ausgesprochen schlecht."

„So ist das. Na, dann wollen wir uns gern in Geduld fassen", brummen die Männer, legen Bilder und Briefe weg und finden das Meer wieder herzzerreißend schön und die Einsamkeit erträglich. Wie stand doch in der Palaverkiste: „Wir haben gelesen, daß es drei Dinge geben soll, die nie langweilig werden: die ziehenden Wolken, das flammende Feuer und das fließende Wasser." Zwei davon sind vorhanden.

Geduld ist eben eine der Tugenden, die in hohem Maße auf einem Handelsstörer vom Kommandanten und seiner Besatzung gefordert werden. Krancke hat sie in reichem Maße; daß sie seine Männer nicht verläßt, ist nicht zuletzt eine seiner menschlichen Aufgaben neben den militärischen Zielen.

Seine nicht bekanntgegebene Absicht ist es, an den Schiffahrtsrouten im Golf von Guinea nach Beute zu suchen. Bei der dem

Operationsgebiet nahe gelegenen Insel St. Helena braucht er dunkle Nächte, um das Risiko seiner Operationen in einem vom Gegner stark befahrenen und daher vermutlich stark gesicherten Gebiet so weit wie möglich zu reduzieren. Vielleicht aber erwartet man gerade hier am allerwenigsten einen deutschen Handelsstörer. Vielleicht sprechen die Kapitäne gegnerischer Schiffe „Scheer" beim Insichtkommen sogar als einen der ihrigen an, vergessen zu funken und geben dem deutschen Kommando die Chance der totalen Überraschung. Das Spiel auf dem Schachbrett des Kreuzerkrieges läßt wieder einmal viele Schlüsse und Rückschlüsse offen. Mit einem bedrohlichen Gegenzug muß gerechnet werden, denn der B-Dienst hat inzwischen ermittelt, daß in St. Helena der britische Flugzeugträger „Hermes" stationiert ist.

Aber nicht bloß um Zeit für die Operationen im Golf von Guinea zu gewinnen, hat der Kommandant den Kreuzer stoppen lassen. Das Schiff soll eine Tarnbemalung erhalten, wie sie vornehmlich bei britischen Kriegsschiffen üblich ist. Am 14. Januar hat sich das Aussehen des Kreuzers unter dem die Konturen verzerrenden expressionistischen Anstrich völlig verändert. Und da in den letzten Tagen der Muße und seit dem vermeintlichen Bergfest viel vom Heimmarsch und glücklichen Einlaufen gesprochen wird, ereifern sich die Seeleute über den möglichen Hafen, ob „Scheer" nun in Kiel oder Schlicktown in die Werft käme.

„Stimmt alles nicht", sagt der Seemann Franz Stühr. „Wir fahren direkt nach München." „Nach München?" „Na klar, bei dieser Bemalung sind wir reif für die Ausstellung ‚Entartete Kunst'." Und damit nimmt das Gespräch eine Wende in das Gebiet der Malerei. Die Lager sind geteilt. Auf „Scheer" darf man darüber diskutieren, ob die Ausstellung gerechtfertigt ist oder nicht.

Um die Mittagsstunde entsteht ein Auflauf vor dem Kombüsenschott. Wenn die Seeleute mit rascheren Schritten als gewöhnlich einen bestimmten Punkt im Schiff ansteuern, als sich in ihrer Freizeit nach Seemannsart rucksend aufs Ohr zu hauen, dann muß Außergewöhnliches anliegen.

Am Schott prangt ein Zettel. Ein Eierbezugsschein aus der Heimat ist dort angeklebt, säuberlich auf den Namen der Frau eines Besatzungsmitgliedes ausgestellt. „Abschnitt A ein Ei ... Abschnitt G (Weihnachtszuteilung!) zwei Eier."

In den Abendstunden klingeln die Maschinentelegrafen, beginnen „Scheers" Schrauben wieder zu drehen. Querab von Ascension stehend, wendet sich der Kreuzer jetzt mit Nordost-zu-Ost-Kurs dem Golf von Guinea zu, auf dessen Hauptschiffahrtswege „Scheer" am 17. Januar vorstößt.

Das vormittags und nachmittags gestartete Bordflugzeug bringt keine Sichtung, obwohl Pietsch ein riesiges Seegebiet aufklärte. Hat der Gegner seine Schiffahrtsrouten verlegt? Läßt er seine wertvollen Frachter jetzt dicht unter der afrikanischen Küste entlanglaufen, lieber den Zeitverlust als einen Schiffsverlust in Kauf nehmend? Zu allem Überfluß fällt am nächsten Tage – es ist der 18. Januar, und heute genau vor einem Monat konnte „Scheer" mit der „Duquesa" ihren letzten Erfolg verbuchen – auch noch das Bordflugzeug wegen einer Beschädigung aus.

„Wenn es stimmt, daß unser Dampfer ein glückhaftes Schiff ist und wenn es wirklich eine Duplizität der Ereignisse gibt, dann müßte just um diese Stunde so ein britischer Untersatz in Sicht kommen", orakelt BNO „Woytsche" und tippt auf seine Armbanduhr. Die Zeiger stehen auf 10.15. Eine Viertelstunde später, fast auf die Minute genau mit der Schicksalsstunde der „Duquesa", meldet der Ausguck Rauchwolken in 350 Grad. Der Ruck, der mit der angehenden höheren Fahrt durch das Schiff läuft, ist wie ein Freudensprung, der die Herzen der Männer entzündet. Vorsichtig pirscht sich „Scheer" an den Unbekannten heran. Bei der ausnehmend klaren Sicht glauben die Posten im obersten Stand mit ihren Doppelgläsern in dem Fremden einen Tanker erkennen zu können, dann fällt „Scheer" wieder ab und hängt sich nach Koppelung des Gegnerkurses an die Fersen des Ahnungslosen.

Und wieder die bange Frage: Neutraler oder nicht? Der Kommandant will ganz sicher gehen. Pietsch, dessen Maschine wieder klar gemeldet wurde, soll sich in die Lüfte schwingen. Die Arado kehrt wackelnd zurück.

„Ich bin überzeugt, daß es ein Brite ist", erklärt Pietsch und beschreibt den Tanker, der tief im Wasser liegen soll. „Größe 10 000 Tonnen."

Krancke will das Schiff wie im Falle „Tribesman" erst in der Dunkelheit angreifen. Die Besatzung kann also in Ruhe Abendbrot essen. 19.00 schrillten die Alarmglocken. Die schon routinemäßig gewordenen üblichen Meldungen kommen durch: „Entfernung des Gegners, Richtung, Fahrt . . . Prisen- und Untersuchungskommandos sich klarmachen . . ." Sind schon lange klar. Stehen bereits im Arbeitszeug an Deck. Pistolen umgeschnallt, Schwimmwesten angelegt, Sprengkisten und Seesäcke neben sich.

Die Nacht ist rabenschwarz, nur die Sterne hellen sie etwas auf. „Scheer" fällt nach Steuerbord ab und läuft den Unbekannten an dessen Steuerbordseite auf. Parallel in einigen hundert Metern Abstand zu ihm marschierend, blenden „Scheers" Scheinwerfer auf. Sie krallen sich auf dem Leib des Tankers fest und werfen ein zitterndes weißes Tuch über das tief im Wasser liegende Schiff. Warnschüsse aus den 10,5-cm-Flakgeschützen unterstreichen die Aufforderung zu stoppen. Durch die Gläser erkennen sie auf „Scheer" eine heillose Verwirrung auf dem Tanker. Leute rennen wie Gehetzte auf dem für Tanker typischen Verbindungssteg zwischen Brücke und Achterschiff hin und her, andere stürzen und fallen mehr als sie gehen die Niedergänge hinab, wieder anderen hat der Schreck die Beine gelähmt. Sie stehen wie angenagelt auf Deck, auf der Brücke und dem Gang, anderen und sich selbst im Wege, sie werfen die Arme in die Luft und fuchteln umher, als wollten sie in ihrer Verzweiflung den rettenden Gedanken aus der Luft herausgreifen, so wie man Fliegen fängt.

Der Kapitän des Dampfers stoppt ohne Widerspruch. Er funkt auch nicht. Für das deutsche Prisenkommando fällt der Startschuß. Hand über Hand jumpen die Männer in das Boot . . . Fier weg . . . pick aus . . .! Blupp, macht der Motor, springt an und brummt sich langsam auf Touren. Spritzer kommen über. Das salzige Seewasser brennt in den Augen. Voraus vor dem Tanker schwimmt ein Boot im Wasser. „Hallo, wieviel Mann?" Keine Antwort auf die englisch gesprochene Frage. „What ship . . ." Keine Antwort. „Sind lauter Taubstumme da an Bord? Kein Mensch tut euch was. Los dafür. Machts Maul auf, Seeleute!"

Engels leuchtet das Boot mit seiner Stablaterne an. Es ist gerammelt voll. Die Männer da drin hocken mit zusammengezogenen Schultern in ihm. Sie sehen aus, als ob sie frieren. Aber das ist wohl die Angst. Einige legen die Hand vor die Augen. Welche drehen sich um. Aber einer steht auf und schreit herüber: „Wirrr – Norweger!" Zwei Fäuste fahren vor das Gesicht des plötzlich stürzenden Sprechers. Einer im Boot hat ihm wohl die Füße weggezogen. Wie vom Blitz gefällt ist der Mann in sich zusammengesunken. Da packt ein Scheinwerfer vom Kreuzer das Rettungsboot. „Ich warne jeden, der die Hand erhebt. Pull to the cruiser, oder . . .!" ruft Engels hinüber und zeigt auf seine Pistole im Koppel. Im Boot vorn erhebt sich eine Gestalt. Ein Offizier. Er zeigt mit der Hand verstanden. Das Boot nimmt den befohlenen Kurs. Unklar bleibt, warum man dem deutsch sprechenden Norweger die Faust unter die Nase hielt. Ein Quisling-Anhänger, der sich angesichts des deutschen Kriegsschiffes seinen Landsleuten als solcher zu erkennen gab?

Auf den ersten Blick: Der Tanker ist ein neues und gepflegtes Schiff. Gut in Farbe, sauber aufgeklart. „Sandefjord" ist sein Name, ein Norweger also. Norwegen ist besetztes Gebiet. Für die deutschfreundliche Quisling-Regierung fahren keine norwegischen Schiffe auf den Meeren der Welt.

Der norwegische Kapitän sieht zudem auch nicht norwegisch aus. Aber von den Deutschen spricht keiner die Sprache des Landes der Asen, um ihm auf den Zahn zu fühlen. Er behauptet jedenfalls, Norweger zu sein. Alle Fragen nach dem Woher und Wohin und nach Ladung und deren Bestimmungshafen beantwortet er ausweichend, eigentlich gar nicht, denn das, was er zwischen seinen knirschenden Zähnen herauspreßt, ist kaum zu verstehen. Er sei neutral. Basta. Engels hat die inzwischen von einem seiner findigen Soldaten im Schreibtisch des Kapitäns entdeckten Papiere des Schiffes erhalten.

„Das Schiff soll nach Freetown. Das Öl ist für England bestimmt?" fragt er und blättert in den Unterlagen.

Schweigen.

„Ihr Schweigen werte ich als Bestätigung – oder?"

Keine Antwort. Nur ein Grunzen.

„Und hier? Was ist das?"

Engels hält dem Kapitän die Funksprüche des nach England emigrierten Königlich Norwegischen Schiffahrtsministers unter die Nase „. . . alle norwegischen Schiffe in der Welt empfangen in Zukunft ihre Orders von dem Kgl. Norweg. Schiffahrtsminister in London, dem seitens der Britischen Regierung vollste Unterstützung zugesichert worden ist . . ."

Der Kapitän senkt den Blick zum Boden.

„Bitte, Kapitän, ordnen Sie Ihre Sachen. Sie haben dreißig Minuten Zeit dazu."

Zögernd hebt der Mann den Kopf. Seine Augen sind blank, und auf seine makellos weiße Jacke tropfen Tränen. „I loose my ship . . . I loose my ship", jammert er und nimmt den Kopf in beide Hände.

„Käpten, ich fühle mit Ihnen. Es stand weder in Ihrer noch in meiner Macht, den Krieg zu verhindern. Trösten Sie sich damit, auf diesem Wege schneller als über England in Ihre Heimat zurückzukommen. Machen Sie das Beste aus dieser für Sie so schmerzlichen Situation." Engels legt ihm die Hand auf die Schulter. Dann wendet er sich ab.

Unter der Bewachung einiger Soldaten packt der Kapitän seine Sachen zusammen. Aus dem Schubfach seines Schreibtisches holt er eine Buddel Genever, eine kleinere mit dunklem Inhalt und ein paar Gläser. Sie verschwinden in seiner großen Hand und fallen den deutschen Seeleuten erst auf, als er sie über dem Tisch auf die Decke trudeln läßt. „Nehmen wir einen Drink, Caballeros?" Die deutschen Soldaten lehnen dankend ab. Der Alte rümpft die Nase und sagt: „Es sieht doch keiner." „Auch dann nicht, Käpten. Dienst ist Dienst, und Schnaps ist Schnaps bei uns." „Aber ich, ich habe keinen Dienst . . ." Dann stockt er, läßt den Blick über die vertraut gewordene Umgebung seiner Kammer wandern. Mit einem Würgen in der Stimme vollendet er den Satz „. . . keinen Dienst mehr." Die anderen nicken. Das genügt ihm. Er sprenkelt sich ein paar würzige Angostura-Tropfen ins Glas und schüttet es bis an den Rand gestrichen voll Genever. Mit Würde kippt er das Zeug in den Hals. Seine Hände aber beben. Noch einen. Und noch einen. Als er die Hand zum vierten Male erhebt, zittert sie nicht mehr. „Auf gute Heimreise, wenn es schon keinen anderen Ausweg mehr gibt." Glas Nummer fünf. Er reibt sich die schweißnassen Finger an einem Taschentuch ab und verschwindet im Bad. „Um Sachen zu ordnen", wie er sagte. Statt dessen versucht er ein Bullauge nach draußen zu öffnen, als er sich unbeobachtet glaubt. Will er fliehen? Will er sich das Leben nehmen? Oder will er dadurch nach der der „Scheer" abgewandten Seite eventuellen Vorbeikommern einen Zeichen geben?

„Man könnte Sie mißverstehen, Kapitän", ruft ihm der deutsche

Obermaat mit sanfter Stimme zu und klopft mit dem Knauf seiner Pistole an den Türpfosten zum Bad. In diesem Augenblick steht Engels in der Kammertür.

„Hallo, Käpten, freut es Sie, wenn Ihr Schiff nicht versenkt wird? Dürfte es Ihnen eigentlich nicht sagen, aber einmal erfahren Sie es ja doch."

„Warum sagen Sie es mir denn, wenn es Ihnen verboten ist?"

„Warum wohl, Herr Kollege?"

Der Untersuchungsbefund hat ergeben, daß das Schiff sich in bester Verfassung befindet, mit Brennstoff auch für einen langen Durchbruchsweg nach Deutschland ausgerüstet ist und eine Ladung von 13 000 Tonnen Rohöl in den Bunkern hat, die das „Scheer"-Kommando auch das Risiko einer eventuellen Gefangennahme des deutschen Prisenkommandos vertreten läßt, sollte der Tanker als deutsche Prise angehalten und von seiner Besatzung weisungsgemäß versenkt werden. Außerdem hat die „Sandefjord" im Vorschiff ein noch fast leeres Luk. Dieses könnte, ähnlich wie auf der „Storstad" die auf dem Kreuzer und der „Nordmark" befindlichen Gefangenen aufnehmen. Der Kommandant möchte vor allem die Frauen vom „Port Hobart" endlich loswerden.

Das Prisenkommando – es ist wie immer mit allen Siebensachen übergestiegen – übernimmt den Tanker mit dem Befehl, ihn auf den Treffpunkt Andalusien zur weiteren Ausrüstung zu steuern.

22.30 Uhr geht „Scheer" auf neuen Kurs.

16. Doublette durch Kriegslist

SKL funkt: Vorsicht, feindliche Flugzeugträger im OP-Gebiet – Zwei Sichtungen: Schiff auf Nordkurs, Schiff auf Südkurs – „Scheer"-Kommandant will beide stoppen – „Scheer" markiert britischen Kontrollkreuzer – Gegner eins: der Holländer „Barneveld", geentert – Gegner zwo: fällt auch auf die List herein – „Stanpark"-Kapitän: „Dagegen ist Goebbels ein geistig unterernährtes Wickelkind" – Ein eigener scharfer Torpedo rast auf „Scheer" zu – Wo „Stanpark" sank, brennt das Meer – „Barnevelds" Ende mit den Augen eines Seemannes gesehen.

Der neue Tag fängt munter an. Zwei Uhr nachts reißen die Alarmglocken die Freiwächter aus Kojen und Hängematten. Voraus sind die Positionslichter eines Dampfers zu sehen. „Scheer" tastet sich bis auf tausend Meter heran, steckt die Vorderpfoten in die See, schnuppert ein paarmal mit der Back. Hm, brummt es im Schornstein. Könnte ein Neutraler sein. Könnte . . . Aber, wenn ein Brite sich der List bedient und wie im tiefsten Frieden festbeleuchtet durch die Landschaft furcht?

„Ich würde mir die Herrschaften einmal näher ansehen", meint der NO mißtrauisch.

„Dieser kleine Vogel, der allem Anschein nach ein Portugiese ist, lohnt das Risiko nicht. Auch ein Verzicht wird manchmal belohnt."

Da fährt er hin. Die beleuchteten Bullaugen, das Licht auf der Brücke und die Positionslaternen sind wie unwirkliche Botschafter aus einer anderen Zeit, wirken wie vom Himmel herabgefallene Märchenbuchsterne.

Nach der morgendlichen Kaffeestunde kriecht Unruhe durch das Schiff. Das Ohr hat sich an normale Bordgeräusche so gewöhnt, daß ein schnellerer Schritt, ein nervöses Türenzuschlagen, ein veränderter Tonfall in der Stimme eines Kommandos bohrend ins Bewußtsein eindringt und aufhorchen läßt. Die Nerven sind zum Zerreißen angespannt. Seit Wochen. Seit Monaten. Auch, wenn man das sich selbst und seiner Umgebung gegenüber nicht eingestehen will.

„An alle: Ein Schiff ist in Sicht. Der Unbekannte hat nördlichen Kurs."

Nichts weiter? Kein Alarm von der Brücke?

Der Kommandant überlegt: Nach den Nachrichten der SKL liegt in St. Helena noch immer der Flugzeugträger „Hermes" unter Dampf. Außerdem schwimmt ein stark gesichertes Geleit, das Weihnachten vergeblich vom Schweren Kreuzer „Hipper" angegriffen worden war, etwas südlich von St. Helena. Bei ihm soll der Flugzeugträger „Furious" stehen (wobei der SKL damals nicht bekannt war, daß dieser Träger Flugzeuge nach Takoradi im Guinea-Golf bringen sollte). „Scheer" muß also mit Feindkräften im St.-Helena-Gebiet rechnen. Aus diesen Gründen entschließt sich der Kommandant, bei Tage nur Fühlung auf Parallel-Kurs zu halten.

Es ist 15.00 geworden, als eine neue Meldung vom Vormars eingeht.

„Mastspitzen in elf Grad Schiffsrichtung."

Jetzt wird es interessant. Steuerbord voraus ist ein Entgegenkommer über die Kimm getreten. Die nadelfeinen Mastspitzen werden schnell deutlicher, und nur wenig Zeit vergeht, da ist schon die Oberkante des Schornsteines heraus. An beiden Schiffen Fühlung zu halten, ist unmöglich, sie laufen ja in genau entgegengesetzter Richtung. Welches Schiff mag das wertvollere sein, und welches ist ein Brite oder fährt für britische Rechnung? Vermutlich beide. Beide aufzubringen ist der Wunschtraum aller an Bord. Aber wie? Viel Zeit bleibt dem Kommandanten nicht für seine Überlegungen und Entschlüsse. Es muß rasch, sehr rasch gehandelt werden.

„Nur eine List kann helfen, meine Herren", sagt Krancke. Seine Offiziere kennen ihn nun schon so gut, daß er mit diesem Gedanken bereits eine feste Vorstellung von seinen Plänen hat.

„Scheer" soll einen britischen Kreuzer markieren.

Mit AK läuft das deutsche Schiff, nach Osten ausweichend, ab. Plan des Kommandanten ist es, sich so weit abzusetzen, bis sich die beiden Entgegenkommer ungefähr auf gleicher Höhe befinden, um dann mit äußerster Fahrt auf den näher stehenden Frachter zuzustoßen. Dabei werden die Kurse so angelegt, daß dieser näher stehende Frachter im Augenblick des Zupackens für den westlicher stehenden Gegner die Sicht zum Kreuzer hin verdeckt. Der Angriff wird auf Minute und Sekunde genau ausgearbeitet und festgelegt, und nach der errechneten Zeit dreht „Scheer" auf Gegenkurs und braust mit Westkurs auf den vom Norden kommenden Frachter zu. Schon von weitem wird dieses Schiff nach dem britischen Signalverfahren angemorst. Daß der Frachter sofort abdreht und nun seinerseits auch auf Westkurs geht, stimmt nicht weiter verdächtig, da dies, wie schon gesagt, eine bei Insichtkommen von verdächtigen Schiffen allgemein angeordnete Maßnahme der Britischen Admiralität ist, um dem Kapitän Zeit zu weiteren Überlegungen und zum Funken zu geben. Ist das unbekannte Kriegsschiff oder der verdächtige Frachter, der möglicherweise ja auch ein Hilfskreuzer sein kann, ein Brite, dann ist nichts verdorben.

Auf den Morseanruf zeigt der ablaufende Frachter endlich klar zum Empfang. Der „Scheer"-Kommandant läßt ihm den Spruch hinübergeben: „Ich habe geheime Befehle für Sie. Bitte kommen Sie mir zur Beschleunigung der Abgabe entgegen."

Der Frachter zeigt verstanden. Mit Spannung wird die Wirkung dieses einige Zeit beanspruchenden Morsespruches erwartet. Tatsächlich. Es geschehen noch Zeichen und Wunder. Der Frachter macht kehrt und läuft dem Kreuzer entgegen. Das hätte selbst der größte Optimist in seinen kühnsten Träumen nicht erwartet, daß ein feindliches Handelsschiff treu und brav und vertrauensselig „Scheer" in die zum Empfang ausgebreiteten großkalibrigen Arme läuft. Um die Brückenbesatzung des Frachters von einer allzu genauen Beobachtung des aufkommenden Kriegsschiffes abzulenken – „Scheer" hat zur Tarnung von seinem vorderen Drillingsturm zwei Rohre etwas erhöht und das mittlere gesenkt (einzeln stehende Drillingstürme sind typisch für „pocket-battleships") –, läßt der Kommandant den Morseverkehr munter weiterführen.

„Haben Sie feindliche Streitkräfte oder verdächtige Fahrzeuge gesichtet?"

„Nein, nichts von Bedeutung gesehen."

„Können Sie mir mit Chinin aushelfen? Meine Vorräte sind etwas knapp geworden."

„Werde in der Apotheke nachsehen lassen."

„Wäre Ihnen dankbar. Bitte bereithalten, soweit Sie Chinin abgeben können."

Da es sich um ein Handelsschiff handelt, beansprucht solcher Morsespruchverkehr lange Zeit. Inzwischen haben sich beide Schiffe auf 4000 Meter genähert. Ahnungslos geht der Frachter in die Falle.

Da drüben ist man felsenfest davon überzeugt, es mit einem Briten zu tun zu haben:

Als man den Kreuzer aus östlicher Richtung anmarschieren sah, hat der holländische Kapitän weisungsgemäß seinen Kurs geändert, aber mit der Abgabe der Sichtmeldung und des Funkspruches noch gezögert. Was, hier im Guinea-Golf ein gegnerisches Kriegsschiff? Vermessene Idee. Das kann nur ein britischer Kreuzer sein, überlegte er. Der Zufall will es, daß auf dem Frachter zwei britische Seeoffiziere und ein Marine-Stabsarzt als Passagiere reisen. Diese läßt der Kapitän auf die Brücke bitten.

„Was halten Sie von diesem Kriegsschiff, meine Herren? Ich verstehe nicht viel davon, meine aber, daß es ein britisches ist."

„Seien Sie unbesorgt, das ist ein Kreuzer unserer ‚Cumberland-Klasse'", erklärt der bei der britischen U-Boot-Waffe aktive Oberleutnant.

„Ich weiß nicht recht. Die Aufbauten sind mir etwas zu hoch", sinnt der zweite Engländer, der als Lefthandinstructor eine Art Lehrer darstellt.

„Wenn Sie so lange wie ich in tropischen Gewässern gefahren sind, werden Sie auf solche, durch den tropischen Dunst ausgelösten Verzerrungen nicht mehr hereinfallen. Sie sehen doch die dunklen, klaren oberen Abgrenzungen. Was da darüber ist und nach Aufbauten aussieht, ist Dunst. Blauer Dunst. Nichts anderes."

„Und wenn es eine dem ewig gleichbleibenden Himmel dieser Breiten raffiniert angepaßte Tarnfarbe ist, die uns täuscht?"

„Sie sehen Gespenster, mein Lieber. So tollkühn sind die Germans nicht, nach der ‚Spee'-Pleite hier noch einmal mit einem Kriegsschiff aufzutauchen. Wenn überhaupt, dann käme ja auch nur eines der Taschenpanzerschiffe in Frage, die vermöge ihrer Dieselmotoren einen größeren Aktionsradius haben. Aber die Schiffe dieses Typs haben einen steilen und glatten Gefechtsmast und vor allem einzeln stehende Drillingstürme, vorn einen, achtern einen. Es ist ein Schiff der ‚Cumberland'-Klasse, allenfalls eines der ‚London'-Klasse, wenn ich mich irren sollte. Verlassen Sie sich . . ."

Das fällige Wörtchen „darauf" bleibt unausgesprochen.

„Sehen Sie doch!" brüllt der Kapitän und zeigt auf den jetzt knapp dreitausend Meter abstehenden Kreuzer, auf dem Stop-Signale wehen und der, jetzt abdrehend, die volle Breitseite mit sämtlichen auf den Dampfer gerichteten Geschützen zeigt. Aus dem vorderen Zwillingsturm ist ein Drillingsturm geworden.

„Ein Deutscher, one bloody damned pocket-battleship."

„Funken Sie, Kapitän. Trotzdem! Funken Sie!" schreit der Navy-Oberleutnant.

„Ich höre nicht schwer; aber ich funke nicht. Habe eine Frau und drei Kinder in Holland zurückgelassen, die möchte ich mal wiedersehen. Eine einzige Vollsalve befördert diesen Untersatz in die Tiefe und uns in den Himmel. No, finish. Zu spät."

227

„Funken Sie, Mann! Er wird nicht gleich scharf schießen. Er wird erst warnen. Nur ein R-R-R- mit Position genügt, um St. Helena, Ascension und Freetown zu alarmieren."

„In Ihren Zeitungen steht über die Hunnen etwas anderes geschrieben. Sie werden schießen, uns unbarmherzig zusammenknallen und wie ein Sieb durchlöchern, wenn der Funker nur auf die Taste zu drücken wagt."

„Was die Zeitungen schreiben, ist doch Propaganda. Die Deutschen sind besser als ihr Ruf. Glauben Sie es doch . . ."

„Gar nichts glaube ich Ihnen mehr. Ich glaubte Ihnen die ‚Cumberland'. Dieser Irrtum langt mir." Damit legt der holländische Kapitän mit vor Zorn krebsrotem Gesicht den Maschinentelegraphen nach oben und auf Stop, reißt seine Mütze vom Kopf und pfeffert sie wütend in die Brückennock, wo sie, den Bewegungen des Schiffes folgend, herausrollt und den beiden Seeoffizieren vor die Füße trudelt. Der jüngere hebt sie auf, pustet nicht vorhandenen Staub vom weißen Bezug und reicht sie mit einem ironischen Seitenblick auf seinen Kollegen dem Holländer zurück.

„Hier, ohne Mütze empfängt kein Kapitän seine Gäste."

Ein Motorboot wühlt sich auf den Dampfer zu. Weißgekleidete Gestalten huschen über die Reling. Bärtige, herkulisch gebaute Männer mit Pistolen in der Hand und Handgranaten im Gürtel. Der Kapitän fühlt Erleichterung seinen Rücken herunterrieseln, daß er nicht gefunkt hat.

Die Formalitäten sind schnell und reibungslos erfüllt. Zehn Minuten später geht der Prisenbericht durch Winkspruch an den Kreuzer ab „Dampfer ist der holländische 5 200 BRT große Frachter ‚Barneveld'. Schiff hat militärische Ausrüstungsgegenstände für die britische Armee in Ägypten geladen, unter anderem 80 Flugzeuge, Wehrmachtsfahrzeuge und viele Kisten mit Granatmunition und Fliegerbomben. ‚Barneveld' kommt von England und hat Kurs über Kapstadt nach Aden als ersten Bestimmungshafen. Enddeklaration ist Alexandria."

„Verdammt junge und ausgesucht kräftige Burschen", bemerkt Untersuchungsoffizier Petersen nach der Abgabe des Berichtes an „Scheer" und zeigt auf die anderen Passagiere, die gesondert angetreten sind: „Hm, Herr Leutnant, nach Pfadfindern oder Vertretern in Dosenmilch oder Damenunterwäsche sehen die

Kerls nicht aus. Eine Passagierliste hat der holländische Alte angeblich nicht an Bord. Fragte ihn danach. Ich ahne aber, wo wir sie finden können", sagt der Feldwebel mit einem Blick auf die beiden britischen Seeoffiziere, die Zigaretten rauchend und scheinbar teilnahmslos an der Reling herumstehen. „Wenn die anderen man nicht auch Soldaten sind", fürchtet Petersen. Aber zu langen Überlegungen und Durchsuchungen bleibt keine Zeit. Der „Scheer"-Kommandant will den zweiten Frachter jagen und wartet auf die Klarmeldung des Prisenkommandos.

Da ist sie: „Habe Prise fest in der Hand."

Unter dem deutschen Kommando nimmt die „Barneveld", wie vom Kreuzerkommando schon vorher befohlen, den alten Südkurs wieder auf, um die Schiffsführung des zweiten, mit Westkurs ablaufenden Dampfers davon zu überzeugen, daß es sich bei den Maßnahmen des Kriegsschiffes um eine der üblichen Kontrollen gehandelt habe und daß der Kreuzer unter britischer Flagge fährt.

Die „Barneveld" trottet also los, und da „Scheer" in Eile ist, verbleibt das Prisenboot bei dem Holländer, in dessen Kielwasser es hinterher tuckern muß. „Scheer" selbst braust mit 26 Knoten – wie gut ist es, daß die Motoren auf Punkt Andalusien überholt worden sind – westwärts und dem anderen Frachter nach. In der FT-Bude könnte man eine Stecknadel zu Boden fallen hören. Aber es bleibt still im Äther, als der Kreuzer Meile um Meile aufholt und nun in Signalreichweite hinter dem zweiten Fracher steht. Das gleiche Manöver und auf dem Gegner dieselbe totale Überrumpelung. Ohne eine Gegenwehr und ohne auch nur ein R in die Taste zu drücken, läßt der Kapitän des inzwischen als britisches Schiff erkannten Frachters stoppen und erwartet in vollendet tadellosem Anzug den vermeintlichen britischen Untersuchungsoffizier.

Ein gemütlicher Mann, dieser Kapitän, der sein Schicksal mit stoischer Gelassenheit trägt, bereitwilligst die Schiffspapiere aushändigt und mit einem Schmunzeln auch zwei Bücher übergibt. Das eine ist eines aus britischer Feder und behandelt das Ende des Kreuzers „Graf Spee", das andere verfaßte ein Holländer und heißt „I saw them drop". Der Titel lautet übersetzt „Ich sah sie fallen", womit der Autor die deutschen, über dem Raum Rotterdam abgesprungenen Fallschirmjäger meint. Nach den eigenen Beobachtungen des Verfassers und solcher als seriös und absolut zuverlässig verbürgter Augenzeugen sollen die mordlustigen Fallschirmjäger als Pfarrer vom Himmel gefallen sein, um in dieser Verkleidung alle Zivilisten, die sich ihnen vertrauensvoll näherten, bequemer und geräuschloser erdolchen und abmurksen zu können.

Engels blättert in dem Buch, überliest einige dieser schaurigen „Dokumentarberichte" und schüttelt sich vor Vergnügen über diesen himmelschreienden Blödsinn. Und der britische Kapitän lacht aus vollem Halse mit. „Nicht wahr", sagt er listig. „Ihr Propagandaboß Goebbels ist ein radebrechendes, geistig unterernährtes Wickelkind dagegen." „Sie glauben doch nicht etwa . . .?" „Nonsens, natürlich glaube ich diesen Unsinn nicht. Aber . . .", so fügt er mit leisem Nachdruck in der Stimme hinzu und beugt sich zu Engels vor, „immerhin, es sind nicht wenige, die solche Phantastereien für bare Münze nehmen. Nicht ungefährlich, das."

Das Schiff heißt „Stanpark", ist 5600 BRT groß und hat eine in Bombay übernommene Ladung von Baumwollsaatkernen für England an Bord.

Während die Besatzung der „Stanpark" ausgeschifft, von „Scheer" übernommen wird und das Prisenkommando diesen Frachter zur Sprengung klarmacht, kehrt die „Barneveld", auf der Petersen die reibungslose Aufbringung des zweiten Frachters beobachtet hat, zurück und taucht – es ist inzwischen dunkel geworden – dicht neben dem Kreuzer auf. Das Verkehrsboot legt bei „Scheer" an, ein Feldwebel entert die Schanze, weicht den Fragen des Ersten Offiziers mit der Bemerkung aus, sofort zum Kommandanten zu müssen. Immer zwei und drei Stufen auf einmal nehmend, hetzt der Feldwebel auf die Brücke und tritt außer Atem vor Kapitän zur See Krancke hin.

„Die 45 Passagiere sind britische Soldaten, unter diesen sind auch U-Boot-Seeleute der Navy. Prisenkommandant bittet, diese Leute zusammen mit den drei britischen Seeoffizieren, wenn möglich, sofort herunterholen zu lassen. Das Prisenkommando ist nur 15 Mann stark."

„Einverstanden", sagt der Kommandant. „Denen müssen ja die Hosen mit Grundeis gehen. 45 Soldaten, drei Offiziere und 43 Mann Stammbesatzung gegen 15 Deutsche. Was hat man denen denn für Greuelmärchen erzählt."

Als er später „I saw them drop" gelesen hat, empfindet er mehr Verständnis für diese Zurückhaltung.

Von der „Stanpark" kommt die Nachricht, das Schiff sei jetzt zur Sprengung klar, und die Frage, ob noch weitere Befehle vorlägen.

„Keine mehr. Schiff sprengen."

Das Prisenkommando verläßt den Frachter. Nach sieben Minuten für die Sprengmixer bangen Wartens dröhnt ein dumpfer Knall herüber. Erst nach langen Sekunden folgen die anderen Detonationen. An den Bordwänden brechen Wasserberge unter dem Druck der krepierenden Außenbordsladungen aus der See. Das Schiff sackt merklich einige Meter tiefer, verharrt dann aber in dieser Lage. Anscheinend quellen die Baumwollsaatkerne auf, und der Frachter schwimmt nun auf seiner Ladung. Dafür bricht mittschiffs ein Feuer aus, das rasend schnell um sich greift und schon nach kurzem die ganzen Mittelaufbauten erfaßt, das Schiff und die ganze Gegend hell erleuchtet. Diese Festillumination muß in dieser verkehrsreichen Gegend schnellstens ausgepustet werden. TO Kapitänleutnant Schulze erhält den Befehl, den Dampfer durch einen Torpedo zu versenken. Auf eine solche Gelegenheit hat Otto Schulze schon lange gewartet. Er sagt „Jawoll" und löst von der Brücke den Schuß.

„Los." 21 .. 22 .. 23 .. 24 .. 25 .. 26 .. 35 ... 40!

„Na", hört man die Stimme des Kommandanten, „hatten Sie auch berücksichtigt, daß wir nur 400 Meter abstehen? Ihre Parallaxe wird nur ab 2000 Meter selbsttätig ausgeschaltet. Der ist vorbei."

„Jawohl, Herr Kapitän, daran hatte ich im Moment nicht gedacht."

„Soll nicht, aber kann vorkommen. Noch einen, Schulze. Augenblick noch. Wo ist das Verkehrsboot, das da eben achtern ankam?"

„An Backbord", meldet der Obersteuermann.

„Steuerbord-Rohr Feuererlaubnis, TO."

Durch eine Verkettung unglücklicher Umstände macht das Boot aber nicht an der Backbordseite fest, sondern geht nach Steuerbord und liegt unmittelbar unter dem ausgeschwenkten Rohrsatz, als auf der Brücke auf den Knopf der elektrischen Fernauslösung gedrückt wird.

Was kommen muß, geschieht. Das neun Meter lange Geschoß schlägt mit seinem hinteren Teil auf das Boot auf, in dem sich die

Männer auf das ihnen noch blitzschnell zugerufene „Wahrschau" auf den Boden geworfen haben und beschädigt dabei die Steuerorgane. Als Oberflächenläufer durchrast der unklar gewordene Torpedo, allen, die an Oberdeck stehen, deutlich sichtbar, die See, schlägt einen Haken und kommt mit grünlich leuchtender Blasenspur wie ein von Raketen getriebenes Wassergeschoß vierkant auf den Kreuzer zu, der zu allem Unglück auch noch gestoppt liegt. Der Kommandant vermag dem heranrasenden Unheil nicht durch ein Rudermanöver auszuweichen. Eine höllisch lausige Situation. Es knistert im Gebälk. Man hört aber keine nervösen Ausrufe. Höchstens gute Ratschläge. Komisch, daß an Bord keiner im Ernst daran glaubt, daß der Aal treffen wird und, wenn er trifft, auch wirklich krepiert.

Der kleine, wie eine Schiffsreling große ostpreußische Gefreite von der Zwo-Zentimeter-Flak kann sich seinen grimmigen Galgenhumor nicht verkneifen. „Mannchen, morjen frieh Sondameldung: Iberwasserstreitkräfte versenkten vor Kamerun 10 000-Tonnen-Kreuzer durch Torpedoschuß . . ."

Doch dazu kommt es nicht. Der liebe Gott macht einen ganz langen Arm und greift dem tollgewordenen Aal knapp zwanzig Meter vor der „Scheer"-Bordwand ins Leitwerk. Gurgelnd und zischend verpfeift er sich in die unterseeischen Wälder auf Nimmerwiedersehen.

„Oh", stöhnt einer auf der Brücke und wischt sich den kalten Schweiß von der Stirn.

„Oh, TO", kommentiert der Kommandant. Und nach einer kurzen Verschnaufpause, denn auch Kapitän Krancke hat das Bedürfnis, tief Luft zu holen, sagt er: „Aller guten Dinge sind drei. Nach dem Geleitzugdampfer und der ‚Tribesman' waren Sie mit diesem Aal der dritte, der auf uns danebenschoß. Noch einen, den dritten, aber endgültig den letzten, TO!"

Es ist schon beinahe wie in dem Gedicht mit dem Maurer: „Und dann nimmt er den Stein, und es ist immer noch derselbe."

Raus den Aal. Totenstille auf „Scheer". Jeder zählt die Sekunden mit. Riesenfeuerschein. Eine grell leuchtende Wolke aus Wasser, Qualm und Sprengstücken wirbelt mit einem erbebenden Knall in die Luft, steigt mindestens 200 Meter hoch, steht sekundenlang wie ein Riesenobelisk über dem todgeweihten Schiff und fällt dann rauschend und schurrend in sich zusammen. Der Dampfer ist in zwei Teile gebrochen. Er sackt ab. Die Brände an Deck erlöschen. Doch dafür lodern, zum Teufel auch, andere auf. Das aus den aufgerissenen Bunkern des Frachters sich auf der Meeresoberfläche ausbreitende Heizöl hat Feuer gefangen. Wo die „Stanpark" sank, brennt das Meer.

Nur gut, daß der Ölbrand einen dichten schwarzen Qualm entwickelt, der ein allzu weites Leuchten verhindert. Ein Funkverkehr in der Nähe stehender Schiffe wird nicht beobachtet. Trotzdem. Der Miene des Kommandanten ist es anzusehen, daß er diese Flammenschrift wie eine gottgewollte Warnung versteht, dieses Gebiet schnellstens zu verlassen.

„Scheer" setzt sich aber nicht nach Westen, sondern zusammen mit der Prise „Barneveld", so schnell es deren Maschinen erlauben, zunächst nach Osten ab. Mit dem ersten Dämmerlicht stoppt der Kreuzer und übernimmt nun die Besatzung des Holländers. Nach den bisher gemachten Erfahrungen hat der Kommandant den Prisenoffizier angewiesen, die Besatzungsmitglieder freundlichst an Bekleidung für kältere Zonen und an Zahnbürsten, Schuhputzzeug und auch an jene bewußten Kreppapierrollen zu erinnern. Mit Koffern, Kisten und Seesäcken beladen, steigen die „Barneveld"-Männer über.

Daß auch ein paar, übrigens mit gutsitzenden, ausgerechnet dunkelblauen Anzügen bekleidete Neger dabei sind, erregt kein Aufsehen unter dem „Scheer"-Volk mehr. Wohl aber wird jener spindeldürre Inder bestaunt, der von zwei deutschen Seeleuten gestützt wird und von dem von den Männern des Prisenkommandos behauptet wird, er sei der Dolmetscher Mahatma Gandhis gewesen. Sein Gesicht erinnert an vergilbtes Pergament. Der Mann, der 50 bis 60 Jahre alt sein mag, wirkt wie eine Reliquie aus einem der berühmten, jahrtausendealten buddhistischen Tempel oder wie ein Priester, dem alle körperlichen Freuden und Leiden fremd sind und der ohne weltliche Wünsche ist. Auch der kleinste Seemann empfindet dieses von dem Inder ausstrahlende, fast unheimliche geistige Fluidum, ohne eine Erklärung dafür zu haben.

Über dem Fünftausendtonner braut sich nach der Übernahme

das Verhängnis zusammen. Der Kommandant läßt nach einer sorgfältigen Kontrolle der Umgebung diesesmal jeden nur irgend entbehrlichen Soldaten an Deck – auch die während der Stoppzeit nicht erforderlichen Männer der Maschine.

Auf der Bühne des Guinea-Golfs hebt sich der Vorhang. Das Schauspiel beginnt mit einem Paukenschlag, einem dumpfen Knall und ein wenig Rauchentwicklung. Dem folgen vier weitere Detonationen. Um das Schiff herum ist bis auf die Wassersäulen bei dem Krepieren der außenbords angebrachten Ladungen wenig zu sehen. Für die „Scheer"-Seeleute ist das natürlich nicht das Richtige. Sie wollen was erleben für ihr Geld und ihre Mühen. Der Dampfer rührt sich auch gar nicht. Schwarzer Qualm weht aus seinem Schornstein wie eine Trauerfahne nach vorn zu über das Schiff hinweg. Es verstreichen endlose Minuten, in denen die „Barneveld" mit dem Tode ringt. Ihr eiserner Leib ist bei den Sprengstellen aufgerissen. Aber es dauert, bis das eindringende Wasser die Lade- und Maschinenräume füllt. Die glücklichen Besitzer eines Fernglases behaupten zwar, eine beginnende Schwäche feststellen zu können. Ihre laufenden Ausrufe verkürzen dem „Scheer"-Publikum die Zeit wie bei einer Funkreportage. Noch ist die Stimmung des Schiffsvolkes unbeschwert und munter. Endlich nach einer halben Stunde macht die „Barneveld" die ersten Anstalten, zu sinken. Das Achterschiff sinkt ein. Fauchend entweicht die Luft aus den Räumen. Dann legt sich der Rumpf langsam, beinahe beschaulich nach Backbord über, richtet sich aber wieder auf, als suche er die bequemste Lage in dem blauseidenen atlantischen Bett.

Angesichts des langsam verendenden Riesen drängen sich nun doch quälende Betrachtungen auf. Wie viele Menschen haben sich am Reißbrett den Kopf zerbrochen, bis schwielige Hände auf der Werft endlich Spante an Spante fügen, Schotten aufstellen, Platte neben Platte nieten konnten, bis der Rumpf sich formte. Dieses ist also das Produkt ungezählter Stunden am Schreibtisch, am Reißbrett und unter dem freien Himmel einer von den gitterhaften Gerüsten der Hellingen beherrschten Werft. Was wurde gehämmert, genietet, gebohrt, geschweißt, gemalt, gesägt, gefeilt und geschuftet, bis die Stunde des Stapellaufes kam. Wie viele gute Wünsche haben das Schiff auf seinem ersten Weg in das Wasser und später auf der Jungfernreise begleitet. Und wie viele Jahre hat die „Barneveld" der Reederei treu und redlich gedient. Regelmäßig wie eine Uhr pflügte sie die See und schlang ein Band um Menschen über die Tiefen und Weiten der trennenden Meere. In ihren Postsäcken barg sie Freude und Schmerz, Glück und Sorgen oder Schecks mit vielstelligen und auch bescheidenen Zahlen. Manch ein Paket dieser Postfracht hat Menschen froh gemacht. Nun steht sie im besten Alter ihrer Jahre im Kriege. Auch sie hat an dem Orlog so wenig Schuld wie ein braves Bauernpferd, das vor die Lafette gespannt wurde und im Granatfeuer hilflos verblutete. Auch sie zeigte sich, als das Volk zu den Waffen greifen mußte, weil es das Gesetz so befahl, als ein rechtschaffener Reservist. Mit der Kanone auf der Schanze konnte sie sich, allein auf sich gestellt, nicht gegen diesen Kreuzer wehren. Sie hat sich nur noch einmal aufgebäumt, als die Sprengpatronen nach ihrem Leben griffen. Nun lassen ihre Kräfte nach. Die ersten Wellen spülen über ihren Rücken. Sie sinkt.

Die Männer auf dem Kreuzer sind ernst und still geworden. Alle Freude über den Erfolg ist aus ihren Gesichtern gewichen. Auch das härteste Seemannsherz empfindet Schmerz mit dem Sterben eines Schiffes und dessen Seele.

Langsam hebt sich der Bug ein wenig drehend in die Höhe. Pfeifend entweicht die Luft wie ein letzter tiefer Atemzug. Dann fährt die „Barneveld" hinab in die Ewigkeit des grünglasigen urzeitlichen Wassserdoms. Als wolle sie sich im Todeskampf von ihren unschuldig begangenen Sünden befreien, stößt sie jetzt ihre kriegerische Ladung ab. Flugzeugrümpfe und Tragflächen tauchen aus dem Waser auf und tanzen auf den Wellen.

Dumpf dröhnen die anlaufenden Schrauben des Kreuzers über dem Grab dieses Schiffes. „Scheer" fährt über ihm noch eine Ehrenrunde. „Auf 24 Meilen gehen", des Kommandanten nächster Befehl.

Wieder wie bei „Port Hobart" erhascht der letzte scheidende Blick das bunte Pfauenauge der britischen Farben, die auf den Tragflächen als Nationale der britischen Luftwaffe aufgemalt sind. Ihr Anblick verwischt die wehen Gedanken.

Für die Briten bleibt das Verschwinden dieser beiden Schiffe rätselhaft und unheimlich. Erst nach dem Kriege wird der Britischen

Admiralität anhand der erbeuteten „Scheer"-KTBs klar, durch welche List die Aufbringung ohne ein warnendes RRR gelang.

Für den Rest der 24 Stunden bekommt die wachfreie Besatzung dienstfrei. In den letzten drei Tagen hat es wenig, für viele gar keinen Schlaf gegeben. Mit Südsüdwest-Kurs eilt „Scheer" mit großer Fahrt dem Treffpunkt zu, der „Sandefjord" nach und neuen Aufgaben entgegen.

17. Prisenkommando für Krüders Walfang-Flotte

Nautischer Unterricht für jüngste Prisenkommandanten durch Handelsschiffskapitäne – Über den Dienst an Bord und den Wert der „Helden" – Ein Bolzen: „Jarnischt sach ick, du Affe" – Mißverständnis mit Ei und Hai – Betrachtungen über Gefangene – Kommandant begründet Entschluß für Marsch in die Indische See – „Sandefjord"-Kapitän entschuldigt sich – Herzlicher Abschied von den Ladies – Das Schicksal der Walfang-Flotte des HK „Pinguin"

Von der SKL ist ein Funkspruch eingegangen: „An Hans: Schiff 33 hat drei voll beladene norwegische Kochereien und elf Walfang-boote ohne einen Schuß und ohne ein Opfer auf beiden Seiten aufgebracht. Die Seekriegsleitung legt größten Wert darauf, daß die Kochereien mit ihrer für die deutsche Versorgungswirtschaft wertvollen Ladung wie auch die Fangboote wegen ihrer Eignung als Vorpostenboote sicher in die Heimat gefahren werden. Auf Hilfskreuzer ‚Pinguin' ist nur noch ein Prisenkommando für eine der Kochereien abkömmlich. ‚Scheer' wird aufgefordert, mit der ‚Nordmark', die nur einen Offizier abtreten kann, die restlichen Prisenkommandos für diese Unternehmung zu stellen . . ."

Binnen 24 Stunden muß Kapitän zur See Krancke diesen Spruch bestätigen. Er sträubt sich gegen diesen Befehl, und er macht einen Gegenfunkspruch, daß durch die Abgabe derart vieler Offiziere und Soldaten die Gefechtskraft des Kreuzers gemindert würde. Die SKL antwortet, Verständnis dafür zu haben, und sichert gleichzeitig

Ersatz mit einem der nächsten Versorger zu. Aber die Prisenkommandos seien zu stellen. Bei der Wichtigkeit des Walöls muß sich der Kommandant fügen.

Außer den Prisenoffizieren Petersen und Blaue – Goetsch hat ja die „Sandefjord" übernommen – ist unter den erfahrenen Nautikern nur noch der Rollenoffizier Kapitänleutnant Kraft entbehrlich, das übrige müssen einige Leutnante und Fähnriche sein. Die Leutnante und Fähnriche machen dem Kommandanten für diese zu erwartende schwierige Aufgabe nicht geringe Kopfschmerzen. Nautiker sind diese Männer noch nicht. Auf der Marineschule haben sie zwar gelernt, mit Sextanten und nautischen Tafeln umzugehen, aber die Praxis fehlt. Auf „Scheer" hatten sie keine Gelegenheit, sich weiter zu üben. Gottlob hat man genug Sextanten, Logarithmen-Tafeln, nautische Tafeln und nautische Jahrbücher von den versenkten Schiffen erbeutet. Die holländischen sind aber in ihrem Aufbau anders als die britischen oder norwegischen Unterlagen, so daß die vorgesehenen Prisenkommandanten auch noch mit diesen Tafeln gesondert vertraut gemacht werden müssen. Tag und Nacht üben sich nun die Leutnante und Fähnriche im Sonne-Schießen. Sie rechnen, rechnen, rechnen bis zur Bewußtlosigkeit. Der Kommandant überwacht persönlich diese Übungen. Einmal beugt er sich über die Berechnungen eines Oberfähnrichs. „Herzlichen Glückwunsch", spricht er diesen an. „Fein, daß wenigstens für Sie der Wunsch vieler an Bord in Erfüllung geht." Der Fähnrich macht ein sauersüßes Gesicht. „Wenn Sie so weiterrechnen, werden Sie sich an Land, und zwar in Loreno zwischen Rio und Santos, befinden. Der brasilianische Kaffee wird Ihnen gut tun und Sie – hoffentlich – etwas munterer machen. So geht das nicht. Setzen Sie sich abends mit den nautisch erfahrenen und in der Praxis routinierten Handelsschiffsoffizieren zusammen. Nehmen Sie Nachhilfestunden. Auf Ihren zarten Schultern (der Fähnrich spielte bei der Äquatortaufe Ihre Majestät Thetis; die „Kammerzofe" war ein Mtr. Ob.Gefr., der heute die Fähre zwischen Holtenau und Kiel steuert) wird die schwere Verantwortung nicht nur für ein Schiff, sondern auch für eine Handvoll braver, Ihnen voll vertrauender Männer ruhen. Daran denken Sie, bitte."

Sonst verläuft der Dienstbetrieb auf „Scheer" nach gewohnter Routine. Komme da keiner und vermute etwa, so eine Kreuzerseefahrt bestünde für die Besatzung lediglich darin, Wachen zu gehen und sich sonst zu sonnen und zu aalen, das Meer zu genießen und heldische Lieder zu singen. Der Dienst ist hart, anstrengend und vielseitig auf diesem Schiff, auf dem jeder Quadratzentimeter seine wohlabgewogene, präzis ausgeklügelte Bestimmung hat.

Es gibt immer zu tun auf einem Kriegsschiff, das über 1300 Soldaten an Bord hat und auf dem alle anfallenden Reparaturen mit Bordmitteln beseitigt werden müssen. Immer wird in den Mechanikerwerkstätten gebohrt, gefeilt, geschliffen und genietet, immer sind die Zimmermannsgäste in Bewegung, und niemals kommen die Feinmechaniker zur Ruhe. Auch der Verwaltungsbetrieb muß seinen normalen Gang weiterlaufen, um den Wehrsold, die verschiedensten Bord-, Front- und andere Zulagen laufend zu verbuchen. An Land würde ein solcher Betrieb, wie es dieses Kriegsschiff darstellt, fraglos die doppelte, wenn nicht dreifache Kopfzahl an Personal benötigen. Auf einem Schiff aber sind die Unterbringungsmöglichkeiten begrenzt, und was an Händen fehlt, muß durch doppelten Fleiß und durch besseres Können ersetzt werden. Nicht grundlos werden die Laufbahnen in der Kriegsmarine so gründlich und lange geschult, und nicht von ungefähr haben sich die Männer der Kriegsmarine, um das hier einmal zu sagen, nach dem Ersten wie auch nach dem Zweiten Weltkrieg leichter und besser als ihre Kameraden vom Heer und der Luftwaffe durchgesetzt und in der freien Wirtschaft oder der Verwaltung behauptet. Und wenn hier eine Abschweifung in die Zeit nach dem verlorenen Krieg erlaubt ist, dann möge auf jene Männer hingewiesen werden, die sich im Krieg höchste Auszeichnungen verdienten – nicht als Helden, sondern als ernsthafte Könner in ihrem Fach. Und es ist beileibe kein Zufall, daß fast ausnahmslos alle diese bei der Kriegsmarine Ausgezeichneten nach dem Krieg ihren Weg gingen – nach einem Kriege, in dem sich die ehemaligen Soldaten doppelt schwer durchsetzen mußten und nach dem man nur mit Zögern einen „Helden" einzustellen wagte, und auch nur, weil dieser mehr als die anderen zu leisten versprach, nicht nur das, er zeigte sich auch zuverlässiger, korrekter und jeder Korruption unzugänglich.

Auch hier gilt Moltkes Wort: „Glück hat auf die Dauer nur der Tüchtige."

Doch zurück zur „Scheer".

Wenn Hein Seemann mal etwas tut, das sich nicht mit der militärischen Ordnung vereinbaren läßt, nennt das Schiffsvolk dies einen Bolzen. Und ein solcher Bolzen wurde vor Tagen während eines Divisionsunterrichtes geschoben.

Das Zwei-Zentimeter-Fla-MG stand bei dem Unterricht zum Thema. Einer der Soldaten kam damit nicht zurecht. Dem Maat hatte es gereicht. Er zählt den Seemann nicht eben sanft aus. Der Divisionsoffizier, der sich gerade in diesem Augenblick um seine Schäflein kümmern wollte, vernimmt die Standpauke und mißbilligt Form und Redewendungen. Er nimmt sich den Unteroffizier zur Seite.

„So kommen Sie mit solchen Soldaten nicht zu Rande. Der Mann ist völlig eingeschüchtert. Dem versagt ja vor Schreck der Verstand. Passen Sie mal auf, wie ich mit den Männern umgehe, und nehmen Sie sich ein Beispiel daran."

Der Maat paßt wie befohlen auf, und Kapitänleutnant Rudolf schnappt sich den Sünder.

„Hören Sie mal zu. Sie sind mir als ordentlicher Soldat bekannt. Also stellen Sie sich mal vor, Sie säßen an einem dienstfreien Sonnabend mit Ihrem besten Kumpel in einer Pieselei. Da fragt Sie der Kamerad: Sag mal, Fritze, wie ist das denn nun mit dem Zwozentimeter. Ich bin da nicht schlau daraus geworden. Verklare mir das Funktionieren mal auf deine Art."

Seemann Fritzens Gehirnkasten kommt auf Touren. Er überlegt und sinnt mit halb geschlossenen Augen. Dann platzt er mit dem harmlosesten Gesicht in Berliner Mundart heraus: „Jarnischt sach ich darieber, du Affe. Feind hört mit."

Um ein Haar hätte der Kapitänleutnant Tonfall und Sprachschatz soldatischer 08/15-Redewendungen übertroffen. Er besinnt sich aber und geht. Draußen sieht man ihn lachen. Er lacht aber nicht alleine. Das ganze Schiff wiehert vor Vergnügen.

Jeden Tag sieht man in den Stunden nach dem Nachmittagskaffee wieder Gefangene an Deck, denn all die anderen sind inzwischen an die „Nordmark" und die „Duquesa" abgegeben worden. Das vorherige Studium der ausgestiegenen Leidensgefährten dieser neuen Gefangenen hat den Blick dafür geschult, die verschiedenen

Nationalitäten schon an ihrer Haltung und an ihren Bewegungen zu erkennen. Wie ihrer gewohnten Freiheit beraubte Raubtiere rasen die Briten mit kurzen Schritten von einer Seite auf die andere, um sich Bewegung zu verschaffen. Ihre Haltung verrät Stolz und Selbstbewußtsein auch in dieser fatalen Situation, und außer ihren mitgefangenen Landsleuten scheinen keine anderen Menschen um sie herum zu existieren. Sie wirken kalt, mißtrauisch und zurückstoßend, dabei könnten sie die angenehmsten Gesellschafter sein. Redselig sind sie noch nie gewesen, und bei einigen möchte man schwören, daß sie nichts weiter zu sprechen gelernt haben als „Well" und „How do you do". Die Holländer unterscheiden sich schon rein äußerlich von den meist hageren, sportlich wirkenden Engländern, denn sie sind fülliger und behäbiger. Sie bewegen sich auch kaum, stehen herum und genießen die frische Luft in vollen Zügen. Wenn man die Pfeifen betrachtet, die einige von ihnen rauchen, und einen Vergleich zwischen den Pfeifen zieht, die die Engländer zwischen den Zähnen halten, ließe sich da ein typisches Zeichen für die Unterschiedlichkeit zwischen Briten und Holländern feststellen. Die Köpfe der britischen Pfeifen sind aufgerichtet, die der Holländer aber hängen.

Wie Statuen wirken die Norweger. Reglos verharren sie an der Reling und starren in die See und in die Ferne. Ihre großen, breitschultrigen Gestalten, ihre blonden Haare und ihre Augen, die so klar und rein sind wie die Wasser der norwegischen Fjorde, erinnern an die Riesen, die schon Tacitus und Cäsar bewundernd beschrieben. Wenn die Gefangenen wieder unter Deck sind, gibt es seit Tagen noch immer ein Nachspiel. Ein Matrose erscheint mit einem braunen Liegestuhl und schiebt diesen in eine windgeschützte Ecke. Und dann taucht der Dolmetscher Gandhis, von zwei Seeleuten hilfreich gestützt, auf dem Deck auf, um in den Liegestuhl gebettet zu werden. Der Kommandant hat diese Sonderbehandlung deswegen angeordnet, um eine Begegnung zwischen diesem Inder und den Engländern zu vermeiden. Dieser indische Intellektuelle, der auf der „Barneveld", von England kommend, auf dem Wege in seine Heimat war, glaubt fest an die Befreiung seines Landes von der Kolonialherrschaft. Aber so interessant eine Unterhaltung mit dem klugen und auf allen Wissensgebieten beschlagenen Mann auch ist, scheint es nicht

240

nur falsch, sondern auch gefährlich zu sein, irgendwelche Schlüsse daraus zu ziehen. Kein Europäer vermag so zweigleisig zu denken, wie es ein Orientale und zudem ein so hochgebildeter Inder vermag, der wie dieser einer der obersten Hindukasten angehört.

Auf dem Punkt Andalusien trifft „Scheer" die „Nordmark" und das „Verpflegungsamt Wilhelmshaven Süd", die „Duquesa", noch nicht aber die Prise „Sandefjord", die nach Kopplung wegen ihrer geringeren Marschfahrt ja auch erst später eintreffen kann.

Zunächst wird wieder Brennstoff und Proviant ergänzt, wie stets, wenn die Gelegenheit beim Troßschiff sich bietet, muß doch jederzeit mit dessen Verlust gerechnet werden.

Die wichtigste Überlegung ist nun, in welchem Gebiet weiter operiert werden soll. Im Südatlantik stehen außer „Scheer" Hilfskreuzer „Thor" und, von Norden kommend, Hilfskreuzer „Kormoran". In der Antarktis ist noch Hilfskreuzer „Pinguin" mit seiner Walfang-Prisenbeute, der in Andalusien aber erst demnächst erscheinen wird, um diese Schiffe von hier nach der Heimat in Marsch zu setzen. „Pinguin" wird zur Abwicklung dieses Vorhabens sicher noch vier Wochen lang im Gebiet des Südatlantik bleiben müssen. Im Indischen Ozean ist nur noch Hilfskreuzer „Atlantis". Es scheint dem Kommandanten also, wenn überhaupt noch, jetzt der gegebene Zeitpunkt zu sein, das Operationsgebiet in den Indischen Ozean zu verlegen.

Im Nord- und Mittelatlantik, das ist ihm durch SKL-Funkspruch bekannt gemacht, ist in den nächsten Wochen mit Operationen der Schlachtkreuzer „Scharnhorst" und „Gneisenau" und des Schweren Kreuzers „Hipper" zu rechnen. Dem Kommandanten scheint es daher als das wirkungsvollste, durch ein plötzliches Auftauchen im Indischen Ozean, der empfindlichen britischen Meereszone, Unruhe und stärkste Diversionswirkung für alle britischen Seestreitkräfte zu erzwingen. Das Troßschiff soll im Südatlantik bleiben, damit bei dem auf Anfang März disponierten Rückmarsch in die Heimat noch einmal Vorräte ergänzt werden können. So entschließt er sich, sobald die Entlassung der Prise „Sandefjord" durchgeführt ist, zum Marsch in den Indischen Ozean und gibt durch einen Kurzfunkspruch der SKL davon Kenntnis. Diese ist sehr damit einverstanden und bestimmt eine Operationsgrenze zwischen Kreuzer „Scheer" und Hilfskreuzer „Atlantis", Krancke im Süden, Rogge im Norden.

Manchen Menschen hat das Sternenschicksal eine Pechsträhne vorbehalten. Sie können tun, was sie wollen, immer geht etwas schief. Wenn ein Pinsel aus dem Mast herunterfällt, wetten, der Betreffende bekommt ihn auf den Kopf. Und solches Pech hat zum Vergnügen der ganzen Besatzung hin und wieder der honorige Schiffsarzt auf „Scheer".

In diesen Tagen passierte es ...

Während der Ruhepause auf dem Treffpunkt sieht der Leitende Ingenieur endlich eine willkommene Gelegenheit, durch einen Bordtaucher das Ruderblatt untersuchen zu lassen. Auf dem Achterschiff werden also Pumpen aufgebaut. Bewundert klettert der Taucher die schwankende Leichtmetalleiter hinab. Malerisch verwischt zeichnen sich seine Umrisse in dem klaren Wasser ab. Jeder Handgriff läßt sich verfolgen, jede Bewegung ist, wenn auch etwas verschwommen, deutlich zu erkennen, und auch alles andere, was sich da sonst noch im Wasser bewegt. Der tragische Vorfall auf dem russisch-baltischen Geschwader, das auf seinem Marsch aus der Ostsee in die japanischen Gewässer eine Außenbordreparatur vornehmen mußte, wobei einige Taucher von Haifischen angegriffen und deren Opfer wurden, ist auch dem Kommando von „Scheer" in Erinnerung. Man hat also vorgebeugt. Auf jeder Seite der Schanze steht ein Soldat mit einem Gewehr an der Reling. Die Posten tun sich am schönen Wetter gütlich, peilen forschend in die klare See, bereit, beim Sichten einer solchen Meereshyäne Alarm zu schlagen und dem Biest eins aufzubrennen.

„Scheers" Oberstabsarzt hat offenbar die Arbeiten des Tauchers ganz übersehen, als er in Gedanken versunken über die Schanze bummelt und des Tages Sonnenschein genießt. Aber die Posten mit dem Gewehr unterm Arm erregen nicht nur seine Aufmerksamkeit, sondern auch sein Mißtrauen.

„Mann, was machen Sie denn hier für Witze?"

„Ich schieße auf Haie", versetzt der Posten, der Wahrheit entsprechend. Der Oberstabsarzt schüttelt mißbilligend den Kopf.

„Wie bitte? Höre ich recht? Mit richtiger scharfer Munition?"

„Jawohl", sagt der Posten und denkt bei sich, vor weißen Bohnen erschreckt doch sicherlich kein Hai.

Der Ton des hohen Herrn wird um eine Nuancierung schärfer, als er den Mann auffordert, ihm doch mal das Gewehr zu zeigen. „Machen Sie die Kammer auf, Sie."

Der Soldat reißt die Kammer auf. Der Oberstabsarzt blickt in das Patronenlager. Tatsächlich, der Mann hat eine scharfe Patrone da drin. Die nun folgende Frage klingt gar nicht mehr friedlich.

„Mann, wer hat Sie denn mit dem Gewehr hierher geschickt? Woher haben Sie die scharfe Munition?"

„Vom Oberfeuerwerker", stottert der Soldat.

„So, so, vom Oberfeuerwerker. Was sich diese Herren Feldwebel doch so rausnehmen. Unerhört, Sie hier auf Eier schießen zu lassen. Darüber muß ich doch einmal mit dem Kommandanten sprechen. Das geht zu weit, viel zu weit."

„Herr Oberstabsarzt, der Haie, der Haifische und nicht der Eier wegen soll ich hier stehen. Der Taucher ist doch außenbords . . ."

„Wie? Haie . . . Achso, jaja."

Man sieht den Herrn von dannen gehen.

Bordpoet Mosel bleibt dieser Zwischenfall natürlich nicht verborgen. Zur Kaffeestunde pumpt er sich die Palaverkisten-schreibmaschine – eine Stunde später ist das Gedicht geschmiedet.

Der Kommandant liest es mit Vergnügen abends in der Messe vor. Es endet:

„Schon wieder mal die alte Leier,
die jetzt schon beinahe krampfhaft scheint,
ein jeder hört jetzt nur noch Eier,
auch wenn die Haie sind gemeint."

Und da ein Unglück selten allein kommt und Hein Mosel noch Stoff braucht, um nach der Heimkehr „Admiral Scheers" die erstaunte Mitwelt mit einem fülligen Band humoriger Gedichte einer Feindfahrt zu beglücken, gräbt die Fügung Tage später noch einmal den Oberstabsarzt als Zielscheibe der Heiterkeit aus . . .

An Deck wird gemalt, „gemalen", wie Hein Seemann sagt. Auch auf der Schanze werden die Quaste geschwungen. Soeben haben sie einen Lüfter gepöhnt und als Abschluß, wie vorgeschrieben, in roter Farbe das Wörtchen „Bleibt offen" darauf gemalt. Nun muß man wissen, daß solche Lüfter ungefähr schemelhoch sind und zum Verweilen geradezu herausfordernd einladen. Auch der des Weges daherkommende Oberstabsarzt vermag diesem Verlangen nicht zu widerstehen, denn er schwitzte sehr. So wurde denn gerade dieser frisch gestrichene Lüfter das Ziel des müden Körpers dieses honorigen Herrn.

Hein Mosel fährt fort:

„Der Herr jedoch mit trüben Blicken – erhob sich schon nach kurzer Zeit. – Es bot das letzte Stück vom Rücken – ein Ideal der Heiterkeit. – ‚Bleibt offen‘, so stand dort zu lesen – in roten Lettern groß und schön. – Ist es ein Warnungsschild gewesen? – Man wird ihm aus dem Wege gehen."

Die Prise „Sandefjord" ist pünktlich wie ein fahrplanmäßiger Liniendampfer sofort eingetroffen. „Scheer" schickt ein Arbeitskommando auf den Tanker, um die erforderlichen Gefangenenräume einigermaßen wohnlich zu gestalten und um vor allem separate Wasch- und Abortanlagen zu schaffen. Auch die ursprünglich nur für die Stammbesatzung vorgesehene Kombüse muß erweitert werden, um nicht nur der deutschen Besatzung, sondern auch den Gefangenen ein vernünftiges Essen kochen zu können. Wie auf der Prise „Storstad" soll auch auf diesem Schiff genau so wie auf dem Kreuzer kein Unterschied in der Verpflegung gemacht werden. Das ist des Kommandanten Wunsch. So wird es auch auf den deutschen Hilfskreuzern gehandhabt. Das sind an sich Selbstverständlichkeiten, über die man nicht zu sprechen brauchte, wenn man nicht nach dem Kriege unseren Soldaten, und auch der Marine, manches andere und noch schlimmeres vorwarf.

Einer unter den Gefangenen macht bei dem Nachmittagsrundgang einen Freudensprung. Der Kapitän der „Sandefjord" ist erst entgeistert und dann außer sich vor Glück, daß sein Schiff noch lebt. Jedem, der es hören oder nicht hören will, ruft er zu „Look my ship! Look my ship!" Nur ein Fahrensmann kann diese Freude recht verstehen, denn ein Kapitän ohne Schiff ist wie eine Seele ohne Körper.

Er tut noch mehr. Er bittet den Gefangenenfeldwebel darum, den Vernehmungsoffizier sprechen zu dürfen. Als solcher fungiert der BNO Woytschekowsky-Emden, der als I FTO das gesamte Funk-, Signal- und Horchwesen unter sich hat und aus dieser Tätigkeit heraus über reiche Sprachkenntnisse verfügt. Ein Soldat bringt den Kapitän zum BNO in die Kammer. „Bitte, Käpten, nehmen Sie Platz, Zigarette oder Zigarre ...?" Der Norweger druckst herum, findet augenscheinlich nicht die richtigen Worte. Der BNO kommt ihm entgegen. „Sie haben einen Wunsch? Sie wollen sich beschweren? Bitte, tun Sie es. Alle Soldaten sind angewiesen, jeden Gefangenen korrekt zu behandeln."

„Ich komme nicht, um mich zu beschweren. Ich möchte mich für mein feindseliges und unhöfliches Verhalten gegenüber Ihrem Prisen- und Untersuchungskommando entschuldigen. Dort und auch noch mehr hier an Bord hatte ich Gelegenheit, mit deutschen Offizieren und Soldaten in Berührung zu kommen. Diese Eindrücke lassen mich meine Einstellung aufrichtigst bedauern. Das ist alles." - „Dieses wenige ist viel, Käpten."

Auf „Scheer" herrscht Abschiedsstimmung.

Nicht nur die Gefangenen der letzten Schiffe, auch die Prisenkommandos für Kapitän zur See Krüders Wal-Fangflotte gehen von Bord. In Gruppen zu je 50 Mann werden die Gefangenen an Deck geführt. Ihre Augen weiten sich, als sie die kleine Flotte bei dem deutschen Kreuzer sehen, als ihre Blicke den riesigen Versorgungstanker treffen, an dessen Bordwand unter dem neuen Tarnnamen „Dixie" das Sternenbanner herüberleuchtet und an dessen Heck munter die amerikanische Flagge weht.

„Goddam, sind die Deutschen in der Zwischenzeit etwa mit den Amerikanern verbündet?" tobt einer der britischen Offiziere und macht ein Gesicht, als habe er Essig getrunken. - „Warum denn nicht? Wenn Hitler mit den Russen einen Pakt abschließen konnte, warum sollte er es nicht auch mit den Yankees tun? Glauben Sie, wir könnten sonst so ungeschoren in diesen Gewässern herumkutschieren?" erklärt „Scheers" Oberwachtmeister mit gespieltem Ernst. Einer der deutschen Offiziere wirft ihm einen mißbilligenden Blick zu. „Lassen Sie doch diesen Unsinn, Oberwachtmeister." - „Ist kein Unsinn, Herr Kaleun. Das ist wohl überlegt. Wenn die Herrschaften das im Ernst glauben - und solche Trübetassengesichter machen sie ja -, werden sie sich auf der Prisenheimfahrt unnütze Gedanken über einen Ausbruchsversuch ersparen."

Als die Boote mit den Gefangenen ablegen, hebt sich so manche Hand zum letzten Gruß, schwenkt mancher seinen Tropenhelm oder seine Mütze wie zum Abschied unter alten Freunden. Als der

Oberwachtmeister die auf der „Duquesa" untergebrachten Gefangenen abholen will, um auch diese wie die auf der „Nordmark" gewesenen zum Prisenschiff „Sandefjord" zu fahren, stehen die sieben Ladies von „Port Hobart" an der „Duquesa"-Reling und klatschen freudig in die Hände, ihren höflichen und hilfsbereiten Betreuer „ihrer" „Scheer"-Zeit wiederzusehen.

Nach den Gefangenen verabschiedet Rollenoffizier Kapitänleutnant Kraft als dienstgradältester Offizier die Prisenkommandos für die Krüdersche Walfangflotte. Die Kommandos sollen auf der „Duquesa" die von der SKL durch Funk angekündigten Schiffe erwarten. Kapitän zur See Krancke spricht herzliche Wünsche für eine gute, glückliche Fahrt an die scheidenden Kameraden aus. Der IO schließt sich mit der ihm eigenen Kürze an. Händedrücke. Ein Abschied ohne Pathos.

Die Prise „Sandefjord" erreichte mit den Gefangenen ohne Zwischenfälle und ohne eine Begegnung mit feindlichen Streitkräften auf den ihr vorbestimmten Geheimwegen die Gironde. Sie wurde später unter dem Namen „Monsun" als Versorgungsschiff in Dienst gestellt und sank am 11. August 1944 bei Nantes. Auch die Prisen der „Pinguin"-Walfangflotte gelangten bis auf zwei Fangboote, die kurz vor der Biscaya bei Hellwerden einem britischen Geleitzug in die Arme liefen und sich befehlsgemäß selbst versenkten, in die unter deutscher Kontrolle stehenden französischen Girondehäfen. Die beiden großen Kochereien „Solglimt" und „Ole Wegger" – die dritte norwegische Kocherei „Pelagos" wurde vom Hilfskreuzer „Pinguin" mit einem eigenen, unter Oberleutnant zur See Wolfgang Küster stehenden Prisenkommando schon vorher in Marsch gesetzt – unterstanden den beiden Handelsschiffskapitänen und Reserveleutnanten Blaue und Petersen, während sich die aktiven Offiziere und Fähnriche auf die zehn der elf von Krüder aufgebrachten Walfangboote verteilten. Einen der kleinen, äußerst seetüchtigen Walfänger behielt Kapitän zur See Ernst-Felix Krüder, der mit „Pinguin" vor seiner Prisenflotte am Treffpunkt eintraf, nämlich als Hilfskriegsschiff zurück, um ihm wie einst der Tanker „Storstad" als „zweites Auge" zu dienen. Dieses unter dem Kommando des „Pinguin"-Adjutanten unter dem Namen „Adjutant" fahrende Hilfskreuzer-Hilfskriegsschiff entging durch einen glücklichen Zufall dem Schicksal des HK „Pinguin", der am 8. Mai 1941 nach einem erbitterten Gefecht mit HMS „Cornwall" südlich der Seychellen versenkt wurde. „Adjutant" ex „Pol IX" schlug sich zum HK „Komet" durch, dessen Kommandant die von Krüder bei dem Tanker „Storstad" angewandte Idee aufgriff (TS „Storstad" legte als Hilfskriegsschiff „Passat" Minen vor australische Häfen und in die Bass-Straße zwischen Südaustralien und Tasmanien) und den Walfänger zum Minenleger umbauen ließ. „Adjutant" warf Minen vor neuseeländische Häfen und wurde am 1. Juli 1941 von „Komet" versenkt. Das Walfangschiff „Ole Wegger" sank am 26. 8. 1944 im Hafen von Rouen, die „Solglimt" am 29. 6. 1944 im Hafen von Cherbourg. Über das Schicksal der „Pelagos" und der Walfänger ist nichts bekannt. Erwähnenswert ist in diesem Zusammenhang noch, daß die drei riesigen Kochereien mit zusammen 35 000 BRT Schiffsraum 22 000 Tonnen bestes Walöl an Bord hatten, das der deutschen Margarineproduktion zugute kam. Aus Gründen der Geheimhaltung wurde seinerzeit über diesen in der Seekriegsge-schichte wohl einmaligen Erfolg eines deutschen Hilfskreuzers in der Heimat weder in der Presse noch über den Funk berichtet.

DRITTER TEIL

IM INDISCHEN OZEAN

18. Marsch um das Kap der Guten Hoffnung

Abschied vom „Verpflegungsamt Wilhelmshaven Süd" – Kein Stück Holz mehr auf der „Duquesa" – Ein Papa Albatros verulkt die Arado – Im Gebiet der „Brüllenden Vierzig" – Rollende Welten aus Wasser – „Monarchs of Sea" – Ein „blindes" Beutehuhn wird offiziell – Der geheime Hühnerstall im Drucklagerraum

Der Kalender zeigt den 28. Januar. Zeit des Hochsommers auf der südlichen Hemisphäre. An Deck ist das Thermometer auf 45 Grad im Schatten geklettert. In den Maschinenräumen werden 63 Grad Hitze gemessen. Die Besatzung ist in Schweiß gebadet und schickt ein Dankgebet zum Himmel, als „Scheer" endlich wieder Fahrt aufnimmt.

Kurs Indischer Ozean.

Vor dem endgültigen Verlassen des Treffpunktes dreht „Scheer" noch einmal zurück, verabschiedet sich von der „Nordmark" und gleitet dann dicht an der „Duquesa" vorüber, auf der die Prisenkommandos „Lebt wohl und Glück und Erfolg" herüberwinken. Über den Bordlautsprecher verkündet eine Stimme: „An alle: Kameraden, alle noch einmal unseren Eierdampfer genau und dankbar ansehen. Wir sehen ihn nie wieder. Hilfskreuzer ‚Pinguin' wird ihn nach Ausrüstung und Entlassen der Walfangflotte versenken müssen."

Warum müssen? Nun, die Kohlen für die Inbetriebhaltung der wichtigen Kühlanlagen sind aufgebraucht. Was auf dem Schiff irgendwie brennbar war, wurde auf die Roste der Feuerungen geworfen, um den Lebensfaden des Verpflegungsamtes „Wilhelmshaven Süd" zu verlängern. Alle hölzernen Brückenaufbauten, alle Türen, alle Inneneinrichtungen, Lukendeckel, Verschalungen, Teakholzdecks, ja selbst das ohnehin nicht mehr zu gebrauchende Klavier mußten dran glauben. Versorger „Nordmark" nahm die „Duquesa" bei jedem Positionswechsel an die Leine, um die letzten Brennmaterialreserven nicht für die Antriebsanlagen vergeuden zu müssen. Am 20. Februar ist es soweit – „Scheer" verbucht am selben Tage nördlich von Madagaskar seinen ersten Erfolg im Indischen Ozean –, ist kein Span Holz und kein Krümelchen Kohle mehr auf der „Herzogin". Hilfskreuzer „Pinguin" schickt sie auf die letzte und ewige Reise. Vorher aber stopften sich die Prisen, der Hilfskreuzer und vor allem der Versorger „Nordmark" „alle Taschen" zum Platzen voll. Korvettenkapitän Grau ließ das durch seine mit allen Lade- und Stauraffinessen vertrauten Ladeoffiziere so gründlich besorgen, daß man auf seinem Schiff noch Monate nach der Heimkehr in Eiern und Cornedbeef schwamm.

Wenden wir uns wieder dem Kreuzer zu.

Es wird kühler bei „Scheers". Die südlichen Zonen blasen einen Hauch der urewigen Kälte antarktischer Breiten herauf, je mehr „Scheer" Süd gewinnt. Vier Tage nach dem Verlassen des Treffpunktes steht das Schiff bereits querab von Kapstadt.

Erst waren es flinke Kaptauben und dann zwei Albatrosse, die „Scheer" als Vorboten der südlichen Sturmzonen begrüßten, ein brauner Herr und eine weißbeschwingte grazilere Albatrossin. Jetzt sind es bereits acht, die das in der höher werdenden See stärker arbeitende Schiff mit der geisterhaften Beharrlichkeit eines Gedankens begleiten.

In eleganten Kurven schweben die drei bis vier Meter Spannweite messenden Riesenvögel heran, lassen sich vom Aufwind der Dünung hochtragen, sausen dann wie Sturzbomber auf das Wasser zu, sich kurz vor Erreichen der Wellenkämme abfangend, um sich erneut wie Heckenflieger in die Täler hineinzuschwingen. Ein grauer alter Papa, wohl der Seniorchef und Trainer der Familie, gebärdet sich besonders kühn und treibt seine Vorstöße bis dicht über die Köpfe der auf dem Mitteldeck versammelten, staunenden „Scheer"-Männer vor. Langsam schwebt er, als sei er selbst aus Sturmwind gemacht, mit fast gleicher Fahrtstufe über dem Kreuzer, kippt plötzlich über die Seite ab und stürzt zwischen Mast und Schornstein auf das Schiff herunter, fängt sich und schwingt dicht an dem Flugzeug vorbei, als wolle er die motorisierte Konkurrenz verulken. Mit Schiebewind im Rücken schießt er wie ein Pfeil auf das Vorschiff zu, steilt sich auf und macht kehrt. Das Spiel beginnt von neuem.

Weiter, weiter, weiter.

Südwärts, immer weiter südwärts.

Es sind nun nur noch 15 Grad Celsius in der Luft. „Scheers" Tropen- und Sonnenkinder beginnen zu frieren. In dem gleichen Maße wie fast stündlich die Temperaturen absinken, steigt die Zahl der Albatrosse. Heute sind es gut und gerne vier Dutzend, die, wie ein fliegender zoologischer Garten, an unsichtbaren Fäden hängend, von „Admiral Scheer" durch die Lüfte gezogen werden.

Der nächste Tag steigt fahl und eisig kalt herauf. Auch das letzte blaue Auge am Himmel zieht sich zu. Vormittags war es noch Wind. Nachmittags steht bereits eine handige steife Brise, und am Abend jener Nacht, in der „Scheer" über die Schattenlinie des vierzigsten Südbreitengrads in die sturmerprobte, wildschäumende Arena des wahren Weltozeans einreitet, hat Rasmus alle Register seiner Sturmorgel gezogen und die letzten Ventile aufgedreht. Wie heimtückische, prähistorische Wesen, so springen die Roller der „Brüllenden Vierzig" wütend den Kreuzer an, als dieser, nun auf östlichem Kurs stehend, außerhalb des Aktionsradius der südafrikanischen Luftwaffe das Kap der Guten Hoffnung zu runden beginnt. In breiter, ausladender Front stürmen die Wogengiganten dieser Breiten heran. Rollende Welten aus Wasser, die sich unter dem Druck der von keinem Land behinderten riesenhaften Sturmfelder der antarktischen Breiten zu weit ausgedehnten gebirgsähnlichen Kämmen aus grünblau schimmernden Wassermassen zusammengeschlossen haben. Es gibt wohl keinen treffenderen Ausdruck für diese in D-Zugsgeschwindigkeiten von achtern heranbrausenden Wasserriesen als den der „Monarchs of sea", wie ein britischer Kapitän sie benannte. Wer niemals diese Breiten befuhr, vermag sich auch bei regster Phantasie keinen Begriff von der elementaren Wucht dieser Gewalten zu machen. Nirgendwo empfindet man des Menschen Vergänglichkeit stärker als auf See, wo der Seemann die Zeit an der Bordwand vorüberrauschen hört, manchmal wehmütig, manchmal sanft und zart und verspielt, manchmal höhnisch und böse gurgelnd und manchmal, wie hier, tosend und von Überschuß an Kraft zerberstend. Die „Scheer"-Seeleute glauben im Bauch einer riesigen Orgel zu sitzen, die der leibhaftige siebenschwänzige Teufel aufspielt. Die Luft ist mit fliegendem Gischt erfüllt, aus dem immer neue Wellenungeheuer mit verzerrten Fratzen hinter dem Kreuzer herlaufen, sich aufkreischend über die Schanze stürzen und die unteren Decks mit einem wildtosenden Wasser überschütten, das wie unter Millionen Peitschenhieben zu kochen scheint.

Es ist Nacht geworden. Eine stockdunkle, tiefhängende Wolkenglocke wölbt sich über dem Kreuzer. Die See dagegen leuchtet wie Phosphorbrei. Ein erregendes Schauspiel, das alle Männer diesmal mit Bewußtsein erleben dürfen, denn seekrank und gallengrün im Gesicht ist nach der langen Seefahrtszeit nun keiner von der Besatzung mehr.

Breitbeinig und ohne einen festen Halt steht der Kommandant wie ein Schatten mitten auf dem Deck der Brücke. Wie ein schleppendes Metronom wiegt er mit den rollenden Bewegungen des Kreuzers hin und her. Breitbeinig auch der Mann hinter der Knopfsteueranlage. Wie eine festverankerte Säule steht der Matrose mit festen Seebeinen davor, die auch der verrücktesten Bewegung des Schiffes ausweichend und federnd entgegenkommen. Er hat das Schiff wie ein Pferd an der Kandare in der Hand. Er braucht nur einen kleinen Knopf zu drücken, um 13 000 Tonnen Stahl mit dem kleinen Finger zu dirigieren.

Wie ein Akrobat turnt ein Seemann dem Kartenhaus zu. Der Mann bringt Kaffee für die Nacht. Daß die Kombüse tagsüber überhaupt was kochte, ist ein Wunder. Sie kochen abends, als der Sturm orkanhaft wird, nachgerade aus Trotz. „Nun erst recht, Kumpels. So lange die Hose nicht am Kronleuchter hängt, so lange kommt mir das Essen pünktlich auf die Back", feuerte Obersmut Beutner seine acht Neben- und Unterköche an. Mit der Dirigentenkelle in der Hand wirkte er bei den wilden Bewegungen des Schiffes, schwerelos schräg vor dem Herd stehend, wie des leibhaftigen Klabautermanns Küchenchef.

Zwei Tage später flaut der Sturm mit dem Kurswechsel auf Ostnordost wieder ab. Die Höhe vom Kap Agulhas wird überschritten. „Scheer" marschiert dem sonnigen Norden entgegen. Es wird wieder wärmer. Das Blau des Indischen Ozeans ist noch klarer und noch reiner als das des Atlantiks.

254

An diesem 6. Februar wird ein blindes Huhn offiziell.

„Herr Kapitän, ich fühle mich verpflichtet, Ihnen zu melden, daß wir einen Stowaway an Bord haben", ergreift der LI das Wort, als der Kommandant die O-Messe zur üblichen nachmittäglichen Kaffeestunde betritt. Der „Wegstauer", wie Seeleute in ihrer Fachsprache einen blinden Passagier an Bord bezeichnen, ist ein Huhn, das einige Heizerleins vom Untersuchungskommando gelegentlich der Aufbringung der „Barneveld" heimlich mit auf den Kreuzer gebracht haben.

Es war ein holländisches Zwerghuhn, das nach Erbarmen gackerte, als die Heizer auf der „Barneveld" den Rudermaschinenraum untersuchten. Sie ließen die Henne in einen Pappkarton hüpfen und brachten sie unentdeckt vor den Augen des Eins Null mit auf „Scheer". Im Drucklagerraum erhielt das „Barneveld"-Huhn eine neue Heimat. Dieser Raum, in dem sich die Einscheibendrucklager befinden, die den axialen Schub der Welle aufnehmen sollen, und in dem außerdem die Klauenkupplungen zum Abschalten der Motorenräume Eins und Zwo für Fälle von Störungen liegen, ist eine Oase in den Maschinenräumen. Künstlerisch begabte Matrosen Zwo (Maschinenlaufbahn) haben die Wände mit farbenprächtigen Fresken geschmückt. Natürlich fehlt der zigarrenrauchende Winston nicht, und ebensowenig braucht der Besucher die Sichtbarmachung seemännischer Träume zu vermissen, denn es mangelt nicht an Mädchen aller Typen und Schattierungen. Eine herzblutrote Sonne leuchtet über den Malings wie ein Scheiterhaufen schwelender Sehnsucht. Das von der Werft als militärisch nüchternes Machwerk gelieferte Schreibpult haben die Männer in einen hübschen Sekretär umgewandelt, in dessen Nischen sie ihre Maskottchen aufstellten. Der ganze Raum spricht von dem Willen dieser Heizerleins, ihre Gedanken und Wünsche nicht von den rasenden Touren der eiskalt blitzenden Schraubenwelle überfahren zu lassen. Gegen das Fortissimo des Maschinenorchesters muß eben das Gemüt tüchtig und laut Posaune blasen.

Hier also, in einer Ecke, steht eine kleine Holzkiste, deren Boden tierfreundliche Hände mit Holzwolle ausgepolstert haben. „Der Hühnerstall." Anfangs war das Tierchen etwas scheu und weigerte sich – wohl mangels geeigneter Sprachkenntnisse oder auch infolge bösartiger Feindpropaganda – ein Ei zu legen. Schließlich kam einer auf die Idee, das Hühnchen mit einem „Duquesa"-Ei zu reizen. Mal sehen, ob aus dem „Duquesa"-Ei ein Kücken oder ein zweites Ei werden würde. Nach zwei Stunden erhebt sich das Huhn und gackert vor Genugtuung. Neben dem Köder liegt ein taufrisches, niedliches, neu gelegtes Ei. Nun kann bekanntlich auf so einem dicken Schiff der KM nicht jeder tun, was ihm gefällt und gerade Spaß macht. Wer es dennoch tut, bekommt entweder das EK oder marschiert zum Rapport. Je nachdem.

Das genau südlich vor Madagaskar und wohl das einzige im Süd-Indischen Ozean gelegte Ei wird also dem Wachingenieur gemeldet. Und so kommt es, daß im Wachbuch unter der Rubrik „Besondere Beobachtungen" folgende Eintragung zu finden ist: „6. Januar 1941: 15.00: Die Uhr wurde auf 15.30 vorgestellt. Die Henne im Drucklagerraum II legt ein Ei." Von diesem Tag an legt das Beute-Hühnchen mit verblüffender Pünktlichkeit jeden zweiten Tag sein „Ei vom Dienst".

Die Eintragungen im Wachbuch lauten bald: „15.50: Die Henne legte ihr planmäßiges Ei."

Später hieß es nur noch: „X.X. 16.00: wie X.X. 15.53 Nr. 6."

Damit ist die Henne endgültig in den Bordbetrieb als vereinnahmt zu betrachten. Der zweitägige Zugang eines Eies hat seine militärisch-bürokratische Form gefunden.

19. Wir lagen vor Madagaskar . . .

Vergebliche Operationen südlich von Madagaskar – „Scheer" im Mauritius-Orkan – Deutsches Flottentreffen südöstlich der Saya-de-Malha-Bank – „Scheer" versorgt sich aus „Atlantis"-Prise „Ketty Brövig" – Erfahrungsaustausch der Kommandanten – Und sonstige Tauschgeschäfte – Motoren-Restüberholung bei 65 Grad Innenraumtemperatur

„Admiral Scheer" pendelt in mittlerer Marschfahrt südöstlich von Madagaskar knapp über dem 30. Breitengrad mit östlichem Generalkurs das Seegebiet ab, in dem der Kommandant Einzelfahrer auf der im Frieden stark befahrenen Route zwischen Australien über Kapstadt nach Südamerika, Nordamerika und Europa zu finden hofft. Dieses Gebiet des Indischen Ozeans ist aber wie leergefegt. Fünf Tage spähen sich die „Scheer"-Männer die Augen aus dem Kopf. Es kommt nicht einmal ein Neutraler in Sicht.

Kapitän zur See Rogge vom HK „Atlantis" hat inzwischen der SKL ein Treffen mit „Scheer" vorgeschlagen, das von Berlin für den 14. Februar auf 65 Ost und 10 Süd südöstlich der Saya-de-Malha-Bank festgelegt wird. Die SKL bestimmte solche Treffpunkte stets mit genügender Zeitreserve, damit die betreffenden Schiffe den Standort sicher erreichen konnten; nur falls eine Einheit dazu nicht in der Lage war, aus operativen oder anderen Gründen, mußte dies durch Kurzsignal gemeldet werden. Kapitän zur See Krancke begrüßt diesen Vorschlag, weil er von dem seit Monaten im Indischen Ozean operierenden Hilfskreuzer Anhaltspunkte über die zur Zeit befahrenen Routen zu erfahren hofft. Eine Operationsbegrenzung könnte dann ja mit dem HK-Kommandanten an Ort und Stelle vereinbart werden. Zunächst mit nordöstlichem Kurs, um Mauritius zu umgehen, dann mit nördlichem Kurs wird der Treffpunkt angesteuert. Im kräftigen Südost-Passat mit Windstärken von fünf und sechs wiegt sich der Kreuzer bei klarstem Sonnenhimmel. Es ist brütend heiß. Die stickige Treibhausluft hat eine fast hundertprozentige Feuchtigkeit, welche die Tageshitze noch unangenehmer empfinden läßt. Den Männern läuft der Firnis in Bächen vom Körper. In den Wohndecks ist es nicht mehr zum Aushalten. Von Wänden und Decken tropft Schweißwasser. Dicker Mief steht in den Räumen. Man könnte ihn mit dem Messer zerschneiden und stückweise nach außenbords schaffen. Es riecht nach Schweiß, nach kaltem Zigarettenrauch, nach Ausdünstungen, nach Farbe und Öl. Die Jungs sind matt, müde, zerschlagen wie nach einem Dampfbad. Nach dem daheim so beliebten Song „Wir lagen vor Madagaskar und hatten die Pest an Bord", verspürt keiner Verlangen.

Unerwartet setzt am 12. Februar nachmittags eine gewaltige Ostdünung ein, die das Schiff schwer arbeiten läßt. Noch ist weder am Barometer noch am Himmel ein Anzeichen für eine Wetteränderung zu erkennen. Doch die Dünung, das ist des Kommandanten Überzeugung, kann nur von einem in dieser Jahreszeit auftretenden Mauritius-Orkan stammen. Krancke läßt den Kurs bei vermehrter Fahrt nordwestlicher nehmen, um dem Unwetter auszuweichen. Wetterfrosch Dr. Defant indessen ist anderer Meinung als der Kommandant. Und wie es der Zufall will, gerade an diesem Tage hält er nachmittags einen Vortrag in der Offiziersmesse, der auch in die Decks übertragen wird. Sein Thema lautet „Die wichtigsten Windströmungen im Indischen Ozean", wobei er sich besonders eingehend mit den Mauritius-Orkanen befaßt, deren rechtzeitiges Erkennen er beschreibt. Dabei weist er darauf hin, daß zur Zeit keinerlei Anzeichen dafür vorlägen, vor allem könne der typische gelbe Dunst nicht beobachtet werden. Das hätte er lieber nicht tun sollen, denn der Kommandant spricht wie stets bei solchen Vorträgen das Schlußwort und betont, daß er bei aller Wertschätzung des Meteorologen diesmal anderer Ansicht sei. Noch am Abend werde es sich ja zeigen, wer recht hat.

Schon in den ersten Abendstunden dreht der Wind. Der Himmel bezieht sich schnell mit braunschwarzen Wolken, und ein immer mehr zunehmender Nordwest-Sturm braust mit Windstärken sieben bis neun über die endlose See. Ein Glück, daß der Kommandant das Schiff nach Westen versetzt hatte und dadurch dem südlich wandernden Zentrum ausgewichen war. Die kleinen Kostproben an den Randgebieten des in der Seefahrt so gefürchteten Mauritius-Orkans genügen bereits.

Am 14. Februar 08.00 trifft „Scheer" auf dem vereinbarten und mit gekoppeltem Besteck ermittelten Treffpunkt ein. HK „Atlantis" ist nicht zur Stelle. Da seit anderthalb Tagen kein Gestirn mehr zur Ortsbestimmung zu sehen gewesen war, könnte eine Versetzung möglich sein. Im Laufe des Vormittags bricht für Minuten die Wolkendecke auf. Die Sonne zeigt sich lange genug, um schnell ein Besteck zu nehmen. „Scheer" steht tatsächlich zu weit nordwestlich. Mit Südwestkurs wird nun der richtige Treffpunkt angesteuert. Ähnlich ist es auch dem Hilfskreuzer ergangen, der südöstlich versetzte. Um 16.00 endlich kommen im Dunst voraus Schiffe in Sicht. Voran die „Atlantis". Rogge meldet das „Deutsche Indische Geschwader" zur Stelle. Da ist einmal der deutsche Dampfer „Tannenfels" der Hansa-Linie, ein Schwesterschiff der „Atlantis", das seit Kriegsausbruch in Italienisch-Somaliland gelegen hatte und jetzt wegen Feindbedrohung in diesem Raum ausgelaufen war. Dieses Frachtschiff hatte das von der „Atlantis" stammende Prisenkommando des Jugoslaven „Durmitor" an Bord, der von dem Hilfskreuzer in der Nähe der Sunda-Straße aufgebracht und mit 264 Gefangenen nach Mogadishu (Ital.-Somaliland) geschickt worden war. Die „Tannenfels" wurde von „Atlantis" inzwischen versorgt, erhielt ihre Weisungen für den Rückmarsch und Durchbruch in die Heimat, wurde aber von Rogge noch bis zum Zusammentreffen mit „Scheer" zurückgehalten, um dem Kreuzerkommandanten Gelegenheit zu geben, Gefangene auf den Blockadebrecher auszuschiffen. Da schwimmen im Kielwasser des Hilfskreuzers noch zwei „Atlantis"-Prisen, und zwar die britische „Speybank" und der Tanker „Ketty Brövig", der ein hochwertiges Dieselöl geladen hat und daher als Versorger dient. Trotz der noch hochgehenden See kommt Kapitän Rogge in einem kleinen Boot in einer halsbrecherischen Seefahrt zur „Scheer" herüber. Da die „Atlantis" bereits ein Jahr draußen steht, kann Rogge dem „Scheer"-Kommandanten mit wertvollen Erfahrungen über die Lage im Indischen Ozean dienen. Aber auch der Hilfskreuzerkommandant hat ein ganzes Notizbuch voller Fragen mitgebracht. Darüber hinaus bedeutet die Nähe eines deutschen Kriegsschiffes mit 28-cm-Geschützen für die Hilfskreuzerbesatzung mehr als eine Wiedersehensfreude. „Scheer" übernimmt die Sicherung und den Hauptausguck, und die Hilfskreuzer-Seeleute können endlich einmal wieder eine ruhige Nacht verbringen. Um aus dem noch immer vom Orkan beeinflußten Seegebiet herauszukommen, laufen beide Schiffe in der Nacht noch weiter nach Norden ab, um am nächsten Tag in Ruhe die Besprechungen fortzusetzen, den Hilfskreuzersoldaten einen Ausflug auf den waffenstarrenden Bruder und einen Rees an Backbord mit den „Scheer"-Kameraden zu ermöglichen und um weiter die Brennstoffübergabe von der „Ketty Brövig" an den Kreuzer durchzuführen. Die „Tannenfels" wurde vorher entlassen, während die „Ketty Brövig" bei dem Versetzmarsch außer Sicht kam und am nächsten Tage von beiden Schiffen erst gesucht werden muß. Die Untersuchung ihres Dieselöls im „Scheer"-Laboratorium ergibt einen überraschenden erfreulichen Test. Das Öl ist nicht nur ganz ausgezeichnet, es ist auch für die Kreuzermotoren geeignet. Damit hat der „Scheer"-Kommandant nun wirklich nicht gerechnet, in der Nähe von Madagaskar die Bunker auffüllen zu können.

Nach der Beobachtung Rogges läuft der britische Verkehr neuerdings an den Küsten entlang, geht also nicht mehr quer über den Indischen Ozean. Er schlägt Krancke vor, in das Gebiet nördlich von Madagaskar, am besten in die Höhe von Mombassa zu gehen, denn dort müßten ganz bestimmt Feindfahrer zu finden sein. Rogge selbst will bei dieser Arbeitsteilung östlich der Seychellen operieren, um dort Schiffen aufzulauern, die bei zu erwartenden R-R-R-Meldungen über die Anwesenheit eines deutschen Kreuzers von ihrer Route unter der Küste abweichen und östlicher unbehelligt zu bleiben hoffen. Für alle Fälle wird für die Zeit nach dem Vorstoß ein neuer Treffpunkt vereinbart, bei dem aber offen bleibt, ob „Scheer" davon Gebrauch machen wird, da der Kommandant wegen der im Raum Island immer kürzer werdenden Nächte mit einem Rückmarschbefehl seitens der SKL rechnen muß.

Neben diesen militärischen Belangen gibt es auch geschäftliche zwischen den beiden Kommandanten. Rogge bietet erbeuteten Ceylon-Tee, feinstes Kandy-Hochgewächs, an, und Krancke setzt zur Freude der Hilfskreuzerbesatzung „Duquesa"-Eier dagegen. Argentinisches Dosenfleisch geht für burmesischen Edelreis weg. Krancke kann der „Atlantis"-Messe mit ein paar Flaschen Moselwein eine Freude bereiten, und Rogge kompensiert mit Beute-Whisky, um nichts schuldig zu bleiben. Unter der Besatzung blühen ähnliche Tauschgeschäfte, die sich allerdings auf privatpersönliche Belange beziehen, denn auf dem Hilfskreuzer wie auch auf „Scheer" war es strengsten verboten, sich bei der Aufbringung eines Feindschiffes auch nur eine Stecknadel unter den Nagel zu reißen ... Die „neuesten" deutschen Zeitungen mit Datum vom 20. Oktober und früher werden den „Scheer"-Soldaten buchstäblich aus den Händen gerissen, ist doch der Hilfskreuzer seit seinem Auslaufen, also seit elf Monaten, ohne Postverbindung und nachrichtenmäßig auf die knappen Kurzwellen-Rundfunkmeldungen angewiesen, die zudem nicht immer gut empfangen werden konnten.

Das Maschinenpersonal des Kreuzers benutzt die Atempause zu einer Restüberholung der Motoren-Räume I und IV, während die

Flieger mal wieder an ihrem Motor herumbasteln, der sich, so scheint's, im Südmeer erkältet haben muß, denn er hustet und spuckt wie ein Asthmatiker.

Es ist windstill, und die Hitze ist noch unerträglicher geworden. 32 Grad Celsius mißt das Wasser außenbords. Zweiunddreißig Grad! Bei 25 Grad im Schatten gibt es daheim hitzefrei.

Im Motorenraum I haben sie bei 65 Grad Innenraumtemperatur einen der beiden Hauptdiesel beim Wickel. Sieben von den neun kupferroten Zylinderhauben sind mit den dazugehörigen Armaturen abgenommen worden. Aus einem Zylinder wird gerade der Kolben herausgenommen. Zwei Mann legen dazu die Schellen um den Kreuzkopf, ein dritter schlägt mit einem fünfundzwanzigpfündigen Hammer die Kreuzkopfmutter los. Die Männer sind fast nackt, ölverschmiert und in Schweiß gebadet. Unheimlich leuchtet das Weiße aus ihren Augen heraus und das Rot der Lippen aus dem schwarzen Gesicht. Ein junger Bursche, ein rotes Tuch verwegen um den Hals geknüpft, hält das Ende der Schelle fast vor seiner Brust. Wenn der Hammer bei den Bewegungen des Schiffes nur ein einziges Mal sein Ziel verfehlen würde, wäre der Brustkorb zertrümmert. Aber der Bengel zuckt mit keiner Wimper. Und das geschieht alles in der erdrückenden Enge des Maschinenraumes. Kriegsschiffsräume sind ohnehin eng wie ein Flaschenhals. Ihre Maschinenräume aber verlangen Akrobaten mit Gummibeinen.

20. Vor Ostafrika: Britentanker. Eines Griechen Ladung: Rote-Kreuz-Kisten mit MG-Schlagbolzen

Tankerkapitän „British Advocate": „I am glad to see you" - Tanker als Prise entlassen - Der Grieche „Gregorios" - „Scheer"-Schiffsarzt braucht Watte aus der Ladung des „Neutralen" - Das trojanische Pferdchen stolpert darüber: Ladung besteht aus Kriegsmaterial - Schokolade und Milch für die „Scheer"-Besatzung

Am 17. nimmt „Scheer" Fahrt auf.

Nachts passiert ein neutraler Dampfer. Der Kreuzer weicht aus und dreht dann wieder auf den alten Kurs, der ihn in das auf der Höhe von Sansibar nördlich von Madagaskar liegende Operationsgebiet bringen soll. Wo Neutrale fahren, sind britische Schiffe nicht fern.

Luftaufklärung am nächsten Morgen. Jeder Start mit der klapprigen Mühle wird zu einem Sprung ins ungewisse Dunkel. Die Ente hat ja kaum noch eine echte Feder.

09.30. Pietsch meldet eine Sichtung, einen Frachter, der, kaum 100 Kilometer von den britischen Aldabra-Inseln entfernt, auf Nordkurs liegt. Sonderbarerweise kommt auf der „Scheer" vom Flieger gemeldeten Position nichts in Sicht ... Bereits in den Mittagsstunden hätte man auf den Gegner treffen müssen. Die Arado wird erneut in die Lüfte geschossen. Pietsch soll noch einmal nach dem Rechten schauen. Der Papagei ist kaum abgestrichen, als die Haube zwei Mastspitzen in rechtweisend 20 Grad meldet.

„Unser Dampfer!" strahlt die Brücke.

„Ich glaube es nicht. Vielmehr meine ich, daß wir ein anderes Schiff vor uns haben", sagt der Kommandant, ohne nähere Begründungen dafür zu geben. Pietsch kommt ja auch nicht zurück. Er hat diesen jetzt gesichteten Frachter doch auch gesehen. Sollte dieser Tag wieder eine Doublette wie im Guinea-Golf bringen ...?

14.00: Alarm.

14.30: Fremdes Schiff wird als ein Tanker erkannt. Er liegt auf Südkurs, kann also nicht mit der Vormittagssichtung identisch sein. „Scheer" nimmt den Gegner so an, daß dem Kreuzer die Sonne im Rücken steht, denn bei der vibrierenden Hitze verschwinden die Konturen und erschweren dem Gegner ein genaues Ansprechen.

In 10 000 Meter Entfernung beginnt „Scheer" einen harmlosen Morsespruchverkehr nach der mit Erfolg im Guinea-Golf erprobten Methode. Er spielt einen wohlgesinnten Kreuzer, fragt nach dem Woher und Wohin und auch, ob man verdächtige Schiffe gesichtet habe, die eventuell deutsche Hilfskreuzer sein könnten. Die Anwesenheit eines Kreuzers stimmt den Tankerkapitän nicht weiter mißtrauisch, denn ihm ist bekannt, daß dieses Gebiet wegen der deutschen Handelsstörer, die ja die Ursache für die Verlegung der Schiffahrtswege unter die Küsten waren, von britischen Einheiten kontrolliert wird. Er antwortet prompt und erfreut: „I am glad to see you." „Scheer" läuft noch näher auf. Die mittleren Rohre der Türme sind wieder gesenkt, die E-Meßhaube ist gedreht. Dann, wie ein Blitz aus kristallglasreinem Himmel kommt der Tiefschlag:

„Stop wireless or you are gunned." Die Rohre aller Geschütze schwenken. Die 28er sind drohend gerichtet. Etwas seitlich stehend und nun die waffenstarrende Breitseite zeigend, erkennen die „Scheer"-Männer, wie man drüben die auf dem Heck stehende Kanone besetzt und zu richten versucht. Der Kommandant zögert noch. Er versucht es noch einmal, den gegnerischen Kapitän sozusagen in Güte und ohne Waffengewalt von der Sinnlosigkeit einer Gegenwehr zu überzeugen. Das Rohr des britischen Heckgeschützes hebt sich ... Jungs! Jungs! Hochachtung vor eurem Todesmut, mit einer einzigen Kanone gegen das Geschützarsenal eines Kreuzers ankämpfen zu wollen. Eine Kanone gegen 25 Rohre auf dem Kreuzer.

„Leave the gun", morst „Scheer".

Die Bedienungsmannschaft verläßt im Augenblick das Heck und verschwindet von der Bildfläche. Der Gegner funkt auch nicht.

Das Untersuchungskommando, das sofort nach dem Stoppen hinübergebraust ist, meldet das Schiff als den 6994 BRT großen britischen Tanker „British Advocate". Das Schiff ist mit einer Ladung von 4000 Tonnen Rohöl und 4000 Tonnen Petroleum nach Kapstadt unterwegs, mit einem 10,2-cm-Geschütz und einer kleinen Flakkanone bewaffnet und mit einem modernen E-Meßgerät ausgerüstet. „Tanker ist als Prise geeignet", schließt Engels seinen Bericht.

Krancke stimmt zu und befiehlt Engels, entsprechende Vorbereitungen zu treffen. Viel ist da nicht vorzubereiten, denn auch diesmal ist Engels mit seinen Männern mit Sack und Pack und abschiedsbereit übergestiegen. Weniger erfreulich ist die nachträgliche Feststellung, daß der Deckel der Umwälzpumpe, die den Brennstoff aus den Bunkern in den Tagesverbrauchstank pumpt, vom britischen Maschinenpersonal zerschlagen wurde. Mit den auf dem Tanker vorhandenen Mitteln ist der Schaden nicht zu beheben. Für „Scheers" Maschinenvolk eine Kleinigkeit. Aber inzwischen ist Pietsch zurückgekehrt. Er hat den verlorenen Sohn weiter östlich mit nördlichem Kurs wiedergefunden. Um Zeit zu sparen, schlägt der „Scheer"-Kommandant Engels vor, sich auf den Treffpunkt mit der „Atlantis" zu begeben, denn der Tanker hat sowieso nicht genügend Proviant für den Marsch nach Europa an Bord.

Auf „Scheer" dröhnt das aufrüttelnde Lied der Dieselmotoren. Hinter dem Heck bleibt „British Advocate" zurück, die zweite Prise, die von dem Kreuzerkommandanten in Sachen Deutschland nach Frankreich geschickt werden soll. Eine mächtige schwarze Rauchwolke quillt aus dem Schornstein des Tankers, und im goldenen Licht der untergehenden Sonne des Indischen Ozeans verwehen langsam seine Konturen.

Herrlicher frischer Fahrtwind kühlt die heißen Stirnen der „Scheer"-Soldaten. Aus der azurnen Bläue des Ozeans reckt sich das graue Schwert zum zweiten Schlag. Noch vor Eintritt der Dunkelheit wird der zweite Gegner gesichtet. Rauchwolken erst, dann Mastspitzen, die bei der klaren Sicht des Abends noch gut 30 Kilometer entfernt sein mögen. Mit zunehmender Dunkelheit läuft „Scheer" als ein nicht mehr abzuschüttelnder Schatten auf. Auf dem fremden Schiff werden keine Positionslichter gesichtet. Ein reines Gewissen haben die da drüben also nicht. Erst beim Näherkommen – „Scheer" passierte an Steuerbord und legte sich in den Weg – läßt sich eine allerdings stark abgedunkelte Positionslaterne ausmachen.

Der Signalscheinwerfer fordert: „What ship?"

Der Gegner braucht geraume Zeit, bis er sich von der Überraschung erholt hat. Dann kommt eine Antwort in einer dem Signalpersonal unverständlichen Sprache. Der BNO prüft den Morsespruch nach, und da er einmal Gymnasiast gewesen ist, schnüffelt er bald heraus, daß dies nur Griechisch sein kann. Die Antwort wird noch einmal in englischer Sprache erbeten.

„Gregorios, Greece", kommt es zurück. Ein Grieche! Also ein neutrales Schiff. Pech, ausgerechnet hier einen Neutralen zu erwischen, der natürlich bei der ersten besten Gelegenheit Radau schlagen und verkünden wird, wer ihn anhielt.

Was aber macht ein neutraler Grieche überhaupt hier? Womöglich hat er doch Konterbande an Bord? Er muß also untersucht werden.

Das Prisenkommando, nach dem Aussteigen des letzten Handelsschiffsoffiziers auf „British Advocate" nun von einem aktiven Kapitänleutnant geführt, erhält vom Kommandanten – vor allem hinsichtlich des Neutralen – genaueste Anweisungen. Inzwischen ist der Grieche ungeduldig geworden und fragt seinerseits an: „What ship?" Damit er nicht auf die Idee verfällt, zu funken, bekommt er beruhigende Antworten. Das Prisenkommando braust ab. Nach langem Warten – nun ist es der „Scheer"-Kommandant, der ungeduldig wird – kommt das Boot zurück. Der Prisenoffizier will seinen Bericht persönlich erstatten. Das Schiff sei tatsächlich der neutrale griechische Dampfer „Gregorios", 2546 BRT groß und mit einer Ladung Rotes-Kreuz-Material von New York nach Athen unterwegs.

„Zu blöde", ärgert sich der Kommandant. „Moment mal. Bei diesem Kurs muß er doch durch den Suez-Kanal? Besteht nicht Gefahr, daß die Ladung in Wirklichkeit für die Briten bestimmt ist? Aber das Schiff ist ein Neutraler. Es hat, wie aus den Papieren hervorgeht, vom Roten Kreuz einwandfrei signiertes und deklariertes Rotes-Kreuz-Material an Bord. Da wird nichts zu machen sein." Pause.

„Haben Sie den Kapitän danach gefragt", fällt es Krancke noch ein, „warum er den fünfmal weiteren Weg um das Kap der Guten Hoffnung gewählt hat? Das ist doch genauso unsinnig, wie wenn einer daheim von Hamburg nach Berlin über Berchtesgaden fährt. Wenn der Bursche eine solche sonnenklar harmlose Ladung an Bord hat, wozu diese Rundfahrt? Hm, ein bißchen kostspieliger Umweg für ein so kleines Schiff."

„Habe ich, Herr Kapitän. Aber der Alte da drüben redete sich heraus. Das sei Anweisung seiner Reederei und ginge ihn daher einen feuchten Schmutz an. Man wisse ja nicht, so sagte er, ob ihn nicht die Italiener oder gar die Engländer im Mittelmeer aufbringen würden."

„Flaumweiche Ausrede das. Aber dem scheint wirklich kein Strick zu drehen sein. Schiffsarzt auf die Brücke. Vielleicht kann der etwas aus der Ladung brauchen, wenn Medikamente oder Zubehör knapp sein sollten. Eine solche Entnahme ist uns ja laut Prisenordnung erlaubt. Es ist später Sache des Prisengerichtes, dafür zu bezahlen."

Oberstabsarzt Schweder strahlt gleich bei der ersten Seite, als er die spezifizierten Ladungspapiere durchsieht. „Watte können wir oohr gut brauchen. Durch die Ausrüstung der vielen Prisen ist ein fühlbarer Mangel eingetreten. Die amerikanische Ware ist bestimmt nicht schlechter, vielleicht sogar erstklassig."

„Gut. Schicken Sie sofort Dr. Conrad rüber. Soll sich raussuchen, was Sie brauchen. Aber vorher genau ansehen, damit wir auch das Richtige kriegen."

Nach einiger Zeit kommt von dem Griechen der Anruf: „Schicke Boot mit wichtiger Meldung."

Stabsarzt Conrad kommt mit einigen Männern und einer Kiste auf die Brücke. „Die Rote-Kreuz-Kisten sollte man besser als Gelbkreuzkisten bezeichnen. Hier, Herr Kapitän!" Conrad faltet die Watte auseinander. Maschinengewehrschlösser kommen zum Vorschein. „Befehl ausgeführt. Ich glaube, wir haben das *Richtige* gefunden."

„Das ist ja ein unglaublich windiger Vogel. Der Ofen dürfte aus sein. Dieses trojanische Pferdchen gereicht den ollen Griechen nicht gerade zur Ehre."

Es wird angeordnet, auch die andere Ladung zu untersuchen. „Um an diese heranzukommen, müssen die über der unteren Ladung lagernden Kisten mit Kilopaketen Schokoladenpulver und gezuckerter Dosenmilch ausgeladen werden", wendet Conrad ein, der vom Prisenunteroffizier instruiert wurde.

„Macht nichts. Bei dieser Temperatur kann doch keiner schlafen. Lassen Sie sich noch ein Arbeitskommando mehr mitgeben."

Nach einigen Stunden kommt die Meldung: „Alle Wattekisten enthalten MG- und Gewehrschlösser, Schlagbolzen und andere Einzelteile."

Und die Sanitätswagen? Man fand nur einen. Sonst aber Stahlbleche, Flugzeugreifen, Panzerplatten und ähnliche Kriegswaren. Zweifelhaft ist jetzt erst recht, ob das Schiff für Athen bestimmt ist. Es kann ebenso gut Ägypten oder Aden als Bestimmungshafen haben.

„Gregorios" ist verfallen. Der griechische Kapitän erhebt auch keinen Widerspruch. Er wird wohl wissen, was sich unter dem menschenfreundlichen Roten Kreuz seiner Ladung verbirgt. Erstaunen ruft nur eine derart eklatante Verletzung der Rote-Kreuz-

Bestimmungen eines noch neutralen Landes wie den USA hervor. Das ist der zweite Neutralitätsbruch, den man auf „Scheer" während der Unternehmung mit Amerikanern erlebt.

Bevor die Versenkung durchgeführt wird, kommt vom Prisenkommando der Vorschlag, die nun doch schon an Deck des Griechen heraufgebrachten Kilopakete mit Schokoladenpulver und Dosenmilch auf „Scheer" zu übernehmen. Der Kommandant hat nichts dagegen.

„Bis eine Stunde vor Hellwerden haben Sie Zeit."

Mit Eifer beginnt die Übernahme. Als der Kommandant morgens kurz vor Ablaufen der Frist einen Rundgang durch das Schiff macht, versperren ihm Pakete und Kisten den Weg im Mitteldeck. IO wird gebeten. „Gruber, was soll das? Das Schiff muß gefechtsklar bleiben." „Kein Platz mehr. Alle Lasten sind doch übervoll", entgegnet der IO mit einem leisen Vorwurf im Unterton, denn das hätte der Alte doch selber wissen müssen.

„Na, dagegen gibt es doch noch was. Lassen Sie die Besatzung antreten. Jeder soll im Vorbeigehen einen Armvoll mitnehmen. Lassen Sie ausrechnen, wie viel auf den Kopf kommt."

Eine halbe Stunde später sind die Berge verschwunden. Des Kommandanten Geschenk löst tiefe Dankbarkeit aus, denn jeder nimmt sich vor, diese hellenische Morgengabe mit heimzubringen. „Nun kommen wir nicht mit leeren Händen heim." Ja, manchmal dachten sie daran, wie bitter es sein wird, wenn die Frau oder die Mutter die Berichte über die gesegneten Tage des Kreuzers erfährt. Es wird schwer sein, sich mit knurrendem Magen an den Reminiszenzen der „Scheer"schen Glückskinder satt zu hören . . . Jeder hatte im stillen den Vorwurf gehört: „Und da hast du mir kein Ei, kein bissel Butter, keine Tafel Schokolade mitgebracht . . .?"

07.20 geht der Grieche auf Tiefe. Des Meeres und der Begeisterung Wellen schlagen über dem Dampfer zusammen. „Fahre wohl, Gregorios. Und wenn wir nach Sparta kommen, werden wir verkünden, wir haben dich sinken gesehen, wie das Gesetz *uns* befahl."

21. Brite unter Sternenbanner funkt RRR

Angriff im Dämmerlicht – B-Dienst entlarvt Tarnung – Prisenboot jagt 7000-Tonner – Großalarm im Indischen Ozean – Die alkohol-beschwingten Ausreden des „Canadian Cruiser"-Kapitäns – Fla-MG zum Haifisch-Schießen – Überführt durch eigenen Morsespruch

Die Ente startet, um neue Beute zu jagen. „Unser Alter hat Tempo", brummelt das Schiffsvolk und reibt sich die Augen, denn geschlafen hat in der vergangenen Nacht keiner.

09.15. Ein Ruf flattert durch das Schiff. „Pietsch kommt zurück! Und wackelt!"

Ein mittelgroßer Dampfer ist gesichtet worden. Er steht aber ziemlich weit ab und könnte nach den weiß gestrichenen Aufbauten wieder ein Neutraler oder ein sogenannter sein. Dem Kommandanten scheint das wenig wahrscheinlich. Auf der gemeldeten Position ein Neutraler mit südlichem Kurs? Kaum zu glauben. Wo sollte der denn herkommen und wohin denn wollen? Der Amerikaner fährt quer durch die Meere, so, wie der kürzeste Kurs ist, der schlängelt sich nicht auf den von der Britischen Admiralität befohlenen Umwegen über die Ozeane. Und andere Neutrale, die nicht im britischen Dienst fahren, hier? Nein, den müssen wir uns ansehen, denkt der Kommandant und bestimmt den Kollisionskurs, das heißt: „Scheer" läuft auf einen Punkt zu, der in der Verlängerung des erkoppelten Gegnerkurses liegt und den der Kreuzer gleichzeitig mit dem Gegner erreichen muß. Nautische Maßarbeit.

In den späten Nachmittagsstunden rollt der schon routinemäßig gewordene Film ab. Mastspitzen kommen in Sicht. Abendessen. Die Besatzung zieht sich um. Alarm!

„Admiral Scheer" tastet sich im Lichte des dämmernden Abends von achtern an den Fremden heran. Das Spiel beginnt. Der Kreuzer fragt nach den Erkennungsbuchstaben, die Schiffsnamen und

Heimathafen anzeigen. Die Antwort besteht in einer Vierbuchstabengruppe. In den auf dem Kreuzer vorhandenen internationalen Handbüchern gibt es diese Gruppe aber nicht. B-Dienstchef Budde vermutet, daß sich der Fremde einer nach britischen Geheimanweisungen verschlüsselten Gruppe bedient und macht sofort Dechiffrierungsversuche.

„Scheer" muß so tun, als ob er verstanden hätte, und gibt weiter. „Ich habe geheime Orders für Sie."

„Was sind das für Befehle?" fragt der Kapitän des Frachters zurück.

„Bitte kommen Sie mir zur Beschleunigung der Abgabe entgegen. Ich werde Ihnen die Befehle wegen der Kurse durch ein Boot rüberschicken."

Der Dampfer dreht auf Gegenkurs und kommt auch entgegen. Doch was ist das? Merkwürdig, an der einen Seite sieht es so aus, als befände sich direkt unter den Mittschiffsaufbauten eine große Klappe. In der zunehmenden Dämmerung ist auch schwer zu erkennen, ob das Schiff ein Heckgeschütz hat. Einige glauben eins zu sehen. Doch der Kommandant kann dies nicht bestätigen. Verdächtig ist der Bursche. Äußerste Vorsicht also. Nach kurzer Zeit dreht der andere plötzlich wieder auf Gegenkurs.

„Wie lange soll ich warten? Ich bin Amerikaner, Sie haben kein Recht, ein neutrales Schiff auf hoher See anzuhalten", begründet der andere seine Kehrtwendung, immerhin eine Frechheit, die bei einem Neutralen kaum zu erwarten sein dürfte.

In diesem Augenblick kommt Budde wieder auf die Brücke. „Ich glaube, ich habe es. Wenn ich mit dem neuen britischen Handelsschlüssel entschlüssele, ergibt die Gruppe die Kennbuchstaben für das kanadisch-britische Schiff ‚Canadian Cruiser' aus Halifax. Allerdings ist uns neu, daß die auch ihre Kennbuchstaben schlüsseln."

Der letzte freche Morsespruch bietet „Scheer" die Möglichkeit zu einem Bluff geradezu an. „Machen Sie rüber: ‚Nennen Sie mir sofort den Namen des Kapitäns und des Schiffes.'"

Darauf fällt er rein. „Master Smith, ‚Canadian Cruiser'."

„Budde, Sie haben recht, es ist die ‚Canadian Cruiser'. Neuer Morsespruch. ‚Bitte stoppen Sie sofort. Ich setze ein Boot mit den Befehlen aus.'"

Jetzt stoppt der Dampfer, er scheint parieren zu wollen. Kaum ist das Verkehrsboot zu Wasser, geht der Frachter mit der Fahrt wieder an. Nun wird es dem „Scheer" Kommandanten aber zu dumm.

„Stoppen Sie sofort und zwingen Sie mich nicht, Waffengewalt anzuwenden. Ihr Verhalten ist mir verdächtig."

Als Antwort kommt: „Sie benehmen sich mir gegenüber wie ein Deutscher! Wir ..." Hier wird sein Morsespruch durch erneuten Morsebefehl unterbrochen. Da er immer noch nicht stoppt, geht „Scheer" mit der Fahrt hoch und braust heran, während das Verkehrsboot mühsam mit seinen sieben Knoten dem Frachter hinterhertuckert. Ein tolles, für die Bootsinsassen erregendes Bild: Vor sich den dunklen Schatten des gegen die etwas hellere Wolkenwand stehenden „Canadian Cruiser" zu haben, neben sich, rechter Hand, vor einem orangefarben getönten Himmel des verlöschenden Tageslichtes scharf gezeichnet die Silhouette des „Admiral Scheer". Im Boot haben sie den Morseverkehr zwischen dem Kreuzer und dem Gegner genau verfolgen können. Sie lesen auch den unmißverständlichen Spruch zum Stoppen ab. Sie wissen, daß es nun ernst wird. Da blenden auch schon die beiden großen Scheinwerfer auf und packen das Schiff in seiner ganzen Länge. „Ach, du Scheiße", schreit einer auf, „das ist ja wirklich ein Ami." „Paß auf, genau so einer wie es unsere ‚Dixie' alias ‚Nordmark' ist. Wetten ...?" An der Bordwand leuchten die rot-weiß-blauen Farben des Sternenbanners. Unter der Brücke ein Schild mit der halbmannshohen Aufschrift „USA". Achtern am Heck klettert gerade die amerikanische Nationale am Flaggenstock empor. Sie ist von einer bemerkenswert fabrikneu-frischen Farbe. „Canadian Cruiser" denkt nicht daran, zu stoppen. Im Gegenteil, der Frachter erhöht seine Fahrt. Das Schraubenwasser kocht unterm Heck. Höher wird die Bugwelle.

„Gegner funkt R-R-R! Schiffsname, Standort. Werde von Schlachtkreuzer gejagt ...!" kommt es aus „Scheers" Funkraum.

„Morsespruch an V-Boot: Achtung, wir schießen!" In deutscher Sprache geht der vom Kommandanten befohlene Spruch an das dem fliehenden Schwarzen noch immer folgende Verkehrsboot ab. Die Lage für die Männer im Boot wird kritisch. Zweifelsohne wollte der raffinierte britische Kapitän – an seine US-amerikanische

Nationalität glaubt auf dem Kreuzer keiner mehr – genau diese Situation erreichen. Im selben Augenblick blitzt es auf dem Kreuzer auf, der das Feuer zunächst nur mit 3,7-cm-Flak-Geschützen eröffnet hat. Die erste Salve liegt etwas hoch. Aber die zweite trifft den Schornstein und die oberen Aufbauten. Im Verkehrsboot erkennen sie, wie sich alles, was auf dem Gegner an Deck steht, so blitzschnell auf den Boden wirft, als habe man nur auf das Aufblitzen der Geschütze gewartet.

Der flammende Bogen der Leuchtspurmunition reißt nicht ab. Die Salven der 3,7-cm-Waffen wandern jetzt tiefer. Sie fahren bereits in die im Scheinwerferlicht kalkigweiß wirkenden Brückenaufbauten.

Trotz Treffern wird auf dem Gegner munter weitergefunkt.

„Mauritius meldet aufgefaßt", kommt es aus dem Funkraum an Brücke. „Sansibar, Mombasa und Aden bestätigen!"

Der ganze Äther ist in Aufruhr geraten. Ein Flugzeugträger gibt Verstandenzeichen.

Neue Feuerstöße. Neue Treffer.

„Canadian Cruiser" verlangsamt die Fahrt.

Das Verkehrsboot läuft mit hellsingenden Motoren wieder auf und gibt an den Kreuzer einen Morsespruch ab, der allen, die dabei waren, unvergessen bleiben wird: „K an K. Ich gehe ran!"

Wie glühende Raubtieraugen leuchten die Scheinwerfer des Kreuzers in die Nacht und beißen sich am Gegner fest. Zwischen dem V-Boot und dem Heck der „Canadian Cruiser" liegen noch fünfzig Meter. Da bricht noch eine Salve aus der 3,7. Den Männern im Prisenboot fauchen singend und pfeifend die Granaten über die Köpfe. Sie hören Sprengstücke durch die Luft zischen, irgendwo, vielleicht ganz nah.

„Canadian Cruiser" gibt auf. Man reicht direkt neben der auf die Bordwand gemalten Nationale eine Jakobsleiter über Bord. Der Prisenoffizier entert sie als erster. Die Leiter gerät ins Wanken, rutscht über das Sternenbanner, der Kapitänleutnant verwischt mit seiner blütenweißen Hose die noch pinselfrische Farbe der rotweißen Streifen von Uncle Sams geheiligter Flagge.

Ein Bulle von einem Seemann empfängt den deutschen Offizier. Der Mann weist mit der Hand nach dem Vorschiff. Dort hat der Erste Offizier des Frachters die Besatzung antreten lassen. Man scheint sich über das bevorstehende Schicksal des Schiffes gar keinen Illusionen hinzugeben.

Den Kapitän müssen die Männer vom Untersuchungskommando suchen. Auf der Brücke ist er nicht. Man findet ihn in seiner Kajüte, in einem tiefen Sessel sitzend. Vor seinen Füßen trudeln einige leere Flaschen hin und her. Als er den deutschen Offizier eintreten sieht, rappelt er sich aus seinem Sessel hoch, zieht erregt an seiner Stummelpfeife und wettert los. „Sir, ich bin Amerikaner, und dieses ist ein amerikanisches Schiff."

„Um das zu prüfen, hat mich mein Kommando ja hier herübergeschickt."

„Ihr Kommando? Ha, wie kommt man da drüben dazu, auf uns zu schießen . . .? Das ist gegen jedes internationale Recht . . .! Sie machen sich eines Verbrechens schuldig . . ." Der Kapitän tobt innerlich und äußerlich. Die meisten seiner in flammendem Zorn mit im Mund behaltener Pfeife ausgestoßenen Worte sind nicht oder nur halb zu verstehen. Er schimpft wie ein Kanalarbeiter.

Der Deutsche bleibt vollendet ruhig. Er hebt beinahe sanft die Hand und wendet die Außenfläche dem anderen entgegen. Eine unmißverständliche Geste, doch endlich einmal den Schnabel zu halten.

Der Kapitän hatte bei dem Deutschen eher einen Ausbruch vermutet. Betroffen über dieses ihm unerwartet kommende, höflich reservierte Verhalten, hält er in seinem Redefluß ein.

„Sie scheinen eine passionierte Vorliebe für Fahnen zu haben", sagt der deutsche Untersuchungsoffizier mehr amüsiert als verärgert, hebt schnüffelnd die Nase in die Luft und zeigt mit angewinkeltem Finger auf die Flaschen. Die Whisky-Fahne riecht so echt schottisch wie die Buddeln schottischer Herkunft sind.

„Ich verstehe Sie nicht", schnauft der Skipper.

„Auch nicht so wichtig, viel wichtiger für mich sind die Heuerpapiere Ihrer Besatzung und die Klärung der Frage, wie viele Amerikaner nun wirklich auf Ihrer Arche angemustert sind."

„Überflüssige Fragen stellen Sie. Alles Amerikaner natürlich."

„Nach der Liste Ihres Verwalters sind es Dänen, Norweger, Holländer, Briten und Amerikaner, von den letzteren zwei."

„Der nimmt gerne einen, der Verwalter. Muß wieder einen in der Krone gehabt haben, solch einen Blödsinn zu erfinden und

272

niederzuschreiben. Das müssen Sie schon entschuldigen. Wenn ich als Kapitän Ihnen sage, daß hier nur Amerikaner fahren, dann stimmt das. What a comedy of errors."

„Großartig, Master. Glauben Sie ernsthaft, daß ein amerikanischer Kapitän diesen ursprünglichen Titel eines Lustspieles Ihres britischen Geistesheros Shakespeare kennt?"

Der „Canadian Cruiser"-Kapitän macht eine ärgerliche Handbewegung und fährt sich verlegen mit gespreizten Fingern durch das schüttere Haar.

Da taucht ein Dritter auf.

Zur Unterstützung des Untersuchungsoffiziers hat der Kommandant den vorzüglich englisch sprechenden BNO und weitere Experten herübergeschickt. Woytschekowsky-Emden setzt das Verhör nun fort. Zwischen den Aussagen des inzwischen von ihm vernommenen und recht vernünftigen Ersten Offiziers und denen des Kapitäns gibt es gravierende Unterschiede.

Die amtlichen Heuerpapiere sind nicht zu finden. Der Erste sagte, daß diese Sache des Kapitäns seien. Nur dieser habe sie unter Verschluß. Der Kapitän aber weiß nichts davon. Das heißt, er wollte davon nichts wissen, denn schließlich werden diese und auch andere Papiere unter dem Kojenbezug des Kapitäns gefunden. Sie beweisen einwandfrei, daß alle Besatzungsmitglieder britische Staatsangehörige sind. Kein einziger Amerikaner ist unter den von einer britischen Hafenbehörde abgestempelten Papieren benannt. Als der BNO dies dem Alten vorhält, erklärt der: „Das beweist überhaupt nichts. Diese Papiere sind nur zur Tarnung so angelegt." Das könnte auf die Verwalter-Liste zutreffen, hier aber wirkt diese Erklärung wie ein besserer Witz, denn wozu sollte sich ein amerikanisches Schiff mit britischen Besatzungsangehörigen tarnen. Bezechter Unsinn, das.

Es nützt dem Kapitän nichts, daß er die verrücktesten Ausflüchte sucht. Auch die anderen Unterlagen zeigen, daß es sich um das britisch-kanadische Schiff „Canadian Cruiser" handelt, das sich zur Tarnung, und das ist die Wahrheit, als Amerikaner ausgegeben hat.

Der dem pseudo-amerikanischen Kapitän vorgelegte R-R-R-FT-Spruchzettel ist ihm völlig neu.

„Für diese Eseleien eines vor Angst zitternden Funkers bin ich nicht verantwortlich, auch nicht für dessen Neutralitätsbruch. Man wird ihn in den USA vor ein Gericht stellen. Dafür werde ich sorgen, Sir."

„Was verantworten Sie denn überhaupt auf diesem Schiff, auf dem, so scheint's, jeder tun und lassen kann, was er will ... auf dem die Briten Amerikaner sein sollen und in Wirklichkeit die sogenannten Amerikaner echte Briten sind ... auf dem ein alkoholfreudiger Verwalter Dänen, Holländer, Norweger dazu erfinden darf."

Finster starrt der Kapitän vor sich hin. Sein Gesicht ist stumpf und grau geworden.

„Haben Sie Waffen an Bord?"

„No, no arms. No guns. Keine Waffen und keine Geschütze. Bis Port Sudan hatte ich so eine dämliche Kanone an Bord. Aber ‚this focking gunner' ist mir derart frech gekommen, daß ich ihn mit seinem Schießereiladen von Bord gejagt habe. Well. Wozu überhaupt eine Kanone? Als Amerikaner brauche ich ja überhaupt keine." Erkennend, daß er sich jetzt verheddert hat, fügt er ein „nicht mehr" hinzu und sagt dann im Brustton tiefster Überzeugung:

„Dieses Schiff war einmal ein Brite – bis es mein amerikanischer Reeder vor kurzem kaufte. Daher noch die Kanone, daher diese Wooling in den Papieren. Nicht wahr, das sehen Sie doch ein."

„Und das auf einem Flak-Sockel montierte Maschinengewehr auf der Brücke? Und die 300 Schuß Munition dafür?"

„Ach das. Das ist ein Geschenk von einem verrückten amerikanischen Freund. Mein Privateigentum. Brauche das Ding, um Haie damit zu schießen. Haben Sie schon einmal versucht, mit einem MG diese Bestien zu jagen? Feiner Sport. Na ja, wir Amerikaner haben ja alle so einen Spleen ..."

„Mit einem für Luftzielbeschuß montierten MG wollen Sie also Haifische schießen? Lieber Freund, sehen wir denn wie biedere Gemüsebauern aus, denen Sie ein whisky-beschwingtes Seemannsgarn von fliegenden Haifischen vorspinnen dürfen? Sie sind ganz hübsch und auch gründlich bezecht."

Damit wird das sinnlose Verhör kurzerhand abgebrochen.

Der Sachverhalt ist klar. Die „Canadian Cruiser" hat eine R-R-R-Meldung abgegeben, amerikanische Hoheitszeichen zur Tarnung benutzt. Sie ist bewaffnet, und der Kapitän hat versucht, die Untersuchung durch unwahre Angaben zu erschweren. Das letztere wird ihm nicht weiter übelgenommen. Er tat, was er konnte. Vielleicht war er gar nicht blau, sondern spielte diese Farbe nur.

Kummer haben die „Scheer"-Soldaten nur noch, den renitenten Käpten nachher von Bord zu dirigieren. Er ist auch durch gute Worte nicht zu bewegen, seine Siebensachen zu packen. Nur mit freundlicher Gewalt kann er von seinem Schiff heruntergebracht werden.

Fünf Sprengpatronen beenden das Leben der 7178 BRT großen „Canadian Cruiser". Das Schiff ist laut Lloyds-Register bei der Canadian National Steamenhop Compagny in Halifax bereedert und in Montreal beheimatet.

Die Tarnung als Amerikaner ist neu und kann für das Anhalten anderer amerikanischer Schiffe von Wichtigkeit sein. Da der Standort von „Scheer" dem Gegner nun doch bekannt ist, wird ein Funkspruch abgegeben, der Berlin über die Vorkommnisse mit der „Canadian Cruiser" informieren soll. Bereits sechs Stunden später gibt der deutsche Rundfunk bekannt, daß deutsche Überwasserstreitkräfte den bewaffneten britischen Handelsdampfer „Canadian Cruiser" versenkten und daß der Kapitän des Schiffes sich zur Täuschung als Amerikaner getarnt hatte.

Letzte Bestätigung dieser Tarnung brachten auf der einen Seite die Aussagen der über ihren Kapitän empörten Besatzungsmitglieder der „Canadian Cruiser". Der whisky-freundliche Käpten hatte sich auf der Herfahrt mit dem eingeschifften Navypersonal gründlich verkracht und diese Leute in Aden kurzerhand von Bord gejagt. Er würde auch so durchkommen und habe sich darauf als Amerikaner getarnt, und zwar durch weißen Brückenanstrich und die bewußten Flaggen. Auf der anderen Seite hatten zwei an Deck von „Scheer" stehende Funker der Freiwache die Morsesprüche mit abgelesen und dabei auch den vom „Canadian Cruiser" kommenden Spruch „Sie benehmen sich mir gegenüber wie ein Deutscher. We..." – in diesem Augenblick wurde von „Scheer" erneut die Aufforderung gemorst: „Stoppen Sie sofort, oder ich schieße" – weitergelesen, nämlich die nach dem „We..." folgenden beiden Worte „are disguised", also zusammen: „Wir fahren getarnt!" Das Signalpersonal auf der „Scheer"-Brücke hatte dagegen, mit der Abgabe des von der Brücke erfolgten Wiederholungsbefehls beschäftigt, die letzten beiden Worte, wahrscheinlich auch wegen Überblendung, nicht mitgelesen.

„Canadian Cruiser" hat also das Tarnmanöver selbst zugegeben, als man den Kreuzer noch für eine britische Einheit hielt. Erst als der „Scheer"-Kommandant auf die freimütige Offenbarung nicht reagierte, suchte der „Canadian Cruiser"-Kapitän, seinen Irrtum erkennend, das Heil in der Flucht.

22. Trotz Blindfahrt erwischt

Ritterkreuz für Kommandant – IO und BNO „unterschlagen" Funkspruch – Holländischer Frachter flieht, RRR funkend, in Regenbö, aber wird doch gestellt – „Rantau Pandjang", die letzte Beute ist verfallen – Leider gab es Arbeit für die Ärzte

Vom Oberkommando der Kriegsmarine sind zwei Funksprüche eingegangen. Der erste enthält die Weisung der Seekriegsleitung, die Operationen abzubrechen und unbemerkt in die Heimat zurückzukehren. „So einrichten, daß Durchbruch in die heimischen Gewässer Ende März möglich ist." Dieser Funkspruch geht natürlich sofort an die Brücke. Der zweite mit der Uhrzeit 21.20 lautet: „Der Führer hat Ihnen das Ritterkreuz verliehen. Ich übermittle Ihnen und Ihrer bewährten Besatzung für diese Anerkennung der hervorragenden Leistungen des erfolgreichen Schiffes meinen herzlichsten Glückwunsch. Gleichzeitig verleihe ich weiteren 10 Besatzungsangehörigen das EK I und 100 Angehörigen der Besatzung das EK II, Chef Seekriegsleitung." Der BNO eilt mit diesem Funkspruch zum IO. Man möchte gern einen feierlichen Rahmen für diese Übergabe haben und den Kommandanten damit überraschen. Sie beknobeln diesen Wunsch und lassen nur unter Weglassung der Ritterkreuzverleihung folgendes dem Kommandanten vorlegen: „In Anerkennung der hervorragenden Leistungen des erfolgreichen Schiffes verleihe ich weiteren 10 Besatzungsangehörigen das EK I und 100 das EK II." Die aufnehmenden Funker

276

erhalten Befehl: „Maul halten vorerst. Die Meldung ist für jeden Gekados, auch für den Boß." Der IO schließt die „Verschwörerbesprechung" ab mit den sich selbst tröstenden Worten: „Ich werde dem K vorschlagen, morgen die EKs in feierlicher Form an die Besatzungsangehörigen zu verteilen. Wir haben ja von den Divisionen schon die Vorschläge vorliegen, und dann überreiche ich ihm den Funkspruch mit entsprechenden Worten. Er bekommt ihn also nur ein paar Stunden später zu erfahren. Das kann ich verantworten."

Nach Versenkung der „Canadian Cruiser" geht „Scheer" mit hoher Fahrt auf SO-Kurs. Die Operationssprüche des Gegners, so zahlreich wie bisher noch nicht beobachtet und offenbar aus Aden, Ceylon, Südafrika und von Mombasa kommend, zwingen den Kommandanten, dieses Operationsgebiet schnellstens zu verlassen. Hinzu kommt der Heimmarschbefehl, der unbemerkte Rückkehr anordnet, zumal wegen der im Raum Island in den letzten Märztagen kürzer werdenden Nächte ohnehin Eile geboten ist. Heute geht bereits der 21. Februar zu Ende. Es gilt also, dieses Seegebiet hier frei von jeder Feindberührung unbemerkt zu verlassen.

I.O. Ernst Gruber macht den Eindruck eines tief bekümmerten Mannes, der eine zentnerschwere Bürde mit sich herumschleppen muß. Er ißt kaum und ohne den an ihm gewohnten Appetit. Manchmal sieht man ihn an der Reling stehen, den Blick in die ferne Weite gerichtet, als erbitte er vom Himmel eine Antwort auf seine Sorgen. Er ist ja dafür verantwortlich, dem Kommandanten das Funktelegramm mit dem OKM-Glückwunsch zur Ritterkreuzverleihung vorenthalten zu haben. Aber Grubers Vorschlag für ein „Alle Mann achteraus" wird abgelehnt.

„Das kommt für die nächsten Tage überhaupt nicht in Frage. Nach den vielen Operationsfunksprüchen des Gegners zu schließen, müssen wir jetzt stündlich mit Feindberührung rechnen, deshalb gehen wir jetzt ja auch volle Kriegswache. Jede wachfreie Minute brauchen die Männer zur Ruhe. Wir wissen nicht, lieber Gruber, was die nächsten Tage bringen. Nein, ausgeschlossen", entscheidet der Kommandant.

„Schade", sagt der Eins Null. Krancke hat den sonst so munteren und stets tatenfrohen Offizier nie so bekümmert und niedergeschlagen gesehen, da aber fesselt ihn eine Steuerbord voraus heraufziehende Wolkenwand und noch mehr ein Schatten, den er an deren Rand dicht über der See zu erkennen glaubt.

Ein Schiff! Alarm!

Der fremde Frachter kam urplötzlich in Sicht. „Scheer" marschierte mit Südostkurs direkt auf die Scheidegrenze zwischen östlich kristallklarem Himmel und einer sich von Westen nach Süden zu hinziehenden, scharf abgegrenzten Wolkenwand zu, aus der, wie erkenntlich, gerade ein schwerer Tropengruß herunterprasselte und die Kimm verschleierte. Plötzlich stand, aus der Regenböe herausgestoßen, genau rechts voraus ein Frachter auf der Bildfläche. Er muß den Kreuzer gegen den hinter diesem so klaren Himmel sehen.

Aller Augen hängen am Kommandanten. Zumindest die Brükken-Offiziere wissen, daß „Scheer" allen Grund hat, aus diesem Seegebiet mit höchster Fahrt herauszulaufen, um einer Einkreisung durch die alarmierten britischen Seestreitkräfte zu entgehen.

Was wird er tun, und was soll er tun? Wie üblich dem Fremden im Abstand zu folgen, ist illusorisch, denn die Schiffsführung da drüben hat den Kreuzer bestimmt erkannt. Die bisher geübte Kriegslist, sich dem Gegner als harmloser britischer Kontrollkreuzer zu nähern, wird auch versagen, denn es besteht kein Zweifel, daß der Kapitän des fremden Schiffes über die „Canadian Cruiser"-Funksprüche direkt oder indirekt über die Alarmsignale der Landstationen von der Anwesenheit einer feindlichen Einheit unterrichtet ist und bei seinem augenblicklichen Standort in diesem Kreuzer auch den Angreifer auf die „CC" vermuten muß.

Jetzt dreht der Frachter nach Süd-Westen ab. Die Absicht des höchstens dreitausend BRT großen Schiffes – für die verwöhnten „Scheer"-Fahrer kaum der Rede wert – ist klar. Es will in der Regenböe verschwinden. Man hat „Scheer" also gesehen.

Dieser Bestätigung folgt eine zweite, weitaus unangenehmere. Der Gegner funkt und schreit das alarmierende R-R-R, verbunden mit seinem Namen, Standort und Kurs, in alle Welt hinaus. Aha, da also steht der deutsche Störenfried, werden die britischen Kommandostellen jetzt erleichtert aufatmen, denn diese Position läßt sie die Absichten des sich nach Süd-Osten absetzenden Kreuzers deuten.

Das wilde Funken macht dem „Scheer"-Kommandanten weitere Überlegungen nicht schwer. Er weiß, woran er ist. Einmal gemeldet, entschließt sich Krancke zum Angriff. Auf die große Entfernung kann er das Ziel aber nur mit dem vorderen 28er Turm bekämpfen. Die erste Salve liegt dicht bei dem Gegner. Etwas seitlich vom Ziel steigen riesige Wassersäulen himmelan. Aber deren Zusammenfall sehen die „Scheer"-Männer nicht mehr, denn in diesem Augenblick rauscht eine Regenböe heran, verschluckt diese und auch den Gegner, der sich gerettet glaubt. Da der letzte Gegnerkurs wie üblich mitgekoppelt wurde, läßt IAO Schumann noch eine Salve hinterherschießen. Ihre Wirkung kann aber nicht mehr beobachtet werden.

„Scheer" jagt mit Koppelkurs hinterher und stößt nun selbst in den tropischen Regenguß hinein. Wie aus einem in Scherben gegangenen Aquarium fällt das Wasser aus den Wolken. Die Sicht beträgt keine zwanzig Meter, so dicht rauscht der Tropenguß herab, so dick sind die Tropfen, die dröhnend auf Deck und Aufbauten trommeln. Wer im Freien steht, wirft flugs Hemd und Hose in die Ecke. Großartig solch ein Frischwasserbad. Verrückte Situation – dort geht es um Sein oder Nichtsein, hier genießen einige Seeleute, den Finger am Drücker, die voll aufgedrehte Himmelsbrause. Entwischen wird der Frachter nicht, denn er wird versuchen, mit der Regenböe zu laufen. Dementsprechend wählt „Scheer" seinen Kurs.

Das rebellische Funken hat der Fremde eingestellt, wohl, um dem Kreuzer keine Möglichkeit zum Einpeilen zu bieten.

Auf einmal reißt die Regenwolkenwand auf. Wie aus dem Boden gewachsen steht „Admiral Scheer" – knapp 3000 Meter entfernt – neben dem Frachter, der noch eine Wendung zu machen versucht, um Schutz in der seitlich auswandernden Regenböe zu suchen. Auf geringe Entfernung schießt die Mittelartillerie eine sofort im Ziel liegende Salve. Die 15er-Granaten treffen die Brücke. Die gleichzeitig abgegebene Aufforderung zum Stoppen wird augenblicklich befolgt.

Doch als das Prisenkommando ablegen will, läßt es der Kommandant zurückhalten. „Boot soll Stabsarzt, Sanitäter und Verbandszeug mitnehmen. Da drüben hat es bestimmt Verletzte gegeben, wenn nicht Tote."

Der Dampfer, das besagten schon die FT-Sprüche, ist der Holländer „Rantau Pandjang", ein nur 2542 BRT großes Schiff, das mit einer Ladung Steinkohlen nach Singapore unterwegs gewesen ist. Seine fünfundsechzig Mann starke Besatzung besteht zum größten Teil aus Malaien, die bei dem Beschuß durch die Mittelartillerie über Bord sprangen und nun von den durch die Holländer inzwischen zu Wasser gebrachten Booten aufgefischt werden. Beim Näherkommen des deutschen Verkehrsbootes schreien die Farbigen vor Entsetzen und Angst auf, bedecken ihre Gesichter mit den Händen, als wollten sie ihrem sicheren Tod nicht auch noch in die Augen sehen. Es kostet einigen Stimmenaufwand und versöhnliche Worte, diese Leutchen zu beruhigen und um sie zu bewegen, sich von den stoisch und gelassen im Boot sitzenden Holländern zum Kreuzer pullen zu lassen.

Die Zerstörungen auf dem kleinen Schiff sind nicht sehr schwer. Die Brücke weist einige Treffer auf, das vordere Ladegeschirr ist zertrümmert. Stabsarzt Conrad bekommt leider harte Arbeit. Einem an Deck liegenden Holländer kann er nicht mehr helfen, wohl aber vier mehr oder weniger schwerverletzten Malaien, von denen einige gleich bei der ersten 28er-Salve durch herumfliegende Splitter getroffen wurden. Noch einen weiteren Farbigen hat es erwischt, Gott sei Dank aber nicht so bös wie die anderen vier, die Dr. Conrad mit seinen Sanitätsgästen in Eile auf dem Luk verbindet, ihre Wunden klammert und sie mit schmerzlindernden Spritzen versorgt, um sie dann behutsam in das Boot fieren zu lassen, das mit dieser traurigen Fracht sofort zum Kreuzer zurückfährt. Hier werden die Verwundeten schnellstens in den Operationsraum geschafft. Schiffsarzt Dr. Schweder hat bereits alles vorbereiten lassen.

Die Untersuchung des Holländers fördert keine bemerkenswerten Papiere zutage, höchstens der Panzerschrank verdient Erwähnung, aber auch nur, weil er um ein Haar einem übereifrigen deutschen Soldaten den Kragen, wenn nicht gar den Kopf gekostet hätte. Der dienstbeflissene Ober-Funkmaat witterte in dem Geldschrank wichtige Unterlagen. Aber als ungelernter Facharbeiter auf dem Gebiete der Geldschrankknackergilde steht er ratlos vor der versperrten Panzertür. Ratlos? sagt er sich. Denkste! Wozu hat man denn die Handgranaten. Die bindet er zu einer geballten Ladung zusammen, froh darüber, daß die infantristische Ausbildung in seinem Seemannsdasein nun doch nicht ohne praktische Nutzanwendung bleibt. Er reißt die Zündung ab und will durch das Schott nach draußen hüpfen. Das Hüpfen wird ihm abgenommen, denn eine fürchterliche, verfrühte Detonation hinter ihm fegt ihn wie einen Spielball aufs Deck hinaus. Der Mann hat Glück. Bis auf ein paar Schrammen ist ihm weiter nichts passiert. Und gottlob hört er auch den Anpfiff vom Untersuchungsoffizier nicht, weil seine Ohren im Augenblick und für Tage wie taub sind.

Von „Scheer" muß der inzwischen ausgestiegene holländische IO zurückgerufen werden. Er hat den Schlüssel in der Tasche. Der Schrank enthält Post: Einschreibsendungen, Wertbriefe.

Ein Unsegen scheint über dergestaltigen Schränken auf diesem Schiff zu liegen. Ein anderer Seemann bemühte sich unter Stöhnen und letzter Kraftaufwendung, den gleichfalls verschlossenen Eisschrank zu öffnen. Im Verein mit hinzugeeilten Kameraden gelingt dies schließlich mit Gewalt, wenn auch unter Hergabe von Strömen an Schweiß, die zu dämpfen der Eisschrankinhalt in Aussicht stellt. Vorn liegen ein paar Äpfel. Kostbarkeiten! Dazu noch eisgekühlt. Hinten schlummert eine Kiste. Man langt sie sich, hebt den Deckel. Ein einmütiger Fluch entringt sich den Seeleuten, als sie da hineinblicken. In der Kiste des mühsam geöffneten Eisschrankes befinden sich – ei, verflucht! – Eier, ganz einfache dumme Hühnereier.

12.30 fährt die „Rantau Pandjang" in den Keller.

23. Konzentrische Einkreisung durch britische Seestreitkräfte, aber . . .

Fliegeralarm – Trägerflugzeug oder Landmaschine? – Kommandant tarnt Kurs – Ahnungsloser Schiffsarzt läßt Verschwörergruppe aufplatzen – Navy-Funk in allernächster Nähe – HMS „Glasgow" hatte Pech – Acht Kreuzer, ein Flugzeugträger suchen und jagen „Scheer" – Das RRR eines Frachters wird zum Bumerang und unterrichtet

Die Gefangenen sind kaum in ihre Unterkünfte eingewiesen, da schrillt erneut die Alarmglocke. Aber ihre Signale sind anders als gewohnt ... dit-dit-daaa-dit ... kurz-kurz-lang-kurz ... Das ist doch F? Fliegeralarm! Seit dem Verlassen der nördlichen Breiten denkt kein Schwanz mehr an Bord an eine Luftbedrohung.

In großer Entfernung, es mögen an die 20 Kilometer sein, kriecht ein winzig kleiner Punkt unter den grauen Regenwolken dahin. Genau ist der Typ nicht anzusprechen, doch glaubt man allgemein, in dem Flugzeug eine Sunderland zu erkennen, wofür auch ihre landferne Position spricht. Auf „Scheer" herrscht höchster Alarmzustand. Die Munitionsmänner rasen hin und her und stapeln bei der Mittelartillerie und den Flak-Waffen Granaten über Granaten, da ja auch mit einem Angriff von Trägerflugzeugen gerechnet werden muß. Das gegnerische Flugzeug hält Fühlung. Es kommt sogar vorsichtig näher und wird jetzt auf 170 Hundert entfernt stehend angemessen, bleibt aber klugerweise aus dem Wirkungsbereich der Fla-Waffen heraus. Die „Scheer"-Flieger schäumen vor Angriffslust.

„Herr Kapitän, lassen Sie uns starten. Einmal wissen Sie dann, ob das eine Trägermaschine oder ein Landflugzeug ist, zum anderen ist alles drin, daß wir mit dem Vogel fertig werden."

„Nein, Pietsch, erlauben Sie mir, Zweifel in die Flugtüchtigkeit Ihrer Maschine zu setzen. Sie haben nicht mal vernünftige Waffen an Bord, seitdem Sie aus Gewichtsersparnisgründen die Zwozentimeter-Kanonen ausgebaut haben."

„Aber wir haben MGs, Herr Kapitän", ereifern sich die Ikarusse. „Ein glücklicher Treffer und ..."

„... ich sehe Sie nicht wieder, wenn die anderen schneller sind. Sie brauchen nicht mal getroffen zu werden, schon der Luftzug eines vorbeipfeifenden Geschosses genügt, um die Leukoplastverbände abzurufen. Und Pietsch, ernsthaft gesprochen: wir haben keine Zeit, uns mit dem langwierigen Wiedereinsetzen des Flugzeuges aufzuhalten."

Gleich bei Sichten des feindlichen Flugzeuges auf größte Entfernung – die Flieger haben „Scheer" bestimmt nicht früher erkannt – hat der Kommandant den bisherigen südöstlichen Kurs sofort auf Ost-Nord-Ost geändert, um den Gegner durch diesen Kurs über die wahren Absichten des Kreuzers irrezuführen. Dieser Kurs wird beibehalten, auch als das Feindflugzeug nach einer guten Stunde wieder verschwindet. Da der Gegner viele Funksprüche abgegeben hat, muß mit Luftangriffen, vielleicht von einer Flugstation auf den Seychellen oder von einem Träger aus gerechnet werden. Die Flak bleibt auf Gefechtsstationen. Doch es geschieht nichts mehr. Eine Stunde nach Dunkelheit wird der Kurs mit hoher Fahrt wieder auf Süd-Ost gelegt. Selbstverständlich geht die volle Kriegswache weiter. Jederzeit ist Feindberührung möglich, und das DT-Gerät ist endgültig ausgefallen.

In dieser Nacht der nervösen Unruhe und Ungewißheit ereignet sich ein Drama.

Alle Mann sind auf Kriegswache oder Kriegswachschlafplätzen. Der Bordrundfunk ist daher ausgeschaltet. Nur der Schiffsarzt sitzt allein in der Messe und hat sich das Rundfunkgerät auf die hier gut durchkommende deutsche Kurzwelle eingestellt.

Da – er schnellt hoch, kriecht mit dem Kopf an den Lautsprecher heran. Hört er richtig?: „Trotz starker operativer Gegenwehr Handelskrieg führend, hat Kapitän zur See Krancke als Kreuzerkommandant in überseeischen Gewässern bisher 132 000 BRT gegnerischen Schiffsraum versenkt. Dieser glänzende, in kurzer Zeit erzielte Erfolg ist dem entschlossenen, umsichtigen und schneidigen Handeln des Kommandanten genau so wie seiner ausgezeichneten Besatzung zu verdanken . . ."

Dr. Schweder springt auf und stürzt auf die Brücke, wo er den den nächtlichen Horizont beobachtenden, ahnungslosen Kommandanten mit seinen wohlgemeinten Glückwünschen überfällt. Mit Windeseile rast diese Nachricht über alle Telefone. Und so erfährt auch der in seiner Kammer arbeitende IO von des Schiffsarztes ungewolltem Fehltritt.

„Dieser Unglücksrabe", knirscht Gruber. „Erst passiert ihm die Sache mit dem Hai und dem Ei, und nun – bei allen guten Geistern – zertöppert er bei dem Alten unser sorgsam und liebevoll gehütetes Festporzellan."

Der IO ist fest davon überzeugt, daß der Oberstabsarzt seine

Kenntnisse aus der irgendwie undicht gewordenen FT-Bude habe, denn den Rundfunk hörte er selbst ja nicht. Gruber macht sich auf den beschwerlichen Weg zur Brücke und tritt, mit der Last eines schlechten Gewissens beladen, vor Kapitän Krancke hin, der sich in der Brückennock aufhält und seinem I. Offizier freundlich lächelnd entgegenblickt. Der IO gratuliert in aller Form und bittet sodann um Entschuldigung und Verständnis für sein und des BNOs Tun. „Ja, aber Gruber, warum entschuldigen Sie sich denn bloß? Daß Sie später als die anderen Herren kommen . . .?" Gruber würgt es im Halse, und wenn er nicht ein so korrekter Mann gewesen wäre, dann hätte er, der seine Befürchtungen jetzt als gegenstandslos erkennt, den nächsten Satz schnell heruntergeschluckt. „Weil ich als Dienstältester dieser . . . Verschwörergruppe dafür verantwortlich bin, Ihnen das Ritterkreuz sechsundzwanzig Stunden unterschlagen zu haben." „Unterschlagen . . .? Vorenthalten zu haben, ist der bessere und sinnvollere Ausdruck, Gruber. Ihr ‚Alle Mann achteraus' – nun begreife ich Ihr Drängen – muß ich Ihnen ja nun doch gewähren. Aber erst, wenn ich operativ klarsehe und wenn wir südlicher stehen."

Des „Scheer"-Volkes Herzen sind in diesen Stunden auf Schwingachsen gelagert. Freude schwebt durch das ganze Schiff, und die Briten sind vergessen. Aber leider ist es nun im Leben so häßlich eingerichtet, daß neben Rosen auch gleich Dornen stehen. Die FT-Bude meldet verdächtigen Funkverkehr in nächster Nähe.

„Dem Anschlag und dem Tempo nach sind das Navy-Funker", bestätigt B-Dienst-Chef Budde dem BNO. Die Lautstärke ist derart groß, daß die Geräte gedrosselt werden müssen."

Ein britisches Kriegsschiff muß in unmittelbarer Nähe stehen.

Zu dieser Situation kann heute nach genauer Kenntnis der gegnerischen Operationen folgendes berichtet werden. Bei der Aufbringung der „Canadian Cruiser" stand der britische 9000-Tonnen-Kreuzer „Glasgow" 130 sm nordwestlich und wurde sofort auf „Scheer" angesetzt. „Glasgow" konnte aber infolge im Mittelmeer erlittener Beschädigungen nur 24 sm laufen statt 32 sm. 150 sm weiter nordwestlich lief ein Truppentransportgeleit nach Ägypten, gesichert durch den Schweren Kreuzer „Australia" und den Leichten Kreuzer „Hawkins", südwestlich von diesem ein Teilgeleit nach

Mombasa, geleitet durch den Leichten Kreuzer „Emerald". Weiter nördlich stand der Kreuzer „Enterprise" auf dem Wege nach Mombasa. In Mombasa selbst lagen der vom Atlantik in den Indischen Ozean detachierte Flugzeugträger „Hermes" mit dem Kreuzer „Capetown". Der Schwere Kreuzer „Shopshire" und der Kreuzer „Ceres" patrouillierten vor der Küste von Italienisch-Somaliland. Auf die RRR-Meldung machten „Hermes" und „Capetown" seeklar, „Enterprise" wurde zu dem Truppentransport befohlen, um die „Australia" für die Jagd auf „Scheer" freizumachen. Noch war man sich über die Richtigkeit der Meldung der „Canadian Cruiser" über ein Panzerschiff nicht klar. Die RRR-Meldung der „Rantau Pandjang" brachte Klarheit und ließ den Kurs der „Scheer" während der Nacht erkennen. Alle irgend verfügbaren Kräfte wurden nun zur konzentrischen Jagd auf „Scheer" angesetzt. „Glasgow", die am nächsten stand, erhielt Befehl, Fühlung zu halten und bei Nacht anzugreifen; „Capetown" sollte die Seychellen sichern; „Hermes" mit „Emerald" wurden auf den letzten Standort der „Scheer" befohlen; „Australia" und „Shopshire" auf Punkte nordöstlich hiervon und der Schwere Kreuzer „Canberra", welcher südwestlich Ceylon stand, sollte einen Punkt östlich der Seychellen-Inseln mit Höchstfahrt ansteuern. Und schließlich erhielten die Schweren Kreuzer „Dorsetshire" und „Cornwall", die bei bzw. in Simonstown waren, Befehl, schleunigst das Seegebiet zwischen Madagaskar und Mauritius zu besetzen.

Das von „Scheer" gesichtete Flugzeug war keine Sunderland, sondern das Bordflugzeug der „Glasgow", das auf die RRR-Meldung der „Rantau Pandjang" gestartet war. Das Flugzeug hatte aber die starke Kursänderung der „Scheer" nach Ost nicht erkannt und meldete südöstlichen Kurs. Als das Bordflugzeug zwei Stunden später erneut aufklärte, fand es die „Scheer" nicht, die außer Sichtweite weiter östlich stand. So stieß auch „Glasgow" in der Nacht westlich an „Scheer" vorbei (ca. 40 sm) und meldete in der Nacht, daß sie die Fühlung verloren habe. Das war der Funkspruch, der auf „Scheer" so stark gehört wurde.

Für „Scheer" vergeht der Rest dieser Nacht ohne weitere Ereignisse. Als die Sonne am nächsten Morgen strahlend aufsteigt, ist weit und breit nichts zu sehen.

Die Absicht, die Prise „British Advocate" zu warnen und sie

eventuell nach Madagaskar zu beordern, muß bei der Gesamtlage aufgegeben werden. Schnellstes Verlassen dieses Seegebietes ist das Gebot der Stunde.

Der Kommandant plant nach Süden zu steuern, um zwischen Mauritius und Madagaskar durchzubrechen. Doch er hat kaum diesen Gedanken gefaßt, da lächelt wieder einmal die den Deutschen gnädig gesonnene Schicksalsgöttin und leistet dem glückhaften Schiff Hilfestellung. Die R-R-R eines Frachters jagen durch den Äther. Der Kapitän eines zwischen Madagaskar und Mauritius stehenden Dampfers meldet unter lauten R-R-R-Rufen zwei ihm verdächtige, unbekannte Kreuzer auf 22 Grad Süd und 50 Grad Ost auf Nordkurs. Die britische Marinefunkstation auf Mauritius hebt dieses Alarmsignal zwar sofort auf, aber die wachen „Scheer"-Funker haben aufgepaßt. Der Kommandant weiß nun, daß er auf dem von ihm eben noch beabsichtigten Kurs zwei feindlichen Schweren Kreuzern direkt in die Arme gelaufen wäre. Er weicht daher mit erst östlichem und später mit südöstlichem Kurs den ihn einkreisenden Feindkräften aus. Wie jetzt bekannt geworden ist, war dieser RRR-Funkspruch über zwei Schwere Kreuzer westlich Mauritius eine Finte des Gegners. „Shopshire" und vor allem „Cornwall" standen noch zu weit ab, um einen Durchbruch der „Scheer" nach Süden zu verhindern, man wollte sie von diesem Kurs ablenken. Das gelang auch. Auf der anderen Seite wäre es bei den Absichten des „Scheer"-Kommandanten ohne diesen Täuschungsfunkspruch wahrscheinlich doch am folgenden Tag zu einem Zusammenstoß mit den britischen Kreuzern gekommen. Nun aber stand „Scheer" nach weiteren 24 Stunden so weit östlich, daß der normale Dienstbetrieb wieder aufgenommen werden kann. Die Männer sind hundemüde und brauchen für immer noch mögliche Komplikationen unbedingt Ruhe.

Die mit dem Vorstoß in den Indischen Ozean verbundenen Absichten sind voll erreicht. Neben den Versenkungen ist dem Feind nun einwandfrei die Anwesenheit eines „pocket-battleships" auf Englands „eigenem Meer" bekannt geworden. Der Gegner muß für seine Suchaktionen alle verfügbaren Flotteneinheiten abziehen. Und da er auch weiter mit deutschen Handelsstörern in diesem Gebiet zu rechnen hat, muß er die Sicherungen der Schifffahrtswege und die der Geleite verstärken. Er wird vorerst die

Routen noch näher unter die Küsten verlegen und durch noch längere Umwege noch mehr Zeit für seine Versorgung einbüßen. So lange jedenfalls, so lange er keine genauen Anhaltspunkte dafür hat, daß der deutsche Kreuzer aus dem „Mare britannicum" abgelaufen ist. Diese Gedanken belegen, wie wichtig es für das deutsche Kreuzerkommando ist, unbemerkt aus der Indischen See zu verschwinden.

Auf dem östlichen Kurs erhofft der „Scheer"-Kommandant nun doch eine Gelegenheit, die Prise zu benachrichtigen. Zunächst gibt er über die Lage in diesem Gebiet ein Kurzsignal an die SKL und bittet weiter um einen neuen, noch nordöstlicher gelegenen Treffpunkt zwischen Rogge und Engels, hier seiner Überlegung folgend, daß bewaffnete Handelsschiffe und Prisen im Augenblick der gegnerischen Suchaktionen nach einem deutschen Kreuzer wenig oder gar nicht gefährdet sind. Dieser Vorschlag findet zwar bei Kapitän Rogge keine Gegenliebe, denn dieser ist über die durch den Kreuzer im westlichen Indischen Ozean geschaffene Unruhe gar nicht erbaut. Zu Großaktionen gegen deutsche Hilfskreuzer kam es, wie Krancke richtig folgerte, nicht. „Scheer" läuft, da von der SKL keine Bestätigung eingeht, vorsichtshalber mit hoher Fahrt doch noch zum alten ersten Treffpunkt hin. Von der Prise ist nichts zu entdecken. Vermutlich steht das Schiff auf dem anderen, 80 Seemeilen nordwestlich liegenden zweiten Punkt, auf den die „Atlantis" und „Scheer" seinerzeit verholt hatten. Pietsch soll starten und über der „British Advocate" einen Meldebeutel abwerfen, in dem der der SKL vorgeschlagene neue Treffpunkt mit „Atlantis" bezeichnet wird. Falls auch dort ein Zusammentreffen nicht möglich sei, wird Engels freigestellt, das Schiff unter der Küste von Madagaskar zu versenken oder sonst nach eigenem Ermessen und Lage zu handeln. Aber der Himmel macht einen Strich durch diesen Plan. Starke Regenböen und zunehmende, ständig wechselnde Winde bestimmen Krancke, den Flugzeugstart wegen der Ungewißheit des Sichwiederfindens abzuschreiben.

Ernst und einsam steht der Kommandant an einem Tage auf der Brücke, der ihm die höchste Auszeichnung der Heimat und die Anerkennung des Oberbefehlshabers der Kriegsmarine schenkte. Einen Vorwurf, die Prise nicht selbst ausgerüstet zu haben, vermag er sich nicht zu machen, denn die Schädigung des gegnerischen

Handels ging allen anderen Überlegungen vor, und sein Vertrauen in den ehemaligen Kapitän eines Lloyd-Schnelldampfers ist berechtigterweise so groß, diesem unbedenklich eine so schwere Aufgabe und selbständige Entscheidungen aufbürden zu dürfen. Endlich geht in der Nacht ein FT von der Seekriegsleitung ein. Das Zusammentreffen zwischen der Prise und dem Hilfskreuzer ist gesichert.

In diesem Zusammenhang sei erwähnt, daß die Umwälzpumpe der „British Advocate" repariert und die Prise ausgerüstet werden konnte und daß der Tanker den deutschen Stützpunkt in Frankreich, allerdings nach mannigfachen Schwierigkeiten mit der Maschinenanlage, glücklich erreichte. Und Glück hatte Engels, denn kurz vor der Biscaya geriet er nachts in ein britisches Geleit, aus dem er sich als getarnter britischer Tanker durch listige Manöver herausmanövrieren konnte. Ein Roman für sich, diese Prisenfahrt. „British Advocate" sank am 24. Juli 1944 auf der Loire durch Fliegerbomben.

Zurück zur „Admiral Scheer".

Nachmittags stoppen die Maschinen. Der eine schwerverletzte Malaie ist seinen Wunden erlegen. Alle Bemühungen der „Scheer"-Ärzte waren vergeblich. Auf der Schanze zieht trotz der noch akuten Gefahr, von einem Kreuzerverband entdeckt zu werden, eine Ehrenwache in Paradeuniform auf. Im rechten Winkel dazu versammeln sich einige Besatzungsmitglieder der „Rantau Padjang". Weiße und Farbige. Korvettenkapitän Gruber und der holländische Kapitän stehen sich gegenüber. Zu ihren Füßen ruht, nach Seemannsart in Segeltuch eingehüllt, der Tote. Die holländische Flagge bedeckt das Bündel Mensch. Kapitän Gruber spricht und widmet dem Verstorbenen einen ehrenden Nachruf. „Er ist als braver Seemann in der Ausübung seiner Pflicht das Opfer höherer Gewalt geworden. Die Schuld liegt zwischen uns." Der holländische Kapitän gedenkt des Toten in malaiischer Sprache. IO Gruber betet das Vaterunser.

Unendlich weit dehnt sich das blaue Rund des Indischen Ozeans unter dem schweigenden azurnen Himmelsdom. Kein Lüftchen regt sich, kein Geräusch stört die Andacht. Die Reichskriegsflagge weht auf halbstock. Niemand ist an Deck. Niemand soll den Frieden der Feier stören.

„Präsentiert das Gewehr."

Der Oberbootsmann pfeift die letzte und für diesen Mann wohl auch die einzige Seite in dessen armseligem Lebensdasein. Die Malaien beugen sich über ihren toten Kameraden und senken das Bündel langsam in die See. IO Gruber hebt die Hand zum letzten Gruß. Die großen braunen Augen der Malaien ruhen fassungslos auf dem deutschen Offizier, der einem der ihren, einem Farbigen, wie einem Weißen die letzte Ehre erweist. Der holländische Kapitän hat den Kopf gesenkt. In seinen Augen stehen Tränen. Soll das Äußere nicht beben, wenn da drinnen eine Welt zerbricht?

„Scheers" Schrauben laufen wieder an. Die Flagge klettert wieder auf voll. Man nähert sich Mahe-Island, wo der Kommandant eine britische Flugbasis vermutet. Um 17.00 zieht die volle Kriegswache wieder auf. „Flying-Masters" Bodenpersonal baut vorsichtshalber nun doch die Kanonen ein.

Den ganzen Tag und auch den nächsten Tag rasen die Motoren mit höchster Kraft. Das Schiff legt eine so gewaltige Strecke zurück, daß der Kommandant bereits am nächsten Nachmittag auf Kurs 230 Grad gehen kann. Hinter ihm liegen die ihn nördlich oder nordöstlich vergeblich suchenden britischen Streitkräfte.

Am 26. Februar 08.00 heißt es endlich „Alle Mann achteraus". Es ist nicht das erste Mal, daß die „Scheer"-Besatzung dieses Kommando auf ihrer langen Feindfahrt hört, aber noch nie zogen sich die Männer freudiger und schneller um.

Vor der bis auf die Wachgänger an Deck und in der Maschine versammelten Mannschaft überreicht Korvettenkapitän Gruber gleichsam als Stellvertreter des Oberbefehlshabers dem Kommandanten das von den Maschinenmechanikern mit Bordmitteln hergestellte Ritterkreuz.

Der Kommandant dankt der Besatzung in bewegten Worten für treue Mitarbeit und für ihr Mitdenken und kameradschaftliches Mitfühlen in guten und auch schweren Situationen.

„Dieser Tag erfüllt nicht allein mich, sondern uns alle mit Freude, und er verpflichtet uns, in der erprobten kameradschaftlich gefestigten Gemeinschaft zusammenzuhalten. Und wenn wir den Teufel aus der Hölle holen sollten . . . Seeleute . . . Kameraden, ich bin froh und auch sicher zu wissen, daß sich unser glückhaftes Schiff dann auf jeden Mann verlassen darf."

Gleichzeitig gibt der Kommandant bekannt, daß der Kreuzer auf

ObdM-Befehl den Rückmarsch antreten müsse. Diese Nachricht trübt die Gemüter. So sehr sich auch jeder Mann die Heimkehr wünscht, mit diesem Kommandanten hätten sie wirklich den Teufel aus der Hölle geholt.

Die Jagd ist aus.

Die königsblauen Wellen des britischen Weltmeeres rauschen das Halali.

VIERTER TEIL

UNBEMERKTER HEIMMARSCH

24. Wiedersehen in Andalusien

Kurzsignal: „DT-Quarz" löst Zustand in der Heimat aus – Monster-Saunafahrt ums Nadel-Kap – „Scheer" wird der Bauch gekratzt – „Canadian Cruiser"-Kapitän steckt die „Portland" in Brand – Erste und letzte Heimatpost von der „Alsterufer" – Treffen HK „Kormoran" und U 124 – U-Boot hat DT-Quarz an Bord – DT-Gerät wieder einsatzbereit

Aber noch liegt „Scheer" nicht im sicheren Heimathafen. Der Marsch durch den Atlantik birgt noch viele Gefahren, und was den an die Wand gemalten Teufel betrifft, er kann durchaus in Gestalt britischer Kreuzer und Schlachtschiffe vor dem Loch der Dänemarkstraße auf der Lauer liegen.

Im mittleren Atlantik ist zur Zeit Großalarm bei der Britischen Admiralität. Admiral Sir Tovey, Commander in Chief der Home Fleet, ist auf der Jagd nach den beiden deutschen Schlachtschiffen „Gneisenau" und „Scharnhorst", die am 22. Februar aus einem Geleit fünf Frachter versenkten (am 15. März sechs und am 16. März zehn aus weiteren Konvois) und nach einem Kreuzer („Hipper"), der am 12. Februar westlich von Spanien sieben Schiffe (britische Angaben) aus einem Geleit herausschoß. Außerdem operieren in diesen Seegebieten zwei deutsche Hilfskreuzer, nämlich „Thor" und „Kormoran". Alle nur möglichen Rückmarschwege sind daher von britischen Seestreitkräften abgeriegelt.

Sorgen macht dem Kommandanten das nicht mehr arbeitende Funkmeßgerät, dessen Funktionieren für die Durchbruchsfahrt wegen der um diese Zeit noch langen Polarnächte von eminenter Bedeutung ist. Obwohl verboten, haben die Funkmechaniker das Gerät auseinander genommen und den Fehler in einem kleinen Kasten gefunden, der das die Wellen einsteuernde Quarz enthält. Mit Bordmitteln ist dieser Schaden nicht zu beheben. Ein neuer Quarzeinsatz muß her.

Dem Kommandanten kommt die Idee, dieses Ersatzteil durch Funk anzufordern. Aber in dem Funkspruchbuch für den Kreuzerkrieg ist dafür keine Schlüsselgruppe vorhanden. Es bleibt nur der Weg, die Buchstaben D und T und das Wörtchen Quarz so zu verschlüsseln, daß bei der Entschlüsselung die Gruppe Dora-Toni-Quarz zustandekommt. Der Spruch geht ab, und das OKM steht kopf. Es herrscht eine heillose Verwirrung bei den zuständigen Stellen, denn was „Hans", das ist der Schlüsselname für den Kommandanten der „Scheer"-Unternehmung, damit meint, ist auch eingefuchsten Experten ein Rätsel. Binnen 48 Stunden muß das OKM, das während der ganzen Fahrt des Kreuzers bisher keinen einzigen Spruch mißverstand, das Funksignal als verstanden bestätigen. Einer der Nachrichten-Offiziere kehrt erst um Mitternacht in seine Berliner Wohnung heim, verschmäht das ihm von seiner Teuren dargebotene Abendessen und verschwindet in die Koje, wo er keine Ruhe finden kann. „Was bedrückt dich denn?" möchte die besorgte Mutti gerne wissen. „Ach, wir haben da einen Funkspruch von dem Krancke bekommen, sprachen ja neulich über ihn, als er im Wehrmachtsbericht erwähnt wurde, den keiner von uns begreifen kann. Gab uns da Dora-Toni-Quarz durch. Komisch ... Nein, unheimlich." „Komisch erscheint mir nur, was denn dieser Herr Hans auf einem Kreuzer mit Frauen zu tun hat." „Mit Frauen? Unsinn. Das heißt DT ... Himmel!" Raus aus dem Bett, ans Telefon, Wagen bestellt und zur SKL ins OKM, um das „Scheer"-FT zu bestätigen.

Einem auslaufenden U-Boot, U 124, wird in den nächsten Tagen schon der in der Nacht noch beschaffte DT-Quarz mit an Bord gegeben. Der U-Boots-Kommandant wundert sich nicht schlecht, als man ihm ein xfach versiegeltes Paket in die Hand drückt. Es ist nicht größer als eine Zigarrenkiste.

Und wieder beginnt für „Scheer" eine Monster-Saunafahrt. Heiß, warm, kalt, sehr kalt, wieder kalt, wieder warm, wieder brütend heiß. Das Kap der Guten Hoffnung wird ohne Vorkommnisse gerundet.

„O du mein geliebtes Andalusien", heißt das nächste Ziel. Einen Tag vor dem Treffpunkt läßt der Kommandant das Schiff stoppen.

Der rasche Wechsel zwischen den Kaltwasserzonen der antarktischen Breiten, den tropisch warmen Gewässern im Indischen

Ozean und den gleich warmen Gebieten des südlichen Atlantischen Ozeans hatte einen ungewöhnlich starken Bewuchs der Unterwasserteile zur Folge. Muscheln, Algen und schneckenähnliche Gebilde haben sich am Unterwasserteil festgesetzt und behindern das Schiff durch ihren Wasserwiderstand beträchtlich. Der Fahrtverlust beträgt mehr als eine Meile in der Stunde. Der Kommandant braucht aber für die Durchbruchsfahrt auch die letzten Reserven und die höchstmöglichen Geschwindigkeiten. So wird denn beschlossen, das wegen der nicht vollen Brennstofftanks hoch aus dem Wasser herausliegende Schiff von diesen Schwarzfahrern zu befreien. Zu diesem Zweck wird „Scheer" dadurch gekrängt, daß zunächst die an Backbord liegenden Trimmzellen mit Seewasser aufgefüllt und die an Steuerbord liegenden Zellen dagegen gelenzt werden. Dadurch wird die sonst unter Wasser liegende Steuerbordseite so weit aus dem Wasser herausgehoben, daß die Arbeitskommandos in Booten, Schlauchbooten und Prähmen gut herankommen können, um mit für diesen Zweck eigens an Bord hergestellten langstieligen Kratzern den Bewuchs zu beseitigen. Da der Kreuzer in dieser Lage nicht gefechtsbereit, ja geradezu hilflos ist, läßt der Kommandant vor Beginn dieser Arbeiten die Arado starten, die im Umkreis des Kreuzers das Seegebiet aufklärt. Und nun beginnt auf „Scheer" ein emsiges Schaffen, um den lästigen Fahrtgenossen zu Leibe zu rücken, eine Arbeit, die sich leichter anhört, als sie es ist, denn die atlantische Dünung hebt die auf ihrem Rücken schwimmenden Boote an der Bordwand auf und ab. Die Männer haben nicht nur ihre Arbeiten zu verrichten, sie müssen auch den torkelnden Bewegungen des Bootes folgen, um überhaupt arbeiten zu können. Aber sie schuften im Schweiße ihres Angesichts, beflügelt von heiteren Ansprachen ihrer Unteroffiziere, die mit Humor mehr als mit Schimpfen und Befehlen erreichen. Ein Obermaat schießt den Vogel dabei ab. Scheint ihm nicht der genügende Druck hinter den Kratzern zu sitzen, feuert er die Mannen in seinem Boote an: „He, Kerls, das nennt ihr Kratzen? Ihr bringt ja die alte Frau ‚Scheer' direkt zum Lachen mit dieser zarten Kitzelei. Hier!" Er nimmt einen Schraper. „So packt man an."

Der IO umkreist im Kutter sitzend das Schiff, gibt Ratschläge und Anweisungen und entdeckt mit untrüglicher Sicherheit auch die kleinste Stelle, die man beim Schrapen übersah. In den Vormittagsstunden gelingt es nicht nur, die Steuerbordseite zu reinigen. Den Kratzkolonnen folgen andere mit Mennige, um die Roststellen auszubessern, und diesen weitere, die einen Schlag grauer Farbe auf die ausgebesserten Stellen pinseln. Die nicht gerade angenehm heiße Tropensonne des Südatlantiks wird hier zur nützlichen Gefährtin, denn unter ihren sengenden Strahlen trocknet die Farbe beinahe unter der Hand. Zum Abschluß läßt der IO einen auf Feindmarsch zwar unnötigen, aber der Ordnung halber von ihm gewünschten schwarzen Absetzstrich auf die Bordwand ziehen, eine Arbeit, die, an der schaukelnden „Scheer"-Staffelei ausgeführt, auch den Chef der deutschen Malerinnungen vor Bewunderung aus der Fassung gebracht haben würde, so pikfein gerade wird die schwarze Linie auf die Bordwand gepinselt.

Gegen Abend ist auch die andere Seite bearbeitet. Der Marsch geht weiter. Dem Treffpunkt „Nordmark" zu, den „Scheer" am nächsten Tag, am 10. März, erreicht.

Hier wird Öl ergänzt, Munition und Proviant übernommen. „Scheer" deckt sich noch einmal aus den schier unerschöpflichen Lasten mit sozusagen eigenen Eiern und privatem „Duquesa"-Fleisch ein, um schließlich noch die Gefangenen abzugeben, die die „Nordmark" nach Erledigung ihrer weiteren Aufgaben mit nach Deutschland bringen soll.

Von der SKL ist ein Funkspruch eingegangen, der einen Treffpunkt nordöstlich St. Pauls-Rock mit dem Hilfskreuzer „Kormoran" und „U 124" bestimmt, welches das erbetene Quarz für das unklare DT-Gerät an Bord hat.

Es fließen keine Tränen, als „Scheers" Motoren zu hämmern beginnen. Es wird fröhlicher Abschied von den treuen Gefährten auf dem Versorger, der im Schatten der Erfolge des glückhaften Kreuzers schwimmt und über den keine Zeitung und keine Rundfunksendung aus Geheimhaltungsgründen berichten darf. Während den „Scheer"-Männern auf der Jagd nach Erfolgen die Zeit viel zu schnell verrann, während es während der raumfressenden Unternehmung durch das Erleben der verschiedensten Seegebiete, der Kalmen, der Passatzonen, der Roßbreiten, der Brüllenden Vierzig, oder jener von der Regenzeit heimgesuchten Gebiete bei

Madagaskar nie Langeweile auf dem Kreuzer gab, weil sich die See in immer wieder anderen Farben und für jedes Gebiet typischen Merkmalen offenbarte, blieben die Männer auf dem Versorger dazu verdammt, sich mit ihrem Schiff auf den Treffpunkten die Beine zu vertreten. Warten, warten, warten – ihre Aufgabe und auch ihr nervenfressendes Schicksal, aber immer bereit und immer in Gefahr.

Blockadebrecher „Portland" ist das nächste deutsche Schiff, das „Scheer" auf SKL-Anweisung trifft. „Scheer", die die Schlüssel-M-Funksprüche des OKM zu entschlüsseln in der Lage ist, soll die „Portland" über die neuen Weisungen nach Operationslage im Nordatlantik unterrichten. Außerdem gibt das „Scheer"-Kommando den „Canadian Cruiser"-Kapitän und einige andere zurückgehaltene Gefangene ab. Einmal hatten die Schiffsoffiziere der „CC" sich geweigert, mit ihrem Kapitän im Offiziersraum für Gefangene zusammenzuwohnen, zum andern wollte Kapitän Krancke diesem cleveren listenreichen Seemann keine Gelegenheit bieten, unter der Masse der Gefangenen auf der „Nordmark" einen Aufstand oder einen Ausbruchsversuch auszuhecken. Deutscherseits betrachtet, war dem „CC"-Kapitän alles, nur nichts Gutes zuzutrauen. Krancke warnte den „Portland"-Kapitän, der den britischen Kollegen mit den anderen Gefangenen in einem Ladeluk unterbrachte. Der sagte „Allright" und verabschiedete sich ...

Auf der Fahrt durch den südlichen und mittleren Atlantik bleibt auf der „Portland" alles friedlich und der „CC"-Kapitän unverdächtig, wenn auch wortkarg. Genau in der von feindlichen Flugzeugen laufend überwachten Biskaya quillt aus dem vor dem Gefangenenraum liegenden Ladeluk Rauch aus den Lüftern. „Durch Selbstentzündung brennt da unten nischt", überlegt der Kapitän. „Sie meinen, daß der ‚CC'-Kapitän ...?" fragt der WO. „Wer sonst?! Bauen Sie unsere beiden MGs vor das Gefangenenluk. Alle Mann, die Waffen haben, treten dahinter an." Als dies geschehen ist, läßt der Kapitän Preßluft in den Raum geben, in dem das Feuer schwelt. Preßluft ist zwar alles andere als ein anerkanntes Feuerlöschmittel, sie bewirkt aber, daß der Rauch in dem Raum sich alle gangbaren Auswege suchen muß, so auch den, den der Kapitän unten im Raum vermutet. Und dieser führt in den Gefangenen-raum durch das vom „CC"-Kapitän zur Anlage des Brandes durch das Querschott getriebene Loch. Schreie, Flüche, Rufe werden im Gefangenen-Raum laut, als der Qualm wie ein für die Urheber würgender Bumerang eindringt. Man macht das Gefangenenluk auf und läßt die Briten an Deck. Als letzter erscheint mit rotverquollenen, tränenden Augen, hustend, aber grimmig schweigend, der Kapitän der „Canadian Cruiser". „Schade, daß Krieg ist, Käp-ten", sagt der „Portland"-Kapitän. „Die Idee wär'n harten Schluck unter Männern wert. Bitte ersparen Sie mir, als Seemann auf einen Seemann schießen zu müssen, und unterlassen Sie für den Rest der Reise solche für Sie und Ihre Kameraden lebensgefährlichen Späße."

Zurück zur „Admiral Scheer".

Nach der „Portland" hat „Scheer" auf einem nördlicher gelegenen Punkt eine weitere Begegnung mit dem von Deutschland kommenden Versorger „Alsterufer". Endlich bekommt die Arado neue Schwingen und neue Federn. Das Flugzeug ist wieder voll einsatzbereit. Jubel lösen die vielen Postsäcke aus, in denen sich die verspätete Weihnachtspost befindet.

Und wieder ein Abschied von guten Kameraden. Weiter, weiter, weiter. Der Kreuzer muß jetzt mit jeder Stunde geizen.

„Obermaat Beutner, sorgen Sie dafür, daß für morgen früh ein Frühstück à la ‚Duquesa' bereit steht. Soll für eine halbe Division reichen. Und dann veranlassen Sie weiter, daß nicht nur knusprige Brötchen, sondern auch mit viel australischer Butter einige Kuchen und Torten gebacken werden", verlangt der Oberproviantmeister von seinem Kombüsenchef.

„Wozu das denn? Gibt's wieder was an die Brust?"

Der Bottler zuckt mit den Schultern. Er weiß nichts, gar nichts. Den Befehl dazu gab ihm der II. Verwaltungsoffizier, und dieser erhielt die Anweisung vom SVO und der wieder vom Kommandanten, und der lächelte nur – und schwieg.

Natürlich bleiben diese Vorbereitungen auf „Sophie Cäsar" nicht verborgen. Das Erstaunen wird noch größer, als „Scheer" plötzlich auf anderen Kurs geht. Zum Verdruß des Kommandanten muß der Kreuzer trotz der gebotenen Eile in der Nacht wieder 200 Meilen zurückmarschieren.

Die Gründe dafür sind folgende:

„U 124", Kapitänleutnant Wilhelm Schulz, war schon vorher beim „Kormoran" eingetroffen, um von ihm Torpedos zu übernehmen, da er sich an einem Geleitzug verschossen hatte. Das Boot sollte, da sonst noch voll aktionsfähig, seinen Torpedobestand wieder auffüllen, um ohne Rückmarsch zu seinem Versorgungsstützpunkt an der Biskaya seine Operationen in diesem weit abgelegenen Seegebiet fortsetzen zu können. In dem von der SKL bestimmten Treffpunkt war der Seegang zur Torpedoübernahme zu stark gewesen, und folglich hatten die Kommandanten den Treffpunkt unter Abgabe eines Funkspruches an „Scheer" weiter südwestlich verlegt. Für „Scheer" war das Zusammenkommen wichtig, um sein DT-Gerät wieder klar zu bekommen. Ferner sollte er den Kommandanten von „Kormoran" über seine Erfahrungen unterrichten, da dieser jetzt für Operationen im Indischen Ozean vorgesehen war. Außerdem waren dem Hilfskreuzer die Lager ausgelaufen, und er brauchte zur Reparatur Weißmetall, welches „Scheer", immer wieder aufgefüllt aus den aufgebrachten Schiffen, in ausreichender Menge zur Verfügung stellen konnte. Für die Unterrichtung von „Kormoran"-Kommandant Detmers war ferner besonders wertvoll, daß er auf „Scheer" in die Kopie der Kriegstagebücher der Hilfskreuzer „Thor" und „Atlantis" Einblick nehmen und daraus für seine spezifischen Belange manche gute Anregungen erhalten konnte.

Am nächsten Morgen, die Sonne ist kaum über die Kimm geklettert, wird die Backbordkriegswache auf Station befohlen. Mastspitzen sind in Sicht gekommen. Die Vorsicht gebietet, mit gefechtsbereitem Schiff anzulaufen. Es muß in jedem Fall in Rechnung gestellt werden, daß der Gegner einen solchen Treffpunkt knackt und nun hier Lauerstellung bezieht. Aber bald schon kann die Kriegswache wieder eingezogen werden. Das jetzt herausgekommene Schiff ist einwandfrei der Hilfskreuzer „Kormoran". Neben ihm liegt auch das U-Boot, das plötzlich wegtaucht, wohl um seinerseits den anmarschierenden Kreuzer unter die Lupe zu nehmen. Vorsicht ist die Mutter der Porzellankiste. Es wird erst wieder sichtbar, als „Scheer" neben „Kormoran" aufgelaufen ist. Das Turmluk fliegt auf, und heraus quellen die bleichgesichtigen Gestalten der U-Bootkameraden. Sie bevölkern den U-Bootsturm dergestalt, daß dieser mit den winkenden Armen der Männer und deren in der Luft geschwenkten Mützen beinahe an eine Blumenvase auf seidenblauer Tischdecke erinnert.

„K an K: Herzlich willkommen! Herzliche Glückwünsche! Wie befohlen mit ominöser Zigarrenkiste zur Stelle", meldet der U-Kommandant.

„Herzlichen Dank! Ich schicke ein Boot. Auch Sie werden sich freuen."

Das Boot bringt frische Brötchen, Butterkuchen und kunstvoll garnierte Buttercremetorten. Daß einige Kisten Eier und Cornedbeef dabei nicht fehlen, versteht sich.

Auf „Admiral Scheer", die die Sicherung für „Kormoran" und das U-Boot übernimmt, treffen sich Fregattenkapitän Detmers, übrigens ein alter Bekannter von Kapitän Krancke, und U-Boot-Kommandant Schulz. Noch während der Besprechung schiebt sich Oberfunkmeister Fritz Parschat durch die Tür: „DT-Gerät wieder klar, Herr Kapitän!" Und von „Kormoran", auf die LI Ewe und Priseningenieur Classen herüberfuhren, kommt die Nachricht, daß die Reparatur an den Lagern zusammen mit dem Maschinenpersonal des Hilfskreuzers in Ordnung gehen werde. U-Schulz erhält inzwischen die erbetenen Torpedos. So ist jedem geholfen, am meisten wohl aber „Scheer", die nun klar ist für den letzten und gefahrvollsten Weg der bisher so erfolgreich und glücklich verlaufenen Unternehmung.

In den Nachmittagsstunden geht der Kreuzer wieder in Fahrt. Wieder ein Abschied. Wieder die bange Frage, werden wir uns wiedersehen? Wann? Wo? Überhaupt?

25. Spannungsgeladener Durchbruch in Sichtweite britischer Kreuzer

Stärkste deutsche Flottentätigkeit im Nordatlantik – Taktisch abgestimmter Durchbruchstermin – Nordatlantik-Orkan – „Scheer" muß beidrehen – Marsch in die Dänemark-Straße – Hochspannung in der FT-Bude – Wie der Schlüssel M funktioniert – DT faßt Ziel auf –

Glasklare Sicht – DT-Gerät fällt aus – Britischer Kreuzer in 8000 Meter Entfernung neben „Scheer" – Warum der Kommandant nicht den Vorteil des Überraschungsangriffes ausnutzte – Vertraut den kühlen und nicht den heißen Köpfen – Nordlicht-Festbeleuchtung in der engsten Stelle – Nelson-Klasse-Schlachtschiff in Sicht – Die „Hood" ist ein Eisberg – Sascha, das geliebte Russenvieh – 30. März 1941: Anker fallen im Bergenfjord.

„Scheer" passiert die Linie, durchläuft die Mallungen mit ihren äquatorialen Regenböen, stößt dann in das Traumgebiet des Nordostpassats mit seinen malerischen Kumulusgebirgen vor und bricht nun in die Roßbreiten ein, wo sie sich wieder einmal durch das goldbraune Schlingpflanzengestrüpp der Sargasso-See hindurchwühlen muß.

Nordwärts, nordwärts, nordwärts, stampfen die Motoren.

Es wird kühler. Die Besatzung erscheint in Halbblau. In den Divisionsräumen bereiten sich die Männer, auf „Scheers" sprichwörtliches Glück vertrauend, bereits auf den ersten Landgang vor. Sie bürsten ihr gutes Blauzeug aus, flicken, nähen, putzen und wienern, solange es das schöne, noch ruhige Wetter erlaubt. In einigen Tagen wird es aus sein mit der Freizeit und auch mit der ruhigen Fahrt. Eine lange Dünung kündigt bald schon den um diese Jahreszeit stürmischen Nordatlantik an. Mit jeder Seemeile, die der Kreuzer nordwärts eilt, steigt die Erregung und die Spannung an Bord. Was werden die nächsten Tage bringen? Schon nähert sich das Schiff den Hauptgeleitzugswegen des Gegners. Der Äther schwirrt von Operationsfunksprüchen, die zweifelsohne mit den Suchaktionen nach den in den letzten Wochen im mittleren Nordatlantik operierenden und bis nördlich von den Kap Verdischen Inseln vorgestoßenen Schlachtkreuzern „Scharnhorst" und „Gneisenau" im Zusammenhang stehen. Die SKL hat das SC-Kommando unterrichtet, daß diese um den 21. bis 23. März in Brest zurückerwartet würden und daß sich weiter der Schwere Kreuzer „Hipper", von Brest ausgehend, auf der Durchbruchsfahrt durch die Dänemarkstraße in die Heimat befinde. Zunächst scheint diese Verflechtung den unbemerkten Heimmarsch zu erschweren. Aber die SKL hat weitschauend absichtlich so disponiert. Sie rechnet damit, daß der Gegner durch seine permanente Flugzeugbeobachtung der in deutschen Händen befindlichen französischen Atlantikhäfen vom Einlaufen der Schlachtkreuzer erfährt und die bisherige starke Bewachung des mittleren Nordatlantiks und seiner Zugänge zur Nordsee einschränken wird oder die scheinbare Ruhepause benutzt, um nach der sich über Wochen erstreckenden, trotz verschiedener Sichtungen immer wieder erfolglos gebliebenen Jagd Brennstoff aufzufüllen.

Aber nun tritt für das „Scheer"-Kommando eine neue Sorge auf. Wie wird ein Zusammenstoßen mit „Hipper" zu vermeiden sein, denn es ist unbekannt, wo „Hipper" jetzt steckt und wann sie den Durchbruch unternehmen wird. Doch schon nach wenigen Tagen bestimmt die SKL, der ja auch der genaue Standort von „Scheer" nicht bekannt ist, daß „Hipper" bis zum 28. März vor „Scheer" durchbrechen soll, danach habe „Scheer" die Vorfahrt.

Der 22. März. 45 Grad Nordbreite.

Der Nordatlantik zeigt sich von seiner rauhesten Seite. Sturmwolken jagen daher. Es bläst aus Nordost mit Windstärken sechs bis sieben. Die Sicht wird geringer. Die Besatzung, die monatelang im Sportzeug Dienst tat, hat das Halbblau von gestern heute mit vollem Blauzeug gewechselt. Es herrscht für mitteleuropäische Begriffe hier zwar schon frühlingshafte Wärme. Aber „Scheers" verwöhnte Sonnenkinder frieren erbärmlich.

In der unklaren Abenddämmerung wird auf nur 10 000 Meter ein Tanker mit westlichem Kurs gesichtet. Der Kommandant läßt diesem wertvollen Wild ausweichen, denn jeder Angriff könnte bei einer nicht mit Sicherheit zu unterbindenden Funkmeldung des angegriffenen Gegners den Rückmarsch in die Heimat gefährden. Am nächsten Tage wächst sich der Sturm zu einem handigen Atlantik-Orkan aus. Aus Nordost stürmt er heran. Es orgelt und donnert wieder, und manchmal klingt es wie eine Explosion oder wie ein menschlicher Hilfeschrei aus den aufgepeitschten Lüften heraus, während aus den Tiefen der haushoch gehenden See ein unheimliches Stöhnen herausquillt. Die Taue brummen wie die Baßgeigen, und die Schiffsplanken erzittern unter der Last hereinwuchtender Wassermassen, die auf den offenen Decks wie auf Kesselpauken spielen, die zu einem Fortissimo geschlagen werden.

Anzug Kleiner Seehund.

In Ölzeug und Südwester kämpfen die Wachen gegen den

unheimlichen Winddruck an, der die Münder vernagelt. Wehe dem, der den Mund mehr als einen Spalt zu öffnen wagt, dem fährt es wie aus einem Blasebalg hinein, daß er fast erstickt. Die Augen schmerzen und brennen von dem Salz in der Luft. Immer wieder verschwindet das Vorschiff unter wilden Wasserwirbeln, als wollten sie das Schiff unter sich begraben und in die Tiefe drücken. Aber ihre bösartigen Angriffe schüttelt der Kreuzer ab. Nur ein chaotisches hohles Brausen, hellsingendes Zischen und dumpfes Brechen zeigt die Ohnmacht der Angreifer an, wenn „Scheer" aus den Wassermassen wieder hervorbricht. Stetig und noch immer fällt die Quecksilbersäule des Barometers.

Der Kommandant geht nicht mehr von der Brücke. Er nimmt wie so oft in kritischen Stunden und Tagen seine Mahlzeiten im Kartenhaus ein. Immer wieder tritt er besorgt an den Kompaß heran, dessen Nadel hart nach beiden Seiten ausschlägt und manchmal um Grade vom Kurs abweicht.

„Fast möchte ich vorschlagen, Herr Kapitän, das Schiff beizudrehen. Auch der beste Rudergänger kann bei dieser See und diesen das Schiff anfallenden orkanhaften Böen nicht mehr auf genauem Kurs halten", erwägt der NO.

„Daran dachte ich auch eben, Hübner. Einverstanden."

Der Kreuzer wird beigedreht. Mit sieben Seemeilen Fahrt gegenan hält sich das Schiff kaum auf der Stelle. Aber es liegt jetzt gut und nimmt die Seen vier Strich am Winde liegend, ohne daß gefährliche Brecher wirksam werden können.

Zwei volle Tage rast das Unwetter. Zwei volle Tage gehen die „Scheer"-Männer Stirn an Stirn mit einer entfesselten Geisterwelt. Von den Geschützen sind nur noch die schwere Artillerie und die hochstehende Flak verwendungsklar, da über das Vorschiff, Mittelschiff und das Heck noch immer einzelne Brecher hinwegtoben, die eine Bedienung der anderen Waffen unmöglich machen.

Am 25. März ist die Gewalt des Orkans gebrochen. Das Brausen und Toben läßt langsam nach, wenn sich auch noch immer eine hohe und breite See auf das Schiff zuwälzt. „Scheer" steht zur Stunde des Mittagsbestecks in Höhe von Kap Farvell, der südlichsten Spitze von Grönland. Der alte Kurs auf die Mitte der Dänemarkstraße wird wieder aufgenommen. Nun meldet auch „Hipper", daß sie die Enge passiert habe. Zwischen dem Nordkap von Island und dem Festeis von Grönland, die in dieser Jahreszeit nach Meldungen der Luftwaffe nur zirka 30 Seemeilen breit sein soll, habe „Hipper" Mühen gehabt, sich durch das Treibeis hindurch zu manövrieren, wobei sogar eine Schraube beschädigt wurde.

Die Eisverhältnisse waren für „Hipper" deswegen so schwierig, weil der herrschende Nordoststurm das Treibeis gegen den sonst in der Dänemarkstraße an der Oberfläche laufenden Golfstrom ausgerechnet in der Enge der Straße zusammendrückte, während es bei geringerem Wind aus anderen Richtungen nördlich der Insel vorbeigetrieben wird. Das sind für „Admiral Scheer" wichtige Anhaltspunkte.

Noch bedeutungsvoller aber ist die Meldung von „Hipper", daß der Kommandant, Kapitän zur See Meisel, während das Schiff schwer im Eis arbeitete, auf große Entfernung zwei britische Kreuzer in südlicher Richtung gesichtet habe. Damit steht also fest, daß die Dänemarkstraße vom Feind stark bewacht wird. Äußerste Aufmerksamkeit wird notwendig sein.

„Scheer" ist bereit zur letzten Konsequenz. An Deck, in den Kammern, in allen Räumen ist schon seit Tagen alles verschwunden, was nicht niet- und nagelfest ist. Die Reling wurde umgelegt, die Geschütze sind geladen, Panzerblenden und Bullaugen wurden verschlossen, und die Schotten sind verriegelt. In den Messen schlafen die Kriegsfreiwächter. Ausguck wird jetzt ganz groß geschrieben, je höher, je größer.

Der Ausguckposten des oberen Stands hat ausgerechnet, daß jeder Mann dieser Stelle 1700mal den Horizont abgesucht habe. So eine Kreisfahrt dauert ungefähr zwanzig Minuten. Die Zahl der Wachstunden geht in die Tausende. An Routine mangelt es also nicht.

Der 26. März. „Scheer" steht querab zur Südspitze von Island, also direkt vor der Einfahrt zur Dänemarkstraße. Je weiter „Scheer" Nord macht, um so sichtiger wird es. Die See hat sich beruhigt, und der Wind hat sich gelegt. Es herrscht fast Windstille. Silbergraue Möwen künden Landnähe an. Gegen Mittag ist die Sicht so unendlich weit geworden, wie es in diesen Gegenden nur bei frostklarer Luft anzutreffen ist. Auf Island sind neuerdings, das ist dem Kommandanten durch SKL-FT bekannt, britische Luftwaffenformationen stationiert, von denen anzunehmen ist, daß sie das Gebiet zwischen Reykjavik und Grönland laufend überwachen. Bei dieser Sicht erscheint dem Kommandanten ein unbemerkter Durchbruch glatt unwahrscheinlich. Er entschließt sich daher, in die Nähe der Eisgrenze zu gehen, da er wegen der dort herrschenden Temperaturunterschiede mit Nebel rechnet. „Scheer" steuert also nordwestlichen Kurs, diekt auf den Sermilik-Fjord des König Christian IX.-Landes zu. Bereits gegen Abend verringert sich die Sicht. Die Temperatur fällt stark und zeigt die Nähe des Festeises an. Feuchtkalter Wind weht und hüllt das Schiff bald schon in erschauernde Nebel ein. In der Nacht hält sich „Admiral Scheer" auf der Stelle. Volle Kriegswache ist aufgezogen. Mit den Funkmeßgeräten wird nach allen Seiten gesucht. Immer wieder und immer wieder dreht die DT-Haube. Kein Ziel . . . Kein Ziel . . . Kein Ziel . . .

Im Schiff herrscht heilige Ruhe. Nur die Hilfsmaschinen hummeln ihr monotones Lied. Auf der Brücke gehen die Wachgänger, in dicke pelzgefütterte Mäntel gehüllt, schweigend auf und ab. In der Kombüse, in der sie unentwegt Kaffee kochen, in allen Decks und allen Räumen ernste Gesichter. In der Funkbude Schweigen. Die Schlüsselmaschine M ist auf den neuen Tagesschlüssel eingestellt. Die 32 elektrischen Kontakte wurden geändert und neu eingeordnet, die Rastrollen nach Schemaplan gewechselt und das aus drei Buchstaben bestehende Schlüsselwort in das alphabetische Rollo übertragen. Die teuflisch komplizierte Maschine ist „klar zum".

Da! Ein Funker fährt zusammen. Funkspruch. Spannung. Papier raschelt. Schlüsselblümchen nimmt die Zigarre aus dem Mund und den Spruch zur Hand. Eine Vierergruppe EL ZG RS FL. Werden wir gleich haben. Nur die ersten drei Gruppen interessiren. In der Doppelbuchstabentabelle steht unter EL die Gruppe PC, unter ZG die Gruppe XC, unter RS die Gruppe XV. Die ersten Buchstaben der neuen Dreiergruppe entfallen. CCV bleibt übrig, und diese drückt der Entschlüsselungsfunker in die Tastatur seiner Maschine. Drei völlig andere Buchstaben leuchten auf. Diese erst bilden den Spruchschlüssel für den Flottenfunkspruch. Der FTO beugt sich vor. Er liest: „Man soll den Tag nicht vor dem Abend loben XXX Füllfunk XXX."

Niete. Entspannung.

Mechanisch rissen die Finger den Spruch aus der Maschine. Stempel. Unterschrift. Zu den Akton. Der Rest ist Schweigen.

Und warten, warten, warten:

Zigarrenduft weht durch den Raum. Monoton tickt die Uhr. Langsam, quälend langsam rücken die Zeiger vor. 02.10 ... 02.12 ... 02.13 ... 02.30. Wie lange liegt „Scheer" noch still?

Gegen fünf Uhr morgens wird es ganz dick. Schneetreiben setzt ein. „Dr. Defant auf die Brücke!" Der Meteorologe braucht nicht erst geweckt zu werden. Er ist wach und wertet seine Beobachtungen und alle erreichbaren Wetterfunkmeldungen aus. Die Frage, die der Kommandant zu stellen beabsichtigt, beantwortet schon des Wetterfrosches griesgrämiges Gesicht. „Also keine Hoffnung, Doktor?" „Vorläufig nicht. Die Großwetterlage wird sich hier oben auch in den nächsten Tagen nicht ändern." „Bleibt also nur die Möglichkeit, in Nähe der Eisgrenze der Enge der Dänemarkstraße zuzusteuern."

Mit 70 Grad Kurs und 20 Meilen Fahrt pfadet sich „Scheer" durch das Schneetreiben, der engsten Stelle der Straße entgegen.

07.52: DT-Gerät an Brücke: Rechtweisend 337 Grad ein großes Ziel. Entfernung 200 Hundert."

Rechtweisend 337 Grad ist fast genau Backbord querab, also noch näher zur Eisgrenze hin. Nach Kopplung beträgt die Gegnerfahrt bei einem Kurs von 60 Grad 15 Knoten.

„Es kann sich nur um einen der feindlichen Schweren Bewachungskreuzer handeln, der uns folgerichtig im unsichtigen Gebiet, also in der Nähe der Eisgrenze sucht", der Kommandant.

„Seinem Kurs nach läuft er auch auf die Enge zu", sagt IAO Schumann und wischt mit der Hand durch die Luft in die vorausliegende Richtung hin.

„Allein ist der nicht, meine Herren. Ich gehe nicht fehl in der Annahme, daß sich der Bursche da drüben in der Enge mit einem anderen Kreuzer treffen will."

„Nicht dumm, wenn sie das machen", der NO.

„Hatten Sie etwas anderes von den Briten erwartet?" gibt der Kommandant zurück. „Da also nicht anzunehmen ist, daß uns noch ein zweiter Kreuzer hier in diesem Gebiet sucht, können wir den anliegenden Kurs vorerst beibehalten. Werden lediglich die

Fahrt wieder auf 23 Meilen erhöhen, um den Gegner schneller zu überrunden."

„Und der von ‚Hipper' gemeldete Standort der anderen beiden Kreuzer?" wirft der NO ein.

„Wir müssen damit rechnen, daß wir diesen von ‚Hipper' in der Nacht gemeldeten Punkt noch vor Dunkelwerden erreichen. Wir werden sehen. Vielleicht war unsere Sichtung einer von den beiden."

10.40: DT-Haube an Brücke: „Ziel kommt außer Sicht."

10.43: „Ziel in rechtweisend 330 Grad außer Sicht."

Verdammt! Mittags beginnt es aufzuklaren. Um 13.00 beträgt die Sicht bereits 150 Hundert. Der Kommandant läßt den Kurs sicherheitshalber auf 90 Grad ändern, um von dem vorher georteten Ziel noch mehr abzuhalten.

„SA auf Gefechtsstationen!"

Jeden Augenblick muß mit Feindberührung gerechnet werden. Die Sicht nimmt immer weiter zu. Gegen 15.00 bricht zu allem Überfluß die Sonne durch. Der Dunst weht weg. Der Himmel ist von einem erfrischenden Blau leuchtender Reinheit. Es ist wieder so klar wie am Vortage. Zum Verzweifeln. „Scheer" steht jetzt zu weit nordostwärts, als daß ein starkes Abdrehen auf die Eisgrenze zu Erfolg verspricht. Außerdem marschiert dort ein erkanntes Feindschiff, dem der Kreuzer ja erst durch Kursänderung ausgewichen ist. Jetzt heißt es nichts weiter als durchhalten.

Es wird ein Slalomlauf durch die Tore der britischen Bewacher.

„Ich wollte, es wäre Nacht oder Nebel käme", sagte der Kommandant.

Aber keiner der beiden Wünsche läßt sich im Augenblick erfüllen.

16.20: „Mastspitzen und breiter Schornstein in rechtweisend 60 Grad in Sicht."

„Da haben wir die Schweinerei. Der zweite Kreuzer", fährt Krancke hoch und gibt blitzschnell Befehl für Kursänderung nach Südosten zu. Über eine kurze Zeitspanne läuft „Admiral Scheer" 140 Grad und dreht dann wieder auf 90 Grad zurück. Der Gegner hat nicht aufgepaßt. Er hat das deutsche Schiff nicht gesehen. Er *hätte* es sehen können. Aber „Scheers" Ausguckposten waren besser. Die durch das Divisions-Kriegswachsystem erreichte Ruhe trägt ihre Früchte. Es gibt keine Müdigkeit. Bei keinem Mann an Bord. Jeder fiebert mit hellwachem Sinn den entscheidenden Stunden entgegen. Trotz verdoppelter, ja verdreifachter Aufmerksamkeit wird kein Flugzeug und auch kein Gegnerschiff mehr gesichtet.

Ein Aufatmen geht durch das Schiff. Die Sonne neigt sich zum Horizont.

Es ist eine andere Sonne als in den Tropen. Sie hat nichts von dem üppigen Verschwendungstaumel südlicher Zonen. Ihr Licht ist gemäßigter, es glüht von innen heraus. Dann sinkt sie hinter die Kimm. Das Licht wird kalt. Der Himmel färbt sich im Zenit blaugrün und dort, wo der Glutstern sank, nimmt er Farben an, die an auserlesene Blumen erinnern. An traumhafte Teerosen etwa. Es sind Farben von tiefstem Rosa bis zum duftigen Gelb. Um diese Farben zu malen, müßte man die Andacht alter Meister haben. Aber wer auf „Scheer", er wäre ein Meister, wäre solcher Andacht fähig. Keiner jetzt, weil Andacht die zarte und stille Tochter des Friedens ist.

In hauchzarten Schleiern wellt vom Westen her die Nacht heran.

18.00: „Alle Mann auf Gefechtsstationen!"

18.30: „Äußerste Kraft."

Mit Kurs 50 Grad stößt „Scheer" direkt auf die Mitte der nun dicht vorausliegenden Enge zu.

Während die Besatzung in höchster Alarmbereitschaft an ihren Waffen und auf Ausguck steht und vor innerer Erregung nichts mehr von der grimmigen Kälte verspürt, geht eine dramatische Meldung auf der Brücke ein.

„DT-Gerät ausgefallen."

„Hat sich denn alles gegen ‚Scheer' verschworen? Erst der Himmel und nun auch die Technik. Als ob die Pest drin ist. Verdammt . . ."

„An Brücke: Funkpersonal versucht Reparatur."

Minuten später: „Ursache erkannt. Durch den plötzlichen Temperaturfall hat sich Schweißwasser gebildet. Wird erst nach Stunden, nicht aber vor morgen früh, getrocknet sein."

Jetzt muß es sich zeigen, ob die lange Friedensausbildung im Ausguck bei der Nacht, die vorzüglichen deutschen Optiken und die Aufmerksamkeit der Besatzung das Vertrauen rechtfertigen, das man stets in sie gesetzt hat. Die Technik versagt. Der Mensch muß sie nun ersetzen. Der Beweis läßt nicht lange auf sich warten.

19.50 glaubt der TO an seinem erstklassigen Torpedozielgerät Backbord voraus einen Schatten zu sehen. Der Kommandant springt heran. Schulze tritt zurück und gibt das Gerät frei.

„Tatsächlich. Feindlicher Kreuzer 10 Grad auf genau östlichem Kurs", bestätigt Krancke. Im Augenblick strafft er sich wie die Sehne eines gespannten Bogens, dann wendet er sich um und gibt blitzartig den Befehl: „Hart Steuerbord. Alarm!"

„Scheer" krängt über. Das schleudernde Heck schlägt einen schäumenden Halbmond. Mitten in die Drehung hinein befiehlt Krancke: „Auf zwölf Meilen heruntergehen."

IAO Schumann sucht unwillkürlich einen Halt an der Brückenreling. NO Hübner hat einen galligbitteren Geschmack auf der Zunge. Auch die anderen verstehen diese Fahrtverminderung nicht. Gerade jetzt, da es darauf ankommt, dem Gegner mit Höchstfahrt auszuweichen?

Der Kommandant sieht die fassungslosen und entsetzten Gesichter. Und es dämmert ihm die Erkenntnis, daß er diesen letzten Befehl gar nicht bewußt, sondern intuitiv gab und daß er auch richtig war, denn die bei hoher Fahrt ungleich stärkeren Schraubengeräusche sind mit den Unterwasserhorchgeräten verdammt weit zu hören. Diese Gefahr ist wenigstens beseitigt.

Jetzt, da der 210-Grad-Kurs anliegt, beträgt die Entfernung zum Gegner 80 Hundert. Die feindliche Einheit hat ebenfalls auf südlichen Kurs gedreht. Folgt sie „Scheer"? Haben sie da drüben einen Schatten gesehen?

Die Zielgeräte aller Waffen melden das Ziel aufgefaßt. Es handelt sich zweifelsohne um einen Schweren Kreuzer. Meldung auf Meldung geht auf der Brücke ein. Der TO hat den Finger am Drücker. Der IAO hat alle Rohre mit Panzersprenggranaten laden lassen. Ein kurzes Aufblinken beim Gegner gestattet genaueste Entfernungsmessung. Was blinkte da? Ein Streichholz? Ein Feuerzeug?

Soll das Feuer eröffnet werden? Im Nachtgefecht ist der im Vorteil, der zuerst schießt. Aber die Beobachtung des feindlichen Kreuzers deutet nichts an, das vermuten läßt, daß er das deutsche Schiff gesehen hat. Er steht in ungünstiger Torpedoschußlage und behält offenbar seine mäßige Fahrt bei. Seine Geschütze befinden sich, soweit zu beobachten, noch in Null-Lage.

Dem Kommandanten von „Scheer" gehen vielerlei Überlegungen durch den Kopf. In Scapa liegen die 30 Knoten laufenden, haushoch überlegenen Schlachtschiffe, auf Island warten die mit Bomben beladenen Flugzeuge auf den Alarmruf aus der Dänemarkstraße. Die Entfernung zur norwegischen Küste ist vom eigenen Standort erheblich weiter als von Scapa. Kommt es zum Gefecht – daß dieser Gegner vernichtet werden wird, steht außer Zweifel –, so muß unbedingt mit einer Funkmeldung gerechnet werden. Also wird „Scheer" mit fast tödlicher Sicherheit von allen Admiral Sir Tovey verfügbaren Einheiten nordöstlich von Island gestellt werden. Die unbemerkte Rückkehr, die unbedingt erreicht werden soll, ist dann illusorisch geworden und die Heimkehr in Frage gestellt. Ein Verlust von „Admiral Scheer" würde für die deutsche Seekriegsleitung schwerer, viel schwerer wiegen als die Vernichtung gegnerischer Einheiten für die Britische Admiralität.

„IAO, hat er uns gesehen oder nicht?"

„Nein . . .! Aber . . .!"

„Ich weiß, Sie wollen angreifen, sind Ihrer Sache sicher. Nein, IAO Schumann. Ich habe meine Gründe. Die wiegen schwerer als Ihr schon ‚sicherer Erfolg'."

In dieser dramatischen Stunde, die für einen Artillerieoffizier die Krönung seiner Aufgabe beinhaltet, muß der Kommandant die Kraft haben, dem Drängen seiner Offiziere zu widerstehen. Dies ist viel schwerer als zu kämpfen, denn das Herz ist in Hunderten, Tausenden von Fällen tapferer als Geist und Vernunft. Es ist leichter, dem brausenden Blute zu folgen als dem nüchtern wägenden Verstand.

Wie sagte Clausewitz: „Es sind mehr die kühlen als die heißen Köpfe, denen wir im Kriege das Heil unserer Brüder und Kinder, die Ehre und die Sicherheit unseres Vaterlandes anvertrauen möchten."

„Scheer" dreht vorsichtig etwas nach Backbord ab, aber nur so viel, daß noch gerade alle Geschütze den Gegner fassen können. Die Entfernung vergrößert sich, und als „Scheer" auf 90 Grad abfällt, ist der Gegner trotz der jetzt noch weiter auf acht Knoten verminderten Fahrt wie ein böser Spuk verschwunden. Nach kurzer Zeitspanne läßt der Kommandant wieder auf Durchbruchskurs drehen und auf 24 Knoten Marschfahrt gehen.

Wie wir heute wissen, war der Entschluß richtig, denn der Feind rechnete prophylaktisch mit einer Rückkehr des „pocket-battleships", und er hatte zur See und zur Luft in diesem Raum alles vorbereitet, um es bei einer einkalkulierten Vernichtung der Bewachungskreuzer spätestens östlich von Island mit der Home-Fleet zu fassen und zu vernichten.

Die Überraschungen dieser Nacht sollten noch nicht zu Ende sein.

Es ist 22.45, als der Horizont rings um das Schiff von flackernden Lichtscheinen erzittert. Es webt und wallt über die Kimm wie aus unterirdischen Quellen. Da lösen sich helle Schleier aus dem tintenblauen Himmel heraus und beginnen wie Riesenwellen zu wogen und zu schwingen. Strahlenkeile schießen über den Horizont. Sie entspringen in ungeheurer Höhe und drohen als leuchtende Säulen auf die Männer herabzustürzen. Sie werden immer heller. Immer heller. Sie leuchten erst in Rosa, dann in Lila und dann in grellem, eiskalt wirkendem Grün auf. Sie tanzen und drehen sich wie in wildem Spiel vorzeitlicher Geister der nordischen Götterwelt um ihre eigene Achse. Ein Nordlicht von ungeheuerlicher Schönheit umringt den Kreuzer. Die See ist hell erleuchtet und die Sicht so weit wie bei hellstem Vollmond in den Tropen. Die „Scheer"-Männer lassen dieses gewaltige Naturschauspiel betroffen und stumm über sich ergehen.

„Wundervoll" oder „wie schön" sagt keiner an Bord.

Ein Höllenlicht ist es, das dem Teufel, von dem der Kommandant in der Indischen See vor vier Wochen sprach, den Weg zeigt. Die Lichtpfeile wirken wie gigantische Sensen. Auf- und niederzuckend schweben sie über den Köpfen der „Scheer"-Soldaten.

Man kann es dem Kommandanten nicht verdenken, wenn er über dieses Feuerwerk keine Freude empfindet und mit Kommentaren belegt, die nicht druckreif sind.

An Steuerbordseite erhebt sich lackschwarz und drohend das Nordkap von Island. Gegen den hellen Horizont zeichnet es sich in gestochen scharfen Linien ab. An Backbord ist das Eis von Grönland sichtbar, zu bizarr abgegrenzten Bergen aufgetürmt.

Durchbruch bei Festbeleuchtung.

Ausgerechnet in der engsten Stelle der Straße.

Ein Gutes hat dieser fatale Lichtzauber aber doch. Er gestattet klaren Ausguck nach dem Gegner. Kein Schatten ist auf der nachtschwarzen See oder an der Kimm zu sehen.

Eine Stunde lang tobt sich das Nordlichtwunder aus, in dem die Eskimos die Seelen ihrer Verschiedenen sehen wollen. Dann verlöschen die Strahlenkeile. Die Schleier werden weniger und erblassen, bis sie ganz im Nichts der Nacht vergehen.

Volle Kriegswache löst die volle Gefechtsbereitschaft auf dem Kreuzer ab. Kurz nach Mitternacht ist die Enge passiert. Der Kurs wird auf 64 Grad geändert. Die Nacht bleibt klar und weitsichtig. Aber kein Eis behindert „Scheer" wie Tage vorher „Hipper" bei ihrem Weitermarsch. Der Golfstrom hat es nach Norden abgedrückt.

Das Gröbste ist geschafft. Doch der Weg bis nach Norwegen ist noch lang, und die Gefahr, auf schwere britische Streitkräfte zu treffen, ist noch immer nicht gebannt.

Einer der „Scheer"-Bordhunde wäre um ein Haar das Opfer der überreizten Nerven geworden. Er hat sein Quartier in einer reizenden Hundehütte bezogen, die von den Seeleuten mit Liebe, Fleiß und viel Hundeverständnis gezimmert wurde. Dieser Hund ist kein Hund, sondern eine Sie und heißt Sascha. Ihr Äußeres wirkt so russisch. Die Seeleute hegen und pflegen sie, die man von einem aufgebrachten Frachter übernahm, wie ihren Augapfel. Wenn sie gebadet wird, steht die halbe Division kopf. Heute nacht aber, als die Männer hundemüde und zerschlagen auf ihren Schlafplätzen umgefallen sind, kommt es Sascha zum Bewußtsein, in den letzten Tagen der angespannten Kriegswachen von ihren Brötchengebern und Herren der Schöpfung vernachlässigt worden zu sein. Sascha will spielen. Und sie verleiht ihrem Wunsch durch unaufhörliches trauriges Jaulen Ausdruck. Ein Seemann setzt ihrem weiblichen Temperament mit einem hingeworfenen Segeltuchschuh einen seemännischen Stopper auf. Der Schuh trifft nicht hart, aber er trifft. Sascha fällt mit einem Aufstöhnen um. Ach herrje. Die ganze Division kullert sich aus den Hängematten und läßt Schlaf Schlaf sein. Rufe nach Sanitätern und Ärzten werden laut. Mit Kompressen, Massagen und Leberwurstzipfeln, Zuckerchen und ähnlichen

Wohltaten und Kunstgriffen versuchen sie Saschachen und Saschalein, das geliebte Russenvieh, wieder aufzuwecken. Die Wiederbelebungsversuche zeigen Erfolg. Sascha blinzelt listig mit den Augen. Sie gefällt sich ausnehmend gut in dieser Rolle, bis ihr der Spaß über wird. Sie gibt Laut und verkriecht sich schwanzwedelnd vor Freude über die wiederhergestellte Beachtung in ihr Boudoir.

„Seemannsleben – ein Hundleben. Hundeleben – ein Seemannsleben", grunzt einer und fällt wieder um.

Die Aufregungen des Durchbruchs sind noch nicht zu Ende.

04.45: „Vormars an Brücke: In rechtweisend 60 Grad ein großes Ziel. Anscheinend Gefechtsmast der Nelsonklasse."

„Alarrrrm . . .!!!"

„Nelson" oder „Rodney"? Beide haben fast 34 000 Tonnen Wasserverdrängung und als stärkstes Kaliber neun 40,6-cm-Geschütze neben einem Arsenal an 15,2-cm- und 12-cm-Kanonen. Oder ist es gar die „Hood", der noch größte und schnellste Schlachtkreuzer der Welt?

Der Kommandant befiehlt: „Dreimal äußerste Kraft – Kurs 130 Grad", da ein weiteres Abdrehen wegen der Küste Islands nicht möglich ist. Dann rast er den Wendeltreppengang zum Vormars hinauf.

„Entfernung?" ruft er, die letzten Treppenstufen nehmend, den Männern schon von weitem zu.

„197 Hundert."

„197 Hundert?" Er sieht durch das Glas. „Unmöglich, dann müßte man schon den ganzen Schiffskörper erkennen. Nochmals messen."

„196 Hundert. Irrtum ausgeschlossen."

Der Kommandant betrachtet erneut die Sichtung, dann sagt er ruhig: „Alarm beendet."

IAO Schumann macht ein Gesicht wie beim Weltuntergang. „Herr Kapitän . . .?!"

„Ist noch ganz gesund, Schumann. Sehen Sie sich den Gefechtsmast der „Nelson" jetzt noch einmal genau an. Inzwischen ist mit etwas Phantasie ein Flugzeugträger daraus geworden. In Wirklichkeit ist's ein Eisberg."

Nach wenigen Augenblicken ist mit zunehmender Morgendämmerung die Sichtung einwandfrei als ein großer breiter Eisberg zu erkennen. Der alte Kurs wird wieder aufgenommen. Als die Sonne erscheint, liegt wieder die endlose Weite vor dem Schiff, das sich eilt, um vor dem wirklichen Flugzeugträger Island möglichst schnell Raum zu gewinnen. Die Kriegswache wird weiter eingeschränkt. Nur die Flak zieht voll auf.

Um die Mittagsstunden hat Petrus ein Einsehen und kommt dem Heimkehrer zu Hilfe. „Scheer" stößt in ein scharf abgegrenztes Wettergebiet. Eine kräftige Nordwestbrise weht, von Schneetreiben und starker See begleitet. Vor Überraschungen aus der Luft ist „Scheer" jetzt sicher. Das Funkmeßgerät ist wieder einsatzklar, um auch bei geringer Sicht feindliche Streitkräfte orten zu können.

Auf Null Grad Länge und 60 Grad Nord dreht der Kreuzer mit Südsüdost-Kurs ab. Ein Kurzsignal an die SKL: „Einlaufen Bergen 30. März 05.00. Erbitte Befeuerung der Nordeinfahrt. Unterschrift Hans."

In dieser Nacht schläft keiner an Bord.

Pünktlich steht „Scheer" vor Bergen. Es ist noch Nacht und auch noch ein paar Minuten vor der gefunkten Zeit.

„Ziel im Gerät. Sehr tief."

„Scheer" kann eben noch ein paar Klippen ausweichen. Das fehlte gerade noch, sich im Vorgarten der Heimat ein Bein zu brechen.

Die Leuchtfeuer flammen mit Glockenschlag zwei Glasen auf. Voraus meldet das DT Ziele. Vorher waren dort keine da. Es sind die Boote der „17 U-Jagdflottille". Willkommensgrüße vom Flo-Chef Rogge. Die U-Jäger geleiten „Scheer", die einen Lotsenoffizier übernommen hat, durch die schwierigen Gewässer der Einfahrt.

Am 30. März 07.00 fallen nach einer über fünf Monate andauernden Feindfahrt die Anker. Der 30. März ist auch der Geburtstag des Kommandanten. Ein schöneres Geburtstagsgeschenk konnten ihm die Schicksalgöttinnen wahrhaftig nicht präsentieren.

Panzerblenden auf.

Bullaugen auf.

Licht, Luft, Sonne für alle.

Und Ruhe und Frieden im Schatten der schneebedeckten Berge.

Und ein warmes Frischwasserbad.

26. Heim nach Kiel

„Scheer" erreicht Höchstgeschwindigkeit der Probefahrt – Zerstörer bleiben achteraus – ObdM an Bord – EK II für die ganze Besatzung – Erst vier Jahre später haben die britischen Anstrengungen Erfolg – Deutsche Erde deckt „Admiral Scheer".

Mittags Besprechungen mit dem Chef einer Zerstörerflottille über den Marsch nach Kiel. Nachmittags herzliche Begrüßung durch den Admiral norwegische Westküste, Vize-Admiral von Schrader, in der Flotte als Ikke Schrader ein Begriff.

19.30: Anker auf.

Kurs Heimat.

Zerstörer geleiten „Admiral Scheer", die mit 25 Knoten Marschfahrt aus dem Korsfjord herausläuft. Wie wenn das Weltmeer noch einmal seine Kräfte mit dem Kreuzer messen will, so tobt draußen vor der Küste ein Frühlingsgewitter mit orkanhaften Böen. Bei Hellwerden steht der Verband vor Kristiansund.

„FCH an K: Können Sie nicht schneller als 25 Knoten laufen?" fragt der Zerstörer-Flo-Chef an, dem daran gelegen ist, das ungemütliche Skagerrak wegen der U-Bootgefahren mit höchstmöglicher Fahrt zu durchlaufen.

„K an FCH. Aber gern. Fürchte nur, Sie halten nicht aus."

„FCH an K: Oho! Das dürfte übertrieben sein."

„Gut also: Dreimal AK und alle mehr. Sie werden sich ganz hübsch wundern."

„Scheer" dreht auf. LI Ewe tritt das Gaspedal bis zum Anschlag durch und jagt die Dieselmotoren hoch. Das Schiff erbebt und zittert. Die Geräusche im Schornstein werden zum wilden Dröhnen.

Nach einem 46 000 Seemeilen langen Feindmarsch erreicht „Admiral Scheer" für die nächsten Stunden die 27,6 Knoten der Probefahrt.

Die Zerstörer, deren hochempfindliche Hochdruckdampfanlagen schon in den Tagen vorher stark beansprucht worden waren und nun erneut belastet werden, bleiben einer nach dem anderen zurück. Kurz vor dem Skagerrak geleitet nur noch einer den Kreuzer. Nach einer dreieinhalbstündigen AK-Fahrt vermindert „Admiral Scheer" die Geschwindigkeit, damit die Windhunde der Flotte ihre Geleitaufgabe wieder erfüllen können.

Der Himmel hat es „Scheer" scheinbar angetan. Im Belt zieht Nebel auf. Im wogenden Dunstbrei gleitet der Kreuzer wie ein Geisterschiff dahin.

Es wird Morgen.

Land.

Heimat.

Am 1. April kehrt „Admiral Scheer" heim. An der Signalrah im Vormars flattern 21 Wimpel. Auf diesen die Größen der versenkten, aufgebrachten oder als Prisen nach Bordeaux entlassenen Feindfrachter, jene drei später umstrittenen Schiffe aus dem HX-84-Geleit mitgerechnet, da man diese schwer getroffenen Dampfer bei aller gebotenen Vorsicht als verloren betrachten mußte.

Der 1. April ist für „Admiral Scheer" ein besonderer Tag. Es ist der Namenstag des Schiffes, das vor acht Jahren, am 1. April 1933, in Wilhelmshaven vom Stapel lief:

„Ich taufe dich ‚Admiral Scheer'. Lebe nach dem Geist jenes Mannes, dessen Namen du trägst und von dem der Gegner nach der Skagerrak-Schlacht sagte: ‚Ruhmes genug, ihn den größten Flottenführern aller Zeiten ebenbürtig zur Seite zu stellen'. Diene treu deiner deutschen Heimat, habe Erfolg in schwerer Zeit und – – – Glück . . .", so hieß es damals, bevor die Sektflasche am Bug zerschellte.

Nomen est omen.

Der Name verpflichtet.

Glückhaftes Schiff.

Glückhafte „Scheer".

An diesem Tage, 10.00: „Alle Mann achteraus."

Die Besatzung tritt im besten Anzug auf der Schanze an. Über das Seefallreep klettert der Oberbefehlshaber der Kriegsmarine, gefolgt von Admiral Guse und vom Befehlshaber der Aufklärungsstreitkräfte, BdA Vizeadmiral Schmundt.

Großadmiral Dr. h. c. Erich Raeder dankt in einer kurzen, zu Herzen gehenden Rede der Besatzung der „Admiral Scheer", jenes

Kreuzers, der als einziges deutsches Kriegsschiff in beiden Weltkriegen über den Äquator vorstieß und ihn, heimkehrend, glücklich wieder passierte, und er verleiht neben vielen EK I das EK II an alle, eine Auszeichnung, wie sie in der Geschichte der Flotte bisher einmalig war. „Die Leistungen dieses Schiffes sind ihres Namensträgers Admiral Reinhard Scheer würdig. ‚Zum Wollen gehört das Vollbringen – zur Seemannsehr' muß es gelingen!' war sein Leitspruch, unter dem sein Leben und sein Kämpfen stand. Seines Namensträgers, des Schweren Kreuzers ‚Admiral Scheer' Aufgabe konnte nicht sinnvoller gelöst werden."

Noch einmal beschwört der Eier- und Gefrierfleischsegen Unsegen herauf, nämlich, als der ObdM zum Mittagessen Gast des Kommandanten ist. Die Teller werden einzeln serviert. Aus gutem Grund. Der Oberbefehlshaber bekommt den ersten vorgesetzt. Er ist mit einem mit Spiegeleiern à la Duquesa belegten Beafsteak beladen, das fast über den Rand hinausragt. Großadmiral Raeder schiebt den Teller mit einem verwunderten Blick auf den ihm reichlich bequem und wenig gastronomisch vollendet erscheinenden Kajütsteward in die Mitte des Tisches hin. Mit einer sanften Gebärde und einer knappen Verbeugung zum Großadmiral hin, läßt ihn der Kommandant zurück dirigieren.

„Für mich Krancke? Ich dachte, das ist für alle bestimmt?"

„Das ist kein Ausnahmediner, es ist eher ein Abschiedsschmaus, denn zum letztenmal bekommt jeder Mann eine solche Portion ohne Rationierung. Alles stammt von der britischen Herzogin, und der Spender war WC."

„Richtig, die Dame ‚Duquesa' ist ja im OKM schon als ‚Verpflegungsamt Wilhelmshaven Süd' aktenkundig geworden. Mit Schiller, Krancke, das Werk lobt den Meister."

Drei Tage später greifen britische Bomber das Werftgelände von Kiel an, wo „Admiral Scheer" an der Außenmole festgemacht hat. Sie versuchen anzugreifen, denn das Abwehrfeuer des „pocketbattleships", in das nun auch die anderen Einheiten trotz des Schießverbotes für diese Zone einfallen, drängt die Flugzeuge ab. Zwei der Bomber werden das Opfer der „Scheer"-Granaten. Ein Teil der Besatzung kann sich durch Fallschirm retten. Hinter Dietrichsdorf gehen sie zu Boden. Bei dem sich anschließenden Verhör werden sie nach dem Ziel gefragt.

Wütend fährt der eine britische Flieger auf.

„Scheer, wer sonst! This damned bloody pocket-battleship Scheer."

Vier Jahre fährt noch mancher ähnliche Fluch zum Himmel – bei der britischen Navy, bei den Bomber-Kommandos der RAF, bei den Russen in Moskau, in Port Dickson am Jenissei vor Sibirien und nachher bei dem Zusammenbruch unter den an Ostpreußens und Pommerns Küsten vordrängenden Russen – ehe Fortuna nun auch das „glückhafte Schiff" der Flotte verläßt.

Am 9. April 1945 trafen britische Bomben den im Hafenbecken zwischen dem Arsenal und der Deutschen Werft liegenden und wegen der ausgebauten oder in Überholung befindlichen Geschütze wehrlosen, auf den Meeren der Welt aber unbesiegten

Schweren Kreuzer „Admiral Scheer".

„Nie wieder Krieg,

nie wieder eine deutsche Marine,

nie wieder solche Schiffe!"

schworen sich die Sieger und ließen das Hafenbecken mit Erde zuschütten.

Mit blutender deutscher Erde.

ANHANG

Unternehmen „Wunderland"

von Jochen Brennecke

*Die Operation des Schweren Kreuzers „Admiral Scheer" in der West-
sibirischen See und in der Kara-See vom 16. bis 31. Aug. 1942*

Obwohl dieses Buch nicht zum Vorwurf hat, die Lebensgeschichte
des Schweren Kreuzers „Admiral Scheer" zu behandeln, sondern
sich lediglich mit dem Kreuzerkrieg in zwei Ozeanen befassen
sollte, verdienen die im Schlußkapitel angedeuteten und als
Unternehmen „Wunderland" bekannt gewordenen Operationen in
Verbindung mit dem Kreuzerkrieg des Schiffes unbedingt Erwähnung. Zweifelsohne fordert dieses nautisch äußerst schwierige
Unternehmen eine breitere und ausführliche Würdigung, die aber
aus oben benannten Gründen hier nicht vorgesehen ist.

Das Marinegruppenkommando Nord erhielt im Sommer 1942
von der SKL den Auftrag, sich mit den Möglichkeiten von Operationen deutscher Kreuzer in den sibirischen Gewässern zu befassen. Der für diese Seegebiete räumlich zuständige Admiral Nordmeer äußerte von Anbeginn Bedenken. Bis auf mehr oder weniger
unzulängliche Fischdampferberichte aus der Friedenszeit, einige
U-Boot-Unterlagen aus dem Kriege und die wertvollen, allerdings
nicht ausreichenden Erfahrungsberichte des Hilfskreuzers „Komet" schien ihm dieses Gebiet nicht genügend aufgeklärt. Es
mangelte an zuverlässigem Kartenmaterial, an Erfahrungen über
die in den letzten zehn Jahren sehr unregelmäßig gewesenen
Eistriften und vor allem an laufenden Wettermeldungen.

Nach den Vorschlägen des die Operationsmöglichkeiten günstiger beurteilenden Marinegruppenkommandos Nord sollen für
einen Vorstoß Schwerer Kreuzer einige U-Boote und zwei Fischdampfer britischen Typs den Eis- und Wettermeldedienst übernehmen. Mit feindlichen Gegenmaßnahmen wird nicht gerechnet,

höchstens mit dem Versuch britisch-amerikanischer Einheiten, den deutschen Kriegsschiffen nach ihren Operationen in einem Gebiet, das nicht viel breiter als die Ostsee, dafür aber um ein Vielfaches länger als diese ist, den Rückmarsch zu verlegen.

Nach eingehender Prüfung der Lage wird „Admiral Scheer" die Durchführung einer Operation in diesem Seegebiet übertragen. Man wählt den Monat August, da um diese Zeit die günstigsten Eisverhältnisse anzutreffen sind.

Der Operationsbefehl lautet in großen Zügen:

1. Die Hauptaufgabe ist die Vernichtung sowjetrussischer Schiffe in der Kara-See unter Bevorzugung der aus dem Osten kommenden Geleitzüge.

2. Das überraschende Auftreten einzelfahrender sowjetischer Zerstörer wird für möglich gehalten.

3. Als Nebenaufgabe wird die Beschießung des in der südlichen Kara-See gelegenen Küstenortes Anderma anheimgestellt, da Anderma als Ausweichhafen für die Entladung der aus England oder den USA über Island kommenden Geleitzüge angesprochen wird. (Durch Kurierflugzeug beim Ausmarsch überbrachte Luftbildaufnahmen von Anderma bestätigen diese Annahme nicht.)

4. Der Eismeldedienst soll nicht durch Fischdampfer, sondern ausschließlich durch U-Boote durchgeführt werden, und zwar soll ein Boot nördlich von Nowaja Semlja bis an die Eisgrenze hin aufklären und ein zweites in Richtung der Bjely- und Dickson-Inseln angesetzt werden.

5. Auf die Mitnahme von Zerstörern wird wegen ihres geringen Fahrbereichs und ihrer Empfindlichkeit im Eis verzichtet.

Unter dem Kommando von Kapitän zur See Wilhelm Meendsen-Bohlken verläßt „Admiral Scheer" am 16. August 13.00 den Hafen von Narvik.

Die den Schweren Kreuzer begleitenden Zerstörer werden am 17. 8. 42 südlich der Bäreninsel in den Mittagsstunden entlassen, während „Scheer" weiter nach Norden marschiert, um dann auf Ostkurs zu drehen. Einem auf Kurs Murmansk liegenden, voll beladenen Frachtschiff wird ausgewichen, um den Überraschungsvorstoß nicht zu gefährden. Bereits am 18. August hat „Scheer" eine Begegnung mit dem nördlich von Nowaja-Semlja eingesetzten U 601, dessen Kommandant die Eisgrenze 80 Seemeilen nördlich der Insel meldet. Statt der erwarteten Schiffe trifft „Scheer", in Richtung Einsamkeitsinsel–Wilkitzki-Straße vorstoßend, nur unter großen Schwierigkeiten und Gefahren für Schrauben und Ruder schwer passierbare Eisfelder, die den Kommandanten nach vergeblicher Flugzeugaufklärung nach freiem Wasser zur Umkehr bestimmen. „Scheer" läuft nach Westen und geht mit südlichem Kurs an der Eisgrenze entlang in die Westsibirische See. Hier trifft sie mit U 251 zusammen. Nach Nachrichtenaustausch und Ölabgabe an das U-Boot nimmt „Scheer" Kurs auf die südlich der Einsamkeitsinsel gelegenen Iswestij-Zik-Inseln, wo freies Wasser angetroffen wird. Von hier aus stößt der Kreuzer auf die Wilkitzki-Straße vor, jener für den Schiffsverkehr zwischen dem Pazifik und den Häfen Murmansk, Archangelsk und Anderma so bedeutsamen Nordpassage, die im Norden durch die Nordland-Inseln (oder auch Ssewernaja-Semlja-Inseln genannt) und im Süden durch das sibirische Festland mit dem Kap Tscheljuskin als nördlichstem Punkt des asiatisch-europäischen Kontinents gebildet wird. Bei diesen Operationen dringt „Scheer" in ein Gebiet ein, das auf dem gleichen Längengrad wie Rangoon in Burma oder Bangkok in Siam liegt. Kapitän zur See Wilhelm Meendsen-Bohlken rechnet vor oder in der Straße mit aus dem Osten kommenden Geleitzügen, die er überraschend angreifen will, wenn eine unbemerkte Sichtung möglich ist und wenn weiter, und dieser Punkt ist von größter Bedeutung, die Eislage einen geeigneten Ausgangspunkt gestattet. Seine Operationen gelten auch dem Gebiet der südwestlich liegenden Russkij-Inseln und der Nordenskjöld-Passage, die von Geleiten und Einzelfahrern benutzt werden soll. Die unsicheren Witterungsbedingungen, für deren Vorausbestimmung praktisch alle Unterlagen fehlen (Wetterschiffs- oder Wetterstationsmeldungen in dem Sibirien vorgelagerten arktischen Raum) erschweren dieses Vorhaben außerordentlich. Bei dem in dieser See oft sehr plötzlich eintretenden Umspringen des Windes auf West und der damit verbundenen häufig sehr starken Nebelbildung gerät der Kreuzer mehrfach in Situationen, die das Schiff durch unerwartet herangeführte dichte Treibeisfelder unmittelbar schwer gefährden und aus denen sich „Admiral Scheer" manchmal nur mit Mühen, viel Geschick und noch mehr Glück herausmanövrieren kann. Es bedarf keiner umfangreichen Darstellung, was geschehen wäre, wenn der Kreuzer hier eine oder beide Schrauben verloren hätte oder wenn ihm das Ruder beschädigt worden wäre.

Über eine Flugzeugerkundung heißt es:

„Diesmal fliegt nur ein Mitglied des fliegenden Personals mit der Arado zur Eisaufklärung mit, da der Navigationsoffizier, Korvettenkapitän Teichmann, den Piloten begleitet. Nach einer Stunde schon kehrt das Flugzeug zurück. Der NO hat zwischen Scholleneis großen Kalibers eine Straße entdeckt, die „Scheer" den weiteren Vormarsch gestatten wird. Der Kreuzer nimmt mit voller Kraft die Fahrt auf die gewiesene Position auf. Es vergehen Stunden. Obwohl man die Straße im Eis schon lange erreicht haben müßte, kommt nichts in Sicht. Voraus und zu beiden Seiten ist nur Treibeis. Plötzlich umspringende Winde haben die Straße geschlossen. Das Eis war schneller als der schnelle Kreuzer . . .

Als besonders unangenehm und für die Flieger mit erheblichen Gefahren verbunden sind die hier in großer Anzahl auftretenden magnetischen Felder, die bei dem im Flugzeug befindlichen Magnetkompaß nicht zu berechnende Mißweisungen entstehen lassen, da hier die üblichen Deviationstabellen vollkommen versagen. Manchmal gerät die Kompaßrose in derart wilde Schwingungen, daß selbst örtlich abgestimmte Deviationstabellen nichts nützen würden. Auch auf dem Kreuzer verlieren die Magnetkompasse (die Kreiselkompasse selbstverständlich ausgenommen) ihre Richtkraft . . ."

Auf „Admiral Scheer" ist einer der ehemaligen Wachoffiziere des Hilfskreuzers „Komet" kommandiert worden, der mit Erfahrungen dienen kann. Während aber dem Hilfskreuzer für seinen Durchbruch durch die Nordpassage russische Eisbrecher und russische Speziallotsen zur Verfügung standen (zumindest für den ersten Teil der Fahrt), muß „Scheer" den gefahrvollen Weg ohne Eisbrecher und ohne Lotsen durchführen. 5000 Kilometer von der Heimat entfernt stehend, ist der Kreuzer ständig bedroht, bei Windwechsel von Eisbarrieren eingeschlossen und abgeriegelt zu werden.

In einem anderen Bericht ist zu lesen:

„Nach langem Suchen sind wir endlich auf einen eisfreien Weg gestoßen. An Steuerbord kommt Land, die sibirische Festlandküste in Sicht, und ganz voraus muß das Kap Tscheljuskin liegen. An der Backbordseite dehnt sich eine riesige, unübersehbare Eisfläche bis an den Horizont. Das Wetter ist windstill und die Sicht ist klar, noch klar, denn die nächsten Stunden schon können einen Witterungsumschwung mit sich bringen.

‚Scheer' arbeitet sich mit dem Echolot voran, um den Unterwasserbänken und Barren auszuweichen. Je mehr der Kreuzer vordringt, um so enger wird die Straße, in der manchmal Eisstauungen von völlig undurchdringlicher Dichte entstehen, wobei die vielen verstreut liegenden Inseln und Inselchen, wie auch die Bänke unter dem Wasser die Eisanhäufungen nur noch verstärken.

In den Nachmittagsstunden muß sich der Kreuzer durch loses Scholleneis vorwühlen. Plötzlich sitzt er in einem Eis von mindestens neun bis zehn Ball (die Eisdichten werden von 1 bis 10 Ball angegeben) fest. Das Schiff wirkt jetzt selbst wie eine der Inseln im Wasser, die für die treibenden Eisfelder ein Hindernis darstellen. Die Schollen schieben sich aufeinander und türmen sich unter lautem Krachen, Bersten und Dröhnen zu bizarren Bergen auf. Obwohl der Kreuzer, abgesehen von seiner Gürtelpanzerung, um ein Vielfaches stärker und stabiler als ein Frachtschiff gebaut ist, besteht nun doch die Gefahr einer Eispressung, die schon manchem Schiff zum tödlichen Verhängnis wurde. Hinter ‚Scheer' hat sich die Fahrrinne wieder geschlossen, so daß das Schiff jetzt ringsherum von einer unheimlich wirkenden Eisfläche umgeben ist, deren würgende und pressende Fessel in Verbindung mit dem schiefergrauen Himmel auch die Gemüter der Besatzung bedrückt. Das also ist die von den Forschern gschilderte und gefürchtete Polarstimmung, die in einer abgrundtief scheinenden Trostlosigkeit und Ausweglosigkeit mündet. Wie geht es jetzt weiter? Was soll nun geschehen? Besteht noch Hoffnung, sich mit eigener Kraft aus dieser Umklammerung zu befreien? Viele Schiffe saßen in der Nordpassage schon fest, und manchem von ihnen würgte die Eispressung den Lebensfaden ab, wenn selbst die Eisbrecher keine Hilfe mehr zu bringen vermochen. Eisbrecher kann ‚Scheer' aber nicht anfordern. Den Russen könnte nichts willkommener sein, als einen deutschen Kreuzer zwischen Eisbarrieren seinem Schicksal preisgegeben zu wissen.

Die Schiffsführung trägt sich erst mit dem Gedanken, das Eis mit Sprengladungen so weit aufzubrechen, daß eine Kehrtwendung und ein Rückmarsch möglich wird. Der Kommandant glaubt aber, daß der Kreuzer mit dem Gewicht seines vorderen schweren Turms wie ein Eisbrecher wirken wird. Er läßt die Maschinen nunmehr volle Kraft voraus gehen, dann wieder AK zurück, wieder voraus, wieder zurück, wieder voraus. Tatsächlich gelingt es, das Schiff um 180 Grad zu drehen und auf Westkurs zu gehen. Riesige Eisschollen von Sportplatzgröße und anderthalb bis zwei Meter Dicke versperren immer wieder den Weg. Aber die 60 000 PS der acht MAN-Dieselmotoren verleihen dem Kreuzer soviel Kraft (mehr als die Maschinenanlagen der modernsten russischen Eisbrecher), sich doch einen Weg durch das Eis zu erkämpfen.

Immer wieder erzittert und erbebt das Schiff, wenn es mit solchen Schollenriesen zusammenprallt. Die hohen Masten schwanken dabei beängstigend hin und her. Die gigantischen Schollen können natürlich nicht immer umfahren werden, denn zu beiden Seiten, voraus, und achteraus ist ja nichts als Eis. Es bleibt nur der eine Weg, sie zu zerbrechen. Dabei schiebt sich der 182 Meter lange Stahlleib des Kreuzers mit seinem durch den vorderen Turm und dessen Panzerung schweren Vorschiff langsam auf die Scholle hinauf. Noch ein Stückchen. Noch einen Zentimeter. Wild wirbeln die Schrauben. Tief taucht das Achterschiff ein, je höher der Bug aus dem Wasser kommt. Die Augen aller an Deck oder im Vormars befindlichen Seeleute hängen an dem eisigen Ungetüm ... Da, ein dunkler Blitz. Im Zickzack zerteilt sich das Eis in zwei Hälften. Der Schiffsleib drückt die Kanten der zerbrochenen Scholle unter Wasser, und da nun die Unterlage fehlt, sackt jetzt das Vorschiff bei diesem fallähnlichen Sturz tief ein. Die Fallgeschwindigkeit ist so groß, daß die Männer unwillkürlich an das prickelnde Gefühl einer abwärts sausenden Luftschaukel erinnert werden. Eine unheimliche Fahrt.

Die Wilkitzki-Straße ist aber nicht nur wegen ihrer Eisstauungen so gefährlich, sondern auch wegen ihrer vielen, vorstehend schon angedeuteten Untiefen. Die Sowjets haben dieses Seegebiet nur teilweise und dazu noch ungenau vermessen, so daß jede Fahrt jedes Schiffes zu einem Risiko wird. Auf ‚Scheer‘ wird beobachtet, daß Wassertiefen, die von den Russen mit 10 und 11 Meter angegeben wurden, in Wirklichkeit nur acht und neun Meter tief sind. Es werden unter anderem zwei Klippen georted, die in keiner der vorhandenen Seekarten eingezeichnet sind. Hierbei möchte man allerdings annehmen, daß die Russen diese Angaben absichtlich so unklar beließen, um fremden Nationen das Befahren dieses Seeweges nur mit russischer Hilfe anzuraten."

Soweit Walter Giersch über die Schwierigkeiten beim Befahren der westsibirischen See und der Wilkitzki-Straße.

Zu einem militärischen Erfolg kam es während der Operationen in diesem Raum nicht. Zusammenfassend ist hierüber zu sagen:

Am 21. August, also einen Tag nach dem Treffen mit U 251, wird vom Bordflugzeug ein Geleit von neun Schiffen auf Südwestkurs in 60 sm Abstand gesichtet. Bei der Mißweisung des Flugzeugkompasses erscheint der Schiffsführung der gemeldete Standort unsicher, er wird aber nordöstlich der Insel Krawkowa vermutet. Eine neue Flugzeugaufklärung bleibt wegen neuem, aus Osten aufkommenden Nebels erfolglos. „Scheer" bezieht nördlich der der Krawkowa-Insel vorgelagerten Jermak-Bank Wartestellung, bekommt aber auch im wieder einmal nicht einwandfrei arbeitenden DT-Gerät (Temperaturstörungen) keine Peilung, so daß der Kommandant nunmehr überzeugt ist, daß der vom Flugzeug gemeldete Geleit-Kurs wirklich falsch gewesen ist. Dies wird kurz darauf auch durch den B-Dienst bestätigt, der eine vom sowjetischen Geleitführer abgegebene FT-Anweisung entschlüsselte, nach der der Konvoi den Befehl erhielt, mit 5 kn Marschfahrt Nordost ein Viertel Ost zu steuern. Dieser Kurs weist auf die Nordenskjöld-Passage hin, der sich „Scheer" jetzt zuwendet. Eine Luftaufklärung gelingt über diesem Gebiet wegen starken Nebels nicht. Sie kann erst später bei Sichtbesserung durchgeführt werden, bringt aber nicht das erhoffte Ergebnis. Das Geleit bleibt verschwunden, obwohl die Arado bis zur Schokalsky-Straße und zur Russkij-Insel und nach Westen hin bis zur Einsamkeitsinsel aufklärte. Nur ein Einzelfahrer wird bei der Fivileja-Insel südlich der Wilkitzki-Straße festgestellt.

Am 23. August meldet der Admiral Nordmeer ein von vier Eisbrechern begleitetes Geleit im Anmarsch aus Ost. Der Konvoi wird in der Wilkitzki-Straße vermutet. Die Arado startet und sichtet in der Enge, südwestlich der Hansen-Inseln, zehn Frachtschiffe vor Anker. Der Einzelfahrer befindet sich immer noch auf der gleichen Position.

Es kommt für „Scheer" nun darauf an, sich bei der gegebenen Eislage eine günstige Ausgangsposition für einen Überraschungsangriff auf das Geleit zu suchen. Eine Flugzeugaufklärung bleibt am 24. wegen Bodennebels ohne Ergebnis. Nachmittags springt der Wind um und bringt den sich auf die Sichtungsposition zuarbeitenden Kreuzer in eine kritische Lage, als Eisbarrieren das Schiff umschließen. Erst nach Sichtbesserung kann „Scheer" sich in losere Eisfelder durchkämpfen.

Am 25. August will der Kommandant erneut in die Wilkitzki-Straße einbrechen, um das Geleit anzugreifen. Vorher läßt er die Arado zur Eisaufklärung und Besteckkontrolle gegen die Hansen-Insel starten. Sehr schlechte Sichtverhältnisse machen diese Absicht zunichte. Bei der Landung prallt ein Schwimmer des Flugzeuges gegen einen Eisblock. Die Maschine kentert und sinkt. Die Flieger können sich in das 2 Grad Minus messende eiskalte Wasser retten. In letzter Minute werden sie als Eisklumpen von dem zur Hilfeleistung entsandten Boot geborgen. „Scheer" ist nunmehr ihres wichtigsten Aufklärungsmittels beraubt. Der Angriff auf das Geleit wird abgeschrieben, und der Kreuzer läuft nach Südwesten ab, um zwischen der Mona-Insel und der Jermak-Bank zu operieren.

Mittags des selben Tages kommen starke Rauchwolken in Sicht. Bald sind Schornstein und zwei Masten heraus. „Scheer" dreht auf das verhältnismäßig kleine Schiff zu und fordert mit dem Signalscheinwerfer in russischer Sprache Namen und Bestimmungsort des Unbekannten. Eine Antwort erfolgt nicht, statt dessen funkt der Fremde an Port Dickson: „Ich sehe einen feindlichen Hilfskreuzer. Passen Sie bitte auf mich auf, gez. Kapitän Eisbrecher Alexander Sibirjakow."

Man hat also jenen, 1909 erbauten, 1 384 BRT großen Eisbrecher-Frachter vor sich, der 1932 zum ersten Male die Nordpassage im Sommer durchfuhr, dabei im Vorschiff ein Leck erhielt und später mit gebrochener Schraube zwei Wochen hilflos in der westsibirischen See umhertrieb, bis ein Fischdampfer das Schiff abschleppen konnte.

Auf 120 Hundert eröffnet „Scheer" das Feuer, das von „Sibirjakow" erwidert wird. Gleichzeitig versucht der Gegner auf die nur zehn Seemeilen entfernte Belucha-Insel zuzulaufen. Nach sechs

Vollsalven der SA-Geschütze gerät der Eisbrecher bei vier erkannten Treffern in Brand und sinkt. Die gegnerischen Geschützbedienungen feuern bis zum Untergang weiter. Erst das über sie hinwegspülende Eiswasser bringt die Waffen des Gegners zum Schweigen.

Von der 128 Mann und drei Frauen zählenden Besatzung werden nur 28 gerettet, obwohl der „Scheer"-Kommandant alle verfügbaren Boote aussetzen ließ. Viele der Überlebenden wollten sich auch nicht retten lassen und kamen lieber in dem eisigen Wasser um. Unter den Geretteten befindet sich auch der Schiffszimmermann, eine kräftig gebaute Gestalt mit blondem Haar und blauen Augen. Sein Schicksal scheint für die UdSSR symptomatisch zu sein. Der Mann stammt aus Weißrußland und wurde als Arbeiter nach Ostsibirien verschickt. Von hier flüchtete er, um seine Frau nachzuholen. Das aber ist von den Behörden strengstens verboten. Er wird gefaßt und zu zwanzig Jahren Zwangsarbeit in Sibirien verurteilt. Er unternimmt einen neuen Ausbruchsversuch, diesmal in östlicher Richtung nach der Mongolei. Aber wieder wird er erwischt und nunmehr zu lebenslänglicher Zwangsarbeit in Nordsibirien verurteilt. So gelangt er schließlich als Zimmermann auf den Eisbrecher, womit angedeutet ist, daß das Leben auf diesen Schiffen der Verdammung in Zwangsarbeitslager gleichgesetzt wird.

Die mit drei 7,6-cm-Geschützen und einigen Fla-Mgs bewaffnete, 12 kn laufende „Sibirjakow", befand sich, wie die Vernehmungen der Überlebenden ergaben, auf dem Wege zum Kap Molotow auf der nördlichen Insel der Sewernaja-Semlja-Inselgruppe, um dort Meteorologen und Material für eine neue Wetterstation auszuschiffen.

Meendsen-Bohlken will nun zunächst zwischen dem Kap Jelanija auf Nowaja-Semlja und Port Dickson operieren, trifft hier aber auf der Grenze zwischen der Karä-See und dem Westsibirischen Meer unpassierbare große Eisfelder an, die ihn in seinem Vorhaben umstimmen und den Entschluß reifen lassen, Port Dickson statt Anderma anzugreifen. Port Dickson gilt als der wichtigste Versorgungsstützpunkt der Nordpassage. Die Schiffsführung plant gleichzeitig einen Handstreich auf die Station im Norden der Insel. Nach den vorhandenen Unterlagen soll diese mit

60 Mann GPU-Miliz und 180 Mann Küstenschutz belegt sein. Auf der Insel wie auch auf dem Festland werden Küstenbatterien vermutet, deren Lage aber nicht genau bestimmt, werden kann.

Der Einbruch in die Innenreede des Port-Dickson-Hafens ist eine nautische Glanzleistung, die ihresgleichen in der Geschichte des Schweren Kreuzers und der Flotte sucht und die bei allen Marinen der Welt Beachtung verdient.

Folgen wir hier wieder den Schilderungen eines Besatzungsmitgliedes:

„Es herrscht ein diesiges, feuchtes Wetter. Das Licht der Mitternachtssonne ähnelt dem der Abenstimmung eines verregneten Herbsttages in der fernen Heimat. Die Temperatur bewegt sich um 5 Grad Celsius herum.

Zunächst kommen einige große und einige kleinere typische Schäreninseln in Sicht, als ‚Admiral Scheer‘ 23.30 den Anlauf beginnt. Unaufhörlich tackt das Echolot, um die Fahrwassertiefe zu kontrollieren. Die größere Insel an Backbord ist die Medweski-Insel, die etwas weiter voraus und an Backbord ruhende die befeuerte Werns-Insel. Zwischen beiden Eilanden führt der Weg der Einfahrt hindurch. Langsam schiebt sich der Kreuzer in der Mitte des Fahrwassers voran. Querab von der Medweski-Insel stehend, kann man da drüben ein kleines Haus mit einem Signalturm erkennen und durch das Glas eine Gestalt, die in langen Schritten auf das Ufer zuläuft, dort einen Augenblick verharrt und dann auf das Haus zurückrast. Zweifelsohne ein Posten, der nun die Annäherung eines unbekannten Kriegsschiffes telefonisch melden wird.

Die Uhr zeigt jetzt genau 24.00, als sich ‚Scheer‘ zum Sprung in die Innenreede anschickt und an Backbord voraus der im polaren Dämmerlicht ruhende Schatten der Dickson-Insel sich immer klarer abzeichnet, daß bereits Einzelheiten zu erkennen sind, während voraus die Malyj-Inseln zu erkennen sind, auf denen zwei hölzerne Richtbaken für die Ansteuerung stehen.

Das Echolot warnt. 18 m . . . 17 m . . . 15,6 m . . .

An Backbord kommen jetzt, da ‚Scheer‘ zwischen der Dickson-Insel und der Werns-Insel steht, gitterhafte Masten in Sicht. Es sind die sieben 140 Meter hohen Stahlmasten der arktischen Großfunkstation, der der geplante Handstreich gilt.

Weiter schiebt sich der Kreuzer mit langsamer Fahrt und daher fast unhörbar auf die Malyj-Inseln zu.

12 m . . . 11 m . . . 9 m . . ., warnt das Echolot.

Jetzt wird es kritisch. Jetzt nähert sich das Schiff der gefährlichsten Stelle der Einfahrt, jener unterseeischen Felsenschwelle, deren Wassertiefe mit acht Meter angegeben wird. Der Tiefgang des voll ausgerüsteten Kreuzers beträgt 7,30 Meter.

Behutsam tastet sich das Schiff voran. Auf der Brücke umklammern Hände den Maschinentelegrafen, um den Hebel bei der geringsten Grundberührung auf Stop und auf Zurück legen zu können. ‚Scheer' passiert die Felsenbarre ohne Zwischenfall. Das Wasser wird wieder tiefer. Dicht vor den Malyj-Inseln läßt der Kommandant das Schiff um neunzig Grad nach Backbord drehen. Der Bug zeigt jetzt direkt in die Vega-Straße hinein. An der Nakowalnja-Huk vorbei erkennt man einen Teil des Innenhafens in der Cheimen-Bucht. Statt eines kleinen Samojedenfischernestes bieten sich den ‚Scheer'-Männern ein moderner Hafen und eine sich auf der Insel und dem gegenüberliegenden Festlandteil hinziehende Stadt dar. Der Hafen ist ideal gelegen, denn er wird von zwei wulstförmigen Vorgebirgen umschlossen. An den in die Basaltfelsen gesprengten und mit Treibholz ausgelegten Kaimauern können mehrere Dampfer gleichzeitig entladen und beladen werden, und es hat den Anschein, daß die Russen diese Anlagen noch bedeutend erweitern wollen, wie es Baugerüste vermuten lassen. Port Dickson ist ja der Hauptumschlagplatz für die gesamte sowjetrussische Nordpassagenfahrt geworden. Hier sitzt auch die Hauptverwaltung des sibirischen Seeweges, also der Kopf der gesamten arktischen Organisation mitsamt einer großen Wetterzentrale, die hier neben geologischen, biologischen, hydrographischen und magnetologischen Versuchsstationen arbeitet.

In der Nähe der Funkstation soll sich eine Gärtnerei befinden, in deren elektrisch geheizten und mit dreihundertkerzigen Lampen erhellten Räumen die Polar-Russen Blumenkohl, Tomaten, Gurken und Radieschen züchten. Den Strom gewinnt man durch Windräder, die man in der Nähe der Funkmasten deutlich erkennen kann.

Mit angehaltenem Atem betrachten die Männer von ‚Scheer' dieses Stück des von Rätseln und Geheimnissen umwobenen

Sibiriens, dessen Tür sich hier um einen Spaltbreit geöffnet hat und in dessen Hinterland Städte wie Pilze aus der Erde schießen sollen. Doch der Schiffsführung selbst bleibt keine Zeit für solcherart Betrachtungen.

Der „Scheer"-Kommandant läßt das Feuer gegen den 1290 BRT großen Eisbrecher „Taymir" und den 4629 BRT großen Tanker „Valerian Kuybischew" eröffnen, die beide das Feuer erwidern und sich einnebeln. Vom Festlande greift eine Küstenbatterie in den Kampf ein, ohne aber einen Treffer oder einen Nahtreffer anbringen zu können. Der Tanker explodiert mit einer grellen Feuersäule. Was aus dem Eisbrecher geworden ist, kann nicht beobachtet werden, da die Sicht immer schlechter wird und den Kommandanten schließlich zwingt, den Rückmarsch anzutreten, um nicht bei unsichtigem Wetter die ohnehin schon schwierige Fahrrinne passieren zu müssen. Die starke Vernebelung und die damit verbundene unübersichtliche Lage lassen auch das Ausschiffen des vorgesehenen und bereitstehenden Landekorps nicht ratsam scheinen."

„Scheer" tastet sich ohne Zwischenfall aus der Innenreede wieder heraus und umläuft mit westlichen Kursen den Nordteil der Dickson-Insel. Aus dieser Position beschießt sie mit 60 28-cm-Granaten die auf sechs Kurzwellen arbeitende Großfunkstation, verschiedene Leuchtfeuer und Signalstationen. Die Mittelartillerie und die Flak-Geschütze beteiligen sich an dem Feuer auf die verschiedenen Ziele, die in einem Wirbel von Detonationen und Rauch und Flammen untergehen. Bei dem Ansteuerungspunkt der Sewero-Wostotschnyje-Insel dreht „Admiral Scheer" nach Norden ab und geht kurz darauf, genau 02.03, zunächst auf Westkurs, um dann nach Nordwesten in die Kara-See abzulaufen.

Des Kommandanten Absicht ist es, die Operationen fortzusetzen, obgleich feststeht, daß der Kreuzer bei seinem Angriff auf Port Dickson erkannt worden ist. Ein Zusammentreffen mit dem zur Eisaufklärung angesetzten U 255 scheitert wegen zu schlechter Sichtverhältnisse. Damit entfällt auch die Absicht, über dieses Boot von einer westlich liegenden Position einen Funkspruch absetzen zu lassen, um die SKL über die bisherigen Unternehmungen und die weiteren Absichten für die Weiterführung des Unternehmens zu unterrichten. Vor allem müssen neue Aufklärungsmöglichkeiten geschaffen werden, wobei der Kommandant an ein neues Bordflugzeug nebst Brennstoff oder an die Zuteilung eines Flugbootes vom Typ BV 138 denkt. Er will weiter eine engere Zusammenarbeit mit den U-Booten U 601, U 251 und U 255 dadurch erreichen, daß deren taktischer Ansatz in Zukunft direkt vom Kreuzer aus erfolgt. Die Abgabe des Funkspruchs von dem U-Boot war schließlich weiter wegen der Alarmmeldung des Admiral Nordmeer wichtig, die die Anwesenheit feindlicher Seestreitkräfte bekanntgegeben hatte.

An gegnerischen Kriegsschiffen befanden sich tatsächlich der amerikanische Schwere Kreuzer „Tuscaloosa" und die Zerstörer „Rodman", „Emmons" und „Onslaught" (britisch) unterwegs nach Murmansk und Archangelsk. Ursprünglich sollte der US-Kreuzer in diesem Gebiet verbleiben, nachdem der Britischen Admiralität die Anwesenheit einer deutschen schweren Einheit in der Kara-See bekannt geworden war. Aber die „Tuscaloosa" lief am 24. August wegen der permanenten Luftbedrohung wieder aus und trat mit den noch hinzugekommenen britischen Zerstörern „Martin" und „Marne" den Rückmarsch an.

Das „Scheer"-Kommando erhält einen Funkspruch vom Admiral Nordmeer, nach einem erneuten Vorstoß in die Kara-See den Rückmarsch am 29. August in den Mittagsstunden anzutreten. Dieser Befehl steht allerdings im Widerspruch zu der am 24. August eingegangenen Weisung, von einem Vorstoß in die Kara-See Abstand zu nehmen. Das „Scheer"-Kommando vermutet, daß sich die Meinungen über die Lage geändert hätten. Diese ist nun unklar für den „Scheer"-Kommandanten, der sich nunmehr zu einem Kurzsignal entschließt, in dem er um die Genehmigung bittet, den Kreuzerkrieg in Richtung auf Spitzbergen fortsetzen zu können. „Admiral Nordmeer" funkt zurück, daß der Vorstoß in die Kara-See und die Beschießung von Anderma durchzuführen wären, wenn der Kreuzer noch nicht entdeckt sei oder wenn andere wichtige Gründe nicht vorliegen würden.

Kapitän zur See Meendsen-Bohlken, der die Lage auch durch diese Weisung noch immer nicht als geklärt betrachtet, gibt erneut ein Kurzsignal ab „Beschießung Dickson und Ersatz-Flugzeug mit Brennstoff, Fortführung Operation um Seeweg Sibirien".

Beim Admiral Nordmeer wurde offenbar der Sinn dieses Funkspruches nicht richtig gedeutet, da bald darauf der Befehl auf „Admiral Scheer" eingeht, die Operationen abzubrechen und nach Narvik zurückzukehren, wo der Kreuzer am 31. August weisungsgemäß einläuft, während die U-Boote im Operationsgebiet verblieben und noch einige Erfolge haben.

Die Funkaufklärung hatte inzwischen eines festgestellt: Port Dickson antwortet nicht mehr.

Aufstellung der Gegnerverluste durch „Admiral Scheer"

1.	SS	brit.	Mopan	Kühlschiff	5 389 BRT	5. 11. 1940
2.	HMS	brit.	Jervis Bay	Hilfskreuzer	14 164 BRT	5. 11. 1940
3.	SS	brit.	Maidan	Frachter	7 908 BRT	5. 11. 1940
4.	SS	brit.	Trewellard	Frachter	5 201 BRT	5. 11. 1940
5.	SS	?	?	Admiralitätsschiff?	10 000 BRT	5. 11. 1940
6.	TS	?	?	?	14 000 BRT	5. 11. 1940
7.	SS	brit.	Kenbane Head	Frachter	5 225 BRT	5. 11. 1940
8.	SS	brit.	Beaverford	Frachter	10 042 BRT	5. 11. 1940
9.	MS	brit.	Fresno City	Frachter	4 955 BRT	5. 11. 1940
10.	SS	brit.	Port Hobart	Kühlschiff	7 448 BRT	24. 11. 1940
11.	SS	brit.	Tribesman	Kühlschiff	6 242 BRT	1. 12. 1940
12.	SS	brit.	Duquesa	Kühlschiff	8 651 BRT	18. 12. 1940
13.	TS	norw.	Sandefjord	Tankschiff	8 038 BRT	18. 1. 1941*
14.	SS	holl.	Barneveld	Frachter	5 597 BRT	19. 1. 1941
15.	SS	brit.	Stanpark	Frachter	5 103 BRT	19. 1. 1941
16.	TT	brit.	British Advocate	Tankschiff	6 994 BRT	20. 2. 1941**
17.	SS	griech.	Gregorios	Frachter	2 546 BRT	20. 2. 1941
18.	SS	kanad.	Canadian Cruiser	Frachter	7 178 BRT	21. 2. 1941
19.	SS	holl.	Rantau Pandjang	Frachter	2 542 BRT	22. 2. 1941
					137 223 BRT	

Die Versenkung von 5. und 6. ist strittig (siehe auch Text). Die verschiedenen Beobachtungsstellen auf „SC" aber verbürgen sich einmütig für die optisch einwandfrei beobachtete Vernichtung dieser beiden Ziele. Die Vermutung liegt nahe, daß es sich hier um Admiralitätsschiffe oder vielleicht sogar um US-Amerikaner handelte, deren Anwesenheit in diesem Convoi verschwiegen werden mußte.

Unternehmen Wunderland:

20.	SS	sowj.	Alexander Sibirjakow	Eisbrecher	1 348 BRT	25. 8. 1942
21.	TS	sowj.	Valerian Kuybischew	Tanker	4 629 BRT	27. 8. 1942
					143 200 BRT	

* Als Prise in die Heimat entlassen. Erreicht ohne Zwischenfälle die Gironde. Wurde unter dem Namen „Monsun" in Dienst gestellt. (Versorgungsschiff). Am 11. August 1944 bei Nantes gesunken
** Als Prise in die Heimat entlassen. Unter maschinellen Schwierigkeiten deutschen Stützpunkt in Frankreich erreicht. Am 24. Juli 1944 durch Fliegerbomben auf der Loire versenkt.

Schwerer Kreuzer „Admiral Scheer" ex Panzerschiff

(Baubezeichnung: Panzerschiff B der „Deutschland"-Klasse)

Wasserverdrängung: Typenverdrängung, voll ausgerüstet: 12 100 ts, maximale Verdrängung, das heißt Typverdrängung dazu Zuladung an Treiböl, Heizöl, Schmieröl, Wasser und alle Reserven: 16 200 ts.

Geschwindigkeit: nach Konstruktion: 26,0 kn; auf Meilenfahrt: 28,5 kn.

Panzer: Deckspanzer: 17 mm; Panzerdeck (ohne Böschung) 40 mm; Seite (Wasserlinie) 100 mm; Artillerie: Stirnseiten der SA-Türme 140 mm, ihrer Babetten: 125 mm, Mittelartillerie: 10 mm.

Bewaffnung: 6–28$_3$ cm, 8–15 cm, 6–10,5$_2$ (Flak), 8–3,7$_2$ (Flak), 10 bis 28–2 cm, später auch 4 cm Flak statt 3,7 cm Flak; 8 TR 53,3 cm IIII; 1 Katapult; 2 W-Flugzeuge.

Fahrstrecke bei 19 sm in der Stunde: 19 000 sm.

Treibmittel (aller Vorrat einschließlich Schmieröl und Bordflugzeug-Treibmittel): 2523 t.

PS: 56 800.

Maschinen: 8 MAN 9 Zyl. (doppelt wirkende Zweitakt-Dieselmotoren) mit Vulkangetriebe auf 2 Schrauben.

Länge: 182 m (Konstruktions-Wasserlinie), 188 m (über alles).

Breite: 21,7 m.

Tiefgang: 5,8 m (bei Typenverdrängung), 7,3 m (bei maximaler Beladung, siehe Wasserverdrängung).

Besatzung: 1150 normal; 1340 einschl. Prisenkommandos pp.

Haushaltsplan: 1931, **Baubeginn:** 1931, **Stapellauf:** 1. April 1933, **fertig:** 1934, **Umbau:** 1940.

Bauwerft: Kriegsmarinewerft Wilhelmshaven.

„Admiral Scheer" und ihre Gegner. (Es sind nur die britischen Seestreitkräfte aufgeführt, die während der Operationen gegen den Schweren Kreuzer „Admiral Scheer" angesetzt wurden und soweit sie namentlich bekannt geworden sind.)

Name	Baujahr	Wasser-verdrängung	Geschw. kn	Artillerie*			Fahrstrecke	Flug-zeuge
				6–28 cm	8–15 cm	6–10,5 cm		
„Admiral Scheer"	1931	12 100 t	26	6–28 cm	8–15 cm	6–10,5 cm	19 000 sm	1
Schlachtschiffe:								
Nelson	1925	33 950 t	23	9–40,6 cm,	12–15,2 cm,	6–12 cm	5 000 sm	1
Rodney	1925	33 900 t	23	9–40,6 cm,	12–15,2 cm,	6–12 cm	5 000 sm	2
Schlachtkreuzer:								
Hood	1918	42 100 t	31	8–38,1 cm,	12–14 cm,	8–10,2 cm	4 000 sm	–
Repulse	1916	32 000 t	29	6–38,1 cm,	12–10,2 cm,	8–10,2 cm	? sm	4
Flugzeugträger:								
Formidable	1939	23 000 t	30	16–11,4 cm			16 000 sm	70
Furious	1916	22 450 t	31	12–10,2 cm			3 200 sm	36
Hermes	1919	10 850 t	25	6–14 cm,	3–10,2 cm		? sm	20
Schwere Kreuzer:								
Australia	1927	9 870 t	31,5	8–20,3 cm,	8–10,2 cm		10 000 sm	1
Berwick	1926	10 000 t	31,5	8–20,3 cm,	6–10,2 cm		10 000 sm	3
Canberra	1927	9 850 t	31,5	8–20,3 cm,	8–10,2 cm		10 000 sm	1
Cumberland	1926	10 000 t	31,5	8–20,3 cm,	6–10,2 cm		10 000 sm	3
Dorsetshire	1929	9 975 t	32,2	8–20,3 cm,	8–10,2 cm		10 000 sm	1
Norfolk	1928	9 850 t	32,2	8–20,3 cm,	8–10,2 cm		10 000 sm	1
Shopshire	1928	9 830 t	32,2	8–20,3 cm,	8–10,2 cm		10 000 sm	1
Leichte Kreuzer:								
Capetown	1919	4 200 t	29	8–10,2 cm			2 000 sm	–
Dragon	1917	4 850 t	29	6–15,2 cm,	3–10,2 cm		2 300 sm	–
Emerald	1920	7 550 t	33	7–15,2 cm,	5–10,2 cm		3 840 sm	–
Enterprise	1919	7 580 t	33	7–15,2 cm,	5–10,2 cm		3 840 sm	–
Glasgow	1936	9 100 t	32,5	12–15,2 cm,	8–10,2 cm		10 000 sm	3
Hawkins	1917	9 800 t	29,5	7–19 cm,	4–10,2 cm		5 400 sm	–
Neptune	1933	7 175 t	32,5	8–15,2 cm,	8–10,2 cm		12 000 sm	2
Newcastle	1936	9 100 t	32,5	12–15,2 cm,	8–10,2 cm		10 000 sm	3

* Hier sind nur die schweren und mittleren Kaliber benannt, die kleineren Kaliber (die mittleren und leichten Flak-Waffen) sind ausgelassen worden, da bei einer Begegnung zwischen Kreuzern praktisch ohne Bedeutung.

Erklärungen einiger Abkürzungen und seemännischer Ausdrücke, die nicht jedem verständlich sein werden:

AK	Äußerste Kraft	LI	Leitender Ingenieur auf Kriegsschiffen
B-Dienst	Funk-Beobachtungsdienst gegnerischer Streitkräfte	MA	Mittel-Artillerie
		MS	Motorschiff
BNO	Bordnachrichtenoffizier	NO	Navigationsoffizier
BÜ	Befehlsübermittler	ObdM	Oberbefehlshaber der Kriegsmarine
CC	SS „Canadian Cruiser"		
CiC	Commander in chief = britischer Bereichsbefehlshaber	OF	Oberfeldwebel
		OKM	Oberkommando der Kriegsmarine
E-Anlagen	Elektrische Anlagen	O-Messe	Offiziersmesse
E-Meßgerät	Entfernungsmeßgerät	P 3	sehr scharfes, sodaähnliches Säuberungsmittel
ES	Erkennungssignal		
Fla-Waffen	Flak-Waffen	PH	SS „Port Hobart"
FT	Funktelegraphie	PK	Propagandakompanie
FTO	Funkoffizier	RAF	Royal Air Forces = britische Luftwaffe
Gekados	Geheime Kommando-Sache		
		SA	Schwere Artillerie
HK	Hilfskreuzer	SC	„Admiral Scheer" (auch: Sophie Cäsar = SC)
HMS	His Majesty Ship (vor englischen Kriegsschiffsnamen)		
		SKL	Seekriegsleitung beim Oberkommando der Kriegsmarine
IAO	Erster Artillerieoffizier		
IO	Erster Offizier, für den gesamten inneren Schiffsbetrieb (außer Maschinen) verantwortlich	SS	Steam Ship = Dampfschiff
		SVO	Schiffsverwaltungsoffizier
		TO	Torpedooffizier
		U-Lehrgang	Unteroffizier-Lehrgang
KM	Kriegsmarine	VO	Verwaltungsoffizier
KTB	Kriegstagebuch	WO	Wachoffizier
Back	Vorschiffsdeck	beachcomber	Seemann ohne Schiff im fremden Land
beach	Küste (engl.), an der beach liegen = kein Schiff haben		
		Chief	Leitender Ingenieur auf Handelsschiffen

Crew	Einstellungsjahrgang der Kriegsmarine
Gast	Kuttergast, Pantrygast, Signalgast = Matrose mit Sonderausbildung oder -Verwendung
geklaßt	eingeteilt nach Schiffsversicherungsklassen
Glasen	halbstündige Stundeneinteilung nach dem Vier-Stunden-Wachsystem, also 1–8 Glasen
fieren	herunterlassen
Fritz	britischer Ausdruck für deutsche Soldaten
Hiev	bei der Handelsmarine üblich für eine Ladepartie aus dem Raum beim Ausladen eines Schiffes
Jabbel	Mund
Jakobsleiter	eigentlich oberstes Want, d. h. oberste Strickleiter im Mast von Segelschiffen, aber auch „Lotsentreppe"
Kabelgatt	Lagerraum für Tauwerk usw.
konvergierende Kurse	aufeinander zulaufende Kurse
Krängung	Neigung nach der Seite
Laschings	von festlaschen
Last	Raum für Proviant, Farben usw.
lenzen	leermachen
Matratze	scherzhaft für DT-Gerät
Moses	bei der Handelsmarine üblich für Schiffsjunge
Nadelkap	Kap Agulhas: südöstlich Kap der Guten Hoffnung
Nock	Außen-Endteil, z. B. Brücken-Nock, Rah-Nock
Old-Timer	eines der großen Segelschiffe aus der alten Zeit
Paalstek	einer der wichtigsten Seemannsknoten
Pantry	Speisekammer oder auch Anrichte
platting-geschlagenes Tauwerk	geflochtenes Tauwerk
pöhnen	malen
pullen	rudern
Pütz	Eimer
Quast	büschelförmiger Pinsel
Rasmus	seemänn. Ausdruck für Windgott
recht voraus	genau, richtig voraus
Rees, reesen	Unterhaltung, unterhalten
schäkeln	kommt von Schäkel = Metallbügel mit Verschlußbolzen, um Tauwerk, Blöcke usw. zu verbinden, d. h. ein- oder auszuschäkeln
Schanze	Achterdeck
Schlüsselblümchen	Scherzname für Angehörige des Entschlüsselungsdienstes
slippen	gleiten, rutschen
Smatting	Scherzname bei der Kriegsmarine für Oberbootsmann

Stopper	von stoppen. Vor-richtung zum Festhal-ten des Ankers usw	Troyer	Hemd
		vergammelt	verdorben
		vertörnen	verheddern
Talje	Flaschenzug aus Blöcken mit einer oder mehreren Scheiben (Rollen) und Tauwerk, dem Taljenläufer	Wooling	Durcheinander, kommt vom englischen wool = Wolle, hier also soviel wie unentwirrbarer Wolleknäuel
Tampen	Tauende		

Register

A

Aden 228, 266, 271, 277
Admiral Graf Spee, Panzer-
    schiff 15, 16, 21, 83, 141, 201,
    217, 227
Admiral Hipper, Kreuzer, 16,
    28, 224, 241, 293, 302
Admiral Scheer, Kreuzer, 15,
    32, 51, 52, 53, 64, 74, 98, 110,
    121, 129, 144, 168, 177, 189,
    195, 205, 216, 223, 236, 249,
    256, 262, 268, 277, 282, 293,
    302, 315, 321
Alcantara, HMS HK 176, 195
Aldabra Inseln 262
Alexander Sibirjakow, sowj.
    russ. Eisbrecher 328
Alexandria 228
Alstertor, SS, Versorger, 25
Alsterufer, SS, Versorger, 24,
    293
Andalusian, SS, brit., 93
Andalusien, Geheimqua-
    drat, 193, 199
Anderma 322
Archangelsk 323
Arretz, Kptlt. d. R., 111
Aruba 103
Ascension 219, 228
Asmussen, Handelsfunker, 134
Athen 265
Atlantis, HG, 28, 241, 256, 287
Australia, HMS, Kreuzer, 284
Azoren 98

B

Bären-Insel 322
Bangkok 323

Barneveld, SS, holl. 223, 240
Beaverford, SS, brit. 74
Belt 316
Belucha-Insel 328
Berchtesgaden 265
Bergen 314
Bergenfjord 301
Berlin 35, 265
Bermudas 114
Berwik, HMS, Kreuzer 121, 176
Beutner, Obermaat 254
Biskaya 299
Bismarck, Schlachtschiff 16
Bjeli-Inseln 322
Blaue, Lt. z. S. d. R., 114
Bley, Fkgst. 134
Blum, Oblt. z. S. 100
Böhm, Generaladmiral 35
Breithaupt, Obl. (V) 55
Bremerhaven 153
Brest 97, 103, 301
British Advocate, TS, brit. 261,
    285
Brunsbüttel 47
Budde, Korv. Kpt. 60, 70, 125,
    268, 284
Burma 323

C

Canadian Cruiser, SS, kanad.
    269, 270, 275, 276, 277, 284
Canberra, HMS, Kreuzer 285
Capetown, HMS, Kreuzer 285
Carnavon Castle, HMS,
    HK 195 f.
Ceres, HMS, Kreuzer 285
Ceylon 277, 285
Cheimenbucht 331

Cherbourg 247
Churchill 138, 172
Classen, Lt. (Ing.) d. R. 139,
172, 300
Clausewitz 310
Columbus 122
Conrad, Dr., Stabsarzt 187 f.,
266 f., 280 f.
Cornwall, HMS, Kreuzer 247,
286
Cumberland, HMS, Kreu-
zer 121, 176, 230
Curaçao 115

D
Dänemarkstraße 19, 47, 97
Danzig 42
Danziger Bucht 36
Defant, Dr., Meteorologe 47,
57, 68, 132, 258
de Gaulle 170
Detmers, Kpt. z. See 28, 299 f.
Deutschland, Panzerschiff 15,
17, 34, 108
Dickson-Inseln 322
Diehm, Oberstückmeister 160
Dietrichsdorf 318
Dithmarschen, TS, Versor-
ger 41
Dixie (TS Nordmark) 245
Dorsetshire, HMS, Kreu-
zer 176
Dragon, HMS, Kreuzer 176
Dresky, von, Lt. z. S. 130, 186
Dublin 175
Durmitor, SS, jugosl. 259
Duquesa, SS, brit. 165 f., 177 f.,
184 f., 192 f., 205 f., 249 f.,
260 f., 296 f., 317

E
Einsamkeitinseln 323
Emerald, HMS, Kreuzer 285
Emmons, US-Zerstörer 333
Engels, Lt. z. S. d. R. 114 f., 138,
168 f., 186 f., 212 f., 230, 263,
287
Enterprise, HMS, Kreuzer 176,
285
Eurofeld, TS 98 f., 110 f.,
205 f.
Ewe, Freg. Kpt. (Ing.) 190 f.,
300
Eyssen, K. Admiral 28

F
Faröer
Fegen, Captain, HMS Jervis
Bay 82
Fehmarn '45
Fivileja-Insel 327
Flensburger Förde 37
Formidable, HMS, Flugzeugträ-
ger 121, 176
Furious, HMS, Flugzeugträger
224
Fresno City, MS, brit. 94
Freetown 121, 168 f., 221 f.,
228

G
Gallinat, Feldwebel, Flugzeug-
führer 66
Gandhi 240
Gibraltar 165
Giersch, Mtr. Obgfr. 327
Gironde 246
Glasgow, HMS, Kreuzer 284,
285 f.

Gneisenau, Schlachtschiff 16, 28, 34, 241, 293
Goebbels 230
Goetsch, Lt. z. S. d. R. 165 f., 177 f., 187 f.
Gotenhafen 19, 44
Göring 182
Grau, Korv. Kpt. d. R. 18, 41, 106
Gregorios, SS, griech. 261 f.
Grönland 47, 50 f., 304
Gruber, Korv. Kpt. 45, 62, 135, 154 f., 178, 267, 277 f., 283 f.
Grünewald, Fankmaat 182
Guayana 101
Guinea Golf 224, 262
Gumm, Oberbootsmann 112, 136, 165
Guse, Admiral 316

H
Halifax 61, 97, 275
Hall, brit. Kapt. 110, 136 f.
Hamburg 174, 265
Hanefeld, Lt. z. S. d. R. 213
Hawkins, HMS, Kreuzer 284
Hedwig, MS 82
Hein, Oblt. (V) 136
Hela 44
Helgoland 149
Hellgert, Ob. Btsmt. 52 f.
Hermes, HMS, Flugzeugträger 121, 176, 224, 285
Holnis Enge 37
Hood, HMS, Schlachtkreuzer 97, 130, 301
Hübner, Korv. Kpt. 58, 303

I
Indischer Ozean 51, 287
Island 47, 260, 277, 304 f.
Istwestij – Zik-Insel 323

J
Jenissei 318
Jermakbank 328 f.
Jervis Bay, HMS, HK 74 f.

K
Kähler, Kpt. z. S. 28, 195 f., 207
Kalkutta 142
Kanarische Inseln 125
Kap Agulhas 254
Kap der Guten Hoffnung 251 f., 294
Kap Farvell 303
Kap Horn 51
Kap Jelanija 329
Kap Molotow 329
Kapstadt 228
Kap Tscheljuskin 323 f.
Kap Verden 121, 187
Kara See 322
Kattegatt 46
Kenbane Head, SS, brit. 94
Ketty Brövig 256
Kiel 46, 212, 315 f.
Kjelsnor 45
Komet, HK 28, 83, 247, 321
König Christian IX. Land 305
Kormoran, HK 28 f., 293
Korsfjord 315
Kötter, Mtr. Obgfr. d. R. 212
Kraft, Kptlt. 153, 237
Krancke, Kpt. z. S. 11, 35 f., 106, 127, 184 f., 207 f., 219 f., 230 f., 263 f., 294 f., 317

Krawkowa 327
Krüder, Kpt. z. S. 208
Krüger, Oberfunkmaat 63,
  134 f,
Küster, Oblt. z. S. 246

L
Liverpool 115
London 170, 221
London, HMS, Kreuzer 227
Loreno 237
Lorient 97
Lützow (Ex-Deutschland),
  Kreuzer 34

M
Mackay Radio 77
Madagaskar 256, 262, 285
Mahe Island 289
Maidan, SS, brit. 93
Malyj-Insel 330
Mantby, Admiral 82
Manthey, Funkmaat 134 f.
Mare britannicum 287
Martin, HMS, Zerstörer 333
Marne, HMS, Zerstörer 333
Mauritius 271
Medweski-Insel 330
Meendsen-Bohlken, Kpt.
  z. S. 322
Meisel, Kpt. z. S. 304
Mittelsdorp, Lt. z. S. d. R.
Mogadishu 259
Mombasa 260
Mona-Insel 328
Monsun, TS (Ex-Sande-
  fjord) 246
Montevideo 176, 204

Montreal
Mopan, SS, brit. 64
Mosel, Matrose 243
Moskau 318
Müller, Feldwebel (V) 213
Münninghoff, Feldwebel
  (V) 54
Murmansk 323

N
Nantes 246
Narvik 141, 322
Nelson, HMS, Schlacht-
  schiff 97, 313
Neptune, HMS, Kreuzer 176
Neuseeland 116
Newcastle, HMS, Kreuzer 121,
  176
New York 265
Nokowaluja-Huk 331
Nordenskjöld-Passage 323
Nordland-Inseln (Ssewernaja-
  Semlja) 323
Nordmark, TS 18 f., 24 f., 41 f.,
  98 f., 110 f., 208 f., 241 f., 296 f.
Norfolk, HMS, Kreuzer 121,
  176
Nowaja Semlia 322

O
Ole Wegger, norw. Walkoche-
  rei 247
Onslaught, HMS, Zerstörer 333
Orion, HK 28, 83
Otto, Obersignalmeister 71

P
Padua, Viermastbark 44
Pahl, Inspektor 176
Palaverkiste, Bordzeitung 63
Panamakanal 115
Parschat, Oberfunkmeister 300
Passat, TS, Ex-Storstad 215,
247
Pauillac 215
Pelagos, norw. Walkoche-
rei 246
Petersen, Lt, z. S. d. R. 75
Pietsch, Oblt. 64 f., 135, 157,
165, 177 f., 219 f., 268, 282
Pinguin, HK 28, 98, 208 f.,
241 f., 250 f.
Plautz, Kptlt. 151
Pol IX (Adjutant), Walfang-
boot 247
Port Dickson 318
Port Hobart, SS, brit. 110 f.,
121, 142, 144, 223
Portland, SS 293 f.
Port Sudan
Prairie, TS (Nordmark) 98
Pretoria Castle, HMS, HK 176
Prinz Eugen, Kreuzer 16, 34

R
Raeder, Großadmiral 39, 101,
316
Rangitiki, SS, brit. 83
Rangitane, SS, brit. 83
Rangoon
Rantau Pandjang, SS,
holl. 276 f., 285
Rawalpindi, HMS, HK 83
Repulse, HMS, Kreuzer 97

Reykjavik 305
Rimkus, Mtr. Gfr. 52
Ringelnatz 111
Rio de Janeiro 176
Rodman, US-Zerstörer 333
Rodney, HMS, Schlacht-
schiff 97, 313
Rogge, Kpt. z. S. 28, 242, 259 f.,
287
Rogge, Korv. Kpt. 314
Roskill, S. W., Captain 95
Rouen 247
Ruckteschell, von, K. z. S. 104
Rudolf, Kptlt. 239
Russkij-Inseln 323

S
Sandefjord, TS, norw. 216 f.,
236 f.
San Demetrio, TS, brit. 93
Sansibar 262, 271
Santa Cruz 103
Santos 237
Sargassomeer 100, 122, 301
Sascha, Bordhund 312
Saya de Malha Bank 274
Scharnhorst, Schlachtschiff
16, 34, 83, 241, 293,
301
Scapa Flow 97, 310
Scheer, Admiral 317
Schmundt, Vizeadmiral 316
Schnelle, Oberfunkmaat 100
Schonder, Kptlt. 57
Schokalsky-Strom 327
Schrader, von, Vizeadmiral
Schulz, Kptlt. 299
Schulze, Kptlt. 231

Schumann, Korv. Kpt. 57, 83 f., 211, 306 f.
Schwabenland, SS, Flugzeug-mutterschiff 174
Schwarzlosen, K. Kpt. (V) 59, 157, 186, 198
Schweder, Ob. Stabsarzt 266, 280
Sermilikfjord 305
Seychellen 260
Shropshire, HMS, Kreuzer 285
Siam 323
Sibirien 318
Simonstown 285
Singapur 136
Skagerrak 14, 46, 316
Solglimt, norw. Walko-cher 246 f.
Somaliland 258, 285
Speybank, SS, brit. 259
Spitzbergen 47, 333
Stadtlandet 47
Stanpark, SS, brit. 223
Starzinski, Kptlt. 47
Stabanger 47
St. Helena 121, 176, 218, 228
Stockhausen, von, Kptlt. 106
Storstad, TS, norw., 205 f.
St. Pauls Rock 296
Suezkanal 265
Suffolk, HMS, Kreuzer 82
Swinemünde 36
Sydney, HMS, Kreuzer, austr. 28

T
Takoradi 224
Tannenfels, SS 258

Taymir, sowjetruss. Eisbre-cher 332
Teichmann, Korv. Kpt. 324
Teneriffa 105
Thünker, Dr., Zahnarzt 111
Thor, HK 28, 98 f., 110 f., 176, 195 f., 205 f., 293
Tovey, Admiral 293, 310
Trewellard, SS, brit. 94
Tribesman, SS, brit. 121 f., 144, 156
Trinidad 101
Tuscaloosa, US-Kreuzer 333

U
U-Jagdflottille, 17, 314
U 66 106
U 124 293
U 251 323
U 255 332
U 601 322

V
Valerian Kuybischew, TS, sow.-russ. 332
Vegastraße
Venezuela 101
Vir (Thor), HK 199

W
Werns-Insel 330
Western Approaches 68
Westerwald (Nordmark), TS 108
Westsibirische See 321 f.
Weyher, Freg. Kapt. 28
Widder, HK 103
Wilhelmshaven 19, 33, 46, 147

Wilhelmshaven Süd, SS
  (Duquesa) 184, 193, 205 f.,
  241, 249, 316
Wilkitzki-Straße 323
Woytschekowsky-Emden,
  Kptlt. 61, 127, 158, 244, 273

Wunderland 321 f.
Wurmbach, Kpt. z. S. 35

Z
Zaubitzer, Lt. z. S. 157

Maritimes im Ullstein Buch

Shane Acton
Shrimpy (22633)

Bill Beavis
Anker mitschiffs! (20722)

Ernle Bradford
Großkampfschiffe (22349)

Dieter Bromund
Kompaßkurs Mord! (22137)
Ein Mann mit stillem Kielwasser
(22665)

Fritz Brustat-Naval
Die Kap-Hoorn-Saga (20831)
Im Wind der Ozeane (20949)
Windjammer auf großer Fahrt
(22030)
Um Kopf und Kragen (22241)

L.-G. Buchheim
Das Segelschiff (22096)

Erskine Childers
Das Rätsel von Memmert Sand
(23586)

Svante Domizlaff
Yachten im Orkan (22724)

Alexander Enfield
Kapitänsgarn (20961)

Gerd Engel
Florida-Transfer (22015)
Münchhausen im Ölzwug (22138)

Einmal Nordsee linksherum
(22286)
Sieben-Meere-Garn (22524)
Im Eis des Nordens (23507)
Weiße Nächte – Schwarzes
Meer (23618)

Wilfried Erdmann
Der blaue Traum (20844)

Horst Falliner
Ganz oben auf dem
Sonnendeck (20925)

Gorch Fock
Seefahrt ist not! (20728)

Cecil Scott Forester
11 Romane um
Horatio Hornblower
Die letzte Fahrt der Bismarck
(22430)
Brown von der Insel (23376)
Die African Queen (22754)

Rollo Gebhard
Ein Mann und sein Boot
(22055)
Leinen los (23176)
Mein Pazifik (06581)
Rolling Home (07519)

**Rollo Gebhard/
Angelika Zilcher**
Mit Rollo um die Welt (20526)

Kurt Gerdau
Keiner singt ihre Lieder
(20912)
La Paloma, oje (22194)
Große Freiheit See (22616)
Tatort Hochsee (22946)
Weihnachten an Bord (23552)

Michael Green
Ruder hart rechts! (22681)

Jan de Hartog
Der Commodore (22477)

Alexander Kent
22 marinehistorische Romane um Richard Bolitho und 22 moderne Seekriegsromane

Wolfgang J. Krauss
Seewind (20282)
Seetang (20308)
Kielwasser (20518)
Ihr Hafen ist die See (20540)
Nebel vor Jan Mayen (20579)
Wider den Wind und die Wellen (20708)
Von der Sucht des Segelns (20808)
Weite See (22862)

Klaus-P. Kurz
Westwärts wie die Wolken (22111)

Sam Llewellyn
Laß das Riff ihn töten (22067)
Ein Leichentuch aus Gischt (22230)
Schuß in die Sonne (22417)
In Neptuns tiefstem Keller (23235)
Als Requiem ein Shanty (23351)
Ein Sarg mit Segeln (06723)

C. N. Parkinson
Horatio Hornblower (22207)

Dudley Pope
Leutnant Ramage (22268)
Die Trommel schlug zum Streite (22308)
Ramage und die Freibeuter (22496)
Kommandant Ramage (22538)
Ramage in geheimer Mission (22760)
Ramage – Lord Nelsons Spion (22794)
Ramage und das Diamantenriff (22861)
Ramage und die Meuterei (22917)

Herbert Ruland
Eispatrouille (22164)
Seemeilensteine (22319)

Karl Vettermann
Hollingers Lagune (22363)

Rudolf Wagner
Weit, weit voraus liegt Antigua (22390)
Kokosnüsse satt (23016)

Richard Woodmann
Der Mann unterm Floß (20881)
In fernen Gewässern (22124)
Der falsche Lotse (22375)
Unter falscher Flagge (22553)
Kutterkorsaren (22776)
Die Wette (22808)
Die Augen der Flotte (23154)
Fliegende Geschwader (23230)
Kurier zum Kap der Stürme (23247)
Gezeiten der Nacht, Band 1: Schlacht ohne Sieger (23663)
Gezeiten der Nacht, Band 2: Ein nasses Grab (23664)

Elmo Wortman
Auf Leben und Tod (22648)

Franz Kurowski

Giganten auf See

Moewig bei Ullstein Nr. 64365

Der Einsatz der Schlachtschiffe auf dem Operationsgebiet Weltmeer während des Zweiten Weltkriegs birgt eine Fülle hochdramatischer Gefechte dieser Giganten auf See. Feindliche U-Boote, Flugzeuge und Schlachtschiffe waren die Gegner jener vier Großkampfschiffe, deren Einsatz und Untergang von einem Kenner der Kriegshistorie dargestellt werden. Die Großkampfschiffe des Zweiten Weltkriegs – Franz Kurowski hat ihre Gefechte, ihre Siege und Niederlagen nachgezeichnet.

MOEWIG BEI Ullstein